著　世界経済フォーラム会長
クラウス・シュワブ
ピーター・バナム

訳　藤田正美
チャールズ清水
安納令奈

Stakeholder Capitalism

A Global Economy that Works for Progress, People and Planet

ステークホルダー資本主義

世界経済フォーラムが説く、80億人の希望の未来

日経ナショナル ジオグラフィック

Published by John Wiley & Sons, Inc., Hoboken, New Jersey.
This translation published under license with the original publisher John Wiley & Sons, Inc., through Japan UNI agency Inc., Tokyo.

ステークホルダー資本主義

世界経済フォーラムが説く、80億人の希望の未来

序

世界経済フォーラム日本代表　江田麻季子

2022年2月、ロシアがウクライナへの侵攻を開始すると、ツイッターやフェイスブックといったSNSを通じて、市民による「生の情報」が拡散された。手元のスマートフォンに映し出されるその様子は、私が子どもの頃、戦前生まれの両親からしつこいほど聞かされていた戦争の恐怖そのものであった。当時小学生だった両親は、空襲から逃げまどい、防空壕で泣いていたそうだ。ウクライナの子どもたちが地下壕でおびえている姿は、私の頭の中にある幼い両親と重なる。

その第二次世界大戦の敗戦から、戦後日本の経済復興はスタートした。もう何も失うものがない状況の中で、より良い生活を築き、平和な社会を将来世代に残すために、日本では国民が一丸となって成長を目指した。「大変だったけれど、明るい時代だった」とよく両親が話していたのを思い出す。日本は「世界の工場」と呼ばれるほど発展し、働けば働くほど豊かになり、経済成長と共に、より良い社会を次世代にもたらすことができるようになった。結果、日本は世界屈指の経済大国となり、世界一の長寿・健康、便利で快適な生活、安全・安心な社会基盤と平和を誇る国となったのである。

しかし、奇跡的な復興と成長を遂げたあと、「失われた30年」と称されるとおり、日本の経済成長は停滞した。長きにわたる停滞への危機感と同時に、少子高齢化などの難しい課題も抱えながら、将来への道筋は今も模索されている最中である。

日本において様々な議論の場に参加すると、「日本はなぜ成長できないのか」「日本の経済成長はなぜ停滞したままなのか」と、まるで日本だけが世界の中で特異なケースであるかのように語られることが多い。だがそれは各国の経済がグローバルに結合し、それによってもたらされた競争の相対的な結果であり、急激に変わりゆく世界情勢と、国内経済・社会の様々な事情が重なり、日本にはその症状が早い段階で現れたものと捉えることもできるのだ。

確かに、日本は島国であり、日本語が話され、長い歴史に育まれた独自の文化がある。戦後の経済復興の記憶があまりに強烈だからだろうか、いわゆる「その時のやり方」や「仕組み」といった成功体験が逆に足かせとなり、安定を求めるあまり現状を維持しようとする圧力はとても強い。移民が少なく、競争が相対的に少ないとされる日本では、経済でも政治の世界でも、年長の日本人男性以外のリーダーは極めて珍しく、変化は自発的にはなかなか起こらない。どうしたら日本は変わるのかと疑問を持ち、変わらない日本に苛立ちを覚えるのは私だけではないだろう。まるで自己批判のように、日本が他国より劣るとされる点が指摘されたり、警鐘が鳴らされたりすることは日常茶飯事であり、日本社会に対する人々の信頼や期待が揺らいでいるように感じる。

一方で世界を見渡してみると、興味深いことに、経済のグローバル化と急速に進むテクノロジーによる様々な弊害を主な理由として、各国で20世紀の資本主義の在り方に疑問の声が上がり始めている。第二次世界大戦からの復興期には、日本と同じく大きな経済成長を誇った国々でも、その後だんだんと格差が広がり、「経済成長がより多くの人々を豊かにするはずだったのに、階層間の分断が進んでしまった。こんなはずではなかった」といった嘆きがよく聞かれる。もとより政府の役割とされてきた「市場の失敗への介入」を超え、社会・経済の課題解決に向けて政府が積極的に介入することを肯定的に捉える論調も増加しているように見受けられる。日本で毎日のように議論されている「次の成長戦略とは何か」という課題も、まさにこの流れの中にあると捉えられるのではないか。また、日本だけが特殊な状況にあるわけではない、とも考えさせられる。

現在の資本主義には、これまでの人類の歴史と経験によって育まれた価値観が反映されているが、それは日本の資本主義にも、長期的な視点による安定、地域社会の繁栄、三方よしといった考え方に見ることができる。本書の著者の一人、クラウス・シュワブ教授は、「70年代に日本に初来日した際、ステークホルダー資本主義の考え方は日本の経営者にとても温かく迎えられた」という思い出話をよく口にする。だが、先に述べたとおり、その後のグローバリゼーションにおける国際的な競争の激化と、テクノロジーによるビジネス価値創造といった目まぐるしい変化によって、日本は長期にわたる経済の停滞を経験することになった。

そうした状況下で、人口動態の変化や気候変動など長い間警鐘が鳴らされていながらも、必要な施策や取組みが不十分であったためにますます深刻化した課題が世界の人々の肩に重くのしかかる中、さらにコロナ禍とウクライナ侵攻という予測不可能な状況が重なった。グローバリゼーションや既存の資本主義を再考する動きは世界的にもより一層加速しており、その課題や問題意識の潮流は、日本にも通じるものである。

こうしたことを考えていくと、様々な疑問が頭に浮かんでくる。たとえば、そもそも「成長」とは何なのか。何が社会や私たち個人にとって重要なのか。グローバリゼーションにより国外との競争と協調が必須とされる中、日本社会が大切にすべき価値とは何なのか。何をもって、社会は豊かになったと、多くの人々のウェルビーイングが守られた状態であると言えるのか。地球は、私たちとその子孫が住み続けられる環境を維持できるのか。若い世代が、日本に生まれてよかった、持続的に日本を豊かにしていこう、と高いモチベーションを持つにはどうすればいいのか。グローバリゼーションとローカライゼーションの要請のバランスをどのようにとるのか。官民それぞれの役割は何か。どういった官民協調の在り方が日本にとって望ましいのか。すべての問いに直接的な答えをもたらすわけではないものの、本書は、このような疑問を抱いている人々に、様々なヒントを与えることができると考える。

複雑な課題や問いが山積する状況の中でも、私が前向きな気分になれるのは、これから描く世界の姿に教科書はなく、日本は独自の歴史や価値観に基づいた資本主義と社会のビジョンを新たに描くことができるからだ。だがそのビジョンは、日本の価値観を体現しながらも、世界各国と共に、国際的な連携を促すものである必要がある。そうしたグローバルの観点を持ってこそ、より多くの人々が恩恵を受けられる平和な世界が実現可能になる。

そしてそのビジョンを描く責務は、政府だけでなく日本の社会を形成する私たちに全員にある。今ほど政治・経済・市民社会の連携が求められているときはないのではないだろうか。まさに「誰かのせい」にするわけにはいかないのである。そして、それはいわゆる「リーダー」だけの仕事でもない。コミュニティーに所属する私たち一人ひとりにできることは決して少なくはない。消費行動や生活のスタイルを慎重に選択すること、より良い企業経済活動を推進すること、そして投票行動により政策の支持・不支持を明確にすることなど、私たちの日々の行動は、ビジョン形成とより良い変化につながる一歩となり得るのだ。

また、新たなビジョンを考えるに当たり、「成長をどのように実現するか」「十分に成熟したと考えられる社会の中で次のステージをどう描くか」は、避けて通れない論点である。成長の定義については、また別途、深い議論が必要となるが、成長に併せ社会に生きる一人ひとりのウェルビーイングを測るには、GDPだけでは不十分であることは本書でも指摘されている。

より多くの人々の生活の質が向上し、医療や教育へのアクセスが平等に確保される社会、将来に対する不安の少ない社会、そして個人が自由に自分の可能性を追求し、平和に暮らすことができる社会が求められる。そうした社会の実現に向けて、私たちは前進できているのか、そのスピードは遅すぎないか、現存する仕組みはすべての人々が恩恵を受けられるようにデザインされているかなど、資本主義の在り方が見直される今こそ、こうした論点を具体的に議論し、決断し、実践していくタイミングに来ているのではないか。

30代前後の人たちは、生まれたときから「停滞」や「失われた30年」というような言葉を聞いて育ち、なかなか変わらない社会や風潮に少し辟易しているかもしれない。彼らと語り合うとき、「インクルージョンが課題である」とよく聞くことを考えると、私たちの社会は、人数の少ない若い世代の意見や力をもっと取り込むことが大切であると思う。失われたものを取り戻そうとするよりも、これから自分たちが生きていく世界をより良くしていこう、新しいものを作り出そう、という力の方がより建設的・創造的で、エネルギーに満ちあふれているからだ。世界経済フォーラムには、30歳以下の若者たちで構成される「グローバルシェイパーズ」というコミュニティーがあり、それぞれの地域に根差した自律的な活動をしている。日本にも六つのＨｕｂがあり、メンバーは約１４０人を数える。彼らは課題に対して意識を持ちつつも、それを眺めているだけではない。フルタイムで仕事をしながら、コミュニティーでリスキリングの活動をしたり、環境問題に取り組んだり、シェアハウスを通じてこれからの生活の在り方を模索したりしている。実際に行動を起こしているシェイパーたちの話を聞くと、私はいつも勇気づけられる。

彼らのように、「自分ごと」として次の成長の形をイメージし、行動に移していくことは、今まで以上に重要になってきている。そしてそれは若者だけでなく、私たち一人ひとりができることでもあるのだ。

私の周りでも、副業・兼業制度を利用して、自身にできることから行動を起こしている人たちがいる。コロナ禍を通じてより柔軟になった働き方や時間の使い方により、世代や地域を超え、新たな試みが実施され、その中から様々なヒントが生まれる息吹を感じる。

海外にしばらく滞在したのちに帰国すると、「なんと日本は住み心地がいいのか」と感じる。それは日本が私の生まれ育った国だからということだけではないように思う。人を蹴落としてまで自分の成功を望む利己よりも、利他や調和、みんなが幸せに暮らすことを望む価値観が、この社会にあることを感じられるからだ。のんびりとしていて変化が起こりにくいという問題はあるかもしれないが、コミュニティーマインドの強さは顕著で、個人的には、そこに未来の経済システムの礎を築くヒントがあるのではないかと期待している。

本書では、これまでの人類の歴史と学びを詳細に分析しながら、これからの資本主義を考えるに当たり考慮しなければならない視点や解決を要する課題を具体的に提示している。日本がこれからのビジョンを描く、その過程において、本書が参考となることを心から望んでいる。

今は亡き両親、
オイゲン・ヴィルヘルム・シュワブとエリカ・エプレヒトに捧ぐ。
二人は教育や協業の価値、そしてステークホルダーの原理について、
身をもって教えてくれた。

目次

はじめに

2020年の2月初旬、私はジュネーブのオフィスにいた。椅子に座り、この本についてスタッフと話していたときに、オフィスの電話が鳴った。今思えばこれが、いわゆるBC（コロナウイルス前）／AC（コロナウイルス後）を分ける瞬間だった。このときに、新型コロナウイルス感染症のパンデミック（世界的大流行）前の時間から、その後にやってくる現実へと、スポットライトの当たる場所が切り替わったのだ。

その電話を受けるまで、私とスタッフの頭を悩ませていたのは、気候変動や経済格差のような世界経済の長期的課題だった。私がそれまで深く掘り下げてきたのは、第二次世界大戦の終結から75年、世界経済フォーラムの創設から数えると50年の間に成立したグローバル経済システムについてであった。メリットや妥協点、リスクなど、今日のグローバル化した世界が抱える様々な要素を検討し、今後50年、あるいは75年の間に社会がどのように変わるべきかをじっくりと考えた。これからの世代にとってより公平で、サステナブル（持続可能［訳注 将来世代のニーズを損なうことなく現在の世代のニーズを満たす、人間・社会・地球環境の発展の仕方を指す］）で、レジリエンス（回復力［訳注 自然災害などの想定外の事態に対し、社会や組織が機能を速やかに回復するための強靭さ］）が高い社会を目指そうと、心に決めていた。

ところが、たった1本の電話で、その長期的な行動計画はひっくり返された。私は目の前の危機に目を向けた。その危機には、やがて私たち全員が、つまり地球上すべての国の人々が直面することになる。

電話は中国からで、相手は北京事務所の所長だった。いつもなら、こういう電話で話題になるテーマは決まっている。すでに立ち上げている取り組みや、プログラムの進捗状況などだ。ところがその電話は違った。所長が私に電話してきたのは、その冬の初めに中国を襲った疫病についての最新情報を報告するためだった。それが、新型コロナウイルス感染症だ。

かなりの確率で深刻な呼吸器疾患を引き起こすこのウイルスの感染者は、最初は武漢市内に限られていた。それがたちまち、中国全土において公衆衛生上の大問題になっていた。所長はこのように説明した——北京市民の大半が、旧正月を故郷で祝おうと市外に出ていたが、その人たちが戻ってきて新型コロナウイルスを運んできたので感染者数が急増した。そして、この国の首都がロックダウンされたのだ、と。

所長は終始冷静に、ロックダウンが私たちの従業員や業務に及ぼす影響について客観的な事実を説明した。しかしその声からは、彼の動揺が伝わってきた。家族や自分が日々接する人がひとり残らず影響を受け、感染のリスクにさらされ、ロックダウンという措置を突き付けられていたのだから。

中国当局の施策は思い切ったものだった。従業員は無期限に在宅勤務をせざるを得なくなり、自宅マンションから出るには、非常に厳しい条件をクリアしなければならなかった。少しでも症状が見られた人は必ず検査を受けさせられ、ただちに隔離される。

こうした厳格な施策をもってしても、健康への脅威が抑制できるかどうかは未知数だった。人々が家に閉じこもっていても感染症はまたたく間に広まっていったので、ウイルスに感染するかもしれないという恐怖は募った。同時に、病院から入ってくる情報によると、この病気は極めて感染力が高く、治療が難しく、医療システムを圧迫していた。

スイスに話を戻そう。COVID-19（新型コロナウイルス感染症）を引き起こすウイルス（SARS-CoV-2）については、2020年1月末に行われた世界経済フォーラムの年次総会で話を聞いていた。公衆衛生に関する討議の場で、アジアからの参加者、あるいはアジアで主要な業務に携わる参加者が話題にしていたのだ。しかし、私はあの電話で話を聞くまで、過去のコロナウイルス感染症であるSARS（重症急性呼吸器症候群）やMERS（中東呼吸器症候群）で封じ込めに成功したように、大流行になっても限られた地域における短期間の流行で済むことを願っていた。私のスタッフや友人、そして家族の身には影響が及ばないことを期待していたのだ。

その電話での会話を境に、私はグローバルな公衆衛生の脅威についての認識をあらためた。それから数日、いや数週間のうちに、私は本書の執筆作業を中止し、世界経済フォーラムに危機管理体制を敷いた。スペシャルタスクフォースを立ち上げ、全従業員にリモートワークを呼びかけ、すべての業務のリソースを国際的な緊急対応の支援に振り向けた。

これは、決して先走った措置ではなかった。その1週間後には、ウイルスの影響で欧州の都市の多くがロックダウンに追い込まれ、さらに数週間後には、世界の大部分が似たような状況に見舞われていた。米国も例外ではない。それから数カ月で、数百万人が亡くなり、あるいは病院に収容され、何億もの人々が職や収入を失い、おびただしい数の企業や政府が破綻し、あるいは破綻も同然の状況に追い込まれた。

私はこの序文を2020年の秋に書いている。現時点で、パンデミックの第一波がもたらしたグローバルな緊急事態はおおむね収まったが、感染の第二波が押し寄せ、世界は再び厳戒態勢に入りつつある。世界中の国が社会経済活動を慎重に再開したものの、経済回復にははっきりと濃淡が出た。中国はいち早くロックダウンを終わらせ、ビジネスを再開させた大国の一つだ。しかも、2020年全体で見れば経済成長すら見込まれる。

世界経済フォーラムの常駐拠点があるジュネーブ、ニューヨーク、サンフランシスコ、東京の状況は対照的だった。国民生活は一部再開していたが、かなり薄氷を踏むようなやり方だった。世界中で、多くの命や生活が失われた。巨額の資金が投入され、政府、事業活動、人々の生活をなんとか維持させていた。すでにあった社会の分断は深まり、新たな分断も生じた。

そろそろ私たちも、最初の危機についてはある程度距離を置いて見ることができるようになったが、そこで見えてきたのは、パンデミックとその影響が、現在のグローバル経済システムに以前から存在した問題と切っても切れない関係にあるということである。そう考えると、北京から運命の電話を受けた2020年2月のあの日、スタッフと話し合っていたことを私は思い出す。

私たちがこれまで行ってきた数多くの分析は、かつてない真実味を帯びてきている。これから本書で皆さんに紹介するのは、格差の拡大、成長の減速、頭打ちになっている生産性の向上、持ちこたえられない水準まで増加している負債、気候変動の加速、社会問題の深刻化、そして世界が抱える喫緊の課題について、グローバルな協力体制が敷かれていないことに関する私の見解である。その上で皆さんにご理解いただきたいのは、こうした見解が、ポストコロナの世界であってもコロナ前と変わらず、成り立つということである。

ただし、「BC」から「AC」に切り替わる境目の時期に、変わったことが一つある。これはあくまでも私の感触だが、より良い世界を作るには、人々が協力し合うことが欠かせないという点を、人々や企業のリーダーたち、それに政府は痛感したのではないだろうか。ポストコロナの世界は、今までとは違うやり方で立て直すべきだという考えが世間一般に広まっている。

ある日突然、世界全体を飲み込んだ新型コロナ危機は、じわじわと変化をもたらす気候変動や、拡大する一方の経済格差よりも、はるかに強く私たちを揺さぶった。しかし、おかげで見えてきたことがある。自分さえ良ければいいという考えで短期的な利益に左右される経済システムは、サステナブルではまったくないのだ。それはいびつで脆弱であり、社会、環境、そして公衆衛生にとって最悪な事態をもたらしかねない。新型コロナ危機でもお分かりになっただろう。思いがけない大災害が続いたら、公共システムには耐え難い負荷がかかるのだ。

本書で私は訴えたい。利己的な価値観、つまり短期的な利益をひたすら追い求め、租税や規制の抜け道を探す、あるいは環境に及ぼす害を他人事にしながら動く経済を、私たちはもう続けることはできない。それよりも、すべての人々と地球全体のことを考えて作られる社会、経済、そして国際的なコミュニティーが必要だ。もっと言えば、西側諸国で過去50年の間に広まった「株主資本主義」というシステムや、アジアで台頭した国家の優位性に重点を置く「国家資本主義」というシステムから、「ステークホルダー資本主義」という体制に私たちはシフトすべきだ。これが、本書の核心にあるメッセージである。次章以降で、どのようにすればこのような社会体制が築けるのか、そして今なぜ、そのように行動すべきなのかを説明しよう。

第1部（第1章から第4章）では、1945年以降のグローバル経済の歴史を大まかに、西洋とアジアの両方について説明する。その中で、加速する経済成長や格差、環境の悪化、それに、将来の世代への負債など、今私たちが生きている経済システムの主な成果、そして欠点を説明する。社会的トレンド、たとえば政治的な二極分化が経済状況や社会のガバナンスにまで影響を与えることにもふれる。第2部（第5章から第7章）は、経済的課題あるいは経済の発展について考えられる原因と結果を深く掘り下げていく。その中で技術革新、グローバル化、貿易や天然資源の利用が果たす役割を見ていく。最後に第3部（第8章から結論）では、今のグローバル経済システムにどのような変化を起こし得るかを検討する。そこで、ステークホルダー資本主義がどういうものかを紹介し、それが政府、企業、市民社会や国際組織に、実際にどのような意義をもたらすのかを説明する。

私は本書の執筆に当たり、公平で偏りのない姿勢を貫くことを心掛けた。今まさに起きているグローバルな問題について記述する時も、その原因と結果について推測する時も、世界をより良い方向へ世界を発展させるために私が見出した解決策を述べる時も、その姿勢は変わらない。

とはいえ、ここで補足しておかねばなるまい。ここで示すのは私個人の考えなので、それにはどうしても私自身の人生経験の色が付く。子どもの頃、学生の頃、社会人になりたての頃に、それぞれ私の人格形成に影響を及ぼした個人的な経験を、いくつか本書の最初の章でご紹介するので、読者に私の世界観をご理解いただくのに役立つことを願う。その世界観は、社会や経済にとって最善の効果は協力関係からもたらされるという信念の上に成り立つ。協力関係は公共セクターと民間セクターとの間でも、あるいは世界中のどの国家と国民との間であっても変わりはない。

この本を読むすべての人が、本書をきっかけにそういった社会システムの立ち上げに加わってくれるならば、著者としてこれほど嬉しいことはない。協力してインクルーシブ（包括的［訳注　誰一人として排除したり、孤立状態に追い込んだりせず、あらゆる人を社会の構成員として包摂している状態］）でサステナブルで平等な経済システムを立ち上げることができたら、新型コロナウイルス感染症がもたらした負の遺産――多くの命が失われ、生活やその糧を壊されたこと――を、もっとレジリエンスのある世界に進む指針に変えられるだろう。私たちの世代にとってのポストコロナの世界は、私の親の世代にとっての第二次世界大戦後の世界になるのかもしれない。今こそ、団結のときだ。昨日までの過去は、もはや誰も望まない世界の色あせた思い出だ。今日、そして未来は、すべての人が豊かになる世界を作るチャンスになる。

第二次世界大戦が終わってから何十年もかけて、自国に社会契約という考えを取り入れながら、私たちは豊かな世界を作り上げてきた。それだけではない。平和維持や協力体制の育成、財政基盤の創出を目指す、多くの国が関与する組織も私たちは創設した。世界銀行、国際通貨基金、そして国際連合がそうだ。

今こそ、ポストコロナの復興を足掛かりとして、それぞれの場所――企業や国――でステークホルダー資本主義を立ち上げていただきたい。もっとサステナブルなグローバル経済システムが世界中で動き出すことを、私は願ってやまない。

2020年12月　ジュネーブにて
クラウス・シュワブ
この本を手に取ってくださった皆さんに、感謝をこめて。

第1部

私の生まれ育った世界

第1章

世界が成長と発展を遂げた75年間

第二次世界大戦が終わって75年、世界経済は急激に発展した。その一方で、世界は二つに分断されている。

一つは、かつてなく豊かな生活を享受している世界だ。これほど恵まれていたことはそうそうあるものではない。平和だし、どの時代より豊かだ。昔に比べれば長生きだし、ほとんどの人々が健康的な暮らしを送ることができている。子どもたちは学校に行けるし、大学に進学する人も多い。コンピューターやスマートフォン、その他のハイテク機器を通じて世界とつながることもできる。ほんの半世紀ほど前、親や祖父母の時代には夢でしかなかったライフスタイルを多くの人々が享受し、大量のエネルギーを消費し、技術の進歩やグローバル貿易の恩恵を手にしている。

もう一つは、腹立たしくなるほどの不均衡が蔓延し、サステナビリティー（持続可能性）がそこかしこで限界に近づいている世界であり、市民社会だ。新型コロナウイルス感染症がもたらした公衆衛生の危機は、人々の運命が環境に左右されることを示すほんの一例だ。より豊かで、強いコネがあり、いい所に住んでいる人間の方が、感染リスクははるかに低い。家で仕事をすることもできるし、人が密集する場所に出かける必要もなく、もし感染しても、より充実した医療サービスを受けられる可能性が高い。多くの社会ですっかりおなじみになった不平等が延々と残っている。世界的な危機の影響をまともに受けるのは、常に貧しい人々で、容易に切り抜けることができるのは、常に裕福な人々である。

どうしてこんなことになってしまったのか。どうすればそこから抜け出せるのか。それを理解するためには、現在のグローバル経済のシステムが生まれた頃まで時計の針を戻し、第二次世界大戦後に経済がどのようなマイルストーンを経て発展してきたかを見つめ直す必要がある。どこまで戻るかを考えたとき、現代の世界経済が産声を上げた「零年」に当たる年までさかのぼるのが妥当だろう。それは1945年である。そして、この作業を始めるのにドイツほどふさわしい場所はない。なぜならドイツでは、この年を境にまさしく新しい歴史の1ページが開かれることになったからだ。

戦後経済秩序の始まり

1945年に小学校に入学した私を含め、子どもたちは、自分たちの国がそれまで戦争をしていた理由、そして戦後の数年間に国が驚くほど様変わりした理由を理解するには幼過ぎた。しかし、これからはもう何が何でも争い事を起こさない、ということだけはとてもよく分かっていた。第一次世界大戦に敗れてからの数年間と同じく、ドイツ国内の至るところに「Nie Wieder Krieg（二度と戦争を起こさない）」がスローガンとして掲げられていた。戦争に辟易していたドイツ国民は平和の中で暮らしを立て直し、互いに協力し合いながら社会全体の生活水準を上げていきたいと思っていた。

しかしそれはドイツだけでなく、戦争に巻き込まれたその他の国や地域でも、簡単なことではなかった。戦争が終わった時、ドイツは国全体が廃虚と化していた。主要都市の歴史的建造物で戦火を免れたのは、わずかに2割。何百万棟もの住宅が破壊された。私が生まれ育ったドイツ南部のシュヴァーベン地方も例外ではなかった。この地域で最大の工業都市、フリードリヒスハーフェンでは、ほぼすべての工場が跡形もなくなっていた。その中には戦時中、ナチス政権が軍需施設として使用していた有名な自動車メーカーのマイバッハや飛行船メーカーのツェッペリンの工場も含まれていた。

私の最も幼い記憶の一つは、両親と暮らしていた自宅の屋上から、フリードリヒスハーフェンの市街地が戦火に包まれる光景だ。そこから18キロしか離れていない私たちの町が標的にならないように、と家族全員で祈った。幸い、その祈りが天に届き、戦火を逃れることができた。それでもフリードリヒスハーフェンへの最後の空襲だけでも700人の死者が出た。その知らせを聞いて、同市に知り合いがたくさんいた両親が涙を流していたのを覚えている。結局、戦争が終結した時、フリードリヒスハーフェンに残った生存者の数は元の人口2万8000人の4分の1程度で、[*1]後は避難したか、行方不明になったか、死亡した。

私が住んでいたラーベンスブルクは、連合軍の爆撃を受けずに終わった数少ない町の一つだった。軍需産業がなかったことが幸いしたのだろう。だが、戦争の爪痕は町のそこかしこに残っていた。大戦末期、連合軍のフランス軍部隊が駐留するようになると、町は避難民や徴用労働者、捕虜や負傷兵にとっての巨大な避難所となり、[*2]カオス状態はピークに達していた。唯一の救いは、1945年5月8日の0時に戦争が本当に終わったことだった。ドイツでは、この瞬間を「零時」

を意味する「シュトゥンデ・ヌル」と呼んでおり、イアン・ブルマなどの歴史家は、この瞬間以降の1945年のことを後に「零年」*3と称するようになった。ドイツの経済は荒廃しきっており、白紙の状態から再出発できるようになることを願うより他なかった。

他の枢軸国であるイタリアと日本も同様の困難に直面していた。両国の生産能力は壊滅的な状態に陥っていた。イタリアではトリノやミラノ、ジェノバといった都市が大規模な空襲に見舞われた。日本では広島と長崎に原爆が投下され、未曽有の壊滅的被害を受けていた。他の欧州諸国も、戦争のトラウマを抱えて、何から手を付けていいか分からないような状態だった。アジアでは中国や東南アジア諸国の大半が泥沼の内戦や独立運動に明け暮れていた。アフリカ、中東や南アジアの経済もまだ植民地支配によって縛られていた。ソビエト連邦も、第二次世界大戦で莫大な損失をこうむった。戦時中に経済の大部分が無傷で残ったのは、世界全体を見渡しても、米国を中心とするアメリカ大陸の国々だけであった。

従って、戦後がどのような時代になるかは、米国とソ連がそれぞれの勢力圏で示す方針や戦略次第であった。連合軍の占領地域に含まれたシュヴァーベンの将来も、ほぼ米国が下す決定に左右されることになった。

1919年に犯した間違いを今回は繰り返したくないと考えていた米国は、難しい舵取りを迫られた。1919年とは、連合国と中央同盟国（ドイツ帝国、オーストリア・ハンガリー二重帝国、オスマン帝国とブルガリア）が第一次世界大戦の講和条約（ベルサイユ条約）を調印した年だ。このベルサイユ条約で、ドイツとその同盟国は耐え難い額の賠償金を負わされることになった。その結果、敗戦国の経済発展は阻害され、復興への道のりは険しくなり、第二次世界大戦の種がまかれた。

第二次世界大戦の終結後、米国政府は前とは違うアプローチを取ることにし、勢力圏内にある欧州諸国の経済復興を優先させる方針を採った。そこには、米英仏に分割占領されたドイツも含まれていた。米国は貿易を促進し、統合を深め、政治協力を推し進めたいと考えていた。実際、戦争終結前の1944年から、米国と同盟国はIMF（国際通貨基金）や（現在は世界銀行の一部である）国際復興開発銀行（IRDB）といった経済機構を早々と創設していた。[*4] それからの数十年間、こうした国際機関の取り組みによって、西ドイツをはじめとする西欧諸国の経済は安定成長したのである。

1948年になると、米国とカナダからまた別の地域復興計画が提供された。米国が西欧諸国に経済援助を行い、それを米国の農産物や工業製品を購入したり、米国製の機械を導入して国内産業を再建したりすることに充てるという米国の復興策、マーシャル・プランもその一つだ。その名は、当時の米国の国務長官ジョージ・マーシャルにちなんだものである。援助対象に旧枢軸国のドイツとイタリアも含まれることに反対意見もあったが、この両国の再建が欧州大陸の復興には不可欠だと判断された。特にドイツの工業力なくしては、欧州を強い工業圏にすることはできないと考えられた（この計画を軌道に乗せるに当たり、OECD（経済協力開発機構）の前身である欧州経済協力機構（OEEC）が重要な推進役を担った）。

欧州の戦後復興への米国の関与は、援助だけにとどまらなかった。この地域に石炭、鉄鋼やその他の一次産品の単一共同市場を確立し、貿易を活性化させることにも力を注いだ。その促進策の一環として誕生したのが、後に欧州連合（EU）へと発展していくことになる欧州石炭鉄鋼共同体（ECSC）であった。

また米国は、日本、中国（中華民国）、韓国やフィリピンといったアジア諸国にも、無償または有償の経済援助を行った。一方、その他の地域ではソ連が、中央集権的な計画経済や産業の国有化をベースにした経済モデルを勢力圏内に広げていった。

　自治体や地場産業、現地の労働者も、それぞれ再建に励んでいた。たとえば、1947年にツェッペリン財団は系列会社やそこで働く従業員たちが明るい未来に向かって再び歩み出せるようになることを願って、ほぼすべての資産をフリードリヒスハーフェン市に譲渡した[*5]。フリードリヒスハーフェン市民も、自宅を建て直すために毎日長時間働いた。再建に向けた活動が本格化し始めた初期には、特に女性が大きな力を発揮した。ドイツの週刊誌『デア・シュピーゲル』は、当時の状況を次のように回想している。「多くの男性が戦死してしまったため、連合軍は瓦礫処理という重労働まで女性に頼らざるを得なかった[*6]」

　ジグソーパズルを完成させるにはすべてのピースを正しい位置にはめ込まなくてはならない。それと同じように、国や経済の再建も、すべての資源を適切に配分し、あらゆる人を的確に動員する必要がある。これは、社会全体が一丸となって真剣に取り組まなくてはならない一大事業であった。ラーベンスブルクでは、同地域で最も成功したメーカー（家族経営の企業で後にラベンスバーガー[*7]と名前を変えた）も、パズルや児童書の製造販売をようやく再開することができ、今に至るまで事業を継続している。フリードリヒスハーフェンでは、ツェッペリン財団の子会社であるZF《ツェットエフ》が、自動車部品メーカーとして再び存在感を示し始めた。こうした事業体の多くは、ドイツ経済の屋台骨を支える中小企業の総称として広く知られる「ミッテルシュタント」の一部として、戦後ドイツ経済の変革において重要な役割を担った。

栄光に彩られた西側の30年

ようやく戦争が終わり安堵したのも束の間、私を含めて欧州で暮らしていた多くの人々は、すぐに新たな恐怖にさらされることになった。連合国占領下の西ドイツやその他の西欧諸国の自由市場経済は、東ドイツやその他の東欧諸国にまで勢力を伸ばしたソ連の集権的な計画経済モデルと対峙することになった。どちらが優勢になるのか？　平和的な共存は可能なのだろうか？　それとも真っ向から対立して、いがみ合うことになるのだろうか？　その答えは誰にも分からなかった。

これはイデオロギー、経済システム、そして地政学的な覇権争いであり、どちらに軍配が上がるかを明確に予測できる者は誰もいなかった。それから数十年、両陣営はそれぞれの勢力圏の維持拡大と体制の確立に向けて地歩を固めていった。アジア、アフリカや中南米でも、資本主義と共産主義の間のイデオロギー対立が分断を生んだ。

今となって思い返せば、米国が資本主義と自由市場を旗印に立ち上げた数々の経済機構は、西欧諸国が空前の経済的繁栄を分かち合う時代を築くための基盤だった。こうした機関は、自国再建に向けた強い意志を持つ多くの人々と共に、それから何十年にもわたって西側陣営が経済発展を続け、「その他の国や地域」に対する経済的優位性を維持する強固な土台を築いたのだ。ソ連が推し進めていた集権的計画経済も初めの頃こそ人々に繁栄の果実をもたらしたが、後に破綻への道をたどることになった。

経済的な変化以外にも、戦後の社会の在り方に大きな影響を及ぼした要素がいくつかある。まず、ベビーブームが米国や欧州を含む世界各地で生じた。戦時中は軍需工場で、破壊に使う武器を生産するというむなしい作業に従事していた労働者も、平和な時代を迎え、社会に役立つモノづくりに生きがいを感じられるようになった。教育も産業の活動も活発に拡大していった。西ドイツの初代首相コンラート・アデナウアーや終戦直後の日本を率いた吉田茂といった敗戦国の首脳が発揮したリーダーシップも、重要な要素となった。第一次世界大戦後のドイツのように屈辱と復讐心に再び押し流されるのを食い止め、代わりに自国の経済と社会の復興に役立つことなら何であれ受け入れ、平和のために戦勝国との関係さえも強化していくことを優先させた。こうした国々では、国民の目は地域社会や国内経済の再建に集中し、社会的一体性が強くなった（この点については第4章でより深く論じることにする）。

こうした要素が組み合わさり、1945年から70年代前半にかけて、ドイツはじめ西欧は「経済の奇跡《ヴィルトシャフツブンダー》」と呼ばれる驚異的な経済復興を遂げた。米国、日本や韓国でも（最初の頃はソ連も）同様に、経済が急成長した。西側諸国は資本主義の黄金期に入り、第二次産業革命で生まれた技術革新が広く実用化された。自動車やトラックの輸送力を飛躍的に向上させる高速道路網が整備され、飛行機の商業利用の時代が訪れ、世界中の海上交通路を大量のコンテナ船が航行するようになった。

シュヴァーベンでも、経済の奇跡を背景に新しい技術がどんどん導入されるようになった。たとえば、ラベンスバーガー社の売上は1950年代に3倍になり、1962年は大量生産時代の幕開けとなった。ベビーブーム世代の子どもたちが遊べる年齢になり、ファミリー向けのボードゲーム「ライン川の旅」が大流行したからだ。[*8] ラベンスバーガーの快進撃は、新しいパズルゲームを売り始めた60年代も続いた[*9]（製品の梱包箱の角に表示される青い三角は、同社を象徴するブランドロゴとして広く知られるようになった)。時期を同じくして、ZFフリードリヒスハーフェンも1950年代に自動車用トランスミッションのメーカーとして再浮上し、60年代中旬までにオートマチックトランスミッションの周辺部品も手掛けるようになった[*10]。同社の成長は、欧州の自動車産業が活況を呈するようになった時代において、BMW、アウディ、メルセデス・ベンツやポルシェといったドイツの自動車メーカーがトップに躍り出る一助となった(ZFは今でも有力企業だ。2019年の決算発表によると、世界40カ国以上で15万人近くの従業員を抱えるこの巨大グローバル企業の連結売上高は400億ドルを超えている)。

その当時の世界の主要経済大国の経済指標を見ると、あらゆる国が勝ち組だったように思える。年間の経済成長率は各国とも平均5~6%、中には7%に達した国さえあった。モノやサービスの生産を通じて一定期間に国内で生み出される金銭価値を測定する国内総生産(GDP)は、その国の経済活動の力強さを測る尺度として用いられることが多いが、ここから10~20年の間に西側経済圏ではGDPが2倍から3倍になった国も少なくない。中には4倍もの成長を記録した国もあった。より多くの国民が高校まで進学することが可能になり、中間層と呼べる収入を得るようになった。成長したベビーブーム世代は、家族の中で初めて大学に行けるようになり、社会階層のはしごを上り始めた。

このはしごを上ろうとする女性も徐々に増え、社会の構図に大きな変化をもたらす新たな要因となった。初めは少しずつ、やがて着実に女性解放の動きが広がっていった。より多くの女性が大学に進学、また企業に就職し、結婚・出産を経ても退職することなく自らの意思で仕事と家庭の両立を図るようになった。好景気に沸く経済も、女性の働き口を大量に供給した。また、安全な避妊具の開発が進み、便利な家電製品が手の届く価格で売り出されるようになったことも、女性解放運動と共に女性の社会進出を強く後押しした。米国を例に挙げると、労働人口に占める女性の割合は1950年には28％に止まっていたが、1970年になると43％と、20年間で15ポイントも急増した。[*11] またドイツでは、女性の大学進学率が1948年の12％から1972年には32％まで上昇した。[*12]

ラベンスバーガー社でも女性が表舞台で活躍するようになった。1952年に創設者の孫娘であるドロテ・ヘス・マイアーが同社初の女性社長に就任し、いとこのオットー・ユリウス・マイアーと共に同社の経営に乗り出した。この異例の人事は、それ以降、大きなうねりが生まれる予兆でもあった。西側諸国の女性解放の流れは20世紀の終わりまで続き、21世紀にも引き継がれる。2021年現在、米国からサウジアラビア（！）まで、世界中の多くの国で女性の方が男性よりも大学進学率が高い。[*13] また、女性が労働人口の半分近くを占める国も数多く生まれている。このように女性の進学率や就職率がますます高まっているにもかかわらず、給与面やその他の従業条件で生まれている男女格差は依然として残っている。[*14]

第二次世界大戦終結後の二、三十年間に、数多くの国が経済復興を通じて得た莫大な歳入を、社会的市場経済（ソ連のような計画経済は否定するが、同時に完全な自由主義も、独占を生み出して国民の生活を不安定にする「非社会的な市場経済」であるとして否定、市場経済に軸足を置きつつ、社会的公正を目指し社会的不平等を縮小させる政策を国が行う仕組みのこと。西ドイツの経済政策の理念として知られる）の基盤を構築することに費やした。特に西欧諸国ではこれにより失業手当、子育てや教育支援、国民皆保険や年金制度を整備した。米国は、欧州ほど社会制度を充実させる方向には向かわなかった。しかし高度経済成長のおかげで、特に1950年から70年までの間に、多くの国民が生活水準を上げて中流階級になり、社会保障の受益者の数も、それぞれが受け取る給付金の額も共に伸びた。[*15] 同時に平均賃金も大幅に上昇し、貧困層は減少した。

フランス、ドイツ、ベネルクス3国とスカンジナビア諸国では、労働者の団体交渉が奨励されるようにもなった。たとえばドイツでは、1952年に制定された労働保護法によって、ほぼすべての企業で監査委員会の3分の1は労働者が選ぶことになった。ただし、もともと経営者と地域の関係が密接で強く、労働争議などの社会的対立が起きることがほとんどなかった家族経営の企業は適用外とされた。

このような時代に成長した私は、母国ドイツやその他欧州の国々の復興に多大な力を貸してくれた当時の米国に深い感謝の念を抱くようになった。経済協力と政治統合こそが、平和に共存共栄できる社会を実現するために重要であると確信するようになったのもこの時期だ。私は学生時代をドイツとスイスで過ごし、その体験を通じて、欧州では国境がいつの日か消えてなくなると信じるようにもなった。1960年代には米国にも一年間留学して経済や経営モデルに関する研究をさらに深める機会にも恵まれ、私にとっての基礎となる経験を得ることができた。

私の世代の多くは、欧州諸国で形成されつつあった分厚い中間層に支えられた社会の恩恵を受けていた。私は初め、国の将来のために産業界と政府が補完し合う関係ができていたことに、とても興味がそそられていたので、論文のテーマの一つに民間投資と公共投資との適切なバランスを選んだのは自然な成り行きだった。また、複数の会社の工場で一年以上肉体労働に従事した経験から、私は経済的繁栄に貢献している労働者に対して、特別の敬意を払うようにもなった。私は、産業界も社会の他のステークホルダーと同じように、社会全体で共有できる繁栄をもたらし、持続させる役割を担っていると信じている。産業界はどうすればその役割を最高の形で果たせるのだろうか――その問いに対して、私は企業が株主だけでなく社会にも奉仕して利益を還元する、ステークホルダーモデルを導入することだと考えるようになった。

この考え方を実践する一つの方法として私は、ビジネスリーダー、政府の代表や著名な学者たちが一堂に会する経営者フォーラムを立ち上げることにした。その開催場所として、ビクトリア朝時代（抗結核薬イソニアジドや抗生物質リファンピン[*16]が発明される前）に結核療養所が建てられたことで有名になった、ダボスというスイス山間部の小さな町を選んだ。空気が澄んでいることでも知られるこの風光明媚な山麓の町が、私の目にはマクルーハンの言うグローバルビレッジ[*17]のような佇まいを醸し出せる最適な環境にあるように映ったし、各界を代表する有識者を招き、世界全体で取り組むべき社会や経済、環境などの分野における喫緊の課題について論じ、対応策としてその時々に取られているベストプラクティス（最良の事例）や最新のアイデアを交換する場としてもふさわしいと感じたからである。そこで私は1971年にこの地にハーバードビジネススクールのジョージ・ピアース・ベイカー学長、コロンビア大学のバーバラ・ウォード教授、IBMのジャック・メゾンルージュ社長や欧州委員会の委員らを招いて、第1回欧州経営フォーラム（世界経済フォーラムの前身）を開催した[*18]。

激動の1970～80年代

しかし、ちょうどその開催を決めた1970年代初頭には、経済の奇跡がいつまでも続かないことも明らかになった。ダボスに世界の有識者たちが集まった時には、すでに経済システムにヒビが入り始めていることが、誰の目にも明らかになっていた。戦後の好景気は頭打ちとなり、社会、経済や環境分野で様々な課題が表面化し始めていた。しかし当時、私はまだ欧州の産業界、政府や学会の有識者が米国の経営手法をより積極的に学べば、欧州の繁栄を持続できるという希望を抱いていた。

現に、多くの欧州企業が国際市場に参入していた。もともと、重要資源を共通市場で取り引きする目的で設立された欧州石炭鉄鋼共同体は、加盟国間で自由に取引されるモノとサービスの対象をより包括的に拡大した欧州経済共同体（EEC）に進化を遂げていた。前出のミッテルシュタントと称される中小企業の多くも、この機構を通じて近隣のEEC加盟国に子会社を設立し、活動の範囲を広げていた。1970年代の西欧諸国の経済は、こうした域内貿易の拡大にも支えられながら成長を続けることが可能な状況であった。

しかし、エネルギー価格など、成長、雇用やインフレに多大な影響を及ぼす経済指標は、悪化しつつあった。世界の経済システムを最初に揺るがしたのは、石炭と共に戦後の好景気の原動力となっていた石油である。世界で最も重要なエネルギー源とされていた石油の価格は、1973年にはそれまでの4倍に高騰し、1979年には、さらにその2倍となった。石油価格の決定権は、OPEC（石油輸出国機構）が握るようになった。その構成国の多くは、欧州列強の植民地だった中東やアフリカの国である。石油の供給量の大半を占めていたOPECは、1973年の第四次中東戦争（ヨム・キプール戦争）をきっかけに、イスラエルに同調する国に対する原油禁輸措置を導入した（第一次オイルショック）。これがイスラエルの後ろ盾になっていた米国やイギリスをはじめとする西側諸国に対し、打撃を与える非常に有効な手段となった。

ＯＰＥＣ加盟国が初めて手にした支配力を行使したくなるのも当然だ。約20年前まで、その多くは欧州各国の植民地であり、やっとの思いで独立国家の道を歩み出せるようになったばかりだった。その後も、アジアや中東、アフリカの新興国家では、西側諸国の大半と異なり、頻繁に政治的、社会的混乱が起きていたため、欧州や米国のようには戦後の好景気の恩恵を享受することがほとんどできなかった。その中で数少ない例外が、世界経済を回す最も重要な資源である原油で大きな力を握った新興ＯＰＥＣ加盟国だった。

他方、それまでの約30年間で、西側諸国は経済も産業も大きく躍進した。あまりの変貌ぶりに、このままでは持続不可能であり、地球や限りある天然資源にとって、つまるところ人類そのものにとって、サステナブル（持続可能）な新しい経済システムが必要だという意見が出てきた。そこには、欧州の科学者や実業家が中心となって結成された「ローマクラブ」のメンバーもいた。彼らは、この状況が続けば、とりわけ地球環境の悪化が加速し、人間社会を破綻させる大きな問題になると訴えた。確かに、こうした懸念を共有する者ならすぐに分かる明らかな兆候が見えており、ダボスで開かれたフォーラムの場でも大きな注目を集めていた。１９７３年のダボスでの会議では、ローマクラブのアウレリオ・ペッチェイ会長が基調演説で、ローマクラブの調査では成長の終わりが差し迫っていることを示す分析結果が出たことを明らかにしている。

しかし、幾度かの景気後退局面を乗り越え、省エネ対策として夏時間を導入したり、日曜日を自動車乗り入れ禁止デーにしたりする対策を採ることで、１９８０年代には世界経済は高い成長率を取り戻した。西側諸国ではさすがに５～６％という高い成長率こそ望めなかったが、３～４％成長は珍しくなかった。「アジアの虎」（韓国、台湾、香港とシンガポール）をはじめとする他の経済圏の急成長も、先進国の低成長を補った。

ところが、1980年代に入る頃には、戦後の経済成長を支えてきた原動力に対する見方が根本的に変わってきた。終戦直後は、経済の回復はすべての国民の努力の成果であり、従ってすべての人がその恩恵にあずかるべきだと考えられていた。企業レベルで言えば、会社の経営者と全従業員のパートナーシップによって発展していく産業モデルがベースになっていた。対照的に、1980年代に入ってからは政府の介入や社会契約の構築よりも、市場原理主義や個人主義に基づいて経済が発展していくようになっていった。

私は、これは間違いだったと思っている。ステークホルダーモデルが成立するためには、会社の経営者が意思決定に際し、自社に直接関係する主要な利益だけでなく、雇っている従業員やその家族や周辺地域の関心事にも配慮する必要がある。ダボスでの会議の初期の頃は出席者が、この考え方に基づく『ダボス・マニフェスト』と題した宣言文に賛同する意思まで表明していた。[*19]

ダボス・マニフェスト（1973年）

A 真の経営の目的は、顧客、株主、労働者、従業員ならびに社会に仕え、ステークホルダーの多様な利益を調和させることである。

B1 会社の経営者は、顧客に仕えなければならない。顧客のニーズを満足させ、最高の価値を提供することが必要である。顧客が最高の価値を確実に得られるようになる方法として一般的かつ広く受け入れられているのが、企業間の競争である。そのために経営者が目指すべきは、新しいアイデアや技術の進歩を取り入れて、新しい商品やサービスを生み出すことである。

2 経営者は、自社に投資している投資家に対して、国債の利回りよりも高い投資利益率を提供しなくてはならない。リスクプレミアムを資本コストに組み込む必要があるからだ。経営者は株主の受託者である。

3 経営者は自社の従業員に仕えなければならない。自由社会では、リーダーはそれに従う者の利害をも統合して考える必要があるからだ。特に雇用の継続、実質所得の増大と職場環境の改善を従業員に保証することが経営者には求められる。

4 経営者は、社会に仕えなければならない。未来の世代のために、物質世界の管理人としての役割が求められており、自由に使える無形有形の資源を最適な形で活用する必要がある。経営知識と技術の最先端を絶えず切り開いていかなければならないし、地域社会がそれぞれの目標を達成できるようにするための資金の一部として、適切な額の税金を納め続けることを保証する義務がある。また、持ち合わせている知識と経験を地域社会が利用できるようにもしなければならない。

C 経営者は経営責任がある営利企業を活用して、上記の目標を達成することができる。それゆえに、その企業を長期にわたって確実に存続させることが重要であり、そのためには、十分な収益性を上げなければならない。従って、経営者が顧客、株主、従業員ならびに社会に仕えることを可能にする手段として、収益性の確保が必要である。

だが、『ダボス・マニフェスト』と、そこで提唱されたステークホルダー重視の取り組みは、初めこそ熱狂的に迎えられたものの、それより視野の狭い株主中心のパラダイムが、とりわけ米国では主流となった。そのパラダイムは、シカゴ大学教授で後にノーベル経済学賞を受賞するミルトン・フリードマンが1970年に打ち出したものである。フリードマンは、「企業の社会的責任は一つしかない。それは利潤を増やすことである」[*20]と唱え、自由市場が何よりも重要だという信念を抱いていた（このことについては、第8章でさらに詳しく取り上げる）。

その結果として何が起こったか。不均衡な成長である。西側諸国の経済は80年代に成長軌道に戻った。しかし、景気回復の恩恵を享受したのは、以前よりもさらに小さな一部の層であり、しかも、それにより地球を一層痛めつけることになった。労働組合の組織率は下がり始め、団体交渉が行われることも少なくなった（ただし大陸欧州では、ドイツ、フランスやイタリアなど多くの国で2000年代まで組合が一定の力を保っていたし、ベルギーのように現在でも強い国もある）。西側を牽引する二大経済大国である米国とイギリスの経済政策は、規制緩和、自由化、民営化、そして「見えざる手が市場を最適な状態に導く」という方向に大きく舵を切った。他の西側諸国も、多くは米英の路線に追随し、その中には、社会民主主義政権では経済を活性化できなかった国も含まれていた。その一方で、前向きな変化も生まれていた。第三次産業革命につながる新しいテクノロジーの台頭である。パーソナルコンピューターが発明され、あらゆる組織になくてはならないものになっていく。

冷戦の終結による大転換

こうした傾向は西側社会の中だけの話ではない。80年代になると、東欧諸国の経済は破綻に近づきつつあり、それはソ連が推進する国家主導型の経済モデルが、西側諸国による市場中心の経済モデルと比べ、産業構造の転換への対応力に欠けることを証明する結果となった。中国では、鄧小平という新しい指導者が1979年に改革開放政策を打ち出し、資本主義や市場原理の考え方を一部取り入れた独自の経済政策を徐々に導入するようになった（この点については、第3章でより詳しく論じる）。

ドイツでは1989年に、国全体が多幸感に包まれる歴史的な出来事が起きた。この国を東西に分断する象徴であったベルリンの壁が崩れたのだ。それから間もなく、ドイツの政治的再統一がようやく実現した。また1991年には、ソ連が崩壊した。それにともない、旧東ドイツ、バルト諸国、ポーランドやハンガリーなど、ソ連の勢力圏内にあった多くの国が、資本主義的な自由市場モデルを取り入れ、西側の一員に加わった。米国の政治学者フランシス・フクヤマが後に「歴史の終わり」[*21]と呼ぶ事態が到来した、と思われた。欧州の経済はさらに勢いを増し、政治経済の統合、共通市場の設立、最終的にはユーロという新しい通貨への統合といった、より深いレベルの共同体づくりが加速するようになった。

ダボスでもこうした変化の風をひしひしと感じることができた。もともとは、欧州と米国の学者や政策担当者、そして企業の幹部たちが集う場として発足した欧州経営フォーラムも、1980年代には、よりグローバルなものになった。中国、インド、中東やその他の地域からの代表も加わり、共有するアジェンダにも、よりグローバルなテーマを組み込むようになったのだ。その結果、名称も変更する必要に迫られ、1987年には、その先に続くグローバリゼーションの時代にふさわしく、世界経済フォーラムと名乗ることにした。

1990〜2000年代のグローバリゼーション

ソ連が崩壊して十数年の間に、世界各地の経済的つながりは複雑化した。様々な国や地域の組み合わせで自由貿易協定が調印されるようになり、世界経済を動かす原動力も、これまで以上に多様化していった。欧州の相対的な重要性が低下し、韓国やシンガポールのみならず、より大きな国であるブラジル、ロシア、インドや南アフリカ、そして中国も含めたいわゆる新興国が、経済の最前線に出てくるようになった（「新興国」とは、一部の民間金融機関が独自に使うようになったグループ分けにすぎないため、正式な定義は定まっていない。ただ一つ、共通の特徴として言えるのは、何年も世界経済の平均成長率を上回っている、または過去に上回ってきた実績があり、いずれ先進国としての地位を獲得する、あるいは取り戻す可能性がある西洋以外の国または地域という点である）。

このようにして、グローバリゼーション――モノ、サービス、人や資本の流れが増え、世界の相互依存度が高まるプロセス――は、経済を支配する力となっていった。貿易のグローバル化を示す世界のGDPに占める国際貿易の比率は、2001年に過去最高の15％に達し、「零年」たる1945年の4％に大きく差をつけた。

シュヴァーベンに本拠を置く優良企業ZFにもグローバル化の波が押し寄せた。同社の社史によると、当時の名経営者であったジークフリート・ゴルは「ZFにとって中国が最大の関心事だった」と述懐している。[*22]「80年代にはすでに中国とのビジネスは始まっていた。もともとはライセンス契約を中国企業と結ぶところから始まった関係は次第に広がり、私が引退した2006年には、20カ所以上に製造拠点を置くまでに発展した」。ZFの記録によると、「1993年に中国企業と初の合弁事業」、そして1998年までには「中国初の外国企業の完全子会社として蘇州にZFドライブテックを設立し、ZFと中国の関係が確固とした形で確立された」

しかし当時のグローバル化の波は、いくつかの国や地域には、あまりにも激しく、スピードも早過ぎた。1997年にはアジアの新興国の一部で深刻な金融危機が発生した。この危機の主な原因は、金融のグローバル化に歯止めが利かなくなったことにある。すなわち、利益を追い求め、債券の投機的な売買ができる、より資本規制の緩い国へと資金を次々に移動させる国際的な投資ファンドの「ホットマネー」によって引き起こされたのだ。また同時期に西側諸国では、多国籍企業の意向が各国の経済をも左右するような状況が生まれるにつれ、反グローバリゼーション運動が巻き起こった。

ラベンスバーガー社もこの反動から逃れることはできなかった。1997年には同社の経営陣は「競争力を国内でも国際的にも維持するための予防措置」として、各国に展開している生産拠点の存続を約束する保護協定を結ぶ用意があることを表明したと、欧州生活労働条件改善財団（Eurofound）が後に公開したケーススタディーの中で述べている。[*23]いわゆるラベンスバーガー協定として知られるこの労使協定は、組合側が無償で労働時間の延長を認める代わりに、企業側は雇用維持を約束したものだ。

この協定は多くの労働者に歓迎されたが、労使関係が悪化することにもつながった。産業別労働組合（訳注　欧米の多くでは日本と異なり、企業の枠を超えて産業別に組織されている組合に労働者が個人として加盟する）は、この協定が組合による団体交渉の権利を否定するもので不必要であると主張し、ラベンスバーガー社の業績も上向いているとした。最終的に、大きな議論を巻き起こすことになったこの協定は、全当事者が相互の関係を見直す契機となった。組合の発言力は、特に家族経営企業において弱かったのが強まり、経営側も労使協議会において、より建設的な話し合いに応じるようになった。

ドイツでは、経済成長や、雇用問題、そして旧東ドイツの統合などを巡って、同様の問題が社会や産業界で増加したため、2000年代の前半には、労使協議による共同決定、「ミニジョブ」（賃金が一定水準以下、あるいは一年当たりの雇用期間が短い雇用）や失業手当に関する新法が成立し、新しい社会契約が形作られるようになった。とはいえ、こうして生まれた新しい労使の均衡状態の恩恵をあまり受けなかった人もおり、そして確かにドイツ経済は勢いを取り戻し、高い成長率を何年間か保ったが、他の多くの先進国では、経済がすぐにより不安定な状況に陥っていった。

最初の兆候は、2000年後半から2001年前半にかけて現れた。ITバブルが弾け、米国のハイテク株が大暴落したのだ。しかし、2001年の後半には、それをはるかに上回る衝撃的な出来事が米国社会と世界経済を震撼させた。この年の9月、米国は第二次世界大戦の真珠湾攻撃以来となる自国領土への攻撃を受けることになった。9・11米国同時多発テロである。経済の中心地であるニューヨークの世界貿易センタービルとワシントンにある国防総省《ペンタゴン》に旅客機が突入したのだ。

私はまさにその日、国連を訪問するためにニューヨークに滞在中だったため、そこにいたすべての人と同じく絶望的な気持ちになった。何千人もの人が犠牲になり、米国は立ちすくんだ。連帯を示すために、世界経済フォーラムは翌年1月の年次総会をニューヨークで開催した。ダボス以外で開催したのはこの時が初めてである。ＩＴバブルの崩壊とこの９・11の後、西欧の景気は落ち込んだ。この後しばらくの間、貿易と技術進歩による経済発展という構図は停滞することになる。

しかし、経済成長の勢いを取り戻すための種はすでに蒔かれていた。ＺＦ社が中国に拠点を増やしてきたことはすでに述べたが、同社の例が示すように、世界最大の人口を擁するこの国が、改革開放政策を導入してからの20年間で、世界で最も急成長している国の一つに躍り出たのである。２００１年にはＷＴＯ（世界貿易機関）に加盟し、他国が失速するのを尻目に、成長を加速させて、多くの国を追い抜いた。中国は「世界の工場」となり、億単位の国民が貧困を脱した。ピーク時には、世界経済の成長の約３分の１以上を支えるまでに拡大した。そのおかげで、中南米や中東、アフリカなどの農業国、鉱業資源国が、西側諸国の消費者と同様に恩恵を享受した。

その一方、バブルが弾け荒涼としたＩＴ市場に、株価急落の悪影響を耐え抜いたハイテク企業や新しい技術で勝負しようとするスタートアップが出現し、第四次産業革命の礎を築き始めた。「ＩｏＴ（モノのインターネット）」といった新技術が出現し、機械学習（コンピューターがデータから自動で学習し、データの背景にあるルールやパターンを発見すること）が再び脚光を浴び、「ＡＩ（人工知能）」と称されるようになった。言い換えれば、貿易とテクノロジーが再び世界経済を突き動かすツインエンジンの役割を担うようになったのである。２００７年にはグローバリゼーションと世界ＧＤＰが史上最高の水準に達した。しかし、そこがグローバリゼーションの最後の輝きとなった。

システムの崩壊

２００７年以降、世界経済は悪化の一途をたどり始めた。主要国では、成長のエンジンが止まる様子を目の当たりにするようになった。最初にエンストしたのは米国だ。住宅バブルが弾け、住宅ローンが不良債権化して金融危機に陥り、「大不況《グレートリセッション》」が1年半以上も続いた。続いて欧州経済は、２００９年にギリシャなどの国で始まった債務危機に数年間も苦しむことになった。その他の国も２００９年からの世界的な景気後退のあおりを受け、それから10年間は実質経済成長率が２～３％程度をうろうろしていた（細かく言えば、２０１１年と２０１９年に記録した２・５％と２０１７年の３・３％の間を推移した。数字は世界銀行による[*24]）。

経済成長の原動力である生産性の向上が足りないため、低成長がもはや世界のニューノーマルになったようだ。西側諸国では多くの人々が低賃金の不安定な職にしか就けず、状況が改善する見通しも立っていない。その上、ＩＭＦは新型コロナウイルス感染症のパンデミックが起こる前の時点で、世界の債務がすでに持続不可能な水準に達していると警告していた。[*25] ２０２０年の公的債務は、多くの国で１９７０年代の不況時に記録した最悪の水準かそれ以上になっている。ＩＭＦによると、先進国の２０２０年における公的債務は、新型コロナウイルス感染症のパンデミック発生直後でもＧＤＰの１２０％を上回る水準にまで達し、たった一年で15％以上増加した。新興国でもＧＤＰの（２０１９年には50％を少し超える程度であった）公的債務が、60％を超えるレベルまで跳ね上がった。[*26]

ついには、成長を進歩の指標として追求することが有効であるのか、疑問を抱く者がますます増えるようになった。グローバル・フットプリント・ネットワークによると、世界経済が地球の天然資源を過剰消費することなく成長できた年は1969年が最後だという。[*27] それから50年たった今、人類が地球環境に与えている負荷はかつてないほど大きくなっており、毎年、地球が再生できる資源の1・75倍以上の資源を消費している。

こうしたマクロ経済のトレンド、社会のトレンド、そして環境面でのトレンドはすべて、個人や企業、地方政府と中央政府が下してきた決定の積み重ねを反映している。そうしたトレンドから生まれた問題は、戦争や貧困、破壊の時代からもう何十年も先に進んだはずの私たちに、不愉快な新しい現実を突き付けた――豊かさは、社会が不平等で持続不可能なものになっているという犠牲の上に成り立っているのだと。

■　■　■

21世紀を迎えたシュヴァーベンは多くの面でこれまで以上に豊かな地域になっている。給与水準は高く、失業率は低く、人びとは様々なレジャーを楽しんでいる。ラーベンスブルクやフリードリヒスハーフェンの美しい街並みからは、1945年には瓦礫の山だったことがまったく想像できない。ラーベンスブルクは今も難民を受け入れているが、現在戦争が起きているのははるか彼方の地だ。この街に本社を置くパズルゲームの老舗メーカーでさえ、今ではグローバルサプライチェーンに組み込まれ、ジグソーパズルはデジタルゲームに押されて壊滅的な打撃を受けた。

しかし、この地方の住民や、自動車の動力伝達系統の製造工場、玩具メーカーをはじめとする地域の様々な社会的ステークホルダーが先に進むためのジグソーパズルを解くのは、決して容易ではない。世界の他の地域でも同じことが言える。そのグローバルなジグソーパズルは非常に複雑で、相互に依存し合う数多くのピースで構成されているから、パズルを解く前に、いったんどのようなピースがあるのかをリストアップする必要がある。そこで次の章では、有名なエコノミストを案内役として、この作業に取り掛かろう。

第2章

クズネッツの呪い 今日の世界経済の諸問題

今日の世界経済というパズルを一緒に解く相手として、恐らくサイモン・クズネッツほどふさわしい人物はいないだろう。クズネッツは旧ロシア生まれの米国人経済学者で、１９８５年に死去している。[*1]

１９８０年代半ばにこの世を去った一人の人物が、今日の世界経済の問題にそれほどまでに大きな関わりを持つこと自体、おかしいと思われるかもしれない。しかし、ノーベル賞を受賞したこの経済学者の教えをもっとよく聞き入れていたら、私たちが現在直面している諸課題が、これほど困難な問題になっていなかったであろうと強く思う。

実際のところ、クズネッツは80年以上前、ＧＤＰは経済政策を立案するには欠陥のあるツールだと警鐘を鳴らしている。ただ皮肉にも、その数年前、まさにそのＧＤＰという概念を初めて作り出し、それが経済発展の神聖な目標となるのに一役買ったのは彼自身であった。また彼は、所得の不平等が経済の発展にともなって減少することを示した「クズネッツ曲線」の提唱者としても知られているが、後に自ら、それが「根拠薄弱なデータ」から導き出されたものだと警告してもいる。[*2] 第二次大戦後に欧米諸国が奇跡的な経済成長を遂げた１９５０年代の、比較的短期間に得られたデータに基づいたものだからだ。もし彼が対象とした時代が例外的なものならば、クズネッツ曲線の理論は誤りだということになる。さらに、この曲線から派生した、国の環境汚染はその国の経済発展がある段階に達すると減少するといういわゆる「環境クズネッツ曲線」理論をクズネッツ自身が承認したことは一度もない。

今日、私たちは、もっと厳密な分析を行ってこなかったこと、あるいは、考え方があまりにも独断的であったことの報いを受けている。私たちがGDPの成長こそ最優先の目標だと考えるようになったのと同時に、成長は失速してしまったのだ。経済がこれほど発展したことはなかったが、同時に不平等がこれほど悪化したこともない。環境汚染の減少を期待するどころか、私たちは今やグローバルな環境危機の真っただ中にいる。

私たちがこういった多種多様な経済的危機に直面しているのは「クズネッツの呪い」だと言えるだろう。それは、このしばしば誤解されているエコノミストによる究極の「だから言ったではないか」であり、人々がリーダーに対して、自分たちが裏切られたと感じることの根っこにあるものだ。しかし、この呪いについて深掘りする前に、サイモン・クズネッツとはどんな人物だったのか、そして、人々が彼のことをどのように覚えているかについて見てみよう。

クズネッツの呪いの原型：進歩の尺度としてのGDP

1901年、サイモン・スミス・クズネッツは、ロシア帝国（現ベラルーシ領）の都市ピンスクでユダヤ系両親の息子として生まれた。*3 高校時代に数学の才能を現したクズネッツは、現在のウクライナにあるハルキウ大学で経済学と統計学を専攻した。しかし、成績が優秀だったにもかかわらず、大人になってからは故郷を出ることになった。1922年、ウラジーミル・レーニン率いる赤軍が1917年から続いていた内戦で勝利を収め、ソ連が誕生しようとするときに、クズネッツは何千人もの同胞たちと同じように米国に移住した。米国では、まずコロンビア大学で経済学の博士号を取得した。その後、経済シンクタンクとして高い評価を得ていた全米経済研究所（NBER）に入った。彼が輝かしい経歴を築き上げたのはまさにこの研究所にいた頃だ。

この米国移住は完璧なタイミングだった。それからの数十年間で、米国は世界一の経済大国にのし上がったからだ。クズネッツは、米国が新しく手にしたその地位の意味を理解するのを手伝うために、その現場にいたと言っても過言ではない。彼は、国民所得（GDPの前身）や年間経済成長率といった、今日まで経済学や経済政策を支配し続ける主要概念の形成を先導する役割を果たし、それにより世界で最も著名な経済学者の一人になった。

その間、米国の経済成長率は乱高下していた。1920年代、第一次世界大戦で勝利を収めた米国の経済は絶好調だった。政治的にも経済的にも大国として台頭し、すでに弱体化していた大英帝国にとって代わる位置にあった。イギリスは第一次産業革命で世界を席巻し、1914年まで世界の3分の1を統治していた。米国は、そのイギリスに代わり、真の意味では第一次世界大戦後に始まる第二次産業革命を先導した（一般的な経済史用語としては、第二次産業革命とは19世紀後半に起こった重化学工業部門における技術革新を指す）。米国の製造業者は、自動車やラジオのような製品を巨大な国内市場にもたらし、近代的な商品に飢えていた大衆にそれらを売りさばいた。自由貿易の精神と資本主義の原則にも助けられて、投資、イノベーション、生産、消費、貿易の好循環が起こり、それによって米国は、一人当たりのGDPで、世界で最も豊かな国になったのだ。

しかし「狂騒の20年代」のめくるめく経験は、やがて悲惨な大恐慌に取って代わられる。1929年には、好景気に沸く米経済は制御できない状況に陥っていた。不平等が生む格差が日増しに広がり、ジョン・D・ロックフェラーのようなひと握りの個人が莫大な富と経済資産を支配する一方、多くの労働者は、依然として日雇い労働や農作物の収穫のような季節労働に頼らざるを得ない、極めて不安定な状況に置かれるようになった。さらに、実体経済に裏打ちされないままに上昇する株価は、金融投機が極度の興奮と熱狂状態に達したことを示した。その結果、1929年10月下旬に株式市場が大暴落し、世界中で連鎖反応を引き起こした。人々は債務不履行に陥り、金融市場は干上がり、失業率が急上昇した。消費者は支出を抑え、保護貿易主義が高まり、世界は経済危機に突入していった。世界経済が大恐慌前の水準を回復するのは、第二次世界大戦後のことである。

米国の政策立案者たちは、どうすればこの危機を食い止め、終わらせることができるかについて懸命に取り組んではいたが、実のところ経済状況がどのくらい悪いのか、という根本的な問題に対する答えを持っていなかった。経済指標は十分でなく、今日私たちが経済を評価する尺度となっているGDPは、まだ発明されていなかった。

ここで登場したのがサイモン・クズネッツだ。統計学、数学、経済学の専門家だったクズネッツは、米国の国民総所得（GNI）――最近まで国民総生産（GNP）と呼ばれていた――を測定する標準的な方法を開発した。彼は、この測定方法を使えば、米国民の所有する企業がある年にどれだけの商品やサービスを生産したかを、より明確に知ることができると確信していた。1937年に米連邦議会へ提出した報告書で、クズネッツはGNI／GNPと密接に関連するGDPの基となる概念を生み出した（GDPが国内で生産された商品やサービスだけを考慮に入れるのに対して、GNIまたはGNPは、その国の国民が所有する企業が海外で生産した製品や所得も含める）[*4]。

それは天才のひらめきだった。他のエコノミストたちは、1930年代のその残りの年月をかけて、この経済生産の尺度を標準化し普及することに力を注いだので、1944年に第二次世界大戦後の国際金融体制を作り上げたブレトンウッズ会議が開催される頃までには、GDPが経済の規模を測る主要なツールとして認められるようになった[*5]。そのときに使われたGDPの定義は現在でも有効だ。すなわちGDPとは、ある国で生産されたすべての商品価値の合計を、その国の貿易収支で調整したものである。GDPを測る方法は様々だが、恐らく最も一般的なのは、いわゆるエクスペンディチャー・アプローチ（支出から見る方法）だろう。この方法では、国内総生産の合計を、それに由来する消費の総額として計算（輸出入で調整）する。

国内総生産＝消費－政府支出＋民間投資＋輸出－輸入

これ以降、GDPは、世界銀行やIMF（国際通貨基金）の国別報告書に見られる指標となっていった。GDPが成長しているときは国民や企業に希望を与えるし、GDPが減少傾向にあるときは、政府はそれを上昇に転じさせるべく、あらゆる手段を講じる。それまで、様々な危機や挫折があったものの、世界経済は全体として成長の物語だった。だから、成長は善いことだという考えが常に幅を利かせてきたのである。

しかし、この物語には、つらい結末がある。私たちがサイモン・クズネッツの警告にもっと耳を傾けていたら、そのことを予見できたかもしれない。１９３４年、ブレトンウッズ合意が成立するはるか前に、クズネッツは米議会に対して、ＧＮＰ／ＧＤＰにあまりとらわれすぎないようにと警告していた。彼は「国の幸福《ゆたかさ》というのは国民所得の尺度では推測できない」と言った。[*6] この点において彼は正しかった。ＧＤＰは消費については教えてくれるが、幸福については教えてくれない。生産については教えてくれるが、環境汚染や資源の利用については教えてくれない。政府の支出や民間投資については教えてくれるが、生活の質（クオリティ・オブ・ライフ）については教えてくれないからだ。オックスフォード大学の経済学者ダイアン・コイルは、２０１９年８月に行ったインタビュー[*7]で、実のところＧＤＰは戦時の指標だと語っている。戦時中に、持てる経済力で何をどれだけ生産できるかについては知ることができるが、平時に国民を幸せにする方法を教えてはくれない。

クズネッツが警告したにもかかわらず、誰もそれに耳を傾けなかった。政策立案者たちや中央銀行は、ＧＤＰの成長を支えるためにできる限りのことをすべてやり、そして力尽きた。ＧＤＰはかつてのようには成長しないし、人々の幸福度は、ずっと前に増えなくなっていた。恒久的な危機感が社会を支配しているが、それにはもっともな理由がある。クズネッツは気付いていたが、私たちはＧＤＰの成長だけに着目して政策を立案すべきではなかったのだ。残念ながら、それが現状である。ＧＤＰの成長率は今も主要な指標だが、それはずっと減速し続けている。

図2-1　世界のGDPの伸びは1960年代以来、下降傾向にある

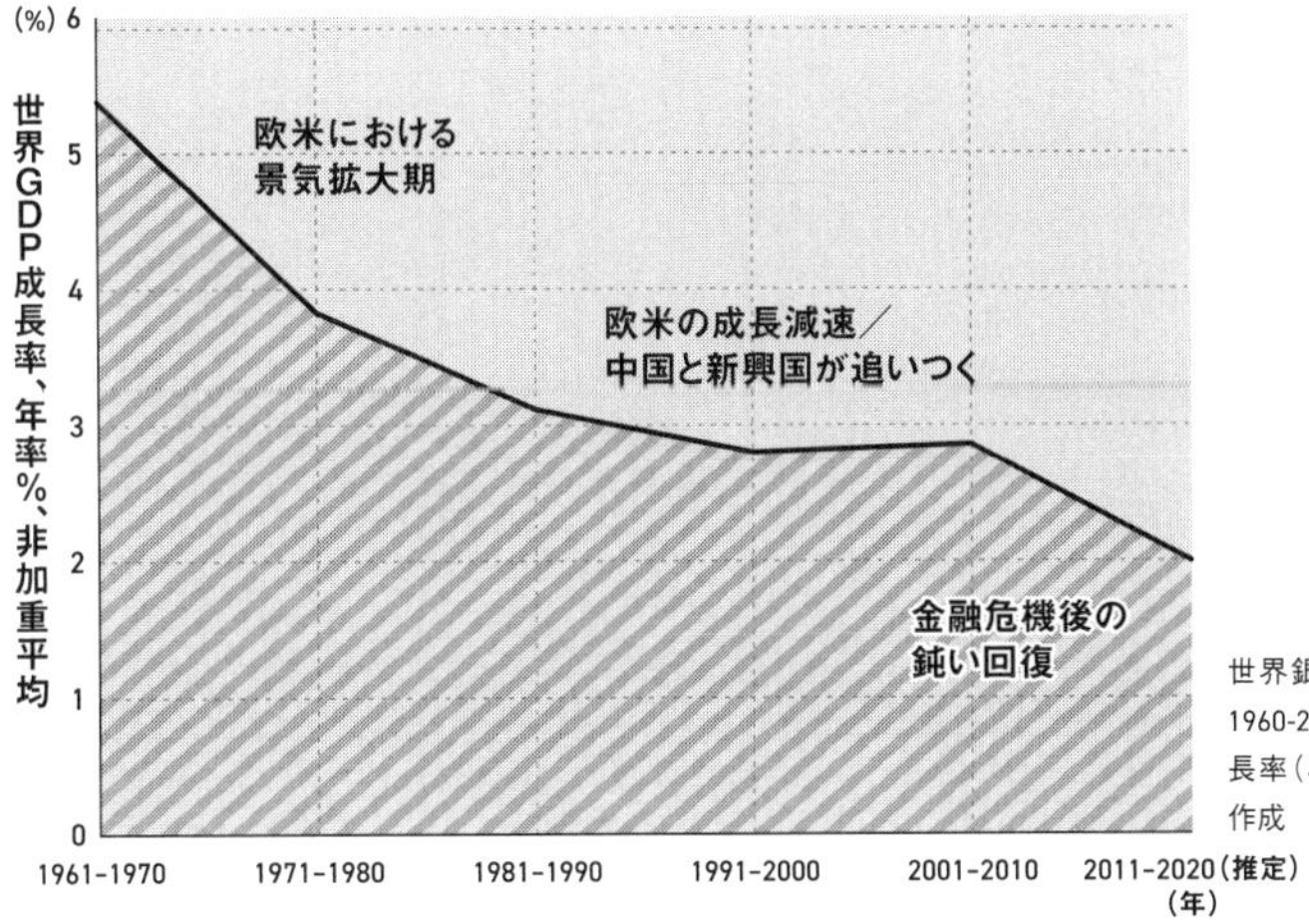

世界銀行発表による1960-2019年のGDP成長率（年率%）を基に作成

GDP成長の低下

第1章で概説したように、過去75年の間、世界経済には繰り返し急速な景気拡大期が訪れ、同時に深刻な不況も何度か経験した。しかし、２０１０年に始まった景気拡大は、緩くて力のないものだった。世界経済の成長は、[8] １９７０年代初頭までに年率５％かそれ以上というピークの数字を達成し、それ以後も２００８年までは平均３％以上を維持していたのに、それ以後は２％以下にまで落ち込んでしまった[9]（図２－１参照）。

この３という数字は重要だ。なぜなら、これが長い間、標準的な経済理論の成否を見極める分岐点の役割を果たしてきたからだ。実際に、10年ほど前まで「過去のＩＭＦチーフエコノミストたちは３％あるいは２・５％（どちらの数字を取るかは、その時点のチーフエコノミストによる）以下の経済成長を不況と呼んでいた」と『ウォール・ストリート・ジャーナル』紙は指摘している。[10] そのことは、以下の単純な計算で説明できる。1950年代から1990年代初頭まで、世界の人口増加率は年1・5％またはそれ以上をほぼ一貫して維持してきた。[*11] 世界経済の成長率が人口増加率よりわずかしか高くないということは、世界の人口の大部分が事実上ゼロ成長またはマイナス成長の状態にあったということを意味する。そのような経済環境は、労働者や経営者、政策決定者の誰をも失望させる。成長がゼロまたはマイナスというのは、上昇の機会がほとんどないに等しいからだ。

経済成長の鈍化傾向が恐らく引き金となり、エコノミストたちはグローバルな不況が何によってもたらされているのか、その要素を見直さざるを得なくなった。しかし見直したところで、それ以降も世界経済が伸び悩んでいるという事実は変わらない。実のところ、年3％未満という成長率を、もはやニューノーマルとして受け入れなくてはならないようにも見える。実際IMFは、新型コロナ危機の発生前ですら、今後5年間、世界のGDP成長率が3％の水準まで回復することはないと予測していた。[*12・*13・*14] そしてその見通しは、この100年で最悪の公衆衛生危機である新型コロナウイルス感染症の世界的流行によって、さらに悪化したのである。

従来の経済学の常識に照らすと、人々が経済成長に慣れてしまっているがゆえに、この状況は経済のシステム障害をもたらしかねない。それには二つの理由がある。

第一に、世界のGDP成長率とは総体的な指標なので、まださほどプラス成長になっていない一部の国や地域の現実を隠してしまうきらいがある。たとえば、欧州や中南米、北米では、実質成長率がゼロに近づいている。だが中東欧諸国は、西欧あるいは北欧の近隣諸国に追い付かなければならないのだから、そのような低成長は希望を失わせるものだ。やる気のある、高い教育を受けた人々は、高収入の得られる国でビジネスチャンスを求めるから、頭脳流出が加速することにつながるだろう。そうなれば、彼らの故国の問題はさらに悪化するかもしれない。同じことが中東や北アフリカ、中南米にも当てはまる。それらの地域では、多くの人々がまだ中産階級の生活様式を持てず、ゆとりのある暮らしをしているとは言えない。社会保険制度や年金だけでなく、経済的安定をもたらす仕事もまだ少ないのだ。

第二に、サブサハラ（サハラ砂漠以南）のアフリカのように、年3％またはそれ以上の成長を続けている地域でも、人口が同様のペースで増加していることを考えると、一人当たりの所得について急速な伸びは望めない。近年において、相対的に高い成長率を記録した低所得国や低中所得国に、ケニアやエチオピア、ナイジェリア、ガーナなどがある。*15 しかし、これらの国が今後当分の間5％成長を続けたとしても、それらの国民の所得が2倍になるには、まるまる一世代（15〜20年）かかる恐れがある（しかも、それには経済成長の成果のほとんどが広く分配されるということが前提だが、多くの場合、そうはならない）。

21世紀初頭の中国に見られたような急速な発展を達成し、経済的繁栄を分かち合うには、後発の開発途上国は6％から8％の実質成長率を必要とする。しかし、そういった国々はそこまで強力に経済成長を引っ張る原動力を持ち合わせてはいない。このため、先進国の北と開発途上国の南の間で生活水準の「大いなる収斂《れん》」が実現するには、何人かのエコノミストたちが予測するように、仮に実現したとしても非常に長い時間を要するだろう。ワシントンにあるＩＩＦ（国際金融協会）のチーフエコノミスト、ロビン・ブルックスは、２０１９年に『フィナンシャル・タイムズ』紙のジェームズ・ウィートリー記者に対して次のように語っている。「新興国にとっての成長物語は終わってしまったという議論がますます広まっている。もはや、成長プレミアムというものはない」*16

ＧＤＰの先を思い描いても、今より明るい展望は見えてこない。他の経済指標、特に負債と生産性もまた、その逆を示している。

膨らむ債務

まず、増加する債務について考えてみよう。世界の債務（国、企業、家計の債務をすべて含む）は、ＩＩＦによると２０２０年半ばまでに世界のＧＤＰの３倍を超える約２５８兆ドルにも上る。[*17] これはあまりにも大きな数字であるだけでなく、国債の発行による政府債務から消費者の住宅ローンにまで至る、あらゆる種類の債務が含まれているため、全体像がつかみにくい。

しかし近年、世界債務は急速に増えていて、ＩＭＦのジェフリー・オカモト筆頭副専務理事が２０２０年10月に述べたように、それは間違いなく「憂慮すべき」レベルにある。『ウォール・ストリート・ジャーナル』紙は、第二次世界大戦以来、先進国の債務がこれほど高いレベルに達したことはなく、戦後の復興期と違って、これらの国々が将来その債務を減らす手段として「高い経済成長の恩恵を受けることはもはやない」と予測している。[*18]

新型コロナウイルス感染症のパンデミックはもちろん、世界中の国々の債務負担、特に政府の債務負担を急速なペースで増大させた。ＩＭＦによると、２０２１年半ばまでのわずか18カ月の間に、「債務の中央値は、コロナ前と比べて、先進国で17％、新興経済国で12％、低所得国では８％大きくなると予想されている」[*19]

しかし、たとえパンデミックが起きていなかったとしても、債務は過去30年間じわじわと増え続けてきていた。一例として、先進国の債務は1991年のGDP比約55%から2001年には70%超、2011年には100%超に拡大している。2021年には120%以上に達する見通しだ。[*20]

過去数十年にわたって世界経済、とりわけ先進国では、経済成長が鈍化しているにもかかわらず、政府や企業、家計は債務を増やし続けてきた。それは果たして良かったのだろうか。理論的には、答えはイエスだ。設備投資に使われるのであれば、債務は将来の経済成長と繁栄のテコとなり得る。しかし、どのような債務もいつかは返済しなければならない（インフレが進んで債務が消えてしまえば別だが、過去20年の先進国のインフレ率は平均2%以下だ）[*21]。他に選択肢があるとすれば、それは唯一、債務不履行《デフォルト》を宣言することしかないが、これはロシアンルーレットをするようなもので、極めて危険だ。

ではここまで数十年増え続けてきた債務とはどんな種類のものだったのだろうか。政府債務には、しばしば良い債務と悪い債務が混在している。良い債務とはたとえば、近代的なインフラの整備や教育に使われるものである。良い債務は通常、時間がたつうちにひとりでに返済され――利益さえ生むことがある。そのようなプロジェクトは奨励されるべきだろう。対照的に、悪い債務というのは、赤字なのに消費を後押しするため財政支出するケースで、時間が経っても何ら利益を生まない。このタイプの債務は避けるべきだ。

全体としては、悪い債務が増加していると言って間違いない。たとえば、西側諸国のように金利を低くして貸し付けを奨励することで、借り手が支出に対して慎重にならなくなる種類の借金だ。この数十年、政府にとって財政赤字は例外ではなく、むしろ当たり前のことになってしまった。2020年初めの数カ月間で爆発的に広がった新型コロナ危機により、その状況が好転すると考えることはもはやできなくなった。多くの政府は、経済を支えるために事実上「ヘリコプターマネー」（ミルトン・フリードマンが提唱した概念で、ヘリコプターから現金をばらまくように、資金を無制限に市中に投じる）を供給する政策を採った。彼らは紙幣を刷り、中央銀行に対してさらに多くの債務を作り出した。一度きりの支援金や消費促進のための給付金などを国民や企業に提供し、新型コロナ危機を乗り切ろうとした。短期的には、この措置は景気がさらに悪化して経済が崩壊することを防ぐために必要なものだった。しかし長期的に見ると、この緊急措置で生じた債務も、いつかは返済しなければならない。要するに、この数年でさらに膨らんだ巨額の債務は、長期的な経済成長を促したり、もっと持続可能な経済システムに転換するのに使われたりすることがなかったのだ。従って、この過剰債務は、多くの国で政府の首をじわじわと締め上げることになるだろう。

このような状況の中で、新興国や開発途上国には明るい兆しが見えている。新型コロナ危機前にはこれらの国々の政府債務は相対的にＧＤＰ比50〜55％程度と小さく[*22]、その大部分はインフラ整備に投資されたものだった（ただ新型コロナの危機の中で債務水準は約10％増えた）。こうした国々の中には、人口の平均が20代前半で、年代別人口比率が若い世代に大きく偏っているいわゆる「人口ボーナス」期にあると考えられる国がある。人口ピラミッドがそのような形になっている国では、生産年齢人口の増加にともなって有効求人倍率も伸びれば、債務返済の実行可能性も他国に比べて高くなる（しかし、アラブやアフリカにおいては、人口ボーナスがマイナスに働く国がある。若者に十分な職がなければ、ボーナスではなく、むしろ時限爆弾になってしまう恐れがあるからだ[*23・*24]）。

高齢化の進む西側諸国の中には、経済が低迷していて、債務を返済できるかどうかに疑問符がつく国がある。最大の政府債務を抱えている国は、これまでのところ日本とイタリアだった。両国とも、債務に加えて世界で最も急激な人口減と高齢化に見舞われている国に数えられている。日本の場合、この少子高齢化が引き起こしかねない最も深刻な問題の多くは、国民の個人貯蓄によってある程度緩和される。しかし、今後30年間で人口が1億2700万から1億以下に減り、退職者に対する現役世代の人口比率がさらに下がると、遅かれ早かれ債務の問題に悩まされ続けるようになるだろう。一人当たりの債務額は、さらに25％か30％以上増える恐れがある。[*25]

政府債務の総額がGDP比110％以上[*26]（もしくはそれよりずっと多い）のフランスやスペイン、ベルギー、ポルトガルのような欧州の国々も、いつの日か同じような運命をたどる可能性がある。2010年代の初めに米国が、政府債務がGDP比100％を超える国々、いわゆる「100％クラブ」の仲間入りをするという一大事が起きた。米国の政府債務は近年急速に増えていて、2020年にはGDP比130％を超えた。[*27]米国債は世界で最も売買されている国債の一つであり、米ドルは事実上、世界の準備通貨になっている。それゆえ米国の状況が引き起こす不確実性は、特別なものだ。連邦準備制度理事会（FRB）が通貨の供給をコントロールしているので米国政府がデフォルト（債務不履行）に陥るような事態は起こりそうにないが、万一それが起こったら、私たちの知っている世界経済体制は崩壊するかもしれない。

金融の観点から見て、本当に問題視すべき状況が発生するとすれば、それはこの高い債務と低い経済成長率の組み合わせの中で起こる。3％あるいはそれ以上の成長が期待できる環境の中では、政府債務はすぐに消えてしまうこともある。GDPが成長していれば、過去の債務は相対的に重大でなくなるものだ。近年ではドイツやオランダが、好調な経済成長に助けられて債務負担を大きく減らすことができた。しかし、もしも低成長が「ニューノーマル」として続くならば（そうなりそうに見えるが）、これらの国々が過去の債務を返済する簡単な仕組みなどはない。そこから目をそらしたところで、問題が解決するはずもないのだ。

低金利と低インフレ

これまでは、低成長と債務の問題にとって、低金利という一つの救命ブイがあった。多くの住宅所有者や学生ローンの借り手なら知っているように、借金をしている者にとって低金利は天の恵みである。債務負担が増えていくことを心配せずに債務を返済できるからだ。

世界金融危機（訳注　日本ではリーマンショックとして知られる）以降、中央銀行は救済措置として政府や企業、消費者に対し金利を下げ、それにより低金利時代の幕が開いた。その目指すところは、人々が消費を増やし、企業は投資を拡大し、政府は財政支出を増やして、最終的により高い成長を回復することだった。

米国では、連邦準備制度理事会（ＦＲＢ）が金融危機を受けて２００９年から２０１６年まで政策金利をほとんどゼロに維持してきた。その後2・5％まで徐々に引き上げたが、それでも歴史的に見た通常のレートの半分である。しかし、ＦＲＢは２０１９年に再び金利を数回下方調整した後、[*28]新型コロナ危機が広がったときにはまた0・25％[*29]にまで一挙に引き下げた。非常に厳しいマクロ経済の環境を考えると、近い将来、高金利の時代に戻ることはまずないだろう。その他の先進国では、金利は米国よりもさらに低い。欧州中央銀行（ＥＣＢ）は、ユーロ圏の金利を２０１２年以降1％未満で維持していたが、２０１６年以降はゼロである。その他ほとんどの欧州諸国も、同様に低金利政策を続けていて、中でも日本とスイスは、国債を購入する預金者（中央銀行の当座預金口座に預金している民間金融機関）に金利を払うのではなく、逆にもらう、マイナス金利政策を取っている。

これを見て分かる通り、低金利は、新しいローンを組む意欲も能力もある企業や個人にとっても、過去の債務の借り換えをしたい政府にとっても、天の恵みである。過去の債務を永遠に借り換えていけるのだから、過去のGDP対債務負担は見た目ほど大きな問題ではないとまで言うエコノミストもいる。

しかし、この考えは、他の負債に対する政府の資金不足が拡大すれば、返済の問題はすぐに手に負えなくなるということを考慮に入れていない。高騰する石油やガス価格の一部を消費者に代わって政府が支払う消費補助金[*30]は言うまでもなく、年金や医療、インフラ整備に関係するコストは増え続け、政府の負担になりつつある。これらは悪い債務を作り出す。しかし、こういった政策は有権者には人気があるので、撤回は難しいのだ。

WHO（世界保健機関）によると、特に政府の医療費支出は、新型コロナ危機よりかなり前の2000年から2016年の間で、すでに66％も上昇していた。[*31]同じ期間にOECD（経済協力開発機構）諸国のGDP成長はわずか19％であった。OECD諸国全体の公的医療費負担はGDPの7％近くに上っていて、最も高い米国、スイスではその2倍に上る。また、高齢化が進み、より多くのウイルスや（がんや糖尿病、循環器・呼吸器疾患などの）非感染性疾患が人々を脅かすので、この比率はさらに高くなる可能性がある。政府がこれらのコストを国民に転嫁できなければ、多くの政府は財政均衡を達成するのにますます苦労することになるだろう。

この他にも、政府債務でさらに増大するものがある。G20（20カ国・地域）が世界のインフラ整備を推進するために設立した非営利団体のグローバル・インフラストラクチャー・ハブが計算したところでは、世界全体で２０１６年から２０４０年までに15兆ドルの資金不足になる[*32]。しかし、インフラ整備は投資と同じなので、それで収益が得られる可能性がある。一方、年金および退職積立金の問題は一桁大きくて、リターンははるかに小さい。政策が変更されない限り、世界最大の年金制度を持つ８カ国における年金積立額の不足は２０５０年までに４００兆ドルに膨れ上がり、その大部分は無担保公的年金が補うことになると世界経済フォーラムでは予測している[*33]。

この債務負担に加えて、問題なのは低インフレだ。歴史的に見て、金利とインフレは逆相関の関係になることが多く、中央銀行はインフレを抑えたり刺激したりするツールとして、金利を操作してきた。金利を上げれば、人々や企業、政府に、金を使うより貯蓄するようなインセンティブを与えることになるし、金利を下げれば、逆の方向に仕向けることになる。貯蓄していても増えないと、金を使うようになるので、物やサービスの価格は上昇するのだ。

しかし、10年ほど前から、この逆相関の関係が先進国ではほとんど見られなくなり、特にヨーロッパと日本において切迫している。ゼロに近い金利が長年続いているにもかかわらず、これらの国々ではインフレ率もゼロ近くにとどまってきた。それ自体は短期的には問題ないが、長期的に債務負担を緩和するための手段がなくなってしまっていることを意味する。物価が上がると、名目債務は相対的に負担が軽くなるが、変わらなければ、過去の債務は負担として今日も明日も重くのしかかったままとなる。

低成長、低金利、低インフレと債務増加の連鎖には、もう一つの、しかも最も致命的になるかもしれない要素が入ってくる。それは、生産性の伸び悩みだ。

生産性伸び率の鈍化

この章で概説してきた構造的問題の多くを複雑にしているのは、近年、生産性の伸び率が低くなっていることだ。実際、欧米先進国の中間層の収入が戦後20年以上にわたり急速に増えた理由は、恐らく人口の増加よりも生産性の向上にある。

生産性は、物の作り方や物事の取り組み方にイノベーションが起きて上昇することが最も多い。過去の有名な例を見ても、それは明らかだ。フォード自動車が1900年代初頭に導入した組立ラインや、1970年代から80年代にかけてパソコンがタイプライターに取って代わったことから、タクシーのドライバーに最適なルートを教えてくれる「ウェイズ」のような今日のカーナビアプリに至るまで、イノベーションは生産性向上に大きく寄与する。それは、その恩恵にあずかる労働者が、今までより大幅に少ない時間で、同じ仕事ができる、または同じ数量を生産可能になるからで、またそれによって企業も賃上げが可能になる。

過去にも世界各地で、生産性の向上が高い賃金上昇率をもたらした時代があった。たとえば、資本主義の黄金期である1950年代から60年代の米国では、生産性が毎年ほぼ3％の伸び率を示していた。[*34] しかしその後、伸び率は低下するようになる。さらに問題となったのは、生産性が上昇に転じたときでも、労働者の手取り賃金に反映されなくなり、その分が企業のオーナーと重役たちの懐に回ったことだ。これは、生産性の向上と賃金の上昇が関係なくなる「デカップリング」現象と呼ばれた。[*35] 2007〜2009年の金融危機以来、米国における生産性の伸び率は、年率わずか1.3％に落ち込んだ。これは由々しき事態だ。というのも、デカップリング現象は、すべての人に分け前が十分行き渡るようにパイを大きくしていくことが、もはやできないということを意味するからだ。今日においては、経済成長の果実を分配することはゼロサムゲームのようなもので、一方が得すれば、他方がその分だけ損をする。ドイツやデンマーク、日本のような国は、生産性の伸び率をより高く維持して、それを賃金の上昇にもつなげてきた。しかし、大勢は間違いなく悪い方向に向かっている。先進国の生産性伸び率の低下は顕著だからだ。

この章で示している成長率、金利、債務、生産性などの指標を総合すると、先進国の経済発展モデルには体系的な設計ミスがあったことを示している。その繁栄モデルの多くは、経済成長と生産性向上が永久に続くということが前提だった。今やその成長は停止しかかっていて、水面下で広がっていた問題が、日に日に悪化してきているのだ。

クズネッツの呪いが、再び私たちを悩ませようとしている。GDPは、決して幸福度を測る物差しにはなり得なかった。そして、GDPの成長がますます難しい問題になりつつある今、私たちが高い成長率を追求している間に作り出してしまったその他の数々の問題に対処しなければならなくなっている。

第二のクズネッツの呪い：不平等

最近私たちに降りかかっているのは、クズネッツの呪いの原型であり、それは私たちがGDPの成長を盲目的に追い求めてきたことの結果である。他方、第二のクズネッツの呪いというべき現象もある。こちらの方が、生前のクズネッツを有名にした経済現象に、より密接に関連している。いわゆる「クズネッツ曲線」にまつわる現象のことだ。

1950年代に経済学者として研究を続けていた頃、クズネッツは興味深い現象を理論化する取り組みに着手した。彼はそのとき、戦後の好景気の高まりにともなって、米国の所得格差が縮小し始めたことに気付いた。その現象は戦前、米国が経済大国となった一方で、所得と富は少数に集中していたことと対照的であり、同様の現象は、米国ほど顕著ではないものの、他の多くの先進国でも観察された。

クズネッツは、米国経済学会への投稿論文や同学会の会長としての講演において、独自に発見した数字からこの現象を理論化し、[36]開発経済学にとって画期的洞察を引き出した。ただし、それはこの発見が、長期的に有効であるなら、という条件付きではあった。実際、それは一種の経済法則を意味した。不平等は国が発展し始めると悪化するが、発展が続くにつれて不平等は小さくなっていく。言い換えれば、社会が発展段階の初期に支払う不平等は、後のさらなる発展と不平等の低下によって相殺されるのだ。

クズネッツが打ち立てたこの仮説は、全世界でセンセーションを巻き起こした。特に彼が1971年にノーベル経済学賞を受賞したことは注目度を飛躍的に高めた。ただし、受賞の理由は、（この有名なクズネッツ曲線理論ではなく）国民所得の算出法に対する貢献であった。1980年代を通して、経済学者たちは、クズネッツの楽観的な理論が様々な国や時代においても当てはまることを示すグラフを描き、それを基にそれぞれの経済発展モデルを規定していった。

ただ一つだけ問題があった。それは、時間の経過と共に、その理論がもはや有効ではなくなったことだ。実際、私たちが現在直面しているいくつかの事実を見れば、それは歴然としている。

図2-2 クズネッツの波：所得の不平等の長期的増減

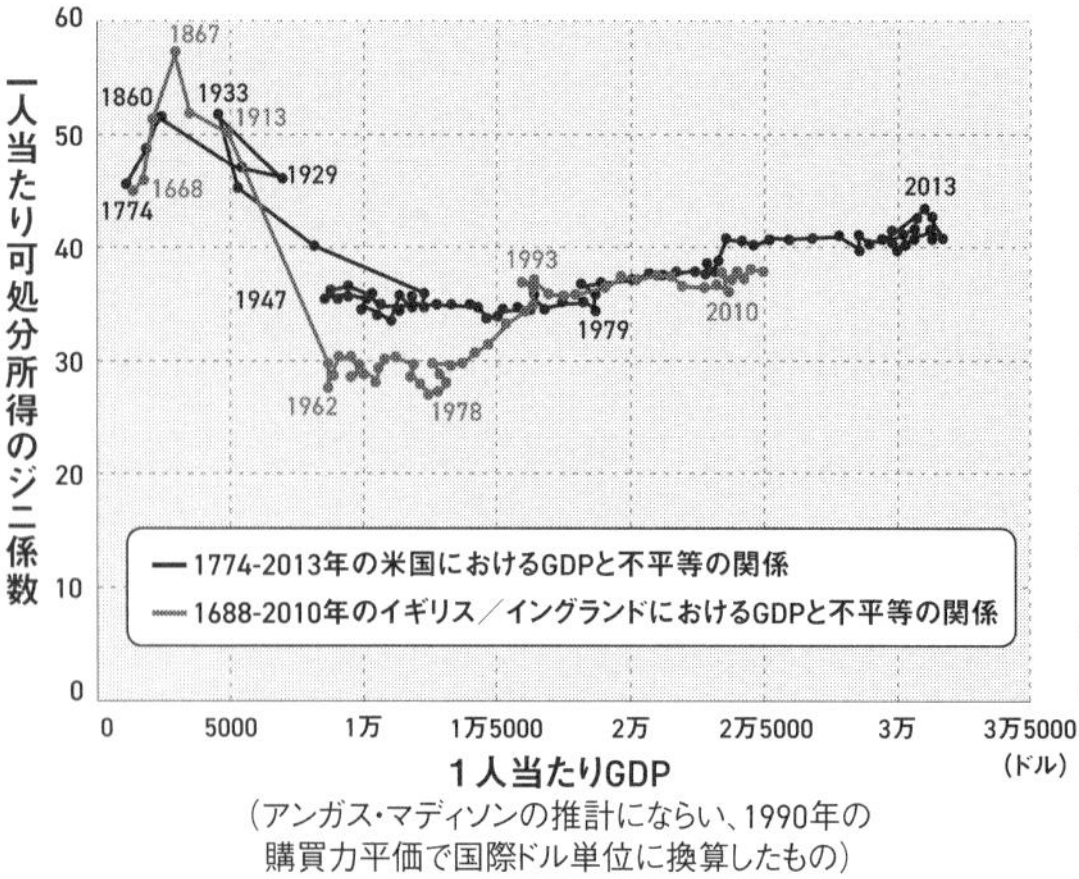

リンダート、ウィリアムソン「成長・平等・歴史」
P. H.リンダート、J. G.ウィリアムソン「成長・平等・歴史」（「経済史探究」22-4、1985年）p.341-347を基に作成

不平等は実際に、先進国の上位に属する国々で再び拡大し始めている。米国の経済学者で元世界銀行主任エコノミストのブランコ・ミラノビッチは2016年の小論文で、現在の不平等の拡大は「第二のクズネッツ曲線」、実際にはクズネッツの「波」なのではないかと示唆している（図2−2参照）。

所得の不平等

我々の世界経済システムにできた傷が悪化している。所得不平等の拡大という傷だ。

この話は意外な展開から始まる。世界中すべての人の所得をグラフにして、世界全体における所得の不平等を測定してみると、不平等はこの30年間、実際には着実に縮小してきている[*37]（図2−3参照）。多くの国で実態はその反対だと思われているから、多くの読者はこのことに驚くかもしれない。しかし世界全体のトレンドは明らかだ。世界全体

図2-3 中国とインドがグローバルな所得不平等に与えた影響（ジニ係数で測定）

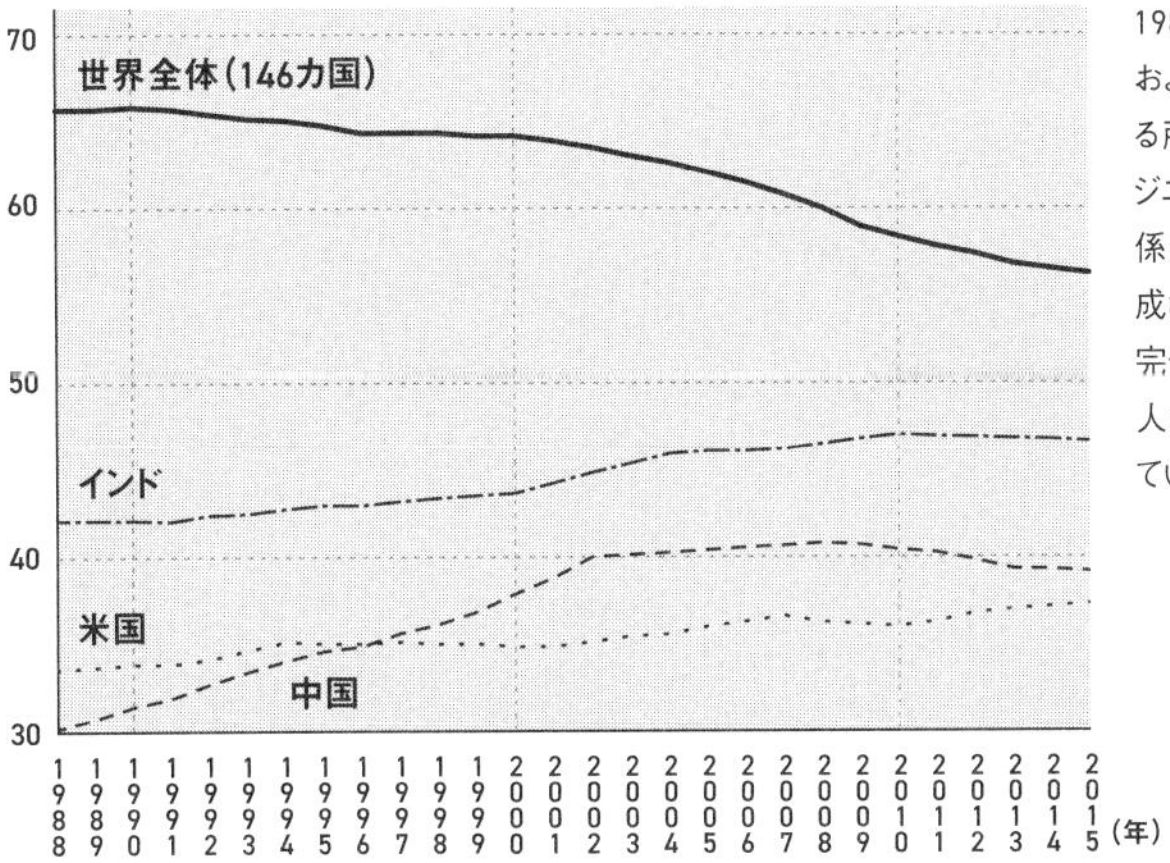

1988-2015年の世界全体および米中印3カ国における所得の不平等を示したジニ係数
係数0は完全な平等が達成されている状態を、100は完全な不平等（すなわち、1人がすべての所得を持っている）状態を示す。

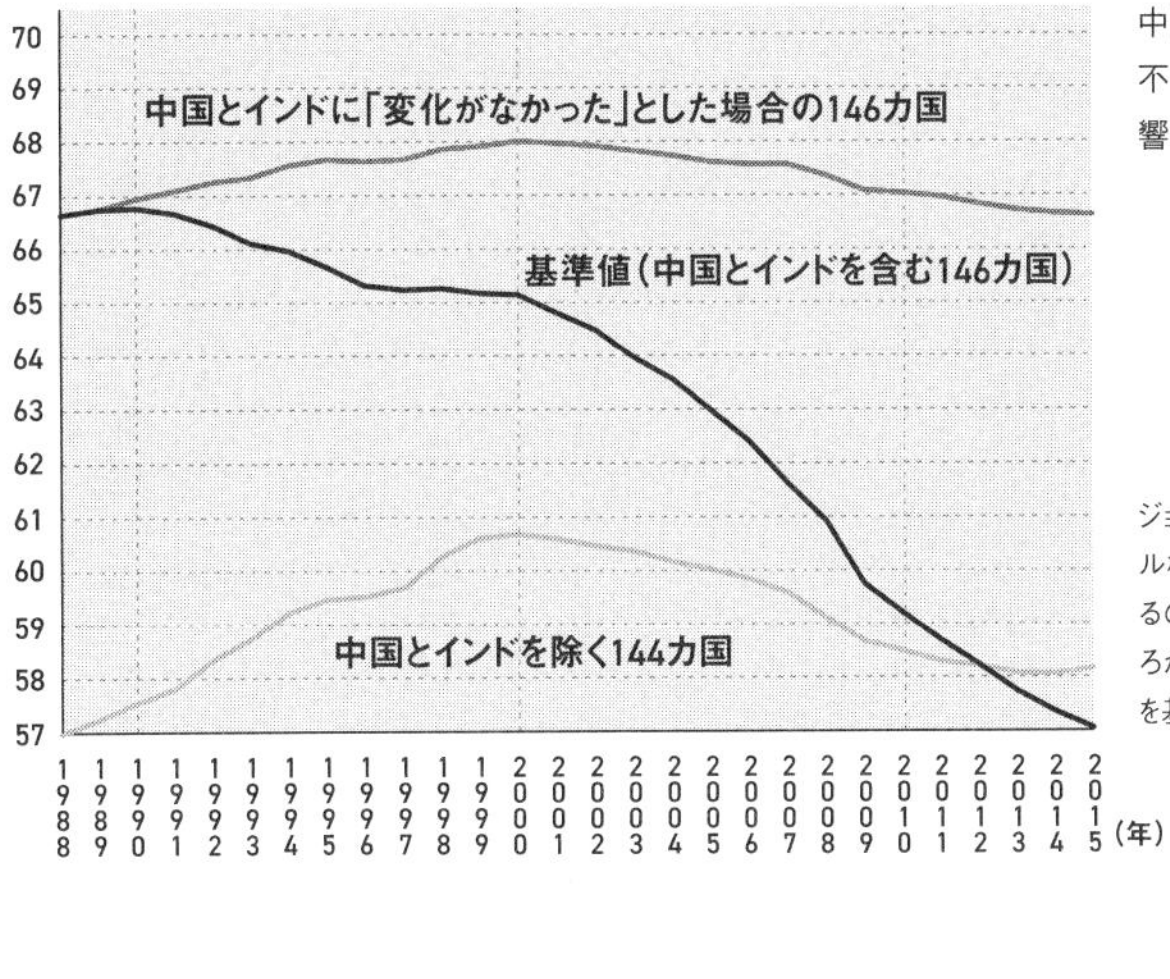

中国とインドが世界の所得不平等の変遷に与えた影響

ジョルト・ダーバスの「グローバルな所得不平等が減少しているのは中国とインドによるところが大きい」2018年4月18日、を基に作成で見れば、人々の所得はより平等になっているのであり、不平等は減りつつある。

不平等の縮小は、信じられないほど強力な力によって引き起こされた。すなわち世界でも有数の大きな（そして以前は最も貧しかった）国々の所得が、非常に大きな経済的飛躍を遂げたことによるものだ。特に中国は、改革開放政策に転じて以来、低所得国から上位中所得国[*38]に発展した。中国政府の統計によると、7億4000万の国民が貧困から脱したという。[*39]インドもまた高度成長の様々な局面を経て、苦労しながらも多くの国民の所得を引き上げることに成功した。

この2カ国の成長が、世界の不平等に与えたインパクトは絶大だった。ベルギーのブリュッセル欧州世界経済研究所（頭文字をとって「ブリューゲル」と呼ばれる）の経済学者ジョルト・ダーバスは、中国とインドの変化がなければ、世界の不平等は昔のままにとどまっていただろうし、算出方法によっては、むしろいくらか不平等が拡大していたかもしれないことを示している（図2－3参照）。

以上の事実は、現在、不平等によって引き起こされている本当の問題を明らかにしている。グローバルな不平等は縮小しても、国内の不平等は大幅に悪化しているのだ。

多くの人にとって、自分たちの暮らしの良し悪しを判断するとき、他の国の人々と比較するよりも、同じ国の人々と比べる方がはるかに重要な意味を持つ。数カ国を除けば、国内の不平等は世界中で拡大しており、しかもかなり急速に広がっていることが多い。

ジニ係数という不平等の伝統的な測定方法は、問題の深刻さを公平に評価しない。ジニ係数では、不平等の程度を数字の0（すべての人が同じ所得を得ている）から1（一人が国全体の所得を保有している）の間で示す。高い数字が続けば不平等が拡大していることを示しているが、それが実際問題として何を意味するのかを理解するのは難しい。たとえば、米国において、ジニ係数は過去最低点であった1971年の0・43から、戦後の最高点である今日の0・58にまで上昇した。[*40] もちろん、それは上昇であるが、それらの数字が示しているのは、正確に言ってどれほど良い状況なのか、それとも悪い状況なのか？

フランスの経済学者トマ・ピケティはこの問題について、もっとうまく説明している。2013年の著書『21世紀の資本』（みすず書房、2014年[*41]）では、上位10％の富裕層の所得割合が時代によってどのように変化するかが明らかにされた。彼のデータによると、1971年に、上位10％の富裕層が国民所得全体の3分の1を得ているが、彼らは2010年代初頭には半分を手にしていた。このことは、労働者の圧倒的多数、つまり90％の人々が残りの半分を分け合わなければならないことを意味している。

後にピケティが共著者として作成に参加した『世界不平等レポート2018』（みすず書房、2018年）で示された数字は、この不平等の拡大傾向が、最も裕福な1％にとってさらに顕著になっていることを示している。同じ1971年から2010年代初頭の期間に、彼らの所得割合は2倍に、[*42] 所得額は3倍以上になった。このことは、2010年代初頭には、国民所得の20％以上が、上位1％の富裕層に渡ったことを意味している。他方、所得ピラミッドの底辺にいる人々にとっては、救いのない状況がさらに悪化している。1980年代初頭以降、労働者の多くが実質所得や購買力の低下を経験した（図2－4参照）。イギリスでも同様の変化が起こっている。

米国では、この不平等の悪化がもたらす社会的や経済的な結果が大きな問題となっている。米国には、再び多くのワーキングプア（職に就いていても貧困線を下回る収入しか得られない低収入労働者）が生まれている。世界の歴史上、最も豊かな国の中ですら、このような痛ましい状況が起こっているの

図2-4 所得の不平等が急上昇している米国

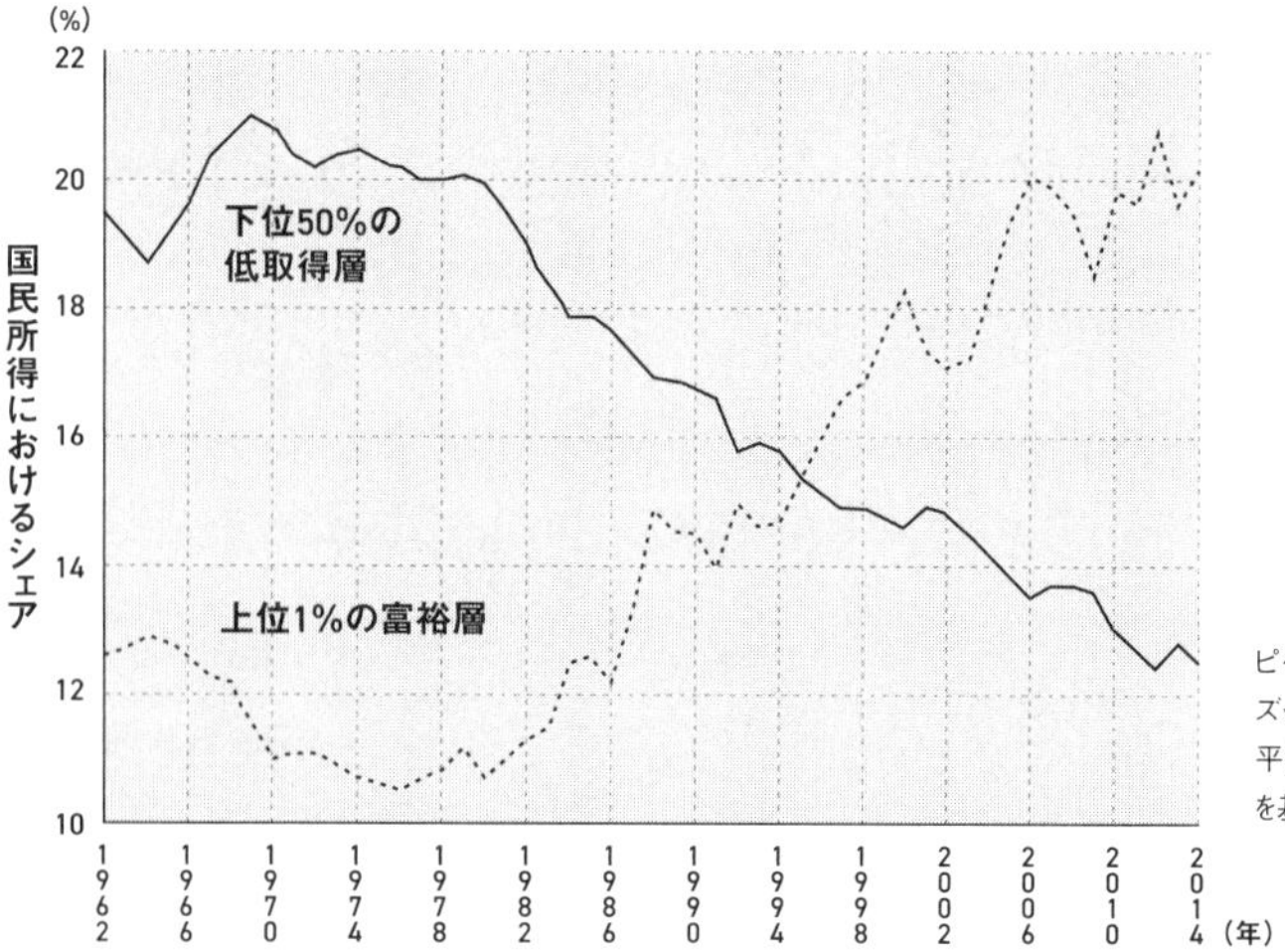

ピケティ、サエズ、ズックマン「世界不平等レポート2018」を基に作成

だ。イギリスの経済学者ガイ・スタンディングは、「不安定」を意味するprecariousと貧しい労働者階級を指すproletariatを組み合わせた「プレカリアート（precariat）」という言葉を創った。「やりがいの得られない仕事を転々とし、不安定な生活を余儀なくされる、今急増する人々によって形成された新たな階層」のことだ。[*43]

この観点から見ると、2011年に活動家向けの雑誌に掲載された、行動を呼びかける全面広告が、米国において今世紀で最も支持された抗議運動に発展したことは、少しも不思議ではない。カナダの雑誌『アドバスターズ』（商業広告を破壊する者を意味する）のそのページには、「9月17日。ウォール街。テント持参のこと」とあった。そしてその日、抗議者たちは実際に、ウォール街などがあるロウアーマンハッタン（マンハッタン島の最南端に位置する地区。ダウンタウンとも呼ばれる）にテントを持って集まった。ここ

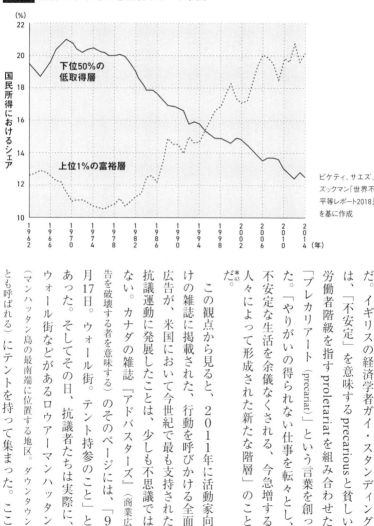

から「ウォール街を占拠せよ」運動は生まれたのだ。米国の極端な不平等を引き合いに、「我々は(残りの)99%だ」がこの運動のスローガンになり、抗議者たちは米国の上位１％の富裕層と企業に富や所得、権力が集中していることを非難した。図２－４を見れば分かるように、この上位１％とその他の所得者との分裂は現実である。

同様のことは世界の他の地域にも存在するし、このような不平等に対する怒りが英語圏に匹敵する勢いで噴出している国もある。事実、「ウォール街を占拠せよ」運動は、地中海周辺地域や中東の国々での運動に触発されたものだ。

『アドバスターズ』の共同創立者で「ウォール街を占拠せよ」運動の発起人の一人であるカナダの作家カレ・ラースンは、２０１２年のインタビュー[*44]で次のように語っている。「２０１０年代の初め、スペインで「インディグナドス(怒れる者たち)」と自称する人々が抗議のデモを行った。その１年後には、「アラブの春」と呼ばれる民主化運動が起こり、抗議者たちがチュニジア、エジプト、シリアなどの国々で、国内の経済的不平等に対する怒りを示すデモを行った。チュニジアでは、彼らの行動が体制転換《レジームチェンジ》まで引き起こした。

「私たちはチュニジアで起きたことを、体制転換に至るまですべて見た。そして、同じようなことが米国で起こった場合にはどうなるかを考察するブレインストーミングを開始した」とラースンは述べた。もし米国で「ソフトな体制転換」を起こすとすれば、それは大企業から権力と金を奪うことだ。「私の人生は、ずっと大企業に支配されてきた。若者の失業率は高く、多額の学生ローンを抱えている。おまけにろくな仕事がない——私たちは、自分で闘わなければ未来がない状況に追い込まれていると感じていた。それが、『ウォール街を占拠せよ』運動を起こした動機の核心だった」

と彼は語った。

他の国々、特に成長著しいアジアでは、拡大する不平等に対する怒りが社会で噴き出すことはあまり見られない。中国やインド、またＡＳＥＡＮ（東南アジア諸国連合）の多くの国でも、国内の不平等は拡大した。しかし、その地域の全体的な経済成長は（他の地域より）はるかに高かったので、上げ潮は実際にほとんどの船を持ち上げた――すなわち、ほとんどの国が好景気の恩恵を受けた。それでも、階層間の緊張関係は、これらの国のいくつかにも迫ってきている（第3章を参照）。

イギリスのジャーナリスト、ジェイムズ・クラブツリーが著書『ビリオネア・インド：大富豪が支配する社会の光と影』（白水社、２０２０年）で明らかにしたように、インドは、19世紀米国の「金メッキ時代」（１９２ページ参照）が再び現れたかと思われるほど、今では世界で最も不平等な国の一つになった。インドと違って中国では、改革開放が始まったとき、国民のほとんどが同じ条件でスタートした。それにもかかわらず、中国でも不平等が急拡大し、今や上位10％の富裕層が国民所得の41％を獲得している。[*45] 他の多くの新興国は、さらに悪い状況に置かれている。中東やサブサハラ・アフリカからブラジルを含む南米に至るまで、多くの国で米国と同じく、上位10％の富裕層が国の所得の半分以上を手にしている。

大陸欧州では、不平等はそれほど深刻ではなく、上位10％が持っている国民所得のシェアは37％だ。格差は広がりつつあるものの、他のほとんどの先進国に比べれば、そのペースはかなり遅い。これは、所得の分配と再分配を促進するチェック＆バランスの機能が充実していることが一因である。

しかし、ここにも、いくつかの不愉快な現実が残っている。たとえば南欧や東欧の多くの国では、（特に若者の）失業率が高止まりしており、給料の良い仕事に就くことはますます困難になっていて、ブルーカラー労働者と大卒の若者の両方が割を食っている。北欧諸国は、ギリシャで始まった債務危機が2010年に入り欧州全体の足を引っ張るようになったときでさえ、それなりに成長を続けていたのだが、それでも所得の不平等はこの10年間で拡大した。ベルギー[*46]やルーマニア、スロバキア、チェコ[*47]など不平等が縮小した国もあるが、あくまで例外にすぎない。

富、健康、そして社会的流動性

クズネッツ曲線の誤りは、不平等に関する他の指標を検討することによっても証明されている。貯蓄や株式、債券、不動産といった資産の保有状況が示す富の偏在は、多くの国で国民所得の集中以上に顕著であり、それにともなって、多額の費用が必要となり得る私教育や質の高い医療が上位中間層《アッパーミドルクラス》および上流階級《アッパークラス》だけに許される特権になりつつある。そしてこの傾向は、公共サービスとして適切な教育や医療を提供できない国で、特に高まっている。

この現実を最も強く感じられる国は、恐らく米国だろう。その意味では、米国は先進国というよりも、インドやメキシコといった新興国に似ていると言える。フランスの経済学者、エマニュエル・サエズとガブリエル・ズックマンの計算によれば、上位1％の裕福な米国人が保有している富は、1970年代の15％以下から2010年初頭の40％以上にまで増えた[*48]。その結果、富の不平等は所得の不平等の2倍になっている[*49]。

これら二つの不平等、つまり富と所得の不平等は、相互に積み重なって悪循環を引き起こしてもいる。[*50]『フィナンシャル・タイムズ』紙が2020年に報じたところによると、米国株式の56％が2019年9月末には上位1％の最富裕層によって保有され、その金額は21兆4000億ドルに上った。この56％というのは過去最大の割合である。もう一度確認しよう——「1％」の富裕層が実際に米国の全株式の半分以上を持っているのだ。その割合は過去30年間、着実に増え続けてきたが、その理由は「多くの米国人が、賃金が低く抑えられてきたために、株価が上昇し続けたこの10年の間、株式市場に参加できなかった」からだ。

最上位0・1％の富裕層はさらに大きく資産を増やした。彼らは、2010年代までに米国の富の5分の1をはるかに超える資産を蓄積した。それは1970年代半ばのシェアの3倍近くに上る。一方で、最下層の人々が保有する富のシェアや貯蓄は急速に減少して、急な治療費や教育費を賄えないレベルに落ち込んだ。[*51] 2020年の新型コロナウイルス感染症のパンデミックで明らかになったその状況は、痛々しいほどであった。

富の格差が拡大した結果として、米国の経済的流動性はますます過去のものとなりつつあり、多くの人にとっては長生きすることや健康に暮らすことさえも、手の届かないものになっている——そう主張しているのは、米国のノーベル経済学賞受賞者ジョセフ・スティグリッツだ。2019年の著書『スティグリッツ PROGRESSIVE CAPITALISM（プログレッシブ キャピタリズム）：利益はみんなのために』（東洋経済新報社、2019年）や、それに先立ち一般向け科学雑誌『サイエンティフィック・アメリカン』に発表した評論で、スティグリッツはその状況を詳しく説明している。

「中流より下にいる50％の世帯は、急な出費に備えて貯金することもほとんどできていない。車の故障や病気をきっかけとして生活が落ちぶれていく悪循環にはまり、そこから抜け出せない人々についての記事が新聞に溢れ返っている。その原因のかなりの部分は格差が大きいためで、そもそも先進国としては例外的に低い米国の平均寿命は、さらに低下を続けている[*52]」

そして実際に、経済学者のアン・ケースとアンガス・ディートンが「絶望死」と呼んだ現象[*53]が米国で増えつつある（そしてイギリスでもだんだんと増えている）[*54]。人々は経済階層を転がり落ち、強力な鎮痛剤であるオピオイドを過剰摂取したり、うつ病にかかったり、貧しさゆえに健康を害したり、衰弱して死んでいく。

新型コロナウイルス感染症の流行ほど、米国におけるこの「富と健康」の関連をよく示しているものはない。つまり、感染症の流行に対応する手段を持たない人ほど、より大きな影響を受けたのだ。ニューヨーク市が、その顕著な例を提供してくれる。流行初期の数週間に、多くの裕福なマンハッタン住民はニューヨーク州北部《アップステート》や州外の別荘を避難場所にできたし、治療費の高い民間病院で手当てを受けることもできた。他にも、感染を防ぐ何らかの手段を取ることもできた。対照的に、貧困層は、はるかに多くの健康危機にさらされていた。彼らは、感染のリスクの高い環境で働いたり生活したりしている一方、コロナ感染症をカバーできる医療保険への加入率は低く、ニューヨークから逃げ出すこともできなかった。その結果、早い段階で発表された研究によると、「新型コロナによる入院や死亡は、ブロンクス地区で最も高い」ことが分かった。ブロンクスは、ニューヨーク市の中でもアフリカ系米国人の割合が最も高く（38・3％）、年間家計所得の中央値が最低（3万8467ドル＝500万円前後）で、大卒以上の住民の割合が最も低い（20・7％）地区である[*55]。そして、同じような傾向が、米国の他の都市でも――もちろん世界各地でも――繰り返し見られたのだ。

新型コロナウイルス感染症に限らず、病気の流行でより大きな打撃を受けるのは貧しいコミュニティーであるというのは世界的な傾向だ。だが、それにもかかわらず、これまでのところ他の先進国では健康格差はかなり抑制されていて、平均寿命も延び続けている。これが驚くに値しないのは、米国を除く事実上すべての先進国が、何らかの形の国民皆保険制度を持っているからだ。たとえば、ＯＥＣＤに加盟している36カ国の中で、そのような保険制度の対象となっている国民の割合が米国より低いのはメキシコだけで、ほとんどの国においては、１００％の国民が公的な保険制度あるいは民間医療保険に加入している。*56

社会的・経済的流動性に関するグローバルな指標は、もっと複雑である。世界経済フォーラムの「２０２０年グローバル社会的流動性指数」が指摘しているように、ステークホルダーベースの資本主義モデルを実現するには、より高いレベルの社会的流動性を達成することが重要な要素であるにもかかわらず、「社会的流動性を促進するための適切な条件を備えた国はほんのひと握りしかない」し、「公正な賃金、社会的保護、労働条件、生涯学習の四つの分野で成果を上げている国もほとんどない」。報告書は、具体的には次のように述べている。

あらゆる国の経済と平均所得水準を検討した結果分かったのは、概して、裕福でない家庭に生まれた子どもは、裕福な家庭に生まれた子どもに比べて、成功するためにより大きな壁を乗り越えなければならないということだ。その上、急速な成長を遂げた国々でさえも不平等が拡大している。ほとんどの国では、歴史的に不利な立場に置かれている特定の集団があり、社会的流動性の低さのせいで、そのような不平等が続き、悪化する。その結果、経済と社会のまとまりが損なわれてしまう可能性があるのだ。[*57]

他の研究も同様のダイナミクスを明らかにしている。2018年の世界銀行報告によれば、アフリカや南アジアのような地域では、若者層で両親より高い教育を受けた者が12％しかいない――社会階層を上昇していくためには、両親より高い教育を受けることが必要条件となる場合が多いのだが。[*58]この報告は、東アジア、中南米、中東と北アフリカなどその他の地域では、経済的流動性の平均が改善していることを示しつつ、次のように警告もしている。「経済がより豊かになると、流動性は改善する傾向があるものの、そのプロセスが必ず起こるわけではない。それどころか、経済発展にともなって流動性が増すようにするには、より平等な機会を与えなければならず、それにはより大規模な公共投資とより良い政策を必要とする」[*59]。言い換えれば、公共投資が不十分なせいで――どの国も財政が苦しいので、その傾向は増すばかりだが――多くの国において、経済的流動性は良くなるどころか悪化する可能性がある。

では、自らの理論に反するこうした研究結果を前にして、サイモン・クズネッツは何と言うだろうか？

その答えについては、推量するまでもない。全米経済研究所時代の同僚であった米国の経済学者ロバート・フォーゲルによると、クズネッツは、不完全なデータについての自分の発言は根拠のあるものではなく「まったくの当てずっぽう」[*60]だと繰り返し警告していたというのだ。言い換えればクズネッツは、自分が1950年代に行った研究結果が、非常に特定の状況、すなわち第二次世界大戦後の資本主義の黄金時代においてのみ有効だったことを百も承知だった。彼は、当時でさえ

図2-5 技術的な革命の度合いにより不平等と1人当たり所得の関係性がどう変わるかの予測

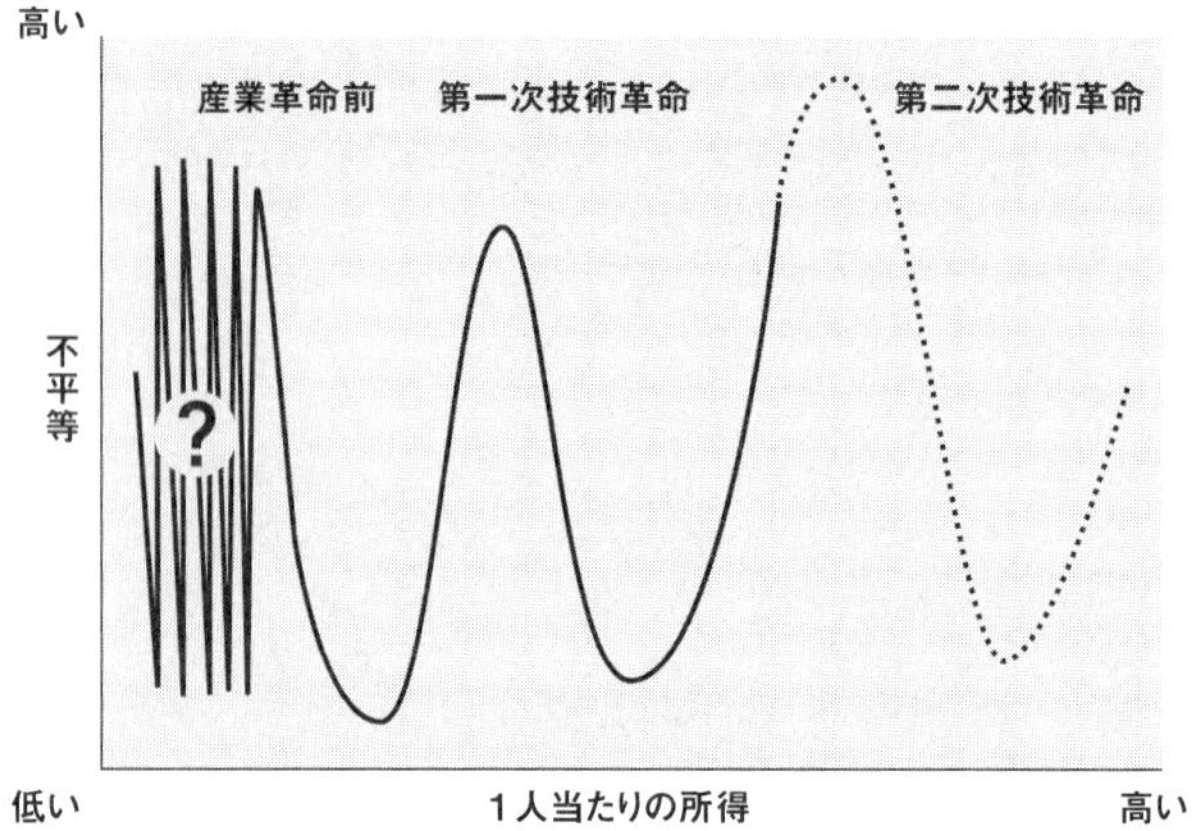

ピケティ、サエズ、ズックマン「世界不平等レポート2018」を基に作成

「成長の過程で発生し、不平等を拡大したり縮小したりする圧力となる要素」を見つけていたのだと、フォーゲルは述べている。

元世界銀行主任エコノミストのブランコ・ミラノビッチは最近、このような知見に照らして、新しいクズネッツ曲線を作ろうとした。クズネッツは、不平等に対して好影響・悪影響を及ぼす可能性のある要因として、特にテクノロジーを指摘していた。ミラノビッチがその点を考慮して導き出した不平等曲線は、この数十年間の技術革新を鑑みても、はるかに完全に見える。彼はそれを「クズネッツの波」と呼ぶ。それは不平等が、技術革新の波とそれに対応する政策が定着するのに合わせて変動することを示している（図2−5参照）。

このグラフにおいて、ミラノビッチが言う「第一次技術革命」は、蒸気機関と鉄道が発明された第一次産業革命から、内燃機関と電気が実用化された第二次産業革命に至る技術革新におおよそ等しく、「第二次技術革命」は様々なイノベーション、とりわけコンピューターと人工知能をもたらした第三次および第四次産業革命に匹敵する。つまり、技術革新は不平等を拡大する傾向があるが、それに適応し、不平等に対処する措置を取れば不平等を小さくできることを明らかにしたのだ。この点については、本書の第2部で再び取り上げることにする。

しかし、クズネッツがつとに警告し、ミラノビッチも最近の研究で明らかにしたにもかかわらず、世界の政策立案者たちは、包括的な発展よりも高い成長率、よく考え抜かれた技術ガバナンス（技術を多様な側面・立場で評価し、その活用について考えること）よりもテクノロジーを早く普及させることを優先する政策を採ってきた。それは間違いだった。なぜなら、現在の急速な技術発展の時代には、おのずと不平等が拡大していってしまうからだ。そのため、政策立案者がそれを遅らせるか止める努力をすることが、これまでよりもはるかに重要になっている。しかし、私たちがそうしていないということは、クズネッツの第二の呪いを意味する。つまり、世界の多くの人々が、最近の技術の進歩に極めて高い代償を払わされているのだ。

第三のクズネッツの呪い：環境

第三の、そして最後のクズネッツの呪いは、環境に関するものだ。1960〜70年代にクズネッツ曲線が支持を集めていた頃、西側諸国では、高度経済成長にともなう公害の増加や環境悪化、資源の枯渇など、市場の外で生じた問題について心配する人々が登場した。消費者運動《コンシューマリズム》が欧米で定着し、人口が世界中で急速に増加していく中では、当時の社会経済システムがグローバルコモンズ

（地球規模で人類が共有する資産や公共財）にもたらした被害について危惧されるようになったのは、もっともなことだった。自動車や工場から出る大量の排気ガスが厚い層となって都市を覆い、有害な紫外線から私たちを守っている大気のオゾン層の穴が、工業製品に使われていたフロンガスによって大きくなるのが発見された。原子力発電が普及すると共に放射性廃棄物の問題も生じ、プラスチックや、建築物のアスベストといった有害物質の使用も広がった時代だった。

しかし、不平等に関するクズネッツの一時的な観察と同様に、心配することなどあまりないと考える経済学者も一部にいた。環境汚染が増加していることに気付くと同時に、時間が経てば収まるだろうという明るい兆候も出てきた。環境をよりクリーンに保てる、資源効率の良い高度な生産方式が開発されるようになったからだ。製品ごとで見れば、環境破壊は環境クズネッツ曲線の通りに見えた。あと2、3年、または数十年待てば、この問題は、その前の不平等の問題のように、自然に解決するだろうというのが彼らの考えだった。しかし、あいにくそうはならなかった。

環境悪化

私たちが取り組むべき最後の、そして恐らくは最も絶望的と言える現実は、今の経済システムのせいで深刻化し続ける環境の悪化であり、地球温暖化や異常気象、廃棄物や汚染物質を出し続けることによって生命が脅かされるリスクである。

今日、環境に関する報道は地球温暖化に焦点を当てているものが大半だが、それははるかに大きな問題の一部にすぎない。環境クズネッツ曲線では明るい兆しが見えていたにもかかわらず、私たちが作り出した経済システムは、明らかに持続不可能だ。世界経済フォーラムは、1973年に初めてこの点を新たに認識すべき問題として提起した。そのとき、イタリアのシンクタンク、ローマクラブの創設者で会長の経済学者アウレリオ・ペッチェイはダボスでの会議で、あの有名な研究「成長の限界」に関する講演を行った。この研究の結果をまとめた論文は、前年に発表されると「世界経済の成長の持続可能性に疑問を投げかけたことで、センセーションを巻き起こし」ていた。[*61] 論文の著者らは「世界経済のいくつかのシナリオを調べ」て、ダボスで「経済発展と環境の制約を調和させるために、社会が取るべき選択」について概説した。

彼らは、現在の成長ペースが続けば、次の数十年のうちに耕作地の「突然の、深刻な不足」が起こるだろうと予測した。[*62] また、地球上にある淡水の供給量は限られている一方で需要は増加し続けているため、その獲得を巡って紛争が起こる可能性を示唆した。[*63] さらに、石油やガスなど、多くの天然資源を使い過ぎており、それが猛烈なスピードで環境汚染を加速させることにつながると警告した。[*64]

しかし、彼らの注意喚起も無駄に終わった。ローマクラブが提示した最悪のシナリオは実際に起こらなかったので、そのメッセージの多くは忘れ去られた。1970年代の小康状態の後、経済生産量は毎年のように記録を更新し続け、「エコロジカル・フットプリント」（人間の活動が自然環境にかけている負荷）がこれまで以上に高まった。近い将来に資源が枯渇するという予測は正しくなかったにしても、ローマクラブがいかに先見性を持っていたかは今になって分かる。『成長の限界』が発表される2年前の1970年、世界全体のエコロジカル・フットプリントは、地球が再生できる量よりもまだわずかながら小さかった。もしも私たちがその頃と同じ水準で生産と消費を続けていた

図2-6 「アース・オーバーシュート・デー」は1970年以降、毎年のように早まっている

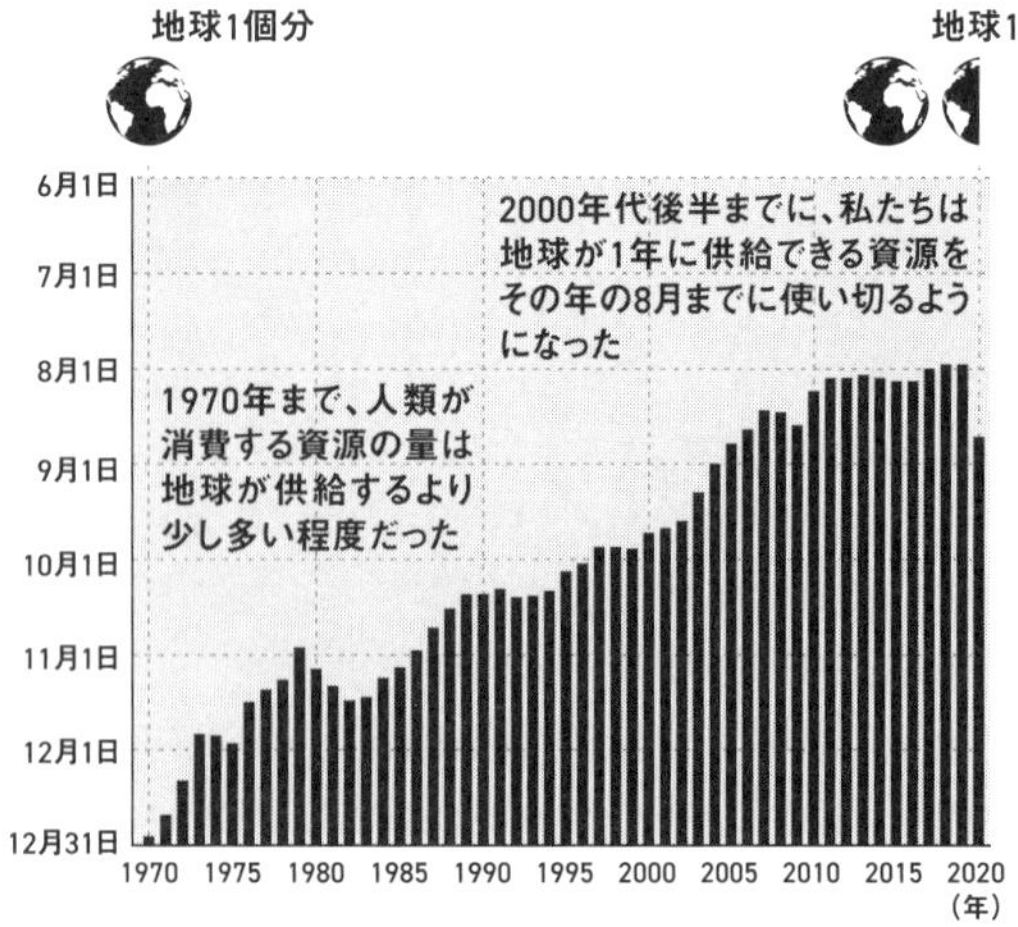

グローバル・フットプリント・ネットワークおよびバイオキャパシティ会計2019、アース・オーバーシュート・デーを基に作成

ならば、均衡を保ち、地球をこの先何世代もの間、住みやすく肥沃な状態に保てていたかもしれない。

しかし、世界の人口は増え続け、事態は新たな展開を見せた。今日、世界の人口は1970年代の人口のおよそ2倍になっている。そして生活水準も同様に上がっているため、米国の環境シンクタンク、グローバル・フットプリント・ネットワーク（GFN）によると、2020年には、人類は1年分の「天然資源予算」を8月中に使い切ってしまう（その日のことを「アース・オーバーシュート・デー」という）状態になった。[65] つまり、人類は毎年、4〜5カ月分も天然資源を使い過ぎていることを意味する（図2−6参照）。新型コロナ危機によって何カ月もの間ロックダウンが実施され、経済活動の多くが停止を余儀なくされたことは、アース・オーバーシュート・デーの到来を遅らせはしたが、[66] そんなことをいつまでも続けられるはずはない。注意しなければならないのは、GFNの最高科学責任者デービッド・リンが私たちに語ったように、「エコロジカル・フットプリント」は言うまでもなくただの収支計算の測定方法であって、現行の経済的生産や消費プロセスが実際にどれほど有害かを断言できる方法はないということだ。しかし、世界の天然資源の濫用が持続可能でないことは明らかであり、地球温暖化など、有害な傾向の多くをさらに悪化させていることも明白だ。この点について、私たちの実績は具体的にどのようなものなのだろうか。

まず、化石燃料のことを考えてみよう。これは、再生するのに何百万年もかかる。一度きりしか使えないけれども、石炭、石油、天然ガスは世界の一次エネルギー消費量の約85％を、[*67]そして世界の発電用燃料の約3分の2[*68]を占めている。事実、これらの使用量は、20世紀に入ってから約20年ごとに2倍近くに増えてきている。化石燃料の段階的な廃止を求める声にもかかわらず、2018年にはその生産量が増加するという、英石油大手BPのチーフエコノミストであるスペンサー・デールさえも落胆する数字が出た。[*69]デールはBPの『2019年版・世界エネルギー統計レビュー』で、「低炭素エネルギーシステムへの転換を加速しなければならないときなのに、2018年のエネルギーデータは憂慮すべき状況を示している」と書いている。

化石燃料だけではない。天然資源全体で見れば、過去50年間にわたってその使用量が3倍になったと、国連環境計画の国際資源パネルは報告している。[*70]同パネルは、資源の採掘と加工が過去20年の間に「加速したことが、地球の生物多様性の喪失、そして水ストレス（一人当たりの年間使用可能水量が1700トンを下回り、日常生活に不便を感じる状態）の原因の90％以上を説明でき、今の気候変動による影響の約半分を占めている」と警告している。

こうした傾向は、少なくとも水質、大気、土壌の三つの汚染が進んでいることと重なる。

まず、水の問題を見てみよう。国連各機関の水と衛生に関する活動を調整する国連水関連機関調整委員会（UN-Water）は、全世界で20億の人々が、水ストレスが高いレベルにある国に住んでいると推測しており、[*71]その原因はしばしば気候変動に帰せられる。これらの国では、たとえ水が手に入ったとしても、ひどく汚染されていることが多いと言うのだ。同委員会によると、地球全体で「80％以上の廃水が、適切な処理をされずに自然環境に放出されている可能性があり、集約農業や工業生産、鉱業、未処理の雨水など都市流出水および廃水が原因で汚染がしばしば起こっている」と言う。[*72]それによって、都市から僻地まで、あらゆるところで、きれいな水へのアクセスが脅かされ、深刻な健康リスクをもたらしている。

さらに、プラスチックの問題がある。プラスチックが環境に与えるインパクトは、今後の数十年で最も大きく感じられるものになるだろう。現在世界の海に蓄積されているプラスチックが、無数の経路で地上の生物に影響を与えるかもしれないからだ。マイクロプラスチック（5ミリ以下の微細なプラスチックごみ）は、世界の水中の至るところに存在している。そうなってしまった理由の一つは、プラスチックが自然分解するには何十年もかかるからで、現在の測定値から考えると、2050年には魚よりも多くのプラスチックが海にあることになりかねない。[*73]最も有名な例は、主に太平洋のマイクロプラスチックのごみから成る「太平洋ゴミベルト」だ。太平洋という名が付いてはいるが、影響が世界のすべての水域に及ぶグローバルな問題である。

第二に、環境保護団体グリーンピースによると、世界の都市のほぼ3分の2が、WHOの大気汚染に関するガイドラインを越えていると言う。[*74]アジアの大都市の多くは、汚染がひど過ぎて外を歩くことすら健康に悪い[*75]と、住人あるいは住んだ経験のある人の多くが証言できるぐらい悲惨な状況だ。そして、第三に、国連食糧農業機関（FAO）によると、土壌汚染は人々の目に留まらないまま世界中で悪化しており、人間の健康に対する直接の脅威となっている。[*76]

急速な開発と汚染により、世界中で自然の生態系が大きな打撃を受けており、地球温暖化は制御不能に陥ろうとしているが、それにより、気候変動の影響を強く受けている地域の人々や、将来の世代に重大な影響をもたらす恐れがある。他にも、人間の活動が環境に及ぼす影響を明らかにするデータも出てきている。

国連の『生物多様性および生態系サービスに関する政府間科学政策プラットフォーム（IPBES）』は2019年の報告書で、「地球全体で、自然は人類史上例を見ないペースで衰退」しており、「過去1000万年の平均の少なくとも数十倍から数百倍の速いペースで」様々な種が絶滅しつつある、と結論づけた。[*77] この研究を引用して、『フィナンシャル・タイムズ』紙は「地球上で推定800万種の動植物が絶滅の危機に瀕している」と報じた。[*78]

もう一つの国連機関である国連気候変動に関する政府間パネル（IPCC）は2018年、「もしも現在のようなCO_2（二酸化炭素）排出量が続き、大幅な排出削減が2030年までに達成できなければ、地球温暖化の臨界点を超えてしまい、地球上の生物の大量絶滅が起きるだろう」と警告した。そして、「地球温暖化を産業革命前に比べて1・5℃を大きく超えないレベルに抑えるためには、エネルギーや土地、都市、（輸送と建築物を含めた）インフラ、産業システムを迅速に、かつ大規模に転換しなければならないだろう」[*79]とも述べている。しかしその2年後には、気温上昇を1・5℃に抑制する狭き道さえ、実現する望みがほとんど消え失せてしまった。別の国連の専門機関である世界気象機関（WMO）は2020年7月に、1℃の気温上昇は2024年までの5年間に現実となっているだろうと述べ、1・5℃上昇の可能性すら5分の1の確率であり得ると考えていた。[*80]

今や、気候変動の影響をまったく受けていない人はいないだろう。本書の執筆中に夏が二度やってきたが、いずれも記録的な暑さとなった。[*81] 私は夏になると、スイスアルプスのリゾート地ツェルマットで山歩きを楽しむのだが、標高が高く、普段は極めて穏やかな気温の同地でさえ、地球温暖化や異常気象現象が文字通り直撃している。テオドール氷河は年々後退し続けており、2019年の夏に訪れたときには、何日もの間一滴の雨も降っていなかったのに、谷は氷河の融けた水で溢れていた。[*82]

昔から人類は、こうした変化に直面した時、単純な行動を取ってきた。つまり、居場所を変えることで変化に対応してきた。今日、国連の国際移住機関（IOM）は「緩やかに進行しつつ、時に急変する環境の変化によって、すでに大量の人口移動が始まっている。暴風や干ばつ、洪水の発生件数は過去30年の間に3倍になり、そうした災害に対して脆弱な――特に途上国の――社会に、壊滅的な影響を与えている[*83]」と警告している。IOMの推定では、地球温暖化にともなう異常気象で住まいを追われる「気候難民」の数は、2050年には現時点における世界全体での移民の総数に匹敵する2億人に達するだろう。[*84]

ビジネスリーダーたちは、環境リスクが年々、世界中で高まっていることをよく知っていて、世界経済フォーラムが毎年発表する『グローバルリスク報告書』でも、環境リスクはこれまで以上に重要な位置を占めている。2020年には、同報告書に初めて「気候に対する深刻な脅威が、グローバルリスク報告書が長期的リスクとして挙げている要素のすべてを占めている[*85]」という一文が入った。ここで言う上位リスクとは、異常気象や、気候変動の抑制も気候変動への対応も失敗すること、人為的な環境破壊、生物多様性の大規模な喪失、深刻な資源の枯渇、重大な自然災害などと関連したリスクのことを指す。

　私たちは1970年代にそうしたように、これらのリスクを軽く考えるべきではない。次の世代が、大人はどのような遺産《レガシー》を残すつもりなのかという目で、すでに私たちの振る舞いを注視するようになっている状況では特にそうだ。こうしたリスクを軽視し続けることは、まさに子孫への裏切り以外の何物でもないだろう。

　事実、地球温暖化による危険は、この2、3年、次世代の若者にとって大きな心配事になってきており、若者たちは今すぐ行動を起こすよう要求し始めている。中学時代に環境保護活動を始めたスウェーデンのグレタ・トゥーンベリのような人物に大いに触発された、何十万という活動家が街頭に出て抗議デモをし、誰であれ耳を貸す者には訴えかけ、可能な限り自分たちの行動習慣を変えようとする。世界経済フォーラムは彼らの憂いに理解を示し、その証しとしてグレタ・トゥーンベリを2019年の年次総会に招待して講演してもらった。トゥーンベリの最初のメッセージは「私たちの家は燃えている」[*86]、だから最大限の危機感を持って行動しなければならない、というものだった。

　1973年のときよりも強い危機感を持って、より持続可能な経済システムを作り出してほしい――次世代のそうした要請に、私たちは耳を傾けたい。アウレリオ・ペッチェイの講演から数十年が過ぎた。この間、私たちは十分な結果をもたらす行動ができなかった。それによって、後世の人々の経済や健康、環境の見通しを悪化させ――そして何より、多くの人々を経済的に置き去りにしてきた。それはクズネッツの最後の呪いだった。クズネッツは、私たちの経済システムが永遠に持続可能だとは一度も言ったことはなかったのだ。

■ ■ ■

私たちはサイモン・クズネッツの警告に耳を傾けることをしなかった。GDPとは、あくまで生産能力を測るための指標であり、繁栄の兆候を示すものではないので、経済面だけでなくもっと広い意味での社会の進歩を測るには、欠陥のある物差しだとクズネッツは言っていた。彼は1950年代に見られた所得格差の縮小が、その後も続くとは思っていなかった。むしろ格差が小さくなったのは、特定の技術革新によって全体の経済成長が一時的に押し上げられた結果であると見ていたのだ。また、経済が発展するにつれ環境破壊は減少するという「環境クズネッツ曲線」の類には、決して賛同することはなかった。

しかし、私たちは経済発展における間違いを償おうとする前に、まずこう問わなければならない。もう一つの発展の道はすでに開けているだろうか？　そしてその道は、西洋以外において、つまりアジアの台頭の中に、どの程度見いだすことができるのだろうか？

第3章
アジアの台頭

中国南部の深圳河《シャムチャン》からの眺めは、際立ったコントラストを示している。南岸には田んぼが見渡す限りに広がっているが、北岸には、多数の超高層ビルが建物群の上にそびえ立っているのだ。昔からそうだったわけではない。40年前は、川のどちら側にもほとんど何もなかった。発展したといえる区域は南岸にあり、そこから数キロ南に香港の街があった。イギリス統治下の「新界（ニューテリトリー）」と呼ばれた地域と、川を挟んで何もない中国本土とを鉄道路線が結んでおり、中国の警備兵がただ一人、川の渡し場を見張っていたものだ。

それから40年後に見られるようになったコントラストは、過去を知る者にはまったく予想もできない光景であろう。川の南にある田んぼは今なお、長年アジアの金融の中心であった香港の一部だ。しかし、北にある超高層ビル群は、どこからともなく突如現れた新興都市の一部を形成している。その都市、深圳《シェンチェン》市は今や中国が誇る先端技術の中心として知られている。

深圳河の北側でこの40年間に起こったことは、史上最大の経済的奇跡と言っても過言ではないだろう。1979年にそこに住んでいた人々の所得は、1日平均1米ドル以下だった。今日、深圳市の一人当たりGDPはほぼ3万ドルで、およそ100倍に増えた。ここには、ファーウェイやテンセント、ZTEなどのビッグテック[*1]が拠点を置いていて、さらに、ITスタートアップの「メイカームーブメント」（3Dプリンターなどのデジタル技術を使うことで、誰もが製造業を起業できるようになった潮流）も起きている。その間、香港も停滞していたわけではないが、今ではそのすぐ隣に、もう一つの恐るべき経済の中心地ができたのだ。

このような発展はどのようにして起きたのだろうか。それは、西洋を中心に発展してきた世界経済が東へ大きくシフトしつつあることについて、何を教えてくれるのだろうか。

中国の経済特区

私が初めて中国を訪れたのは1979年4月だった。中国の新しい指導者である鄧小平が権力を握ってから、まだ1年ほどしか経っていなかった。そして私が出会ったその国は、まだひどく貧しかった。中国は長い間、外国の侵略や内戦、そして国内政治の混乱に悩まされていたため、有意義な経済発展を遂げることができなかった。

その悲惨な状況は、150年も前から続いていた。11世紀から20世紀までの1000年間では、そのほとんどの期間において、中国はインドと並んで経済的には超大国であった。しかし、19世紀を通じて状況は変わった。第一に、「百年国恥」（または「百年恥辱」）と中国で言われる屈辱の100年間が、1840年頃から始まった。誇り高き強大な中国文明は、イギリスとの二度にわたるアヘン戦争において打ち負かされた。主要な港や都市、そして冊封体制下にあったインドシナの地は、イギリスやフランス、日本に割譲され、第二次世界大戦中は日本軍に占領された地域もあった。これらの敗北の主な理由は、中国に産業革命がまだ広がっていなかったことで、それが敵国に経済的、軍事的、技術的優位性を与えることになった。

この混乱はまた、長く続いた政治体制の崩壊につながった。1912年に清朝が滅びた後、1930〜40年代の日本による侵攻を挟み、第二次世界大戦後に内戦が終わるまでの間、数十年にわたって、様々な政治勢力が権力を争った。最初に勝利したのは蒋介石の国民党だった。日本の敗戦後、数年間は蒋介石が統一政府を率いたが、共産党との対立が深まって再び国共内戦が起こり、国民党は最終的に共産党に敗れることになる。

中国共産党は、1949年から1975年まで党主席であった毛沢東の下で、唯一の政権党となり、長年の政治的混乱に終止符を打った。一党独裁国家として中華人民共和国を建国し、民主的な自由を犠牲にすることで、政権を安定させた。

だが建国初期、中国政府は、米国や西欧、ソビエト連邦などの地域で見られたような社会的・経済的な発展をもたらすことはできなかった。

中国は自給自足による食糧生産と中央の計画に従った工業生産に戻り、政治的、文化的な自由も厳しく制限された（訳注　大躍進政策の失敗で毛沢東の影響力が低下した後、劉少奇と鄧小平が市場経済を取り入れ経済の回復を図ったものの、毛沢東が権力の奪回を図って文化大革命を発動したことを指す）。毛沢東の没後、鄧小平が政権に就く1970年代後半まで、中国経済は見る影もない状態だった。かつて「中華」を英訳して「世界の中心にある王朝」と呼ばれた国は開発途上国に成り下がり、多くの国民が貧困ライン（生活していくのに最低必要な収入）以下の生活を送っていた。

この状況を変えたいと思った鄧小平は、1978年にシンガポールを訪問した。島国でもある都市国家シンガポールは、香港、台湾、韓国と共に、1960年代から70年代にかけて急速に経済発展したいわゆる「アジアの虎」の一員だった。急成長の背景には、外国直接投資（ＦＤＩ）の増加、基幹産業の保護政策、輸出主導の産業振興策などがあった。鄧小平は、このシンガポールの成功例から着想を得て、翌１９７９年から、中国の新しい経済発展モデルである改革開放路線を突き進んだ。改革開放による経済政策の転換の核心は、香港など近隣諸国・地域から直接投資を誘致し、人口の多い中国南部・広東省沿海部に設けた四つの経済特区（ＳＥＺ）における企業の設立を認可したことにあった。深圳河の北側にある深圳地区は、その一つだった。

経済特区は中国で民間企業が活動するための実験場であり、特区の外では依然として、私有財産権や法人設立、利益に関する厳しい制約が課せられていた。中国は結局のところ、共産主義国家だからだ。しかし、経済特区の中では、外国の投資家たちが（輸出目的という名目で）会社を設立し、土地建物を所有するか少なくとも借り上げて（厳密には現在でも土地はすべて国有もしくは集団所有で、私有は認められていない。ここでいう所有とは使用権を意味している）、特別な法的および税務上の扱いを受けることができた。

その目的は、「市場志向経済」（鄧小平はそれを「中国の特色ある社会主義」と呼び、鄧の後継者である江沢民は「社会主義市場経済」という表現を使った）を国民に経験させるためだった、と深圳経済特区に設立されたシンクタンク、中国開発研究所（ＣＤＩ）の劉国宏は２０１９年に私たちに語った。[*2] しかし、実質的には経済活動を発展させるだけの資金がなかったので、次善の策として、アジアの金融センターであり製造業も集まっていた香港の近くに経済特区を作ったのだ。

この大胆な計画はうまくいった。１９８２年、中国人移民が香港で創業した金融機関である南洋商業銀行（後に中国銀行に買収され、その子会社となる）が、香港からわずか数キロ北の深圳に支店を開設した。中国本土で初の商業銀行となったこの支店の開設は、中国の発展にとっての重要な分岐点となった。同行は、中国の関連会社にクロスボーダーローン（海外展開資金）を設定し、それによって深圳支店は、土地の長期リースや工場建設のための融資を行うことができたのだ。[*3]

深圳市当局も一翼を担った。それまで中国の土地はどこも国有で、民間の投資家が利用することは禁じられていた。それが、深圳市は外国の投資家に対して商業および工業目的での土地使用を許可するようになり、1987年には経済特区で公用地の入札までも行った。これは1949年の中華人民共和国建国以来、初めてのことだった。[*4]

1980年代を通じ、深圳は中国全体の経済成長の中心地へと育っていった。香港やシンガポールの例にならって、深圳も最初は低価格・低付加価値の製造業に特化していた。収入が1日1ドル以下の労働者すらいる中国では、輸出産業の競争力につながる低賃金の労働力がたやすく手に入った。

深圳に注目し、生産拠点を最初に中国に移したのは「アジアの虎」たちである。台湾、香港、シンガポール、韓国の企業が中国に進出して、輸出を目的とした100％外資の子会社や中国人投資家との合弁企業を設立した。合弁企業であれば、中国国内でも製品を売ることが許された。

その結果、仕事と、成長する新しい何かの一部になれるという期待に引き寄せられた人々が、中国全土から経済特区に集まってきた。1980年代初期には人口3万の小都市だった深圳が、北京や上海、広州市（深圳の北西部に位置する広東省の省都）と並ぶ、人口1000万以上の大都市に急成長した。そばに水田が広がる「静かな漁村」だった深圳は、はるか昔の姿になってしまったのだ。

経済特区が大成功したことに気を良くした中国政府は、さらに多くの特区を設立、そのほとんどは中国の東部沿岸地方に集中した。1984年に、韓国や日本に近い大連市と、首都北京の主要港湾都市である天津市（今はどちらも世界経済フォーラムの夏季ダボス会議の開催都市になっている）、さらにシンガポールへの移民を輩出している福州市などの都市に特区を指定した。1990年には、上海市の浦東新区《ほとうしんく》が加わり、さらに数十の特区が続いた。

輸出モデルは触媒として働いた。工場や建設会社、そこで働く労働者を対象にしたサービス業でより良い給与が得られると信じて、何億もの人々が沿岸地域にある経済特区に住まいを移した。中国の都市部は爆発的に人口が増え、周辺の農村地帯からは人がいなくなった。年間経済成長率はピーク時で10％以上に達し、中国はGDP2000億ドル（1980年）の貧しい国から、その6倍（2000年に1・2兆ドル）の低中所得国に成長した。

中国が改革開放政策に乗り出したとき、ソ連やその衛星国――ポーランド、ハンガリー、チェコスロバキア、東ドイツ、もちろんロシア自体も――において起こったように、中国でも経済の自由化が政治プロセスの変化につながるのではないかという期待が、国の内外で高まった。しかし、欧州での動きは最終的に社会主義体制の崩壊と新しい民主的政権の誕生につながったのに対し、中国では政府が政治や経済をコントロールし続けた。1990年代には、多くの欧米企業が生産拠点を中国に移したことが雇用や賃金、消費を押し上げ、空前の好景気に沸き返った。

2001年までに、中国は目覚ましい経済成長を遂げて輸出大国になり、WTO（世界貿易機関）に加盟する機は熟した。WTO加盟を果たすと、輸出が牽引する中国の経済成長はさらに加速した。当初は中国における製造業の可能性に懐疑的だったり、単純に気が付かなかったりした欧米の企業も、この流れに乗った。米国や欧州、日本の企業は中国や台湾の製造業の主要な顧客となったばかりでなく、中国企業との合弁事業も立ち上げた。

中国初の花形工業都市、深圳はその間じっとしていたわけではない。深圳における工業生産の内訳は、時と共に変化していった。安価な電気・電子機器の製造や自然発生的に集まってきたコピー製品の町工場で知られていたのが、米国のデジタル・テクノロジー雑誌『ワイアード』の言葉を借りれば、ハードウエアのシリコンバレーとして「IT産業のメイカームーブメント[*5]」の一大拠点になった。中国全土から、そして次第に世界中から、スタートアップ起業家たちが深圳に集まってアイデアを交換し始め、新しい、革新的な会社を立ち上げ出した。

今日でも、依然として多くの外国企業が深圳に大規模な製造拠点を置いている。最も有名なのはフォックスコンの工場だろう。同社は台湾のエレクトロニクス企業で、20万〜30万人を雇用し、アップルのiPhoneの大部分を生産している（少なくとも最近まではそうだった。地政学的な懸念のため「アップルは静かに、徐々に生産を中国からシフトし」、インドに新設した工場へ移すことを余儀なくされているからだ[*6]）。フォックスコンは、深圳の初期の産業発展を支えたと共に、今なお深圳において存在感を示している多くの台湾企業、香港企業の一つにすぎない。

しかし、深圳はもはや、中国発テクノロジー会社のホームグラウンドとしての知名度の方が高いかもしれない。たとえば、ファーウェイ（華為技術）は、単一企業としては世界最大の通信機器製造会社で、5G（第5世代）モバイルネットワーク全体を稼働させるハードウエアを作っている。最近の米中貿易戦争により、その拡大にはブレーキがかかったが、ファーウェイ製のスマートフォンは（米国以外の）世界中に広がっている。

ファーウェイが成功するまでには、長い時間を要した。1983年、創業者で現CEOの任正非は、発展しつつある深圳のエレクトロニクス産業で一旗揚げようとやってきた多くの移住者の一人で、その前は人民解放軍に勤務していた。4年後、香港の通信機器ディーラーの下請けをする小さな会社としてファーウェイを創業。その後30年間の同社の歩みは、多くの点でその間の中国の躍進と歩調を合わせている。

深圳発のスタートアップで成功した企業は、ファーウェイ以外にもたくさんある。以下はその一部だ（かっこ内の中の数字は深圳での創業年）。

■ZTE（1985）：スマートフォンなど様々な通信機器を生産。

■中国平安保険（1995）：中国最大の保険会社でAI（人工知能）の研究開発でも大手。顧客数2億、従業員数40万、収益は1600億ドルに上る。*7

■BYD（1995）：社名は「Build Your Dreams」の頭文字を取ったもの。現在は世界最大の電気自動車（EV）メーカーで、ブルームバーグによれば「中国国内で月3万台のピュアEV（訳注　バッテリーのみを動力源とし、排出ガスをまったく出さない車）またはプラグイン・ハイブリッド車を販売している」*8

■テンセント（1998）：中国のソーシャルメディアアプリ「QQ」や、eコマースウェブサイトJD.comの大部分を所有するテクノロジー・コングロマリット。人気のコンピューターゲーム「リーグオブレジェンド」の開発元でもある。現CEOの馬化騰ら深圳市民のグループが創業し、現在では世界最大のゲーム会社で世界有数のソーシャルメディア・eコマース企業。

深圳は安価な製造拠点という役割をとうの昔に返上したが、今もなお、新たな局面に入った中国の発展を牽引する、南部の希望の星である。世界の工場としての一時期を経て、中国は新しい発展の段階に入った。今や世界第二の経済大国となり、アジアやその他の地域にある数多くの新興国を引きつける磁極となっている。

この段階においても、輸出にフォーカスした経済特区は引き続き重要な役割を果たしているが、サイエンスパーク（研究開発から事業経営、制度設計まで一貫して行うオープンイノベーションの拠点）や、スタートアップのインキュベーター（起業支援のための制度や施設）、イノベーションハブ（業種や産官学の垣根を超えてイノベーションの担い手が集う拠点）などを設置する新しいタイプのパイロットゾーン（実験特区）の出現によって、ますます影が薄くなってきているのも事実だ。そこでは、ＩＴスタートアップやイノベーターたちが、ますますハイテクに詳しくなり、豊かになりつつある中国の消費者や事業者のために、新製品の構想を温めている。深圳は、再びこの分野における先端的な地位を占めるようになっているが、（ティックトックの開発元であるバイトダンス社が設立された）北京の海淀《かいでん》区にある中関村地区や、上海の浦東新区にある張江ハイテクゾーン、また他にも、ハイテクの中心としての地位を狙う都市が続々誕生している。

発展の対価

今日、深圳河を渡れば、そこはコンクリートジャングルだ。無秩序に広がった大都市、深圳市である。しかし、夏の暑い日にここに来ると、街中で見かける人の数は、静かな漁村だった頃と大差がない。その理由の一つは、地球温暖化のために夏の気温が非常に高くなることが多く、汗をかかずに市中を歩くのが不可能になったことだ。そのため、人々は地下に潜った。彼らは、商業施設のある地下街、リンクシティのエアコンの利いた通路を通って移動するか、林立する超高層ビルの涼しいオフィスの中で過ごしている。かと思うと、深圳の市民は豪雨による都市型水害[*9]に苦しめられることもある。このような気候変動の激化にともなって深刻化する現象には為す術もない。裕福になったこの大都市の富をもってしても、自然の力から街や市民を救うことはできないのだ。

中国の台頭は、途方もなく重大な出来事だが、だからといってより大きな状況から注意をそらしてはいけない。第2章で概説した世界的なトレンドは、欧米の世界だけでなくアジアにも当てはまる。世界全体が、持続可能でない成長の道を進んできた。そして環境や将来の世代の運命を危険にさらしている。中国やインド、さらにその他の国々でも、近年の経済成長の成果を国民に分配するに当たっては、欧米と同じく不平等になりがちだった。

不平等の問題は中国にも同じように存在するが、中国にとってより大きな問題は、迫りくる債務返済の負担かもしれない。『フィナンシャル・タイムズ』紙のマーティン・ウルフが２０１８年の記事で指摘したように、２００８年の世界金融危機まで中国の政府債務は対ＧＤＰ比１７０％で、他の新興国と同水準であった[*10]。しかし、それからの10年で、その値は爆発的に上昇した。ＩＭＦ（国際通貨基金）の推定によると、２０１９年７月の政府債務は対ＧＤＰ比が３０３％にまで達し、さらに新型コロナ危機の初めの数カ月で３１７％にまで膨らんだ[*11]。

これは危険な傾向だ。なぜなら、中国の債務の多くは非金融国有企業や、債務を増やしてでも短期的に経済成長を促進しようとする地方政府が負っているからだ（１９９０年代半ば、中国政府は地方政府による大量の起債を防ぐため規制措置を講じたが、地方政府はその規制を逃れるために「地方融資平台」という資金調達とデベロッパーの機能を兼ね備えた投資会社を作った。地方融資平台は社債で調達した資金を住宅、道路などのインフラ建設に融資して中国の経済成長を支えてきたが、それは実質的に地方政府の債務である）。しかし近年、公共投資や民間投資の限界収益が大幅に減少しているため、その結果として最も重要な経済成長が減速している。過剰債務問題はますます心配な状態に陥っており、貿易摩擦、人口減少、あるいはその他の要因が、さらなる成長の鈍化を引き起こすかもしれない。そうなれば、恐らく中国の経済危機は世界中に波及するだろう。

また、中国は過去数年、風力発電設備や太陽光発電設備の導入数で世界をリードしてきた。また、習近平国家主席は２０２０年９月の国連総会において、２０６０年以前にカーボンニュートラルを達成したいと発表した。[*12] しかしそのためには、まだ越えなければならない大きな障害がいくつか残っている。第一に、政府が再生可能エネルギーの導入に熱心であるにもかかわらず、２０１９年には再生可能エネルギーによる発電施設の新設数が伸び悩むようになり、２０２０年代に入っても勢いを取り戻していない。[*13] 第二に、新型コロナ危機以後、中国の石油需要はどの国よりも早く増加に転じ、２０２０年初夏にはコロナ前の需要の90％にまで戻った。中国は米国に次いで世界第２位の石油消費国であるから、これは、世界の経済回復のためには良い兆候だが、温室効果ガス排出削減のためには、あまり好ましくないニュースでもある。そして第三に、ブルームバーグの報道によると、世界の石炭総需要のうちアジアのシェアが、現在の約77％から２０３０年には約81％に拡大すると言う。[*14] 世界中の石炭のおよそ半分を生産して燃やす中国は、インドネシアと共に世界最大の石炭産出国になっている。英ＢＰは、２０１９年には両国とも前年より大幅に生産量を増やしたことを同社の『2020年版・世界エネルギー統計的レビュー』[15]の中で指摘している。

中国の躍進を追い風にする新興国

過去数十年の間に大きな飛躍を遂げたのは、中国経済だけではなかった。その経済的躍進の余波を受けて、ラテンアメリカからアフリカ、中東から東南アジアまでの国々も台頭するようになった。経済発展する中国はエネルギーや鉱物などのコモディティーを必要としており、こうした多くの新興国はそれを供給することができた。

確かに、中国は面積的にも人口の面でも巨大な国ではあるけれども、世界の最も重要な資源の保有量に関しては、恐らくレアアースを除けばどれも十分ではない。中国が成長し、新しい都市を建設し、工場を稼働させ、インフラを整備するのにともなって、必要な資源を供給するためには、他国の協力が必要だった。

これは、他の新興国、特に中国の近隣諸国（ロシア、日本、韓国、ASEAN［東南アジア諸国連合］、オーストラリアなど）や、前々から高成長率を実現しようと苦労してきた国々（ラテンアメリカやアフリカの多くの開発途上国など）にとっては天の恵みとなった。

実際、中国の台頭は、新興国に大きな幸運をもたらし、成長を加速させる原動力となった。世界銀行や国連の2018年の貿易データベースを見れば[16]、中国の躍進が他の国の台頭にどれほど多くの貢献をしたかがよく分かる。中国は今日、世界第2位の製品とサービスの輸入国であり、その額は2兆ドルほどに上る。それだけの規模になれば、大量の商品を毎年買うことで、複数の国の経済を大きく押し上げることができる。

たとえば2018年、中国は莫大な量の石油をロシア（370億ドル）、サウジアラビア（200億ドル）、アンゴラ（250億ドル）から輸入した。鉱石については、オーストラリア（600億ドル）、ブラジル（190億ドル）やペルー（110億ドル）から輸入した。ダイヤモンドや金などの宝石類は大部分がスイスを通じて輸入され、南アフリカがスイスに次ぐ供給国となった。その他、銅をチリ（100億ドル）やザンビア（40億ドル）から買い入れ、多様な種類のゴムは大部分をタイ（50億ドル）から輸入している。*17

原材料だけでもこの量だ。さらに中国は、バリューチェーンにおける位置を上流へと移すにつれ、工場をベトナムやインドネシア、エチオピアなど低コストの地域に移し、いくつかの製品の生産をアウトソーシングし始めた。かつて外国との合弁事業を通じて導入する必要があった技術も、今では自前で開発するようになり、外国で生産した製品を輸入して、それを他国の消費者向けに輸出できるようになった。

多くの新興国が、中国と同じように、この20年間に素晴らしい経験を積めたのも当然だ。この流れは、世界が自由貿易に向かって動き出した1990年代にゆっくりと始まり、中国がWTOに加盟した2001年から後の数年間に加速した。『フィナンシャル・タイムズ』紙の計算によると、*18 2002年から2014年まで10年以上にわたって、新興国は経済成長率だけでなく一人当たりGDPの成長においても、一貫して先進国を凌駕している（図3－1参照）。その結果が、米国の経済学者のリチャード・ボールドウィンが呼ぶ「偉大なる収斂*19」だった。つまり、より貧しい新興国の所得やGDPが、より豊かな先進国に近づいたのだ。

図3-1　中国に支えられた2000年代の好況の後、再び先進国の後塵を拝するようになった国の経済成長

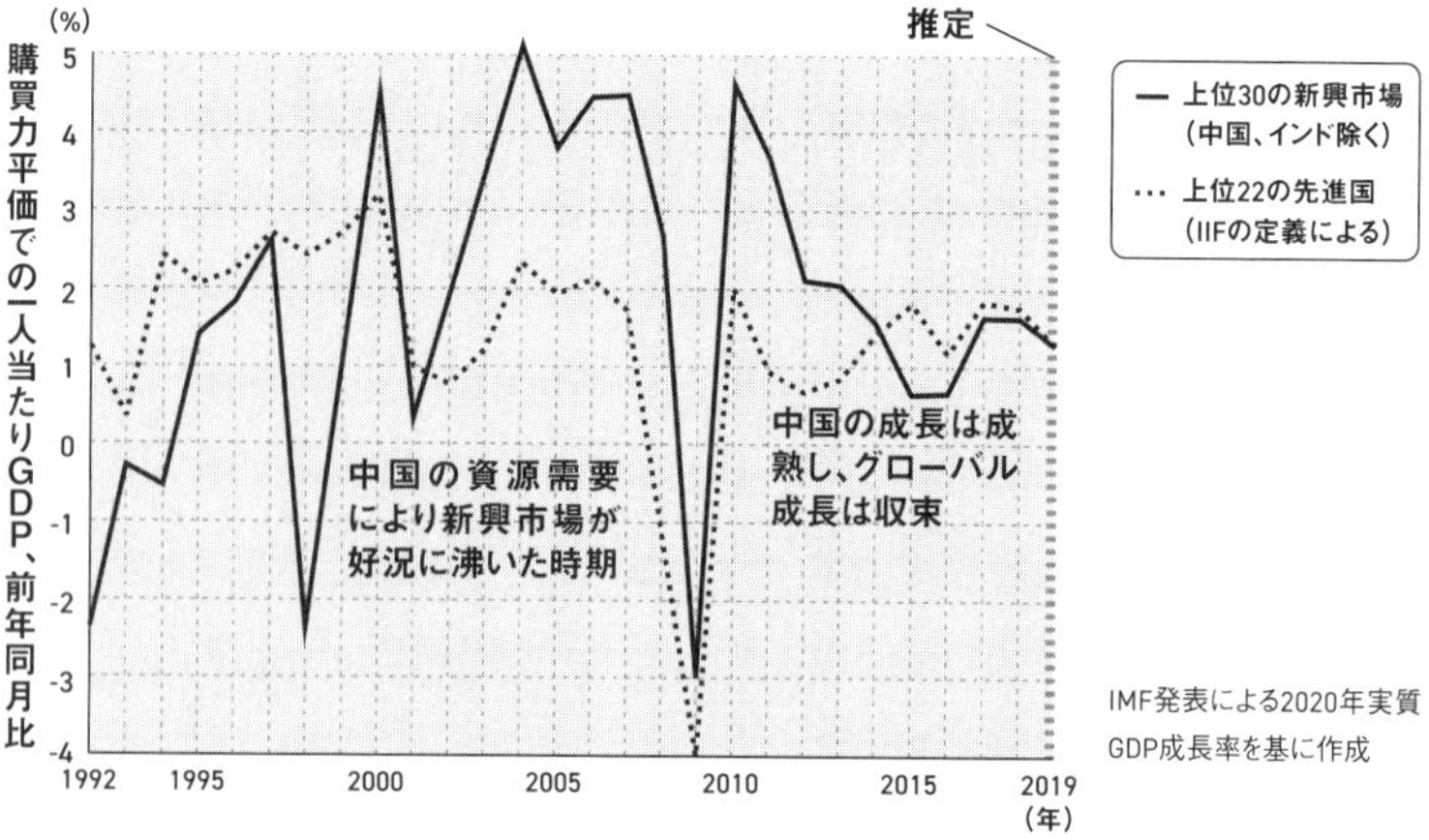

IMF発表による2020年実質GDP成長率を基に作成

残念ながら、近年になって、その傾向は中国とインドを除くほとんどの新興国で終わりを迎えてしまった。２０１５年以降、新興国の上位30カ国における一人当たりＧＤＰ成長率は、先進国の上位22カ国よりも低くなった。その間の中国の成長率が７％以下に落ち込んだことについても例外ではない。世界の商品に対する中国の需要には、もはやかつての貪欲さはなくなり、それらの商品の価格や貿易量にブレーキがかかった。

これは、世界のあらゆる地域で成長が消滅したということではない。特に次の三つの地域は、良い成績を上げ続けている。

まず挙げられるのは、ＡＳＥＡＮ経済共同体である。インドネシア（人口２億６４００万）やフィリピン（１億７００万）、ベトナム（９５００万）、タイ（６８００万）、マレーシア（５３００万）などが成長を続け、全体で約６億５０００万の人口を擁している。[*20・*21] 文化的にも経済的にも極めて多様な国々の集まりではあるが、この共同体の成長率は、新型コロナ危機前の数年間に達成していた水準である年平均5%程度にまで回復しようとしている。[*22] 実は、これらASEANの5大国は、2020年10月から始まる直近の『IMF世界経済見通し（WEO）』において、2020年の成長率が世界平均のマイナス3・4%を下回り、2021年に6・22%のプラス成長に回復すると予想されていた。[*23]

これらの国々が持続的成長を遂げている一つの重要な理由は、ひとまとまりとして考えれば、かつて中国が占めていた「世界の工場」としての地位に最も近い位置につけていることにある。ベトナムやタイ、インドネシア、ミャンマー、ラオス、カンボジアなどの賃金は中国よりも低いことが多く、中国と地理的に近いことと、世界で最も重要なシーレーンのいくつかがこの地域を通ることが、世界中の消費者への輸出を容易にしている。すでに中国や米国、欧州、韓国、日本などから何百という多国籍企業が進出し、これらの国々で生産を行っている。

経済的成功が続いているもう一つの理由は、世界の二大経済大国の双方とうまくやっていける中立地域にあることだ。米中の経済摩擦が現在も続く中、多くの企業は関税を回避するために、生産を中国から他国にシフトしようと考えている。これまで貿易戦争に巻き込まれないようにしてきたASEANは魅力的な代替地だ。この点においてはベトナムが明らかな勝者となっている。[*24]

この地域に関しては明るい見通しが続くと考える理由が、あと一つある。この第三の理由は、地域統合と技術革新がうまく組み合わさっていることだ。ASEANは間違いなく、EUに次いで最も成功した地域経済共同体である。域内貿易は伸びており、統合は拡大している。地域発のテックユニコーンも生まれている。ユニコーンとは、評価額が10億ドルを超える設立10年以内の未上場の

図3-2 2019年までに、東南アジアには少なくとも14のユニコーン企業があった

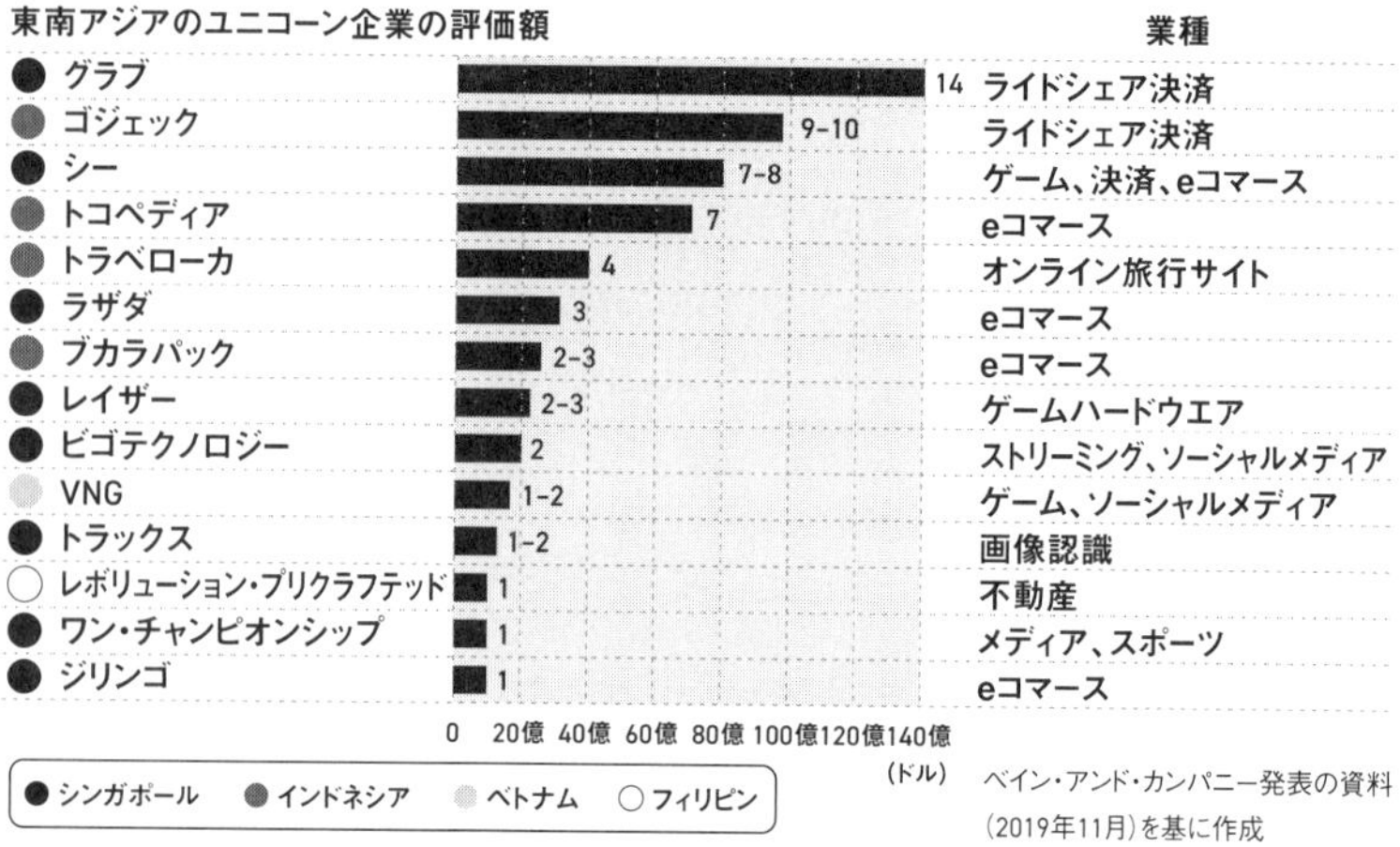

ベイン・アンド・カンパニー発表の資料（2019年11月）を基に作成

テクノロジー系ベンチャー企業を指す用語だ。最も有名なところでは、シンガポールに本社を置く配車サービスアプリ「グラブ」があるが、米国のコンサルティング会社ベイン・アンド・カンパニーによると、インドネシアでは配車アプリ「ゴジェック」やオンラインマーケットプレイスの「トコペディア」、オンライン旅行代理店の「トラベローカ」、シンガポールのスタートアップ数社、ベトナムのネットメディア「VNG」、高級プレハブ住宅を開発するフィリピンの「レボリューション・プリクラフテッド」なども、この神聖な地位を（少なくとも、新型コロナ危機前には）獲得している[*25]（図3−2参照）。

インドの成長

新型コロナウイルス感染症のパンデミックによって、どの国よりも大きな打撃を受けたが、それ以前は力強い成長見通しを示していたもう一つ

の国は、インドである。イギリスから独立してからの数十年間、インドは「低成長」の婉曲的表現である「ヒンズー成長率」と苦闘してきた。東西どちらの陣営にも属さず、若い労働力に恵まれていたにもかかわらず、インド経済は前出の「アジアの虎」や中国のような圧倒的な成功を収めることはなかった。政府の保護主義的政策が、「ライセンスラージ」という、実質的な独占企業を生み出してしまう官僚主義のシステムと相まって（ラージとはヒンディー語で「統治」という意味。インド政府は、どの業種でも需要の7～8割程度しか満たさない数の企業にしか許認可（ライセンス）を与えなかった。逆に許認可さえ得られれば、官民共に作れば売れるという立場になった）、この大国がアジアの虎や中国のように発展する道を閉ざしていたのだ。

またインドは、国土の多くで工業化が進んでおらず、何億人もの人々が農村部に住み、小規模な農業からわずかな現金収入を得ているにすぎなかった。その結果、1990年代以前のインドがどのような社会経済状況だったかというと、まず貧困ラインぎりぎりかそれ以下で暮らす巨大な農村人口があり、それ以外には、大都市に出て成功しようとする人々の群れがあるというものだった。ただし、農村から都市に出ても、成功する機会は日本やアジアの虎の各国や中国のように多いわけではなかった。

しかし、1980年代に入ると、農村ばかりで工業化の遅れたインドを徐々に変貌させることになる起業家たちが現れた。IT革命が軌道に乗ると、多くはインド工科大学（IIT）出身の起業家精神溢れる人々が、インフォシスやウイプロのような、世界で最も成功したITのアウトソーシング会社を設立した。タタ・グループやマヒンドラ・グループのような大企業も、タタ・コンサルタンシー・サービシズ（1968年には設立されていた）やテックマヒンドラといった関連会社を設立し、急成長するＩＴ業界に参入した。

数多くのメーカーも創業し、初めは原材料や化学製品、繊維などの基礎製品に専念していたが、後には通信やインターネットのような最新のテクノロジーに業種を拡大する。その中で最も有名で最大規模に成功したのは、恐らくムケシュ・アンバニ率いるリライアンス・インダストリーズだろう。多様化を進め、第四次産業革命の技術を中心にした大規模な新規プロジェクトに投資することによって、リライアンスなどインドの大手コングロマリットは、インドにおけるデジタル時代を開くのに重要な役割を果たしている。彼らは、ｅコマースからバンキング、インターネットからテレビまで、あらゆる事業を展開し、その幅の広さは中国の大手テック企業に匹敵する。

新型コロナウイルス感染症がインドを襲う前、インドは変動の激しい従来のマクロ経済から抜け出そうと、構造改革の努力を進めていた。２０１４年に就任したナレンドラ・モディ首相の下で、中央政府は大規模な市場改革を行った。製品とサービスに対する統一税を導入して様々な産業に対する外国からの投資を呼び込んだり、通信用割り当て周波数帯のオークションを透明化したりしたのは、その一環だ。[*26] ２０２０年以前のＧＤＰ実質成長率は、年率６％から７％で、中国と同じかそれ以上を記録している。

しかし、新型コロナウイルス感染症がその上昇を断ち切ってしまった。インドの経済は10％以上減少すると見られていて、スペインやイタリアと並び、このパンデミックの影響を最も厳しく受けた国になると、ＩＭＦは２０２０年末に述べている。[*27] しかし、このような経済の減速の裏には、もっと悲惨な状況があった。３月24日、政府がロックダウンに踏み切ると、都市に住んでいた数百万もの貧民が、故郷の村に歩いて帰るしかなくなったのだ。１０００万人の出稼ぎ労働者が故郷に向かうさまは、[*28] 21世紀最大の国内大移動だった。彼らの多くは、新型コロナ危機の間は田舎の方が生活しやすいだろうと期待して、何週間もかけ歩いて故郷へ帰ったが、その長旅は、彼らの健康や安全ばかりでなく、多くの問題をもたらした。

とはいえ、長期的に見ると、インドについては楽観的でいられる理由もいくつかある。インドは間もなく世界で最大の生産年齢人口（平均25歳）を持つことになる。そこで同国政府は、成長にとって最大の障害の一つとなっているものを撤廃することにした。供給を実質的にコントロールすることで、多くの商品について競争を制限していたライセンスラージ制を廃止したのである。また同時に、統一域内市場の設立に向けて、さらに多くの対策が採られつつある。

それでも、13億の国民の多くが先端を行く現代の労働力となるには、まだ時間がかかる。その大きな理由の一つは、２０２０年時点でもまだ77・７％[*29]にとどまる識字率だ。これは女子の就学率の低さによるところが大きい。しかしインドがこのようなままでいる必要はない。米国では、すでにインド系移民が経営トップに就いている世界最大級のテック企業もある。グーグル最高経営責任者（ＣＥＯ）のサンダー・ピチャイやマイクロソフト会長兼ＣＥＯのサティア・ナデラ、アドビ・システムズ会長兼ＣＥＯのシャンタヌ・ナラヤンらが、そうしたリーダーだ。また近年は、モバイル決済サービスのペイティーエムやｅコマース企業のフリップカートのようなユニコーン企業も、インドに登場している。

しかし、実際にインドがその潜在能力を広く発揮できるようになるには、国民一人ひとりが自分の持つ可能性を最大限に引き出せるように、そして政府が広がり続ける不平等を是正できるように、教育や医療を充実させ、インフラ整備を一層進めなければならない。なぜなら、インドの経済成長がここ数十年間、加速している時でさえ、所得や富の不平等は手に負えなくなっていたからだ。政府が行ったマクロ経済改革は、多くの産業において、国内でも海外でも競争を促進することになった。しかしそれらの改革は、地方の農民や都市の労働者にとっては、教育の面でも、医療の面でも、はたまた所得の面でも、水準の向上にはほとんど役立たなかったのだ。

より大局的な構図

2020年代以降もアフリカとアジアの関係は深化を続けるかもしれず、その動きは中国の隆盛を補完し得る。何十年もの間、多くのアフリカの国々においては、基礎的インフラや教育、医療などと共に金融への十分なアクセスが欠如していた。しかし、中国が準先進国経済に移行したことと、アフリカへの投資に意欲的なおかげで、今ではそうした障害のいくつかはなくなってきている。

もし東南アジアにはもう成長の機会がないということになれば、中国はアフリカを次の主要な製造拠点と見なすかもしれない。実際に、中国にとってのアフリカは、欧米の国々にとっての中国と同じ存在になる可能性がある。すでにアンゴラやエチオピア、ケニアのような国は中国の主要な投資先になっている。[*30] 米国のシンクタンク、ブルッキングス研究所によれば、これらの投資は主に運輸とエネルギーに集中しているが、道路や鉄道、電気が利用できるようになれば、中国は製造業の礎となるものを提供する可能性がある。

新興国の成長は全体としては鈍化しているかもしれないが、アフリカの中には急速な発展を続ける国があるかもしれないし、そういった所には中国が大きな投資をしている国が含まれる。[*31] たとえば東アフリカでは、エチオピアやケニア、タンザニア、ウガンダが、中国との経済的結び付きを生かして、今後数年間に6％から8％の成長を遂げると期待されている。コートジボワール、ガーナ、ニジェールについても、見通しは明るい。その一方で、この大陸で最も人口の多いナイジェリアや南アフリカ共和国にとっては、成長への道は険しそうだ。新型コロナウイルス感染症は特に南アフリカに大きな打撃を与えたし、ナイジェリアは新型コロナ以前でさえ、他の地域より伸び悩んでいたからだ。

これまでの章で書いた欧米の成長状況とは対照的に、世界の他の地域では、全体として経済発展が進み、特に東アジアと東南アジアでは非常に大きな実績が上がっている。これには、国内外の多くの人々にとって資産を増やす機会をもたらした中国の貢献が大きい。この章で見てきたように、中国は多くの国民を貧困状態から引き上げた。自前の計算だが、その数は7億4000万人に上ると言う。また中国は、他の新興国の成長率の引き上げを助け、成長のピーク時には、先進国の経済に近づくグローバルコンバージェンス（世界的な収斂）の水準にまで導いた（その後いくらか減速したが）。

ある指標によれば、この「チャイナエフェクト」がもたらした最大の結果は、多くの人々が「アジアの世紀」と呼ぶ時代がすでに始まっているということだ。2019年3月の記事[*32]で、『フィナンシャル・タイムズ』紙の記者バレンティナ・ロメイとジョン・リードは、注目すべき統計データについて指摘している。購買力平価GDPの地域別シェアを見ると、2020年にはこの200年間で初めてアジアのGDPが、その他の地域の合計よりも高くなるというのだ（図3－3参照。各国のGDPを比較する場合、為替レートに基づいてドルに換算すると金融商品である通貨の変動に左右されてしまうので、自国

図3-3　アジアの世紀が始まっていることを示す数値

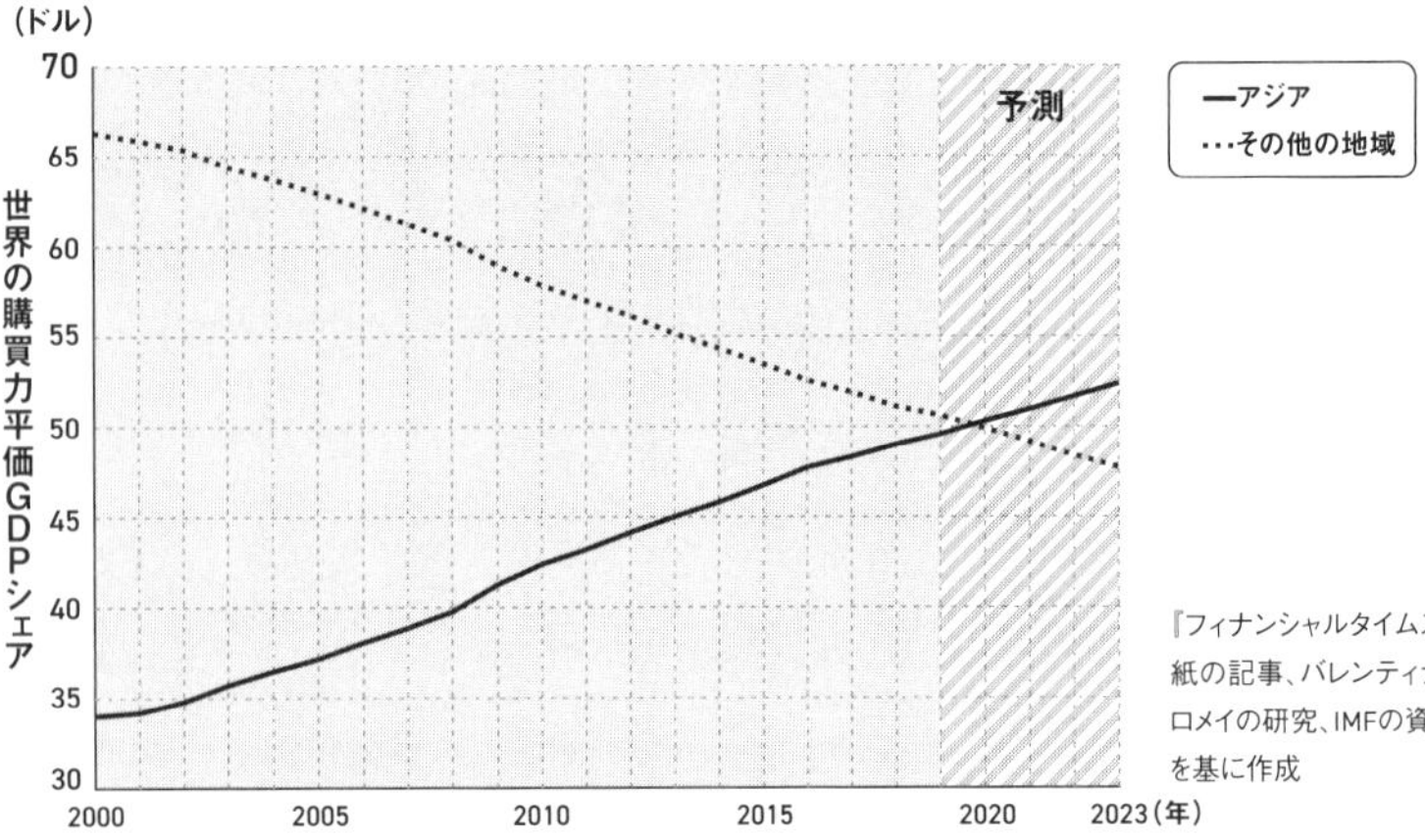

『フィナンシャルタイムズ』紙の記事、バレンティナ・ロメイの研究、IMFの資料を基に作成

と相手国で取引されている様々な商品の交換比率を表す購買力平価「ＰＰＰ」を用いる)。そして、新型コロナ危機の発生でその見通しは正しかったことが確認された。ＩＭＦは２０２０年10月、中国がその年の年間を通して経済成長を続ける唯一の主要な経済国になり、ＡＳＥＡＮは経済成長率の減少幅を少なくとどめることのできる唯一の地域になると予測するに至った。[*33] そして対照的に、欧米の先進国、中でも欧州の国々は、歴史的な経済収縮に直面するとされた。

　図３－３に示すこの統計値の重要性は、過小評価すべきではない。アジアが世界経済を支配していたと言えるのは19世紀初頭までで、まさに第一次産業革命が始まったばかりのときだった。２０００年においても、アジアはまだ世界の生産高の３分の１しか占めていなかった。今日、第四次産業革命の幕開けに当たって、アジアはかつての数千年にわたる支配的な地位を、再び取り戻そうとしているように見える。中国の発展を追い風

にして、アジアは恐らくIoT（モノのインターネット）からAIまで、あらゆるものに関して、世界の他の地域を凌駕することになるだろう。そして、今後数十年にわたり、その優位を手放すことはないだろう。

中国の台頭――そして、その恩恵を受けて後を追う新興国――はそれ自体が信じ難いほど画期的な歴史的事件である。しかし、だからといって、さらに大きな見地で俯瞰したときに見える光景から目をそらすべきではない。つまり、第2章で説明した世界的なトレンドは、欧米と同様にアジアに対しても有効なのだ。世界は、環境や将来の世代の運命を危うくしながら、持続不可能な成長の道を進んできた。さらに、中国やインド、その他の国々が近年達成した成長は、西欧における成長と同じように不均衡になりがちだった。

まず、アジアにおける環境問題の現状を考えてみよう。中国や東南アジア、その他の新興国における環境の劣化や汚染、気候変動の影響は最悪と言ってよい。世界の人口の90％以上が、WHO（世界保健機関）の基準では安全とは言えない空気を吸っているとＯ２０１９年に同機関は報告している。[*34] その上、世界で最も汚染がひどい20都市は、すべてがアジアにあり、そのうちの15都市は、首都ニューデリーなどインドにある。残りは、中国とパキスタンが2都市ずつ、そしてバングラデシュの首都ダッカだ。近年、中国においては状況の深刻さが広く認識されるようになり、それを反映して政策が変更されてきてはいる。しかし、どの工業都市に行っても、大気汚染は依然として改善されていない。

アジアの経済にとって、不平等も大きな問題のままだ。これは、世界不平等研究所（WIL）が作成した二つのグラフ（図3－4参照）からも見てとれる。同研究所の報告によれば、インドでは

図3-4 近年急拡大する中国とインドの不平等

インドと中国の不平等
（上位10%と下位50%の所得シェア、1978〜2014年）

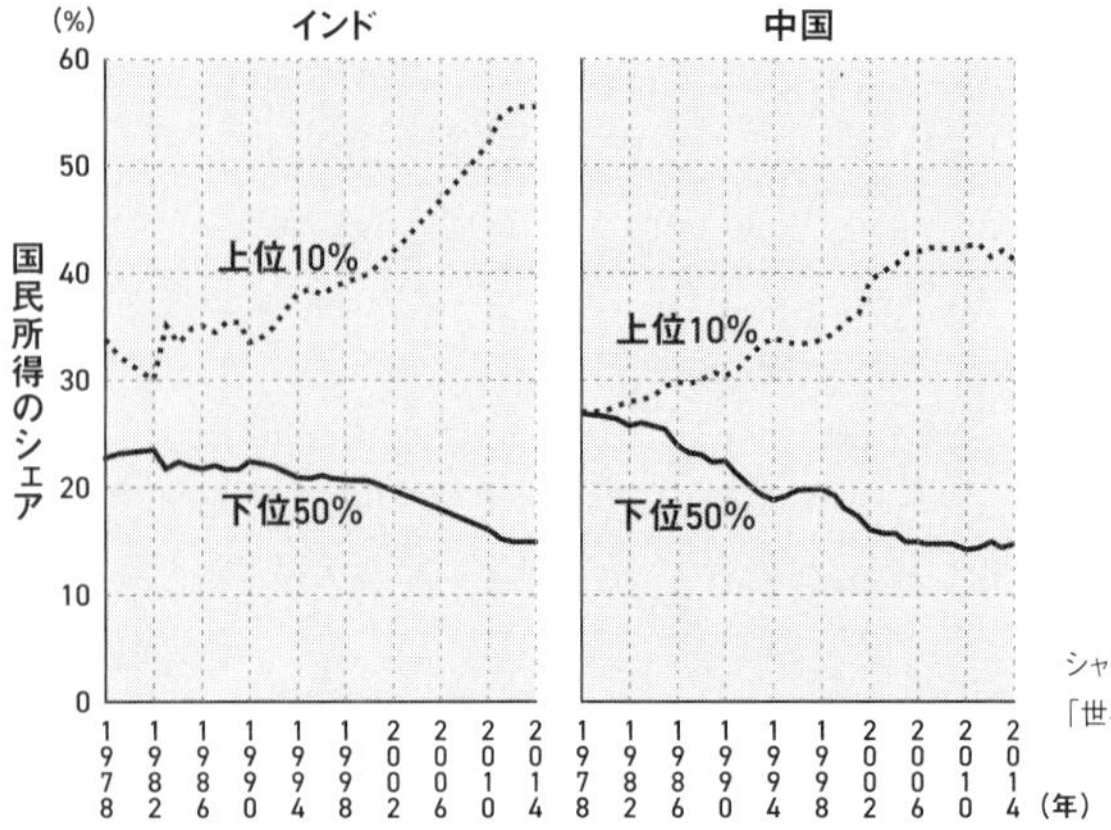

シャンセル、ピケティ、ヤン、ズックマン
「世界不平等レポート」を基に作成

「１９８０年代から不平等が大きく拡大し、これは規制緩和と開放に主眼を置いた経済分野の大きな変革によってもたらされた[*35]」。現在のナレンドラ・モディ政権が発足した２０１４年まで、インドにおける所得の不平等は「歴史的に高い」水準に達していた。同様に、中国の所得不平等は、改革開放の開始から２０１０年頃までほとんど切れ目なく拡大してきた。その政策は、「これまでにないほど国民所得を増大させたが、中国の所得分配にも重大な変化をもたらした」とＷＩＬの報告書は書いている。ほぼすべての層で所得が増えたが、よりハイレベルな高所得層は、開放政策によりさらに多くの恩恵を受けたのだ。それから十年近くが過ぎて、不平等のさらなる拡大は確かに鈍化するか止まってしまったように見えるが、不平等そのものは高い水準のまま残っている。

　そして、新型コロナ危機は、アジアを含むグローバル経済に短期的な混乱をもたらすことになった。もし、当初の指標が正しければ、中国、ＡＳＥＡＮの中の数カ国、そして東アジアは、多くの欧米諸国よりも早くこの危機から立ち直り、その結果、いわゆるＶ字回復を遂げることができたはずだ。しかし、これまで見てきたように、不平等やサステナビリティー（持続可能性）の欠如、それにレジリエンスの不足といった諸課題は、新型コロナ危機の収束後も、欧米でもアジアでも未解決のまま残されているだろう。

今後アジアは、再び手にした強い経済力と政治力によって、気候変動の問題や多国間主義の欠落、社会経済的不平等の拡大といった世界が直面している重要な課題に立ち向かうことになるだろうし、そうなることを願っている。原理の面で、調和を重視する儒教の精神はアジアがより高潔な社会へと世界全体を導く原動力になり得るが、残念ながらまだその段階には至っていない。

私たちのグローバル経済システムは、制御不能なところまで発展してしまった。そして、方向転換ができるようになったとしても、その前にもう一つのつらい現実に対峙しなければならない。私たちが分断された社会に住んでいるという現実である。

第4章 分断された社会

1961年8月12日の朝、起き出してきたベルリン住民が目の当たりにしたのは、厳しい新たな現実だった。こつぜんと壁ができていて、街が真っ二つに分けられていたのだ。地政学的な利害関係について長らく足並みが揃わなかった揚げ句の帰結とはいえ、多くの人にとって耐え難いショックだった。このベルリンの壁はそれから30年近くもその場所にそびえ、何世代にもわたってドイツ人に傷跡を残すことになる。

その16年前、第二次世界大戦の終結によりドイツは連合軍に占領された。ソビエト連邦、米国、イギリス、フランスがナチス政権を倒し、人類史上最も壊滅的な戦争を終わらせた。しかし、一つの戦争が終わることは、別の戦争の始まりを意味した。ドイツは二つに分割され、ベルリンも二つに分けられた。東ベルリンはやがて、ドイツ民主共和国（東ドイツ）という国に入れられた。この国はソ連の影響下にあり、元のドイツの東側を占める。そして米国、イギリス、フランスに占領されていた西ベルリンは、西から南にかけての地域に作られた自由主義のドイツ連邦共和国（西ドイツ）に入れられた。

ベルリンという町は、微妙な立場に置かれていた。以前は国全体の首都であり、西ドイツ人《ヴェシー》と東ドイツ人《オシー》が共に、米英仏ソ4カ国がそれぞれ管轄する地区に住んでいた。そんな状況は長続きしなかった。新しくできた二つの国の間で緊張が高まり、1961年、もっと大がかりな壁を作ろうと東ドイツが決めたのだ。この壁は町を真ん中から二つに分け、いかなる東ドイツ国民も西ドイツに行き来できないようにした。この壁は何十年にもわたり、この地域を地理的に分断し続けた。

ドイツの分断と再統一

壁ができたときのことを私ははっきりと覚えている。ドイツ国民も、そして、世界中の人もそうだろう。私は当時、23歳。自分が生まれた国家、そして欧州全体の政治情勢への意識がとても高かった。若い頃は、自由な西欧各地をそれはもう、何カ月もかけて旅をした。ドイツ人だろうと、フランス人だろうと、イギリス人だろうと、イタリア人だろうと、当時の欧州人なら誰もが共有していた共通のアイデンティティーを謳歌する若者の活動に加わっていた。私たちは共有していたそのアイデンティティーを、政治情勢や社会情勢で発揮しようとした。その取り組みの最たるものが欧州経済共同体であり、これは後に欧州連合になった。

しかし、これとはまた別の現実も起きていた。各国は協力をせず、それぞれが勝手なことをしていた。ベルリンの壁の建設はその表れの一つだ。これは、ソ連が世界の東側のリーダーとなり、米国が西側を支配して争っていた冷戦の中で起きた。そして、そういった対立が世界中で起きていた。この壁ができるほんの数カ月前、米国政府の支援を得たキューバ人亡命者たちは、フィデル・カストロによる共産主義の新生キューバへのクーデターを企て、失敗した。この試みは後に、ピッグス湾事件として世に知られる。この事件がきっかけとなり、その2年後にキューバ危機が起きる。その後、数カ月、数年の間にソ連と米国はそれぞれ大量破壊兵器の保有量を競って増やし、核戦争勃発まで秒読みの危機にまで世界を追い込んだ。核戦争はすんでのところで避けられた。

ベルリンに話を戻そう。こうした二つの世界を無情にも分けたのは、ブランデンブルク門の前に作られた壁だった。壁はベルリンのシンボルであるこの門のすぐそばを通り、民主的な西ベルリンから、それを取り囲む東側のブランデンブルク州に向かう道を文字通りふさいだ。壁と有刺鉄線で通行ができなくなったこの門は、本当の意味で基点となった。ドイツはもちろん、世界各国の政界首脳が、ブランデンブルク門を背景に演説を行った。米国大統領ジョン・F・ケネディが1963年にドイツ語で「私は一人のベルリン市民である」[*1]と言い、すべてのベルリン市民への支援を表明したのもこの場所だ。西ベルリン市長のリヒャルト・フォン・ヴァイツゼッカーが1985年に「ブランデンブルク門が閉ざされている限り、ドイツ問題には答えが出ない」といったのもこの場所だ。そして、米国大統領ロナルド・レーガンが1987年にソ連の最高指導者ミハイル・ゴルバチョフに「この門を開けよ」、そして「壁を取り壊そう」と言ったのもここだ。[*2]

だが、およそ30年間にわたるそうした訴えは徒労に終わった。西ベルリンに住む人は遠くからブランデンブルク門を眺めることしかできず、東ドイツのブランデンブルク州に友人や家族がいる人々は、彼らに何十年も会えなかった。壁ができてからというもの、この壁を越えようとする人は後を絶たず、大勢が死んだ。このように、壁は「鉄のカーテン」が具現化されたものとなり、そのうちこれはベルリンとドイツだけではなく、欧州全体を分断した。西ベルリンの住人だけが変わらず自由と民主主義を享受し、東ベルリンや、ブランデンブルク州のようにベルリンを取り囲む地域の住人は著しく異なる状況で暮らすことになった。これは、分断された社会そのものだった。

ところが1989年11月9日にすべてが変わった。近々国境が再び開放されるという噂が広まり、その日、おびただしい数の人々が両側から壁を越えた。ソ連の基盤は弱体化しており、ポーランドからハンガリーにかけての国境もその役割を果たせなくなりつつあった。あまりにも長い間分断されていた社会にとって、これが我慢の限界だったのだ。為す術もなく立ち尽くす兵士を横目に、熱狂した群衆がブランデンブルク門を臨む壁によじ上り、その向こう側に足を踏み入れた。祖父母の世代以来のことだった。壁を乗り越えた者は男も女も物理的な壁以上のものを乗り越えた。西ドイツ人《ヴェシー》と東ドイツ人《オシー》が発信したメッセージは明快だ。「これから、我々は一つの人民だ」。壁の上にいる人々の画像は世界中に――そして、まだ共産主義者に支配されていた東ドイツ全体にも拡散された。

この11月の夜を境に、多くの読者の記憶にこの先も残るであろう歴史的事件が次々に起きた。その翌月、いわゆる「鉄のカーテン」が破綻すると、そのカーテンに覆われていたワルシャワ条約加盟国である中東欧の多くの国家もまた破綻した。東ドイツの180度転換にはとりわけ、目を見張るものがあった。1989年12月、ベルリンの壁は完全に壊され、ブランデンブルク門は正式に開放された。ものすごい数の人々が東から西から、その他の場所からもやってきて門を抜け、そのほとんどが数十年ぶりに友人や家族に再会した。これは、世界経済フォーラムにとっても、歴史上重要な瞬間だった。そのことを私はフォーラムの歴史について書いた過去の著作でこのように振り返っている。*3

1990年の〈ダボスでの〉年次総会は、ドイツ再統一のプロセスを推し進める重要なプラットフォームになった。西ドイツの連邦首相ヘルムート・コールと、新しく選ばれた東ドイツの首相ハンス・モドロウのダボスでの初めての邂逅は、ドイツの再統一の道筋を決める大事な機会だった。コールは早急に動くべきだと分かっていた。東ドイツ、つまりドイツ民主共和国は崩壊しつつあり、財政の安定を維持するためには早急な経済的支援が必要だった。深い痛手を負ったモドロウには、統一後のドイツの中立性をもはや主張できないことが分かっていた。ボンに戻るとすぐ、コールは動いた。数日後の2月7日、コール内閣は二つのドイツ通貨統合の提案を正式に発表した。このプロセスは8カ月後には完了し、1990年10月3日にドイツは再統一を果たした。[*4]

ドイツが再統一され、東西の関係を本当の意味で修復し、分断していた国家を再統一する政策を人々は支持した。ベルリンを取り囲むブランデンブルク州では、二つの大きな包括政党、キリスト教民主同盟（CDU）および社会民主党（SPD）が人々の票を大きく集めた。最初の自由選挙では、この二政党でブランデンブルク州の有権者票の3分の2を獲得した（旧共産党は第3位となった）。ドイツの他の州でも同じことが起きた。このように幅広い大衆の支持のおかげで、二つのドイツは単一の政治的、社会的、経済的連合となれた。東ドイツは経済的統合の衝撃から回復するのに莫大な額の財政支援が早急に必要だったし、40年間に及ぶ分断で人々の間にはどうしても溝ができていた。それでも、統一に向けた情熱はすさまじかった。

そのような状況で、それから30年もたたないうちに再び潮目が変わり、分断が復活するとは誰も予想しなかった。しかし、それは現実のものとなってしまった。

20年にわたり、中道の主要政党と、共に進歩しようという彼らが訴えてきた理念が支持されてきたが、旧東ドイツの多くの州では状況が劇的に変わった。ほんの数年で、政治の世界における中道が崩壊してしまったのだ。最近では2019年9月の選挙で、かつては考えられなかったことが起きた。二大政党の得票数の割合が42％と、全体の半分に満たなかったのだ。第3位の既存政党、左翼党（旧共産党）を加えても、この数字はたいして変わらなかった。山のてっぺんで得意の絶頂にいたのが谷底に落ち、これらの政党はブランデンブルク州における有権者のほぼ半数の支持を失った。

勝ったのは、社会および政治の世界で両極端にいた二つの政党だった。気候変動問題を重視する「緑の党」はブランデンブルク州で票の約10％を獲得した。この政党は気候変動について社会で高まる懸念を具体的に行動に移しており、政界への進出は他党からおおむね歓迎された。懸念されたのは、極右で移民政策に反対の立場を取る政党、「ドイツのための選択肢（ＡｆＤ）」が同時に23・5％という歴史的な票を獲得したことだった。これは、民主的選挙が行われた中では1930年代のドイツ以来、極右政党としては最高の数字だ。

ドイツ全体でも同様の結果となったが、アンゲラ・メルケル首相（当時）の新型コロナ危機対応がスムーズだったことから、伝統的な中道右派政党であるＣＤＵが世論調査で再び躍進した。しかし、中道の復活も、右派の過激化と左派の分裂を隠しきれなかった。メルケル首相は新型コロナ危機を乗り越え、評論家や大衆から高い評価を得たが、国民の大半は次第に政府全体、とりわけ公衆衛生対策に疑いの目を向けるようになっていた。具体的には、マスクの着用、ソーシャルディスタンス、それにワクチン接種の見通しが槍玉に挙げられた。

このように、2019年の総選挙と新型コロナ危機によって、30年間続いたサイクルが締めくくられた。かつては統一と希望のシンボルとされてきたブランデンブルク門も今や、まったく違う現実を象徴する。それはつまり二極化の進んだ、何もかも不確かな社会だ。もはや、社会を真っ二つに分断する壁はない。しかし、多くの人々は政治的中道から離れ、さらに極端で急進的、もっと対立的な政党に救いを求めている。

いったい何が起きたのか?

政治的中道が破綻し、ポピュリズムやアイデンティティー政治(人種や民族、ジェンダーなど、特定のアイデンティティーに基づく集団のために動く政治)などの対立的なイデオロギーが急増しているのは、ブランデンブルク州、ましてやドイツに限ったことではない。世界を見渡しても、大きな中道政党に投票する人はかつてなく減り、より過激な、あるいは対立をあおる政党や候補者に投票する人が今までになく増えている。そのために、政治も社会も二極化し、身動きがつかなくなっている。これは西側諸国で長年続いた戦後の傾向との決別だ。当時はほとんどの主要政党が、メンバーについても主義主張についてもおおむね寛容だった。私たちも経験から学んでいるように、対立的な選択肢を選ぶと亀裂がさらに深まることが多く、調和の取れた未来など望めない。動き始めたら、こうした遠心力はちょっとやそっとでは止まらないのだ。

この二極化を完全に説明できる要因を一つに絞り込むのは難しい(第3部で、社会的・経済的要因をいくつか紹介する)。しかし二極化というのは、現状の社会経済問題の結果であると同時に、その原因にもなっている可能性が高い。

すると、社会的分断は今、どれくらい世の中に蔓延しているのか。そしてそれはどうして起こるのか。こうした疑問を解決するには、欧州や世界各国の事例をもう少し見ていかなくてはならない。

政治的中道の衰退

西側諸国でもとりわけメディアに取り上げられることの多い米国とイギリスの社会や政治の動きは、多くの人がよくご存じだろう。米国では2016年に史上初めて、エスタブリッシュメント（既存の支配階層）ではない人物が大統領に選ばれた。イギリスでもまた、2016年に行われたEU離脱（ブレグジット）の是非を巡る国民投票の結果は、社会を真っ二つに分断した。しかし、二極化に向かう傾向は、アングロサクソン系の人々が支配する世界に限らず、意外に根が深く、深刻だ。

欧州大陸における議会制民主主義の状況を考えてみよう。ここではドイツと同じように、中道左派と中道右派の政党が政治情勢を支配してきた。ところが近年、かつては主流だった国民政党が弱体化し、より過激な党派にとって替わられることが増えている。さもなければ内部から変化し、同じ党でありながらより過激になって生まれ変わることもある。

先に挙げた中道左派について考えてみよう。鉄のカーテンの崩壊と、欧州における共産主義の弱体化を経て、欧州における旧社会主義政党の多くは最初、より実利的で中道左派寄りの政党に生まれ変わった。その結果、これらの政党は幅広い層の人々から票を集め、本物の包括的な政党となった。つまり、間口の広い、ほとんどが非イデオロギー的な主要政治勢力となったのだ。しかしようやく見つけたバランスは長続きしなかった。2000年代後半から、多くの欧州諸国で社会民主主義は地盤を失い始めた。彼らが政権の座にいたときに公的債務危機が悪化し、その後急激に経済が悪化したことで、有権者は中道左派の能力を信頼しなくなったのだ。

その後の支持率の下がりぶりは、急転直下としか言いようがない。ドイツでは、1998年にSPDのゲアハルト・シュレーダー首相が40％以上の票を獲得した。これは、再統一後で最高の数字だ。それが2019年には一転して、15％足らずまで落ちた。フランスでは、2012年までは社会民主主義政党である社会党がコンスタントに過半数の支持を獲得し、大統領選でも勝利していたが、2017年には解体の危機にまで追い込まれた（とはいえ、新たな中道勢力が現れた。マクロン首相率いる「共和国前進！」である）。イタリアでは、中道左派の民主党の破綻はもっと速かった。レンツィ首相（当時）が党首を務める社会民主主義政党の民主党は2013年に議席の約半数を獲得していたので、彼が率いる中道左派連合全体では議会でも半数の議席を余裕で占めていた。その5年後、この政党は崩壊し、連合の議席数も6分の1を獲得するのがやっとだった。

票がどこに流れたかは、国によって違う。しかし、票を最も集めたのは伝統的な中道から外れた政党であることが多い。つまり、国内の問題について急進的な改革を主張し、国外の問題についてはEUやグローバル経済システムに否定的な政党だ。たとえばフランスでは2017年の大統領選挙で、左派のポピュリスト政党である「不服従のフランス」は2回目の決選投票には惜しくも進めなかったものの、社会党候補の3倍の票を獲得した。同党の綱領の一つは、戦後の「第五共和制」に代わる「第六共和制」の導入だ。ギリシャでは2010年代初頭に債務危機が手の付けられない状態になったとき、左派の緊縮財政反対政党である急進左派連合「シリザ」が政権を獲得した。この政党は、IMF（国際通貨基金）やEUなどが付ける融資条件に反発したことでよく知られている。

スペインでは、怒りを募らせた若者による街頭デモのすぐ後に新政党「ポデモス（『我々にはできる』の意）」が台頭し、左派のスペイン民主社会党（社会労働党・ＰＳＯＥ）にとうとう課題を突き付けた。これらの政党を結び付けているのは、今加盟している国際貿易協定からの離脱、ＥＵの改革または離脱の強い要求、そして、エリートに対する全面的な嫌悪感だ。

欧州における第二の、そしてより思い切った中道からの離脱は中道右派で起きた。近年では、保守的なキリスト教民主主義政党が欧州における正真正銘の「国民政党《フォルクスパルタイ》」であることが多かった。彼らは産業革命や啓蒙主義から生まれたイデオロギー、つまり社会主義や自由主義にとらわれず、人間的な社会像を前面に出し、政治の中道化を進めた。最近では、アンゲラ・メルケル首相ほどこの実利的な政治スタイルを実際に行動で示した人物はいない。ただし、メルケルが権力を握るかなり前から、メルケルの所属するキリスト教民主・社会同盟（ＣＤＵ・ＣＳＵ）はドイツ最大の国民政党だった。圧倒的な人気は１９８０年代から90年代にかけてドイツの首相を16年間務めたヘルムート・コール首相や、第二次世界大戦後の約15年間ドイツの指導的立場にいたコンラート・アデナウアー首相の時代にまでさかのぼり、選挙ではたいがい有権者のほぼ半数前後の支持を得ていた（これは、複数政党制の代議制民主主義では見事な快挙である）。

それがここ数年ほどＣＤＵは右派からの圧力を受け続け、人間中心主義的で中道の行動様式から脱却を図るようになった。その大きなきっかけとなったのは、欧州における難民危機である。

２０１５年と２０１６年に、１００万人を超える政治的・経済的難民が中東やアフリカから逃れて欧州になだれ込み、受け入れ国に大きな社会的・政治的課題を突き付けていた。メルケル首相は当初、難民を大いに歓迎した。首相は国境を開放しておくよう声を大にした。間違いなく、わずか数十年前「鉄のカーテン」や「ベルリンの壁」で起きたドラマを意識していたのだろう。「我々は解決できる（Wir Schaffen Das）」と宣言した。前にもやったことがあるではないか。ドイツ統一後の東西ドイツ間で人が移動したときも、そうしてきた。だから今回もできるのだ、というわけである。

ところが、進んで難民を受け入れようとする取り組みへの支持はたちまち失われた。難民の流入にともなって起こる問題は、多くの地域コミュニティーの手に余ると分かったからだ。ドイツ語を話さない多くの若い男性市民が労働力となるまでには、スキルの再教育、言葉の学習や手続き上のハードルなど、かなり長いプロセスが必要だが、それが多くの市町村の社会制度に負担をかけた。その上、この移民危機が始まったばかりの頃に移民が引き起こした犯罪[*5]がメディアで大きく取り上げられた。新年カウントダウンイベントのさなかに多くの都市で起きた女性への集団暴行事件[*6]などが報道されると、世論は難民の新たな受け入れに難色を示すようになった。AfDが現れて国境の閉鎖とより厳しい移民統合政策を要請すると、世論調査での同党への支持率が上昇した。

右派に包囲されたCDU・CSUは、独自の強硬姿勢をとらざるを得なくなり、2016年にメルケル首相はスローガン「我々は解決できる」を撤回した。経済週刊誌『ヴィルトシャフツヴォッヘ』の取材には、こう答えている。「この言葉は少し誇張され過ぎたと思うことがある。あまりに期待が寄せられ過ぎて、もう使わない方がいいと思うようになった」。欧州を代表する国民政党であるCDU・CSUと、欧州議会において同党が参加している欧州人民党にとって、これは終わりの始まりに思えた。同じような出来事がEU圏内の各地で同時に起きていたからだ。

ところが、実利的かつ寛容的なメルケル首相のアプローチが、2020年にまさかの大復活を遂げた。新型コロナ危機を前に、そのリーダーシップが目覚ましい成功を収めたからだ。科学者出身のメルケル首相は、データとエビデンスに基づいた厳格なやり方で、公衆衛生上の危機に対処した。その結果、フランス、スペイン、イタリアなど他の多くの国と比べてドイツは新型コロナウイルス感染症の影響がかなり小さかったため、国民は実利的で中道的なリーダーを再び支持するようになった。

かたや欧州諸国のキリスト教民主主義政党は、新型コロナ危機をうまく乗り切れなかった。ドイツと同じくらいレジリエンスのある政府機関や公衆衛生システムも、メルケル首相のような経験豊富な切れ者のリーダーもいなかったからだ。それどころか、欧州大陸全土で中道右派の主要政党は、苦渋の選択を迫られていた。大衆の支持を得るために右に大きく舵を切るか、あるいは代わりの強硬派政党に有権者の過半数を奪われるかの岐路に立たされていた。どちらの道を選んでもそれは、中道をリードした第一党たるキリスト教民主主義政党の終わりを意味した。

その結果、人道的な中道の求心力が失われた。イタリアでは、理論的には中道右派である連立政権があるときまで最強の政治勢力を維持し、その状態がイタリア戦後史の大半を占めていた。しかし、その国内環境は劇的に変わった。ファシスト政権後初の選挙では、保守的な中道右派政党であるキリスト教民主党が連立政権を率いていた。ところが2000年代に、シルヴィオ・ベルルスコーニが結成したポピュリスト政党「フォルツァ・イタリア」がこれに取って代わった。

ここ数年のイタリアでは、国民から強力な支持を得ている独立系首相ジュゼッペ・コンテを中心とした連立政権がさらに右傾化している。右派で民族主義をとる「レーガ」（「同盟」の意）はかつて、フォルツァ・イタリアとの連立でジュニアパートナーだったが、2018年のイタリア総選挙で大躍進を果たした。同時期に、イデオロギーにとらわれない反体制派の「五つ星運動」がイタリアのもう一つの有力政党となり、右派と反体制政党という組み合わせの先の読めない連立政権が生まれた（訳注　ただしコンテ政権は、移民排斥政策を掲げたレーガを外した形で二期目を迎え、EUとの協調路線に転じた。だがコロナ禍からの復興策を巡って連立内の対立が激化しコンテは辞任、前ECB総裁のマリオ・ドラギを首相とし、ほぼすべての主要政党が参加する連立政権が誕生した）。

他にも、多くの欧州の民主主義国で似たようなことが起きた。ポーランドでは、1980年代にレフ・ワレサの「連帯」運動によって民主主義への扉が開かれたが、近年は右派の「法と正義党」が有力な政党として台頭してきた。この政党は、厳密にはまだキリスト教民主主義を標榜しているが、ポーランドの歴史を振り返っても他のどの政党よりもかなり右派的で、人気もあるポピュリスト政党だ。ハンガリーも似た様相を見せている。右派政党とキリスト教民主党とが連立したフィデス＝ハンガリー市民同盟／キリスト教民主国民党（KDNP）連合が、圧倒的な政治力を持っている。フィデスも厳密にはキリスト教民主主義政党であり、欧州議会では欧州人民党に属する。しかし、移民に対する強硬姿勢や、前回の選挙での反EU活動では、欧州人民党内のより中道派との間にかなりの摩擦を引き起こした。

経済学者のブランコ・ミラノビッチはこのような、ますますもって心配な傾向をグラフ化した（図4－1参照）。中道右派政党がさらに右傾化していることに加え、2000年頃までは民主主義国家で肩身の狭かった急進的な右派政党が、現在は欧州全体で急速に主流になりつつあることが示されている。

また、民族主義、ポピュリズム、かなり独裁主義的なリーダーシップが世界各地で並行して増え

図4-1　2000年頃、および直近の議会選挙（2017〜2019年）での右派ポピュリスト政党の得票率

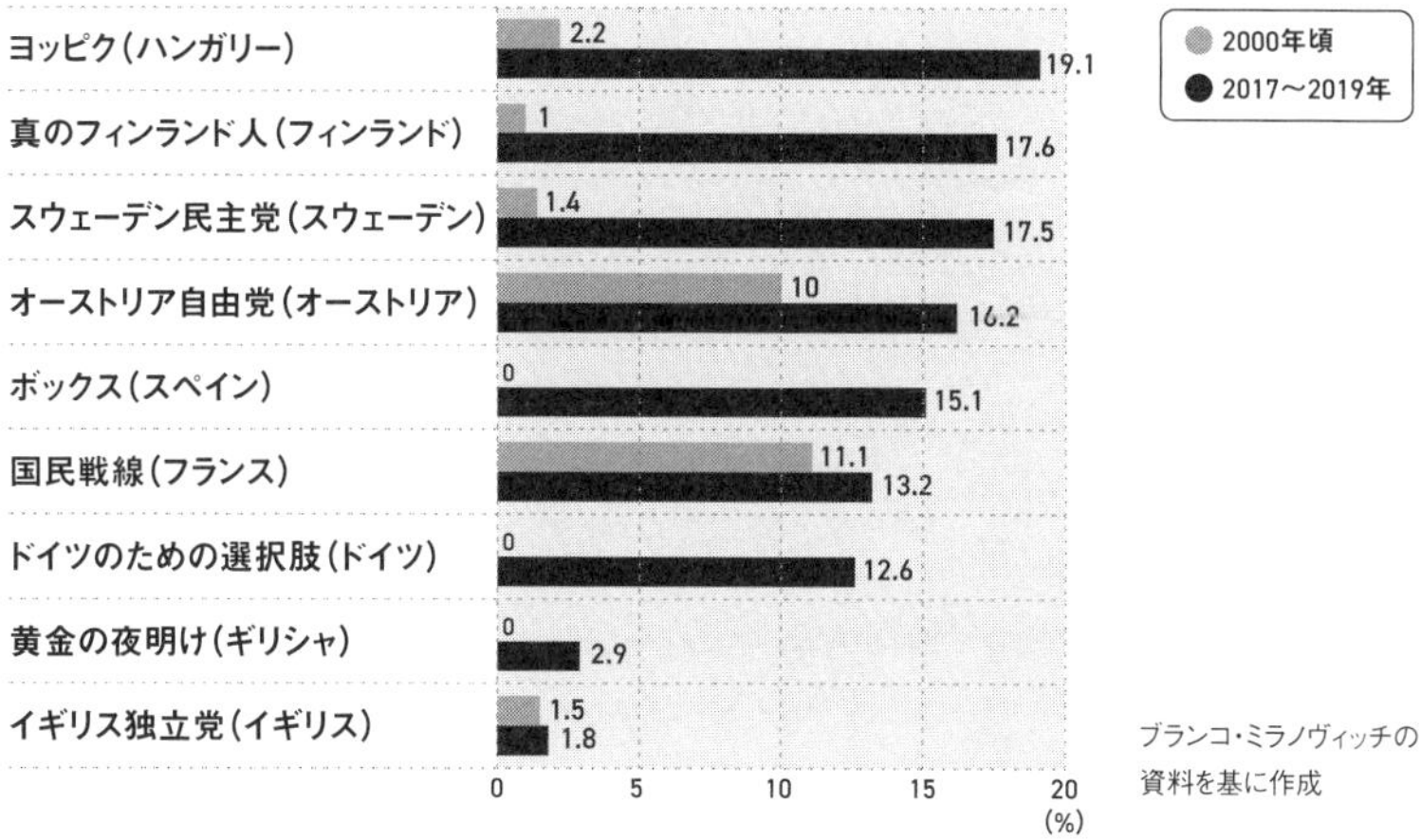

ブランコ・ミラノヴィッチの資料を基に作成

てきていることも、ここから読み取れる。政治的傾向を地域間で比較することは難しく、社会経済的状況が異なる場合はなおさらだが、多くの地域で有権者はまさしく人道主義よりも民族主義、開放主義よりも保護主義、そして「私たち」対「彼ら」という世界観に傾いており、その中では社会や世の中全体においてよそ者《アウトサイダー》として除外される存在がいる。

たとえば、ラテンアメリカで最も人口の多い国ブラジルでは、保守派のジャイール・ボルソナーロ議員は自らを、ブラジルの社会や政治に「ルールと秩序」を取り戻す政治的アウトサイダーだとアピールし、大統領に選ばれた。ボルソナーロはこれまで数期、議員を務めたことはあったが、その民族主義かつ伝統主義的なスタンスは２０１８年の選挙まで、多数の支持を得られなかった。１９８８年に軍事独裁政権が崩壊してからというもの、ブラジルでは中道左派か左派寄りの大統領が続いていたが、ボルソナーロの当選を機にその流れが変わった。有権者はボルソナーロがうたう極端な保守政治に票を入れ、熱烈に支持したのだ。

中国、インド、ロシア、トルコといったその他主要20カ国の政治的指導者が民族主義や権力主義的傾向に転じていることを指摘する声もある。どの国も、社会的・経済的バックグラウンドは異なるが、より内向きにウエイトを置いた政治的リーダーシップに強く向かいがちな傾向は似ている。そこで二番目の疑問が生じる。このような、かなり分断的な政治スタイルにいたらしめた社会的分裂の原因は何だったのだろう?

社会的不安

こうした社会的分断の種は少なくとも1990年代からあり、ここ数十年の間に広まった経済モデルにもかなり多く見られる。その兆候は、誰の目にも明らかだった。ただし、それがすっかり大きな潮流になるまでには、さらに20年ほどの歳月が必要だった。

たとえば1996年の時点で早くも、本書執筆者の一人であるクラウス・シュワブは『ニューヨーク・タイムズ』紙の論説で「経済のグローバル化は重大な局面を迎えている」と指摘していた。「とりわけ先進民主主義国家ではその影響への反発が高まる一方であり、それが多くの国の経済活動や社会の安定に極めて破滅的な影響を及ぼす恐れがある。これらの民主主義国家では無力感と不安感が漂っているが、これこそが、新しいタイプのポピュリスト政治家が台頭する原因となっている」[*8]。この頃は、まだ中道政党が左派や右派から批判されているだけだった。当時、大半の人はまだ経済的に豊かだったため、この抗議の声はまだ少数にとどまっていた。

　ところが中道派の政府が、内在するこの問題に対応せずにいたため、分断は深まっていった。その後数年間にわたり、私は世界経済フォーラムのイベントに出席した多くの反対派や活動家と話す機会があった。そこではたと気付いた。この章に述べた例は言わば炭鉱のカナリアで、社会に対する幅広い不満が迫っている予兆だったのだ。資本主義、グローバル化、そして現状の経済発展モデルの制度改革が必要だった。とはいえ、前述のように、私自身はもちろん、他の人も挙げていたステークホルダー資本主義をはじめとする、あらゆる人を受け入れるよりインクルーシブ（包括的）な政策はほとんどが無視された。今思うと、私たちはもっとアピールすることができたし、そうすべきだった。しかし、２００８年に世界的な金融危機が始まるまでは、多くの工業化社会に現れた亀裂の多くはまだ、目立たなかった。潤っている人が大多数であったため、気付けなかったのだ。

　２００８年に金融危機が襲いかかると、深く長い景気後退が始まり、経済システムやエリート、移民に対する人々の反発が雪崩のようになって、もはや止められなかった。金融危機でダメージを受けた社会の多くで、「怒れる者たち《インディグナドス》」や「ウォール街を占拠せよ」運動に触発された抗議活動が起きた。さらに、社会の別のところからも怒りが噴き出した。たとえばイタリアの通信社ＡＮＳＡの報道によると、２０１３年12月に「大型トラック運転手、農家、小規模企業経営者、学生や失業者」が町に出て、イタリアを代表する政治家階級、ＥＵ、税制、グローバル化に反対する集会を開いた。[*9] 当初、シチリアの農民による民族主義運動として始まった「熊手を持った」デモ隊はすぐにイタリア北部でも支持を集め、そこでも「右派グループや熱狂的な『超』サッカーファンをも巻き込んだ[*10]」

２０１７年からは、また別のファクターが世間の注目を集めた。環境危機だ。ただし、誰もが同じ側に立って議論しているわけではなかった。フランスを例に取ろう。この国では若者による環境活動「ユース・フォー・クライメート（Youth4Climate）」運動が、政府や国会議員による手ぬるい気候対策に断固とした対応を求めた。その中で何と言っても目立っていたのはスウェーデン出身のグレタ・トゥーンベリで、フランス議会に招かれてスピーチまでした。しかしその一方では、マクロン政権による環境に配慮した燃料税の引き上げに抗議する「黄色いベスト《ジレ・ジョーヌ》」運動のデモがパリ市内で盛大に行われた。この運動も初めの頃は、イデオロギーに基づくものではなかった。この人々は伝統的な左派の政策でも右派の政策でもない政策を唱え、政党を否定した。しかしこの活動が海外で支持されるようになると、オルタナ右翼（訳注　伝統的な保守主義とは異なる、白人至上主義や反ユダヤ主義、右翼ポピュリズム、排外主義などに基づく運動で、インターネット上で発展してきた）とひとくくりにされることが多くなった[*11]。

２０２０年にはとうとう、反対意見を唱える最後のグループが現れた。新型コロナウイルス感染症によるパンデミックへの世界各国の政府対応に、怒りと危機感を募らせた人々である。人の命と生活の両方に及んだ被害は甚大であり、１９１８年から１９１９年にかけて流行したスペイン風邪を上回っていた。世界中でこのパンデミックの真相についての憶測が飛び、陰謀論がささやかれた。ある者は、中国が意図的に作り、広めたと言った。またある者は、自国の政府が人口を抑制するために流行らせたものだと言い、それを根拠に公衆衛生対策に反対した。中には、私たち世界経済フォーラムがこのパンデミックの黒幕だという説も出た。ドイツのメディアは、政府のパンデミック対策からの解放を求める反対運動にネオナチの一派が関与していると報じた。

しかし、近年現れた数多くのデモ参加者、有権者、政党を単一のイデオロギー的なレンズを通して見ても、今起きていることをすっかり説明できるわけではない。社会や政治において、極右や極左が中道右派や中道左派に取って代わろうとしているわけではない。有権者がもはやエスタブリッシュメントの政党はおろか、今の民主主義体制そのものについて支持もしなければ信じもしないことが増えただけである。多くの人は投票所に足を運ばないか、あるいは非民主的な政党を選んでいる。さらに問題なのは、民主的な制度への手厳しい批判が世界中に広まっていることだ。これは、経済的イデオロギーを問わず、民主主義をうたうすべての人にとって、極めて由々しき懸念であるはずだ。戦後時代に整えられた経済基盤に加え、民主的な政府という概念が、私たちが暮らす豊かな西洋社会の基盤を作った。その基盤が今、これまでになく揺らいでいるのである。

たとえばイタリアでは、当時の連立与党である「五つ星運動」が、「黄色いベスト」運動を支持した。これは、与党の行動としては奇妙に思えるだろう。「黄色いベスト」運動はまさしく政府に反対しているのだから。しかしこれはさほど不自然な動きでもない。と言うのは、「五つ星運動」はそもそも大衆の反エリート活動から始まっており、発足からまだ日の浅いうちに初めて政権を握った。連立パートナーである右派の「レーガ」もやがて、この抗議活動を支持する発言をしている。ドイツでは、「黄色いベスト」運動を左右両派が支持したため、この抗議活動に特定の政治的色彩を持たせることが難しくなった。オルタナ右翼運動の「ペギーダ」はおおむね、「黄色いベスト」運動をきっかけに反移民のメッセージを強めようとしていた。その一方で「アウフシュテーエン（立ち上がれ）」という活動グループは、このデモを利用して国際的な連帯と戦争の終結を訴えた。こうした事例を見れば、今までにない社会的分断の複雑さ、そしてこうした今までにない境界線に古いイデオロギーを当てはめようとしても無理があることが分かる。

すでに述べたように、分断された社会では共通の基盤を見つけるのは難しくなるだろう。大勢の人に関わる重要な問題を扱うとき、一番大きな声はたいがい抗議の立場を取る。それにこういう人々が特定のテーマでまとまったとしても、彼らが提案する解決策を実行したならば、かえって民主的な制度や政治体制を弱体化させる可能性があることを私たちは知っている。

分断された社会から学べること

分断された社会から生じた過激な声から、私たちが学ぶべき重要な教訓がある。どちらか一方を支持する、あるいはすべて受け入れるにせよ、どちらにも賛同しないにせよ、その教訓は変わらない。政治や経済の実権を握る階級はこれまで、経済的にも社会的にも、人々を取り込むことができなかった。ならばまずは、すぐに何かを責めたり憤ったりするよりも、謙虚に自らを省みるべきだ。

第二次世界大戦が終結し、「二度と戦争を起こさない」という誓いが立てられてから75年、ダボスで最初の世界経済フォーラムの年次総会が開かれてからも、50年がたった。その歴史の大半でこの総会の方向性を定めていたのは、1973年に参加者が承認したいわゆる『ダボス・マニフェスト』である。このマニフェストでは、企業のリーダーは株主のみならず、ステークホルダー全員のために責任をもって振る舞うと誓っている。それに、ベルリンの壁崩壊から20年がたつ。当時、私たちはこう信じた。もうじき、すべての国家に繁栄がもたらされるのだと。

しかし、ここまでの章で見たように、多くの国家で収入の格差が近年にないレベルに到達し、[*12] 成長モデルは破綻し、環境は日々悪化して破壊どころか、紛争まで起きている。私たちは、認めなければならない。私たちの世代は、今の若い人々やこれからの世代の期待に応えられていないのだ。ならば、西側の多くの社会がくっきりと二極化し、人々が社会制度やリーダーに厳しい疑いの目を向けるようになったのも驚くに当たらない。加えて、リーダーたちも利害を共にするグループに分かれ、仲間内の閉ざされたコミュニティーの中でしか交流しなくなった。何十年も前から、各グループのリーダーはすべての人々にとって状況が良くなると請け合い、すでに特権を手にしていた人の多くは傍観していた。彼らはこう言った――自由市場に任せれば、見えざる手がすべての資源をしかるべく分配してくれるだろう。企業が規制から解放されれば、今までに経験したことのない繁栄がもたらされるだろう。そして金融と技術のイノベーターが才能を発揮すれば、GDPはとどまることなく成長し続け、世の中の人全員がその恩恵にあやかれるだろう。

こうした強引な考えを多くの著名な経済学者が信じ、彼らは政府や中央銀行に影響を及ぼすようになった。企業経営者の中には実際に、自分のビジネスに関わるすべての人々のことを考えるステークホルダー資本主義に賛同してくれた人もいた。だが、大半は株主資本主義、つまり止めどなく利益を伸ばすことを最優先させた。とりわけベルリンの壁が崩壊してからは、多くの政界リーダーの経済についての意見はどんどん似たり寄ったりになっていった。すなわち、正しい経済政策はたった一つで、誰もが潤うインクルーシブな成長より、高水準のGDP成長を大事にする経済政策だけが正しいと考えるようになった。以降の章ではこの根本的な間違いの原因を探り、これから進むべき道を見つけていく。

今にして思えば、現在のグローバル経済システムの構築に先頭を切って加わった者の一人として複雑な思いがある。最善の意図があっても、望んだ結果がもたらされるとは限らない。とはいえ、過去に失敗したからと言って、これからの50年、さらにその先の50年のためにより良い経済体制を構築できないわけではない。そう簡単にはやり遂げられないだろう。もはや、数にものを言わせていた政治的中道がなくなった社会は多い。世界の多くの地域で見られたようにこれは、社会が分断され、急進的な人物が政治体制を支配するようになったからだ。この社会的分断は逆に私たちの経済や環境体制の危機が生んだ帰結でもあり、こうした危機を打破する障害にもなっている。

そのように考えるとき、ブランデンブルク門を思わずにはいられない。30年前、東側と西側のドイツ人が老いも若きも左派も右派もここに集い、統一を祝った。ところが近年、この門の周りではデモが行われている。環境対策支持派とその反対派、開かれた社会とその反対派、コミュニティー支持派とその反対派、そして、新型コロナウイルス感染症関連の公衆衛生政策支持派とその反対派。人々の後ろにある門はかつて、ドイツ人、欧州人、グローバル市民を一つにした。そこにはあらゆる政治信条の人がおり、世代やバックグラウンドも様々だった。しかしもはや、状況は変わった。もし、そういった一つにまとまった社会を再び作りたいなら、社会および経済に害悪をもたらす原因をまず認め、そして、それに対処すべく協働を図らなければならない。このことを、次章以降で詳しく述べたいと思う。

第2部

発展と問題をもたらしたもの

第5章 グローバル化

2012年夏、大学生のアニーサ、アディ、アレーカは、インドネシア西ジャワ州のバンドンにいた。アニーサは経済、アディは建築、アレーカはバイオテクノロジーを専攻していて、三人ともビジネスを立ち上げようという意欲に燃えており、それぞれが得意なスキルを合わせれば、お互いに欠けているものを補い合えると信じていた。

バンドンは人口250万人ほどの、西ジャワ州でも勢いのある都市だ。クリエイティブな気運の高い土地柄だったが、優秀な人材であっても活躍の場はほとんどインドネシア国内に限られていた。アニーサ、アディ、アレーカがその親たちと同じ道を歩むなら、行き着く先はせいぜい公務員か、教師か、フリーランスのコンサルタントだっただろう。しかし、この三人の好奇心、野心、そしてバンドンの先にある広い世界につながる研究者のネットワークが、未来の展望を少しずつ変えた。

この若きトリオは、出会ってすぐ、学業と起業の二足のわらじを履くことにした。まず、キノコ農家を始めた。インドネシアの人々の食の安全確保をサポートしようと、食用キノコの栽培セットを販売した。2014年、さらに夢は広がった。数年間キノコを扱った経験から、地球に優しい素材としてのキノコの可能性にも気付いたのだ。キノコを使って様々な消費財を作り、それを海外でも売りたいと考えた。

その夢を叶えようと、バンドンの大学を卒業したばかりの若い三人は、国外で支援者を見つけることにした。研究者のつてをたどると、スイス工科大学が科学研究と試験に資金援助してくれることになった。数年後、サンフランシスコを拠点とするベンチャーキャピタル「500スタートアップ」が、アニーサ、アディ、アレーカのビジネスへの海外投資家の第1号となった。現在、三人が立ち上げたMYCLは中小企業として大成功の部類に入る。

社屋はバンドンから1時間半ほどの片田舎にあり、フル稼働している。2019年夏に世界経済フォーラムのメンバーがこの会社を訪ねたときには、大学を卒業したばかりの若者が何人か、大部屋にノートパソコンを持ち込んで研究開発に取り組んでいた。彼らは、環境への負荷が少ない人工皮革や建築資材など、今までにないタイプのキノコ由来の製品を作ろうとしていて、それがこの会社の目下の最重点事業だった。隣接する製造施設では、若い女性ばかりの作業員が工業生産されたキノコを人工皮革の原材料に加工していた。通りの向こうでは十数人のキノコ農家が、原材料となるキノコを会社に続々と運び入れていた。MYCLのクライアントは多岐にわたる。バンドン近隣のパートナー企業に加え、遠いところではオーストラリアやイギリス、他にも14カ国のバイヤーが、クラウドファンディングをサポートする「キックスターター」を通じて、キノコと木材で作った時計を買った。

バンドンの起業家たちの物語は、インドネシアではよく聞く話だ。MYCLの創業と同じ頃、ウィンストン・ウトモとウィリアム・ウトモは起業を夢見ていた。バンドンから東に、約700キロ。ウトモ兄弟はまた別のインドネシアの都市、スラバヤに生まれ育った。20代になったばかりのこの兄弟は、ディズニーやバズフィードといった米国の新しいメディア企業や、グーグルやフェイスブック（現メタ）といったIT企業、それに、アンドリーセン・ホロウィッツやセコイヤ・キャピタルのようなベンチャーキャピタル企業に憧れていた。シリコンバレーを聖地と仰ぎ、自分たちが尊敬するスタートアップモデルに続く企業をインドネシアにも作れないかと考え、その方法を絶対に見つけようと心に決めていた。

二人は米国に留学し、それぞれ南カリフォルニア大学とニューヨークのコロンビア大学を卒業した。兄のウィンストンはグーグルのシンガポール法人にアカウント・ストラテジストとして入社する。弟のウィリアムは投資銀行で働き始めた。憧れていた企業で働いた経験に触発されて早々に覚悟を決め、兄弟は自分たちの会社を立ち上げることにした。

シンガポールで働いていたウィンストンの給料を元手に二人はスラバヤで若い有能な人材を雇い、シンガポールにあるウィンストンの手狭なワンルームマンションに自分たちの会社、IDNメディアを立ち上げた。経営目標には「情報を民主化し、インドネシアのミレニアル世代・Z世代の声になる」ことを掲げた。[*1] 彼らは何十年も前からインドネシアに存在する情報格差をなくしたかったのだ。

蓋を開けてみたら、本人たちが想像した以上の大成功だった。シンガポール、ニューヨーク、香港、日本、韓国、タイの投資家がすぐに参入した。これはひとえに、シンガポールとカリフォルニアで、そして地元インドネシアにいくつかあった家族経営企業の間にこの兄弟が築いた人脈のおかげだった。創業6年目には同社のコンテンツ・プラットフォームは月に6000万人を超えるユニークユーザーを抱え、インドネシアの主要コンテンツ・プラットフォームの中でもトップクラスにまで成長した。[*2] 社員は500人を超え、コミュニティーメンバーも数十万人にまで達していた。同社の名前を冠した超高層ビル、IDNメディア本部だ。

私たちが訪れたときには、同社はジャカルタに新しい拠点を華々しくオープンさせていた。

もう一つ、ミレニアル世代のインドネシア人がグローバル経済で大成功を収めた例を紹介しよう。ウトモ兄弟がビジネスを拡張させていた同じ頃、プティ・プアルは将来のことで悩んでいた。前出のアニーサ（バンドンのキノコ起業家）と大学で友人だったプティは、土木地質学を専攻していた。卒業後は、フランスのエネルギー関連多国籍企業トタルに雇われ、地質学者としてボルネオ島で調査を行っていた。生活はなかなかハードだった。夫はジャカルタ勤務だったので、会えるのは隔週の週末だけ。平日はすれ違いだった。やがてプティは妊娠し、大きな決断をした。会社をやめ、夫のいるジャカルタに戻って主婦になることに決めたのだ。地質学者から足を洗い、イラストレーター兼グラフィックデザイナーとして働けばいいと考えた。トタルで働いていたときほどは稼げないだろう。しかし、この新しいキャリアなら趣味のアート活動を続けながら、家で子育てができる。

プティが思った以上に、この選択は大正解だった。若い母親としての暮らしを綴ったブログやイラストはたちまち、インドネシア中の同世代の母親の人気をさらった。それだけではない。インスタグラムの口コミ効果で、国外にも反響が広まった。あるプロジェクトでは、ニューヨークに招かれた。世界的に有名なエミー賞が企画した1分間動画コンペで、プティの作品が最終選考に残ったのだ。これをきっかけに、引く手あまたのフリーのアーティストとして、プティの国際的なキャリアが始まった。在宅で働き、サンフランシスコにいるフェイスブックのアートディレクターから仕事の依頼を受けた。あまたいるインドネシア人フェイスブックユーザー（訳注　フェイスブックの国別ユーザー数で、インドネシアは米国、ブラジル、インドに次ぐ第4位である）のために、インドネシア語仕様のスタンプを作ってほしいと言うのだ。別の案件では、アラブ首長国連邦に住む女性から、プライベートで使うグリーティングカードの制作依頼がきた。実際にクライアントに会わずとも、オンラインでのやりとりで何の支障もなかった。クライアントもペイパル経由でギャラをきっちり支払ってくれた。その後も、シンガポールの企業からアプローチがあり、同社のアパレルブランドのためのイラストを依頼された。プティはトタル社でのキャリアを諦めた代わりに、ものすごい数のフォロワーを得たことで国内外のクライアントから声がかかるようになったのだ。

インドネシア発のこれらのエピソードには、ある共通点がある。いずれも、グローバル化が実にうまく世の中に役立っているということだ。商取引、テクノロジー、投資、人や知識のグローバルなネットワークがあれば、繁盛するビジネスを立ち上げ、就業機会をもたらし、その地域や国の発展に寄与できる。また同時に、取引相手の国にも利益がもたらされる。アニーサと仲間の共同経営者たちは、大学とスタートアップのグローバルなネットワークを駆使して知識を集め、インドネシアの農村部で行う研究や会社のための資金も集めた。ウィンストンとウィリアムは、自分たちの技術とベンチャーキャピタル企業のグローバルなコネクションを利用して、急成長中の新興市場に同じような企業を立ち上げ、若手ジャーナリストやエンジニア、マーケターを何十人も採用した。プティはグローバルに拡大中のソーシャルネットワークを活用して、フリーランスのイラストレーター、あるいはインフルエンサーとしてのキャリアを築いた。

地球の裏側にいる資本家やクライアントもまた、彼らと働けるうまみがある。自国ではたいがい、投資する選択肢が極めて限られているが、こうしたインドネシア人起業家の中から求めていた成長株や、ユニークな製品を手頃な価格で調達できるサプライヤーを見つけられるのだから。彼らの資金のおかげで、こうした若き起業家は自分たちの夢を追いかけ、投資家たちに――何もかもがうまくいけば――かなりの儲けを還元できる。

誰もが得をするのなら、グローバル化はなぜ、世界の一部で悪く言われるのだろう？　その疑問に答える前に、グローバル化の二つの面を少し掘り下げて見てみよう。

インドネシアとグローバル化

まず、インドネシアの事例についてじっくり考えてみたい。MYCL社の創業者、ウトモ兄弟、プティに当てはまることは、インドネシア全体にも当てはまる。国民の平均年齢は29歳。一人当たりのGDPはわずか4000ドルという、人口2億6600万人のこの国には、出世を夢見る若者がひしめいている。その夢を実現させるべく、インドネシアは数十年前からグローバル化を受け入れてきた[*3]（ただし、そうした開放性は、2020年に新型コロナウイルス感染症の流行によって一時的に中断されている）。ところでこの情熱は、どこからきたのだろうか？

この東南アジアの国は、長い間保護主義を採っていたが、1980年代から1990年代にかけて海外貿易と投資を徐々に開放した。関税率を引き下げ、海外からの投資を誘致すると、製造とサービス産業が伸び始めた。開放政策は実を結んだ。2000年代初頭から現在に至るまで、インドネシアのGDP成長率は、年4％から6％でコンスタントに推移した。また、GDPに占める貿易の割合と共に、その重要性も倍増した。１９８０年代の30％が２０００年代には60％となったのである。

貿易と海外投資に開放的な姿勢を採ったことで、インドネシアは新興の工業国になり、Ｇ20のメンバーにもなった。インドネシア人起業家はハイテク分野に精通するようになり、国民はますます世界に目を向けた。現在この国には、自国の、そして海外のユニコーン企業が拠点を構えている。配車サービス企業ゴジェックがインドネシアで創業された。シンガポールに拠点を置くライバル企業のグラブも、本国と同じくらいインドネシアで人気がある。インドネシア発のオンライン旅行代理店トラベローカとオンラインマーケットプレイスの運営企業トコペディアは、旅行関連オンライン企業のブッキングドットコムやアマゾンに対抗し、国内・国外両方の投資家から資金を得ている。

その上、インドネシア人のグローバル化志向の強さは、世界でも有数だ。直近の入手可能なデータとして、２０１８年にイギリスの世論調査会社ユーガブとドイツのメディア企業ベルテルスマンが行った調査によると、インドネシア人の大多数（74％）が、グローバル化は世の中を良くする力だと考えていた。同じ調査を他国で行った結果は、イギリスが47％、米国が42％、フランスが41％であり、インドネシアほどグローバル化に期待していないことが分かる。[*4]

だからと言って、グローバル化がいかなるときも善であることを、インドネシアが身をもって証明しているわけではない。国際貿易がこの島国に災厄をもたらした事例はふんだんにある。有名なものは、モルッカ諸島産の香辛料だ。これは歴史上いち早く、世界中で広く取引されるようになった商品だ。古くからここで採れる香辛料は様々な地域の人々に珍重され、近代の夜明けまでその人気は不動だった。インドネシア産のナツメグ、メース、クローブは実際、欧州大陸の人々の間で争奪戦が繰り広げられ、クリストファー・コロンブスやバスコ・ダ・ガマのような商人の冒険家たちが「インド諸島」に向かう東回りや南回りの航路を探すきっかけになったのだ。それが、「重商主義的」グローバル化の時代、つまり、欧州の通商国の利益が優先され、それ以外の国は不利益をこうむる（後に詳しく述べる）時代の幕開けだった。ポルトガルとオランダが苦労の末にインドネシアになんとか到達すると、先住民はさんざんな目にあった。公正な取引どころではない。新しく来た者が力ずくで先住民を制圧し、インドネシアを植民地化した。

　第二次世界大戦が終わるとようやく、インドネシアは独立国家になり、一方的な通商や外国人による侵略から解放された。そこからさらに40年間、スカルノ、スハルト両政権の独裁に耐えなければならず、その時代を経てようやく自由で民主的な時代を迎えた。そこで初めてインドネシアは、世界市場で儲けようと試みるが、期待外れに終わる。1997年、アジア通貨危機によってアジア経済が厳しい景気後退に見舞われたのだ。タイをはじめ、東南アジア諸国では通貨の相場を維持できないと見た投機家が売りに回った。その結果、インドネシア、マレーシア、フィリピンまで様々な国で通貨が急落、公的債務は急膨張し、景気が後退した。金融のグローバリゼーションが裏目に出た例だった。

　近年、そういったことを乗り越えた末にインドネシアで起きていることは、グローバル化のサクセスストーリーだと言える。世界銀行によると、インドネシア政府の慎重な経済運営が効果を上げ、2018年末には貧困が10人に1人以下という過去最低水準に押し下げられた。また、貿易はインドネシアの発展に最も貢献した部門の一つになった。[*5] ジャカルタやバンドンの町を行き交う多くの人は、楽観的でいられるのはインドネシア政府が貿易に開放姿勢を採ったおかげだなどとは必ずしも言わないだろう。この人たちは暮らしが楽になっていることだけを喜んでいる。しかし、貿易と個人の暮らし向きは連動する。海外の投資家とバイヤーのおかげで民間部門と公共部門の両方に資本ストックが増えれば、国家の発展につながる。たとえば、ジャカルタ市内に新しい地下鉄か新しい橋ができたら、この首都に住む多くの人々の生活の質が目に見えて良くなる。配車サービスを手掛けるゴジェックやグラブがさらに投資家を集めたら、両社は拠点を増やし、さらに多くの運転手を採用するので、より多くの一般市民が収入を得る。MYCL社が製品を買ってくれる海外バイヤーを見つけたら、生産する農家を増やして作業員をもっと雇える。インドネシアではどこでも、グラブで仕事をする運転手から土木技師に至るまで、こんな言葉を口にしている。「生活はどんどん良くなっている。だから、この国の経済政策はきっと、うまくいっているのだろう」

似たような動きは世界の至るところで起きており、特にアジアの状況は劇的だ。第3章で紹介したように、中国の対外開放政策はここ数十年で最も重要なマクロ経済の潮流であり、これに匹敵する出来事は、ソビエト連邦の崩壊とその旧構成国が個別に世界経済へ参入したことくらいしかない。香港・シンガポール・韓国・台湾といった「アジアの虎」がそうだったように、他のアジア諸国も多くが、中国の躍進という追い風を受けた。

まとめると、アジアの変貌は恐らく、今のところグローバル化による大手柄だったのかもしれない。しかし、インドネシアやその他のアジア諸国がいいことずくめであるのは、世界の他の地域で貿易やグローバル化が果たしたとおぼしき役割とは真逆だ。米国、イギリス、大陸欧州の工業地帯に住む人々は、グローバル化や開放政策、自由貿易にマイナスの印象を持つようになっている。こんなふうになってしまったのは驚きである。本当の意味でのグローバル化の波を起こしたのも、それによって最も利益を得たのも西側諸国だったのだから。それがどういう意味か分かるよう、グローバル化の歴史とそれが人々の生活にもたらした影響をこれからざっと見てみよう。

国際交易の起源とスパイス・ルート[*6]

有史以来、人はずっと、モノを取引してきた。ところが紀元前1世紀に、驚くべきことが起きた。人類史上初めて、中国の贅沢品をユーラシア大陸のはるか端、つまりローマでも見かけるようになったのだ。そうした品々は後に「シルクロード（絹の道）」と呼ばれる道を何万キロも運ばれ、届けられていた。個々の商人が移動した距離は、ルート上の都市の間だけなのでたかが知れているが、彼らが売り買いした品物は世界を半周した。だからといって、グローバル化がこのとき始まっていたわけではない。絹はたいそうな贅沢品だったし、アジア・欧州間の大陸間貿易の品に加えられたスパイス、つまり香辛料もそうだった。全体の経済にこうした品々の輸出額が占める割合はささやかだった。それでも、物品を目的地に届けるまでに仲買人がたくさん入り、世界貿易のネットワークが立ち上げられた。関わる人にとって、それは金の鉱脈だっただろう。

このシルクロードが栄えたのはある意味、そのルートの大半を支配した二つの巨大帝国、ローマと中国（漢王朝）のおかげだろう。交易が途絶えるとしたらその原因は、この二大帝国に反抗する地方勢力が封鎖したからだろうし、シルクロードが閉鎖されるとしたら、その原因は帝国の滅亡しかあり得ず、その数世紀後には実際、その通りのことが起きた。それが中世になってマルコ・ポーロ

図5-1 **ヤン・ヤンソンの新世界地図帳**(1647-1650年)

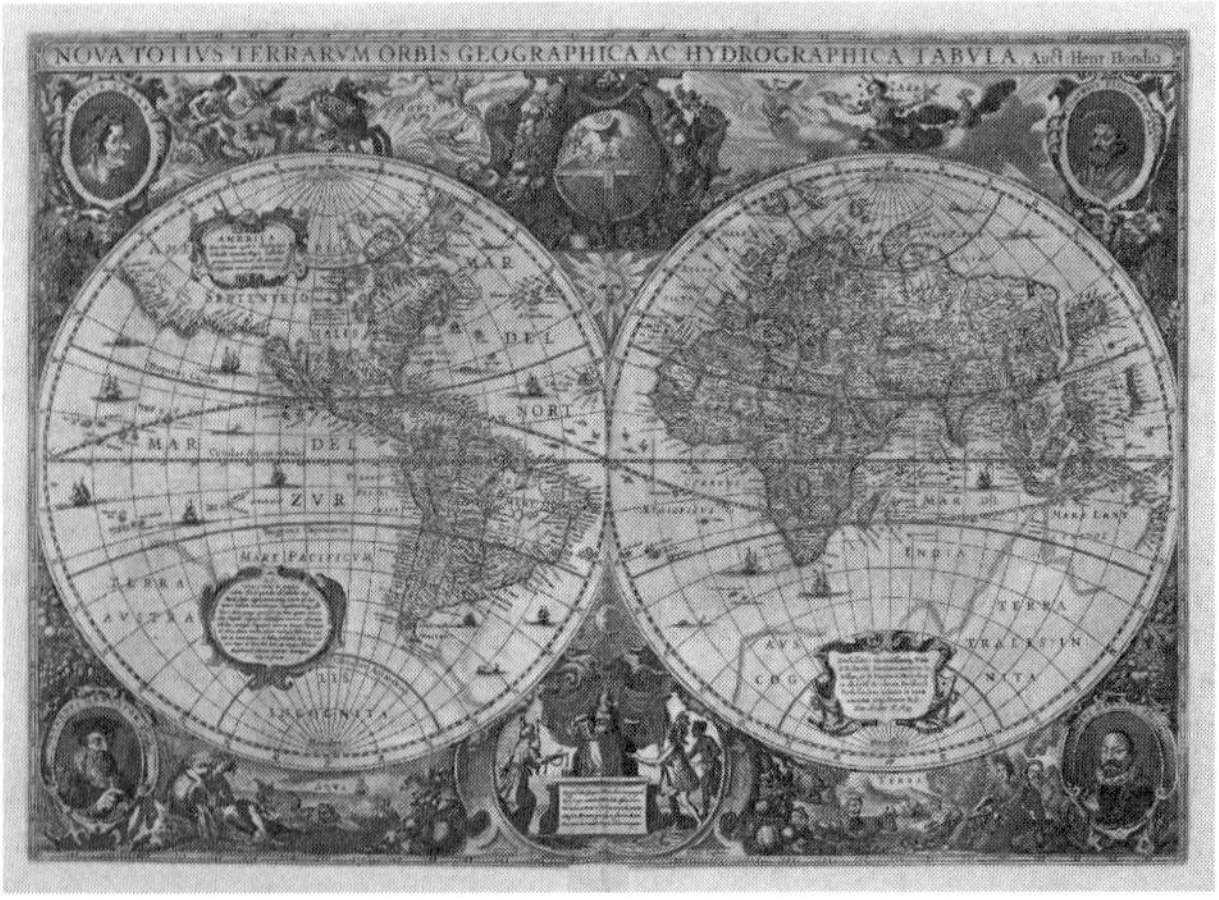

ノルウェー国立
図書館蔵

の時代に再開したのは、覇権主義的なモンゴル帝国が台頭したからだ。こういったパターンは歴史において繰り返される。国家が保護すると交易は盛んになり、保護しなくなった途端にすたれるのだ。

交易の次の章の主役は、イスラム世界の商人だった。7世紀、この新しい宗教がアラブ世界の中心地から四方八方に広がったとき、モノの取引も広がった。イスラム教の創唱者である預言者ムハンマド自身が商人であり、彼の妻ハディージャもそうだったことはよく知られている。かように、物品の売り買いはこの新しい宗教とその信者のDNAに組み込まれていたから、影響は見る見るうちに広まった。9世紀になる頃には、ムスリム(イスラム教徒)商人は地中海とインド洋交易を支配していた。その勢力はその後、東はインドネシアにまで及び、この一帯ではしばらくの間ムスリムが優勢だった。西はスペインにまで広がって、そこではムーア人が栄える時代を迎えた。

先に述べたように、中世のイスラムの交易で最も大事に扱われたのは香辛料だ。絹と違い、香辛料は主に海上輸送され、陸路を渡るのはアラビア半島から地中海までのわずかな距離だった。こうした香辛料の中でも特に取引の多かったのは、昔から「香料諸島」と言い伝えられていたインドネシアのモルッカ諸島産のクローブ、ナツメグ、メースだった。これらの香辛料はとびきりの高値で取引され、原産国でも欧州でも需要が高かった。食材を長持ちさせ、風味を付けるのに主に使われていたのだ。絹もそうだが、香辛料も贅沢品で、取引量はこの頃でもまだ低かった。中世の頃はまだグローバル化は始まっていなかったが、東洋と西洋を結ぶ交易の始まりである一帯（草原のシルクロード）一路（海路のスパイス・ルート）が確立された（この「一帯一路」という概念はそれから数百年後に、中国主席習近平によってよみがえる。中国と欧州、アフリカ、中央アジアを鉄道、海港、パイプライン、高速道路やサイバーネットワークでつなぐ現代版「一帯一路構想」を発表したのである[*7]）。

大航海時代（15〜18世紀）

真の意味での世界貿易が始まったのは、大航海時代だ。この時代、15世紀末を境に、欧州の探検家が東洋と西洋をつないだ。そして、南北アメリカ大陸を偶然に見つけた。天文学、力学、物理学、そして造船技術の分野で起きたいわゆる科学革命の発明に助けられ、最初はポルトガルとスペイン、続いてオランダとイギリスがまず新天地を「発見」し、支配下に置き、しまいには自分たちの経済圏に組み入れた。

大航海時代は世界を揺さぶった。この時代最も（悪）名高い出来事[*8]は、アメリカ大陸を目指したクリストファー・コロンブスの航海で、そのせいで先住民の文明がことごとく滅びた。それよりも圧倒的な影響を及ぼした探検は、マゼランの世界一周だ。この航海によって、インドネシアの香料諸島への道が開けたため、アラブ商人とイタリア商人の出番がなくなった。それに、全体のGDPに占める割合はまだ低かったものの、この交易を境に人々の生活はがらりと変わった。南北アメリカ大陸では、おびただしい数の人が病に倒れるか殺されて命を落とし、さもなければやってきた「コンキスタドール」（スペインの征服者）に支配された。ジャガイモ、トマト、コーヒー、チョコレートが欧州に伝えられ、香辛料の価格が急落し、人々の食生活と寿命を決定的に変えた。

世界が平らではとうていないと理解したこと、世界を見回して自分たち欧州人とは違う民族や文化が存在していたと知ったことは、当時の社会、宗教、政治に衝撃を与えた。欧州では宗教戦争が起きたが、その原因の一端は大航海時代がもたらした社会の大変動にある。三十年戦争を終わらせたウェストファリア条約が1648年に結ばれると、それまで都市や領邦の寄せ集めであった欧州には、主権国家体制が成立した。

欧州が世界の広大さに目覚めると、国際貿易が経済成長に拍車をかけた。貿易商人と金融投資家は共同資本の会社を設立し、リスクを分散することで、海外との交易において最大限の成果を上げようとした。中でも有名なのが、イギリスとオランダが創業した東インド会社だ。欧州諸国の政府は特定の企業に特権を与え、植民地と独占的に貿易することをしばしば認めた。これにより、株式会社は国家として運営されるようになり、ある意味、有史以来世界で最大の企業となった。ひいてはこれがきっかけとなり、ベルギーのアントワープやオランダのアムステルダムのような都市に株式市場ができ、信用取引や為替などの金融商品が生まれた。近代の資本主義はこの時代にできたと言っても、大げさではない。

にもかかわらず、最近の経済学者は、この時代を本当の意味でのグローバル化とは見なしていない。貿易は確かに世界規模になった。それに、大航海時代が始まったのも、新たに取引ができる可能性を求めてのことだった。ところがその結果生まれたグローバル経済はまだかなり、それぞれが孤立し、偏っていた。欧州の様々な帝国がグローバルサプライチェーンを立ち上げたが、その多くは自分たちの植民地と支配領域に限られていた。しかも、植民地モデルは何と言っても搾取モデルだった。先住民の文明や社会を破滅させただけでなく、新しい植民地経済に不可欠なものとして奴隷貿易が行われるようになったからだ。帝国はこうして、重商主義と植民地経済の両方を立ち上げたが、これは本当の意味でグローバルなものではなかった。世界規模で行われた取引は、双方が潤うものでも、関係者全員が合意したものですらなかったからだ。ほとんどの場合、独立国家の間で自由に行われていたわけではなく、欧州の列強とその植民地との間だけで行われていたのである。

グローバル化の最初の波（19世紀～1914年）

この状況は、グローバル化の最初の波によって変わり始める。波は1世紀にわたって押し寄せ、潮が引いたのは1914年頃だ。

18世紀の終わり頃になると、イギリスが地理的にも技術的にも世界を支配し始めた。地理的には大英帝国の成立、技術面では蒸気機関、紡績機械などの技術革新である。時はまさに、第一次産業革命が起きていた頃。イギリスはとりわけ、自分たちは世界貿易の夢の双発エンジンだという自負

図5-2 ケムニッツにあったリチャード・ハートマンの機械製作所。
独ザクセン王国の起業家ハートマンは、大勢の従業員を抱え大成功していた

ノルベルト・カイザー画（1868年）

があった。エンジンの一つは、蒸気船と蒸気機関車である。そのおかげで、何千、何万キロの距離を越え、モノを運べた。国内のみならず、国境をいくつも越えられるようになったのだ。もう一つのエンジンは、工業化だ。だからこそ、世界中で求められている鉄鋼、繊維製品、工業製品を生産できた。当時の状況を、イギリス国営放送（BBC）の番組ではこのように説明している。「工業技術の発展によって、イギリスは巨大かつ急速に成長する国際市場に乗り出せたのだ[*9]」

その産物であるグローバル化は、数字にはっきり表れている。1世紀ほどの間で貿易は年平均3%の割合で伸びた[*10]。この成長で、19世紀初頭には全世界のGDPのうち6%だった輸出が、第一次世界大戦開戦間際には14%になった[*11]。経済学者ジョン・メイナード・ケインズは『平和の経済的帰結』でいみじくもこう述べている[*12]。「1914年8月に終わりを告げてしまったあの時代は、人類の経済的進歩の中でもなんと驚くべきハプニン

グだったのだろう！（中略）人々はロンドンの自宅のベッドにいながらにして、朝の紅茶をちびちびとすすりながら、地球上のどこで作られるどんな製品でも好きなだけ電話で注文し、玄関先まで最速で配達してもらえて当然だと思っていたのだから」。ケインズはまた、投資の世界でも似たようなことが言えると述べた。ニューヨーク、パリ、ロンドンやベルリンに住む資産家もまた、国際的に展開する株式会社に投資できるのだ。その一つ、フランスのスエズ運河会社は、スエズ運河を建設して地中海とインド洋を結び、世界貿易に新たな重要ルートを開いた。これ以外にも、インドに鉄道を敷き、アフリカの植民地の鉱山を管理する会社もあった。外国直接投資もまた、グローバル化しつつあった。

このグローバル化による利益をどこよりも享受していたのはイギリスで、それは、資本力と技術力がどこよりも高かったからだ。イギリス以外の国もまた、他国にいろいろなモノを輸出して儲けた。たとえば、1870年代に冷凍貨物の船、つまり「冷凍船」が発明されたおかげで、アルゼンチンやウルグアイのような国が黄金時代を迎えた。こういった国々は、その広大な土地で育った畜牛の肉を大量に輸出し始めたのだ。他の国もこれにならって、自国がとりわけ競争力を持つ分野に、生産を特化するようになった。

しかしグローバル化と産業革命の最初の波にもまた、かなりの暗部がある。19世紀末頃には「（グローバル化に邁進する工業化した）多くの欧州諸国がアフリカの土地を巡る争奪戦を繰り広げた。1900年頃にはもう、この大陸でまだ独立国でいられたのはエチオピアだけだった」*13。インド、中国、メキシコ、日本などの大国はその数世紀前からかなりの経済大国になっていたが、工業化とグローバル化の波に乗れていなかった、あるいは乗ることを許されなかった。たとえばインドにおけるイギリスの政策は「インド市場をイギリス製の綿織物のために開放し続けるだけではなく、輸出ライバル国としてのインドの浮上を阻止」しようと目論んでいた[*14]。日本のように独立を保った国も、欧州諸国の通商力と競うために必要な資産や技術を備えていなかった。

工業化を遂げた国であっても、全国民がグローバル化から良い影響を受けていたわけではない。元は特殊技能を持つ職人だった作業員が、ありふれた使い捨ての消費財となり、フォーディズム（訳注　米フォード・モーター社が開発した製品の単純化、部品の標準化などを特徴とする生産システム）による大量生産モデルの組立ラインで、最先端の工業機械であるベルトコンベアーのペースで働かされていた。しかもその成果物は海外からの輸入品のせいで価値を下げられていた。ケインズだったら、こう書いたかもしれない――「『人々はロンドンにいながらにして』グローバル化された取引に参加できるが、それができるのは特権階級の人間だけだともちろん知っていた」。具体的に言うと、20世紀になる頃、イギリスの富裕層の5％が国内の富の90％を握っていた[*15]。大多数の男性と女性、子どもですら工業化時代には資源と見なされ、そのほとんどが低賃金の労働者となった（グローバル化の社会的影響については、第6章でさらに詳述する）。

この状況は結局、深刻な危機に見舞われ、強制終了となる。1914年に世界大戦が勃発したのである。西側諸国で急速に増えつつあった上流階級が慣れ親しんできた、ありとあらゆることに終止符が打たれた。グローバル化もその例外ではなかった。何もかもが徹底的に破壊された。大勢の兵士が戦死し、大勢の市民が巻き添えになって命を落とした。貿易の代わりに戦争が、建設の代わりに破壊が行われ、国家は再び国境を閉ざした。カール・マルクスとその仲間は人類史上初のグローバル化資本主義時代の搾取的な性質を取り上げた著作を世に出していたが、これもまた多くの国で反乱に火をつけ、既存の政権を崩壊させるきっかけを作った。その後の数十年で、世界は二つの体制に分かれることになる。一つは、私有財産と管理によって生産手段を支配する資本主義体制で、もう一つは、国が生産施設を所有し、目標も定める共産主義体制だ。そして戦間期には、かろうじてグローバルなネットワークでつながっていた金融市場が、世界経済のさらなる崩壊とその連鎖を引き起こす。米国で起きた大恐慌によって南米の好景気にも幕が引かれ、世界各地の銀行で取り付け騒ぎが起きた。やがて、1939年から1945年までの間、再び世界大戦が勃発する。終戦を迎える頃には、世界GDPに占める貿易の割合は5％にまで落ちた。これは、それまでの100年以上を振り返っても最も低いレベルだった。

グローバル化の第二・第三の波

グローバル化の物語はしかし、まだ終わらない。第二次世界大戦の終わりはすなわち、グローバル経済の新しい始まりであった。新たな覇権国として、米国が舞台に躍り出た。19世紀から20世紀初頭にかけて、この国には移民が大勢押し寄せたが、その大半は欧州人だった。20世紀中盤には、ベビーブームが起きた。この国が第二次産業革命において自動車、航空機、近代的な製造業といった業界でひときわ活気づいていたことも追い風となり、世界貿易が再び盛り上がり始める。最初はこれが、二つの道筋をたどって起きた。鉄のカーテンによって、世界が二つに分かれていたからだ。一つは米国率いる自由で民主的な勢力であり、もう一つはソ連が中心となる共産主義勢力だ。戦後の数十年間は、後に欧州連合となる諸機関や、米国が後ろ盾となって作られた自由貿易推進の仕組みが、国際的な取引の増加に大いに貢献した。ソ連でも同じように貿易高が増えたが、それは自由市場ではなく中央集権的な計画によってもたらされたものだった。二つの国の影響は計り知れなかった。世界中で貿易高が再び1914年の水準に達し、1989年には輸出がまたもや、世界のGDPの14％を占めるようになった。これにともない、西欧諸国の中間層《ミドルクラス》の収入も急激に増えた。

ベルリンの壁が壊され、やがてソ連が崩壊すると、グローバル化は一気に進んだ。創設されたばかりのWTO（世界貿易機関）が世界各国に自由貿易協定を結ぶように促し、新たに独立した数カ国を含むほとんどの国がこれに参加した。[*16] 第2章で紹介したように、20世紀の終わり近くまで国を閉ざし、農本主義を貫いていた中国ですら、2001年にWTOに加盟し、世界市場に向けて生産を始めた。この新しい経済圏でも依然として米国が調整役とリーダー役を果たしたが、米国以外の国もその勢いに便乗して波に乗れた。

同じ頃、第三次産業革命から生まれたインターネットをはじめとする新しいテクノロジーが、世界中の人々を今までよりもっとダイレクトなやり方でつないだ。1914年にケインズが電話で入れた注文は今や、インターネットでできるようになり、世界中に張り巡らされた大型船や列車、飛行機のネットワークで運ばれる。ここで注目すべきは、中間層の人々もグローバルサプライチェーンで作られた商品を手に入れられるようになったことだ。世界貿易はもはや、贅沢なことではなくなった。今まで数週間かかっていたモノが、たった数日で玄関先まで届くのだ。さらに、インターネットによってバリューチェーンの世界的な統合が進んだ。ある国で研究開発を、別の国で調達を、また別の国で製造を行って、世界中に流通させることができてしまう。

そうなると、グローバル化は止まらない。2000年代になると、世界の輸出は一つの節目を迎えた。世界のGDPの約4分の1に達したのだ。[*17] 輸出額と輸入額を合計した貿易額は、世界のGDPの約半分を占めるに至ったのである。シンガポール、スイス、ベルギーやオランダなど一部の国では、貿易額がGDPの金額を超えた（GDPでは輸出額と輸入額の差額を足して国内生産を算出するので、こういうことが起こり得る）。もう一つ、世界中の多くの人々に恵みをもたらしたことがある。かつてなく大勢の人がグローバル中間層の仲間入りをした。つまり、何億人もの人々がグローバル経済に加わることで、その地位をつかんだのである。

グローバル化4・0

そして今、米国と中国という二つの超大国が世界を支配する中、グローバル化の新しい波が再び押し寄せている。今回、グローバル化の新しい先駆者となるのは、サイバー空間（そこで起こるサイバー犯罪を含む）、気候変動、ウイルスによる脅威の拡大だ。

グローバル化の第三の波では黎明期にあったデジタル経済は、電子商取引、デジタルサービス、3Dプリンターなどが登場し、見過ごせないほどの勢力となった。デジタルなグローバル化とは、いわば一見しただけでは分からないグローバルな経済力である。貿易協定の交渉や産業政策を進めるに当たり、ほとんどの国がいまだにモノを実際に動かす貿易に力を入れている中で、バーチャルな電子取引はリアルな通商と同等、あるいは何倍もの規模に膨れ上がっている（その全容を知るすべはないのだが）。デジタル貿易を測定する統一的な方法は今のところなく、多くの統計機関も測定する気配がない（それでもＯＥＣＤ［経済協力開発機構］が２０１９年のレポート「デジタル時代における貿易」でせいいっぱいの努力を払ったと言えよう）。[*18] 先に述べたプティ・プアルの例でも分かるように、個人や企業が自分の商品やサービスを完全にインターネット任せで売ることはもう珍しくない。この取引方法はますます日常に溶け込んでいる。

これと同時に、グローバル化の負の側面もまた拡大している。気候変動やウイルスの拡散が、地球規模で影響をもたらした結果だ。これらは、現代の世界経済開発モデルと切っても切り離せない関係にある。世界のある場所で起きた公害が、別の場所で極端な気候現象を引き起こしている。アマゾンの熱帯雨林など、地球に残された限りある「呼吸器官」である森林の伐採は、世界の生物多様性だけではなく、有害な温室効果ガス排出（第１章と第８章を参照）への対処能力に揺さぶりをかける。[*19] ２０１９年に発生した新型コロナウイルスは、現代人の生活がどれだけ地球環境への配慮に欠けていたかというこれまでの経緯から考えるべきだ。自然界への人類の侵入が、動物からヒトに多くの新型ウイルスをまき散らす原因になった可能性が大いにある。そのことはエボラウイルスから「新型の」コロナウイルス（ＳＡＲＳやＭＡＲＳを引き起こすのも別のコロナウイルスだ）に至るまで変わらない。パンデミックが世界中にあっという間に広がったのは、ほぼすべての国をリアルにつなぐ海外旅行が一般的になったことに原因がある。こうした動きはいずれも、サステナブル（持続可能）とは言えない。

こうしたデジタル、気候、ウイルスのグローバル化という新たな波に見舞われているというのに、世界にいる大多数の人がその波に向き合おうとしていない。ＧＤＰに占める世界の輸出高の割合はすでに、世界金融危機後の数年間で下降に転じ始めていた。政治的イデオロギーたるグローバリズム、つまり、グローバルな視点を持つべきだという概念は輝きを失い始めた。その傾向はとりわけ、20世紀の後半にその考えを熱狂的に支持していた西側諸国で強い。世界をグローバル化の高みに持ち上げた勢力である米国は、世界の警察官、そして貿易のトップリーダーとしての役割からじりじりと退こうとしている。

こうした動向はすべて、2020年より前から始まっていた。そこにきて、今までになかったウイルスが新型コロナウイルス感染症を引き起こし、グローバル経済システム全体を実質的に停止させた。このウイルスは海外への渡航をほぼ停止させ、世界のサプライチェーンを混乱に陥れた。多くの人、企業、政府がグローバル化に対する態度を見直すきっかけにもなった。実際に立ち止まり、生活やキャリアについて振り返っただけではない。大枠から見た現代のグローバル経済システムの利点や欠点、そして必要なモノやサービスを生産・消費する別の方法がないかを振り返ったのだ——エコロジカルフットプリントやサプライチェーンの脆弱さを知りながら、欧州人や米国人はこれからも、中国をはじめとする外国からモノを調達していてよいのか？　あるいは、オートメーション技術や3Dプリンター技術が進めば、生産拠点を自国の近く、あるいは国内に戻せるのか？

労働政策、競争政策、それに産業政策が異なる国とは、それにより不利な条件で競うことになるのだから、まったく取引をしない方がいいのか？　もっと言えば、グローバル化はもはや世の中の役に立たなくなったのか？　あるいは、そもそも役に立ったことなどあったのか？

今起きているグローバル化

グローバル化の歴史を見れば、貿易は確かに人々をつなぎ、大きな繁栄をもたらす驚くほど強い力になることが分かる。ただしその歴史からは、プラスの効果などまったく保証されていないことも分かる。東インド会社がもたらした豊かさの陰にはいつも、取引相手である植民地の人々からの搾取があった。第一次産業革命で確立したグローバルな通商のネットワークは、メキシコやインドといった国の経済的発展にはまったく寄与せず、イギリスや米国の産業を大いに後押しした。グローバル化が進み、多くの国で利益を分け合うようになっても、そのおいしいところはかなりいびつに分配されることが多かったのだ。そして、グローバル化した世界ではつながりと相互依存が強まり、経済的利益が広くもたらされたものの、新しいリスクが生まれ、主権が失われた。これは、近年懸念されているサイバーセキュリティーと、新型コロナウイルス感染症の急速な拡大から学んだことだった。

その学びとは、こうだ。グローバル化は理屈の上では世の中を良くする力だが、実際にそれがプラスの威力を発揮するのは、誰もが恩恵にあやかれるよう管理され、レジリエンスと主権が確保されているときに限られる。グローバル化の歴史を振り返っても、同じことが言える。貿易の潮が満ちてどの船も上げ潮に乗ったとき、危険な波が立たずにいたことはわずか数十年しかないのである。西側諸国と日本をはじめとするごくひと握りのアジア諸国にとって、その時期は第二次世界大戦が終わってすぐに始まり、1980年代まで続いた。旧共産圏、もっと広く言えばいわゆる新興国にとっては、その時期は1990年代のどこかで始まった。その当時ですら、1997年のアジア金融危機ではひどいダメージを受けた。インドネシア、エチオピア、そしてベトナムといった国々では、上げ潮の時期がまだ続いている（ただしそれも、新型コロナ危機でちょっとした中断を強いられているのだが）。まとめると、このときのグローバル化では、確かにほとんどの労働者の賃金が構造的に上がり、いまだかつてない数の人々が中間層の仲間入りをし、選ばれた一団はさらに豊かになった。

ざっくり言ってしまうと、経済のグローバル化によってすべての人が潤うには少なくとも三つの条件を満たす必要がある。第一に、グローバル化が軌道に乗るのは、社会と市民との間の約束、つまり社会契約が機能している時である。戦後の欧州と日本を例に取ろう。人々は悲惨な戦争という共有体験を基に、国民が一丸となって経済的発展を遂げるためには、一人ひとりが自分の役割を果たし、発展の成果を分かち合うことが大切だと気付いたのである。企業のコンプライアンスへの意識を高め、所得や資産の多い個人の税率をより高くすることで幅広い税基盤を築き、教育、医療、住宅への公共投資を支えた。それによってまた、企業と個人が協力し、競争力を維持する条件も整った。社会契約は長期にわたり影響を及ぼすものなので、個人は短期的で利己的な考えを進んで捨てるようになる。これは、長期的な利益を信じるようになるからであり、この社会契約に参加する他のステークホルダーにも同じことが起きる。直近では、スカンジナビア諸国（デンマーク、スウェーデン、フィンランド、ノルウェー）の手厚い社会保障がその良い実例だ。これを見れば、どうすれば国家は国民すべての利益を守りながら、国際貿易で利益を上げ、自由貿易を推進できるのかが学べる（第6章のデンマークの例を参照）。

第二に、グローバル化が成功するのは、政治家が、経済の方向性を示し国民を大切にする一方で、貿易や投資の面では世界に門戸を開くというバランスをうまく取ることができた時である。[20] 実際に、ダニ・ロドリックをはじめとする経済学者が以下のような説得力ある意見を示している。誰もが潤うグローバル化政策には必ずしも、貿易、投資、それに為替の全面的な自由化が欠かせないわけではない。それよりも、主権を持つ政府が国内経済をある程度意のままに動かせる、より組織化されたプロセスが求められていると彼らは主張する。そういった意味では、何が何でも自由化と自由貿易を優先したがる独善的な政策よりも、戦後の「栄光の三十年間」に欧州、日本と米国が行い、今まさに中国とインドネシアが実践している漸進的な政策の方が、発展を分かち合える可能性が高い。

第三に、グローバル化の醍醐味を味わえるのは、そのとき最も勢いのあるテクノロジーが、その国の経済と社会が持つ比較優位（訳注　外国に比べて国内で何かを効率よく生産できること）にある産業とタッグを組んでいる時である。マクロな例では、アルゼンチンがわずかな期間とはいえ、冷凍船の発明を境に世界で最も豊かな国となった理由もこれで説明できる。冷凍船があるからこそ、国産の牛肉を凍らせて世界中に輸出できるようになった。ミクロな例では、インドネシアに住むプティ・プアルのような人材が、今まさにフリーランスのイラストレーターとして活躍できている理由も説明がつく。このテクノロジーがあるからこそ、プティは快適な自宅にいながらも、海外市場に乗り出せる。

これら三つの条件のどれが欠けても、グローバル化はともすると格差を生み、人々は易きに流れ、混乱を引き起こす。これまでのグローバル化の波では、ラテンアメリカ、アフリカ、アジア全域の多くの新興国でまさにそういうことが起きた。ごく最近では米国やイギリスなどの工業国もまた、グローバル化の負の影響を経験した。しかも、社会契約が機能し、グローバル化と主権のバランスが取れ、技術革新によってその国に追い風が吹いていても、うまくいかない場合があるのである。緊密につながり合うグローバル体制はそもそも不安定であり、ある国で生じたほころびはいとも簡単に他の国に広がる。これこそが、ここ数年間に起きた金融、医療、環境危機から私たちが学ぶべきことの一つだ。だからこそ、グローバル化は管理されたプロセスだとあらためて認識することが、とことん大事なのである。そのプロセスでは、結果として生じる経済システムが安定し、レジリエンスを備え、公平であるためにあらゆる注意が払われる。ところが残念なことに、これまではそうできなかった。そこで、先に挙げた三つの条件について、私たちが近年どのような結果を出してきたかを、もう一度見直してみよう。

多くの工業大国――たとえばカナダ、フランス、ドイツ、イタリア、日本、イギリス、米国のG7諸国では、ここ数十年間で国民と政府と企業の間にあった社会契約が破綻した。かつては誇りを持ってコミュニティーで重要な役割を担い、その発展と繁栄を支援した企業が次第にコミュニティーを見放すようになり、さらなる利益を求め、もっと賃金の安い所はないかと世界中を探し回っている。自動車産業を例に取ろう。これまで、米国ミシガン州のデトロイトは、自動車生産の拠点だった。ところがメーカーが、デトロイトに劣らず米国の顧客にとって便利で、かつ人を安く使えるメキシコ、あるいは新たな海外顧客により近い中国に拠点を移した。同じことが、欧州における工業の中心地であるドイツ、ベルギー、フランス、イタリアでも起きた。これらの国のメーカーは生産と労働力の拠点を、賃金が非常に低い新たなEU加盟国、つまりスロバキア、チェコ、ルーマニアといった国々に移している。その結果、それまで工場があった街の経済や、より高い給料で働いていた労働者の生活は破壊された。たとえばかつて自動車産業都市であったベルギーのヘンクは、地元にあった自動車工場が撤退したダメージからいまだに立ち直っておらず、高い失業率、低下する賃金、経済成長の鈍化に今も苦しんでいる。収益のかなりの部分を知的財産から得ている企業の多くは、移転価格（訳注　グループ会社内での取引価格）と国ごと、あるいは州ごとで異なる課税制度を使って利益を生産から切り離せた。そのせいで、政府は頼みの綱だった税収を得られなくなっている。

自由貿易とはもちろん、企業がビジネスチャンスを求めて移動できることを意味するが、グローバル化によって世の中を良くしたいなら、健全なペースでそれを行わなければならない。ただしその活動が、企業が創業した、あるいは事業を行っているコミュニティーにとって健全でなくなるときがある。当事者のいずれかが社会契約を破ったら、ドミノ倒しのように他に影響が及ぶ。そういうことが、たくさんの工業国で起きた。

1990年代から2000年代にかけて起きたグローバル化の最後の波では、多くの一般労働者がいい思いをできなくなった。雇用がなくなると地方税の基盤が衰え、多くの地方自治体、州政府、あるいは連邦政府すら、社会契約における本来の役割を果たせなくなった。つまり、年金の支払いや質の高い医療、住宅、教育を提供できなくなったのだ。デトロイト市が2013年に財政破綻を宣言する状況に追い込まれた話はよく知られている。退職した市役所職員に保証していた年金の支払いはもちろん、債務の返済すらできなくなったのだ。グローバル化の影響が直撃したわけではないが、その前の数十年で製造業の基盤が破綻していたのだから当然の帰結とも言える。

また日本やイタリア、フランスといった国では、現在国民や企業のために行っているサービスだけでなく、将来も競争力を維持するために必要な投資を行うことも難しくなってきている。そういう状況では、国民が国の政治や経済システムに、またグローバル経済を支配し、いともたやすく税金逃れができる多国籍企業に反感を持つようになったのも驚くことではない。

今起きているグローバル化の第二の欠点は、ここ30年間に各国の政府が築いてきた政策環境だ。多くの政府が、グローバル化した世界にはメリットがあると確信し、１９９０年代の早い時期から自由貿易と変動相場制を率先して取り入れ、海外投資への障壁を急ピッチで排除した。これはあたかも、ソ連主導の共産主義モデルに勝利した米国主導の資本主義モデルに、人々が何の疑問も抱かず追随したように見える。これを、よく知られているようにフランシス・フクヤマは「歴史の終わり」と呼んだ。だがそこでは、市場が常に最も正しいわけではない——あるいは少なくとも、関わっている全員の利益のためにいつでも責任をもって振る舞うわけではない[*21]という現実が無視されていたのである。

ジョセフ・スティグリッツ、マリアナ・マッツカート、ダニ・ロドリックほか大勢の経済学者が、最新の研究でこんなことを述べている。金融化と金融のグローバル化が進むと経済体制は間違いなくますます不安定になり、金融危機が起きる確率もその深刻さも増すのだと。抑えの利かない金融のグローバル化リスクを、身をもって証明した国がハンガリーだ。ブリュッセル欧州世界経済研究所に勤務するハンガリー生まれの経済学者ジョルト・ダーバス（第2章で格差に関する彼のグラフを紹介した）は、そのことが現在ハンガリーが直面している多くの社会・政治・経済的な問題の原因だと考える理由を筆者に説明してくれたことがある。２００８年に起きたグローバル金融危機の真っただ中に彼は以下のように述べている[*22]。

ハンガリーのインフレ率はユーロ圏よりもはるかに高く、ハンガリー・フォリント建てのローン金利もかなり高かった。そのため、より低い金利を求めた多くの消費者や企業が外貨建てローンに切り替え、外貨建ての新規住宅ローンは全体の90％に達した。金利がユーロ圏とほぼ同じであるチェコやスロバキアでは、外貨建てローンは、全世帯の2％にも満たない。

（2008年）9月下旬に世界金融危機がものすごい速さで押し寄せた。筆者を含め多くの経済学者が、この危機が中東欧のEU諸国に及ぼす影響はさほど大きくはないだろうと考えた。ハンガリーの銀行は米国のサブプライムローンの損失にさらされることもなく、資金も潤沢にあったからだ。ところがこの世界金融危機の影響から逃れられる国などないことが、すぐに分かった。波及効果への恐れが強まると、リスクを回避しようと投資家は利益を確定させて新興国への投資から手を引き始めた。

中欧のEUメンバー国の中で、ハンガリーは最も大きなダメージを受けた。政府の膨大な負債のほとんどを外国資本が保有していたからだ。こうした外資は保有するハンガリー・フォリント建ての債券を売却しようとしたが、市場に新しい買い手は現れなかった。ただでさえ高かった長期金利が8％から12％前後にまで跳ね上がり、国債市場は干上がった。新規国債売出しのオークション（入札）も不成立に終わった。株式市場でもハンガリーの優良企業の株が徹底的に売られた。フォリントへの圧力が強まり、先週、中央銀行は金利を3ポイント引き上げた。利上げによってフォリントは持ち直したが、状況は依然として脆弱であり、国債市場は凍結したままだ。

ダーバスが述べた出来事が起きてからもう10年以上たつが、その影響はいまだに残っている。こうしたタイプの金融グローバル化をハンガリーの政府、銀行家、それに国民が高いリスクを払って引き受けたわずか数年後の２００８年に、国全体が大規模な経済・債務危機を経験し、その5年後にも小規模な危機を味わった。その後は成長基調に戻ったものの、煮え湯を飲まされたハンガリー国民は、リベラルで親ＥＵの政治家に反感を募らせるようになった。これまで彼らを信じていたせいで、こんな目にあったのだ、と。近年、ハンガリー国民は、欧州の経済統合、移民政策、自由貿易や経済政策に反対票を投じている。ハンガリー政府は難民に対して国境を閉鎖し、２０１６年に起きた難民危機においても、欧州全域で取り組む解決案への参加を拒否したことで有名だ。状況が厳しくなる中、ハンガリー出身のユダヤ系投資家ジョージ・ソロスが創設した中央ヨーロッパ大学は、ついにハンガリーからの撤退を余儀なくされた。ハンガリーの事例には特別の事情があるとはいえ、善かれと思って実施された政策であっても、グローバル化の促進が極めて望ましくない結果を生む場合があることがよく分かる。グローバル化の影響力は絶大であり、国や国民を豊かにできるのだが、盲信すべきイデオロギーとしてではなく、実利的に取り入れなければならない。

最後に付け加えると、テクノロジーはグローバル化のマイナスの影響を増幅させることがある。グローバル化した経済では、最新のテクノロジーを存分に駆使するスキルや教育が国民に十分に行き渡っていなければ、外国の人々にそのポジションを奪われてしまう。マクロな力が働いていたら、地域コミュニティーがどれほど努力しても太刀打ちできないこともある。米国の経済学者のリチャード・ボールドウィンによれば、インターネットが導入されたばかりの頃、通信費が劇的に下がったことをきっかけに、利益を追い求める企業がホワイトカラーをブルーカラーの仕事から「アンバンドリング（分離）」したのは当然の成り行きだったと言う。同じ理屈で、（総生産コストが最も低い）ある国で生産した完成品を配送し、別の国で売ることもできる。こうして１９９０年代から２０００年代にかけて、グローバル化が一気に進んだ。それが追い風となった国は多いが、西欧諸国の工業地帯はダメージをこうむった。これには為す術がなかった。

しかし、テクノロジー主導のグローバル化にあっては、国家に為す術がないわけではない。シンガポール、デンマーク、オランダ、ベルギーといった規模の小さい開放的な経済では、貿易が自国のＧＤＰの１００％を優に超えることがざらにある。こうした国々は、グローバル化を動かす最新のテクノロジーを導入できるかどうかが自分たちの死活問題だと分かっている。こうしたテクノロジー、あるいはそのテクノロジーを活用するスキルに投資すれば、勝ち組に回れる。オランダのロッテルダム港がそのいい例だ。ブロックチェーンのようなデジタル技術が今後ますます応用されると考えた港湾局は、この技術に集中的に投資した。[*23] そのおかげでロッテルダム港は今やヨーロッパ最先端の港となり、この港とその作業員はドイツのハンブルクやアントワープといったライバル都市に比べてもデジタル技術で優位に立てている。

今後、テクノロジーの影響を受けるのはモノの取引だけではなくなるだろう。先に述べたように、電子取引がどんどん増えているが、その実態はまったく把握されておらず、この先すぐには勢いが衰える様子もない。今ならまだ、先読みのできる国家やコミュニティーがデジタルなグローバル化に力を入れ、そのメリットを享受しようと試みる余地が残されている。ただし、のんびりはしていられない。５Ｇの基地局のように、資金があれば比較的早く整備できてしまうものもあるからだ。その一方で、もっと長期的展望で進めなければならない計画もある。たとえば、今まさに働いている人、あるいは未来の労働者が次のプティ・プアルになるための教育がそうだ。

■ ■ ■

こうした現実を考えると、グローバル化は大いに受け入れるべきではあるが、何の考えもなく信じ込むべきものではない。より多くのステークホルダー、つまり、より多くの人と企業にとってプラスになるのかどうかを常に念頭に置き、実利的に受け入れるべきだと私は考える。

そういう姿勢で向き合えば、グローバル化が世のため人のためになることは間違いない。ＭＹＣＬを創業したアニーサの仲間たちがその一つの実例であり、プティや、ＩＤＮメディアを立ち上げたウトモ兄弟もまたしかりだ。彼らの母国であるインドネシア政府が教育分野に巨額の投資を行ったからこそ、彼らはインドネシアにいながらにしてグローバル市場で利益を上げ、国内の他の人々にも同じように成功する機会を切り開いた。このことで彼らは、大多数のインドネシア人と同じようにグローバル化の良い面に手応えを感じていた。また、ウトモ兄弟の弟ウィリアムは自社オフィスビルの窓からジャカルタ市内を見下ろしながら、私たちにこう言った。[*24]「国が発展するかどうかは、貿易とテクノロジー次第だ。その分野に特化すれば、発展できる」

その国にいるステークホルダー全員が同じような心構えを持ち、自分たちの責任やグローバル化の落とし穴を十分に分かっていれば、私たちは今度こそグローバル化のリスクよりもメリットを確実に得られる。しかしそのためにはウィリアムが言うように、二番目の要素をしっかりと押さえていなければならない。それは、テクノロジーだ。

第6章 テクノロジー

変わりつつある労働市場

ある企業の広報が発表したプレスリリースに躍るこんな文字が、ふと目に留まった。「**デンマーク、ロボット分野で世界のトップ10に**[*1]」

このプレスリリースを発表したのはデンマークのハイテク企業でも、報道機関でも、政治家でもない。デンマークの金属製造や加工業界で働くブルーワーカーのための労働組合、ダンスクメタルだ。プレスリリースには誇らしげにこう書かれている。「この業界で、ロボットと共に働く従業員はますます増えている。ダンスクメタルでは、2020年までにデンマークに約1万台の産業用ロボット導入を目指している」

この発想は面白いと思った。世界各地を訪れ、様々な時代の歴史についてずいぶん本も読んでいるので、労働者が新しい技術に反対する例なら山ほど知っている。その技術が労働者の仕事を奪う恐れがある場合はなおさらだ。その有名な事例の一つは恐らく、イギリスで起きたラッダイト運動だろう。19世紀のイギリスで繊維産業労働者の一団が新しい機械を壊しにかかった。そうした機械が業界に対立を招いていたからだ。しかし過去のみならず、今でも世界でまだまだたくさんの人が、新技術やそこから発展する新しい働き方に反対している。ウーバーのような配車サービス会社に反対する街頭デモもそうだし、政治家[2]や学者[3]など知識人がメディアで抗議するケースもある。

私自身もまた、このオートメーションの時代における仕事の未来を懸念する一人だ。思えば私が今まさに新しい時代の幕開けだと気付いたのは２０１５年だった。人工知能、ハイテクロボット、統合されたサイバーフィジカルシステム（訳注　実世界にある多様なデータを収集し、サイバー空間で分析・知識化し社会の問題解決に役立てる）が台頭し、それらが第四次産業革命を引き起こしていた。３Ｄプリンター、量子コンピューター、精密医療といった新しいテクノロジーを目の当たりにするうちに、今、押し寄せているのは、蒸気機関が登場した第一次産業革命、燃焼機関と電力が登場した第二次産業革命、それに、ＩＴとコンピューターが登場した第三次産業革命に匹敵するものだと私は考えるようになったのだ。こうした技術は労働人口を分断しつつあり、人間の仕事のみならず存在の本質も変えているという考えを、自著『第四次産業革命』[4]（日本経済新聞出版、２０１６年）ですでに述べている。

オックスフォード大学のカール・フレイとマイケル・オズボーンは、テクノロジーがこうした分断をもたらすリスクにいち早く警鐘を鳴らした。[5]２０１３年に発表して一躍評判を呼んだ共同研究論文『雇用の未来』に書かれた彼らの予測は、世間にセンセーションを巻き起こした。こうした新しいテクノロジーは今後数年間で多ければ約半数の職業を変容させ、しかもその大半はいっせいに消えてなくなると述べていたからだ。さらに２０１９年、フレイは、これに劣らずセンセーショナルな著作『テクノロジー世界経済史　ビル・ゲイツのパラドックス』[6]（日経ＢＰ、２０２０年）で持論を展開し、労働者の仕事を奪う今の技術が、過去に起きた産業革命の長い歴史にどれだけ符合しているかを示した。フレイの論が正しければ、現代のグローバル経済に生きる人の多くが将来起きることを恐れ、より慣れ親しんだ過去の世界にしがみつきたがるのも無理はない。その本には、世界中の政治的指導者が有権者に煽られて手工業を救済あるいは復興させようとしたり、外国に頼らず国産を守る経済政策に逃げ込もうとしたりする理由が書かれている。テクノロジーとはあらゆる意味で、計り知れない力なのだ。

しかし、デンマークから届いた情報を見る限り、どうやらそんな心配は取り越し苦労であり、最先端のテクノロジーは労働者にとってもプラスに働き、彼らの仕事が奪われるとは限らないように思えてくる。そんなことがあり得るのか？　その真相を解明すべく、私はスタッフと共にコペンハーゲンに出張し、この発想の背景を探ることにした。

ダンスクメタルの委員長、クラウス・イェンセンは、もっともだと思える話をこのように切り出した[*7]。「国でも企業でも構いません。古いテクノロジーで豊かになれた例を一つでもご存じですか？」。もちろん、そのような例はあり得ない。だから彼は、一部の人のように仕事の未来を悲観的に考えてはいなかった。イェンセンは言った。「『シンギュラリティ大学』（訳注　シリコンバレーにある未来志向の教育機関。人工知能が高度に発達し人間の知能を超える技術的特異点＝シンギュラリティを目指す）なら、誰もがテクノロジーに仕事を奪われると思うかもしれないが[*8]。きっと、人々がみな呆然と見ている前で、ロボットが何でも作ってしまうところを思い浮かべるのだろう。でも、その意見に賛成しない人もいる」。イェンセンもその一人だ。彼自身のこれまでの経験や、発足以来１５０年、この組合で彼と同じ役割を果たした歴代会長の経験を振り返っても、そうはならないのだ。彼はこう述べる。「これまで、デンマークに新技術を導入するたびに、雇用は必ず増えている」。だから、イェンセンに迷いはない。「新しいテクノロジーを恐れるべきではない。恐れるべきは、古いテクノロジーだ[*9]」

この楽観的なビジョンは、結成以来100年を超えるこの組合（発足は1888年。初代会長も今のイェンセンと同じ考えだった）の一貫した運営姿勢であるだけではない。この組織を支える人々、つまり、当事者である組合員の間でも広く受け入れられていた。コペンハーゲンにあるドイツの多国籍企業マン・エネルギーソリューションで働く32歳の船舶装置の技術者ロビン・ルフマンもそうだ。父が自動車整備士だったこともあり、ルフマンはごく幼い頃から車とエンジンに慣れ親しんでいた。18歳になって将来の職業を決めるとき、彼はエンジニアになることにした。技術専門学校に4年間通いながら、小さなメーカーで見習いとして働いたので、卒業と同時に仕事がすんなり決まった。今の会社で燃料噴射ポンプを作ることになったのだ。

その4年後の2012年、ルフマンにあわやという局面が訪れる。ある日上司に、会社が新しい機械を購入すると言われた。これが導入されれば、従来20分かかっていたパーツ組み立ての時間が5、6分に短縮され、品質管理に必要な人材も大幅に減ると言う。それでもルフマンは、新しい機械に反対しなかった。むしろ歓迎したのだ。「他の国なら、機械が大事な仕事をするのは嫌がられる」。本書のための取材で、彼はそう語った[*10]。「でも、デンマークでは違う。会社はきっとこう言うだろう。『別の機械のオペレーターになれるよう、技能再教育を受けたらどうか？』」。そしてルフマンはドイツのビーレフェルトに派遣された。そこに新しい機械の生産工場があり、彼は会社の代表として新しい機材についての契約に「サインして」くるように指示されたのだ。一カ月後、ドイツの会社のスペシャリストがコペンハーゲンにやってきた。ルフマンは他の三人の作業員と一緒に、新しい機械の使い方について再教育を受けた。

ルフマンのような話は、他の業界でもよく聞く。ダンスクメタルのチーフエコノミスト、トマス・スビューは私たちの取材にこう語った。「社員は失業の心配をしていない。再教育のオファーがあるからだ。ここでは、システムがうまく回っている。職を失ったら、組合の担当者から1日か2日以内にメールか電話が入る。面談で状況を聞き出し、スキルアップする必要があるか、同じ分野でこの人のキャリアやスキルを欲しがっている他の企業がないかを探す。こうして、組合員が失業してもすぐに、あるいは技能再教育後に、実にスムーズに別の仕事を紹介してくれる。国内各地に訓練校も立ち上がっている。カリキュラムを決めるのは従業員と雇用主だ。技能再教育や、労働者の再教育は広く受け入れられている」[*11]

デンマークでは労働者と企業との間に、建設的で信頼できる関係がきっちりできている。かつてこの国は世界の造船所だったが、ずいぶん前にその地位を韓国、日本、中国やトルコの巨大企業に明け渡した。それでもデンマークは今も船用エンジンを作り、そのエンジンを搭載した新旧の船舶が世界中を航海している（ルフマンの会社が保守作業を行っている最古の船舶エンジンは1861年製だ。同社は今も最新のエンジンを作り続けている）。また、人件費が高いのでコスト優位性は失われたが、生産性と社員のやる気ある姿勢はそれを十分補っている。2020年初頭に新型コロナ感染症のパンデミックに襲われる直前、デンマーク全体の失業率は3・7％だったが[*12]、金属労働組合ではさらに低く、2％以下だった（もちろん、この数字には、組合は失業手当を支払っているため、失業者をできるだけ減らしたいという強い動機があるという事実も大いに反映されている）。恐らくそれよりも重要なのは、デンマークの賃金が高く、比較的格差が少ないことだ。スビューによると、加入率はいまだ約80%にとどまるものの、金属労働組合の組合員の年収は週に最大40時間働いて約6万から7万ドルだ。他の業種を含めた全体で見てもデンマークは世界でも群を抜いて収入面で格差の少ない国であるが、近年はその格差も広がりつつある。*13

デンマークで取材した話がかなりユニークなのは、他の工業国で聞く話と真逆だからだ。デンマーク人はそのことにびっくりしている。つい最近まで、米国、ドイツ、フランス、スペイン、イタリアの社会保障や教育システムはスカンジナビア諸国に引けをとらなかった。ところが、今やスビューは先に挙げた国々の現状を見て驚いているという。デンマークのような社会保障や教育システムの整備、改定が、他の国ではさほど行われていないからだ。デンマーク社会は企業と労働者の両方が守られるようにできていると彼は言う。この二者間で交わされた「取り決め」により企業は労働者を比較的簡単に解雇できるものの、企業は高い賃金をきちんと支払い、税収に貢献し、技能再教育の取り組みに参加している。給与には最大52%の税金がかかるため、この「フレキシキュリティー（労働市場の柔軟さ《フレキシビリティー》と労働者の保護《セキュリティー》を両立させた政策）」モデルには確かにコストがかかる。それでもスビューはこう言う。「スカンジナビア諸国では、失業者に技能再教育を提供しているので、ほとんどの労働者がまた新しい職を得られている。これ（と同等のものは）は、ドイツやスペイン、イタリアやフランスにはない」

スビューにとってどこよりもショッキングな事例は、米国だ。米国は、過去二回の産業革命の主役だった。「偉大な社会」というスローガンを掲げた米国は、ブルーカラー労働者がアメリカンドリームを実現できる国だった。しかし今はもう、労働者の憧れの地ではない——少なくとも、スビューの知る限りでは。もちろん、製造業の衰退と、サービス部門の台頭は、世界的にも大きなトレンドであり、それがここ何十年も続いて、工業化した世界全体に影響を与えている。しかし、米国の製造業部門で失業者が増えていくペースは尋常ではなかった。『フィナンシャル・タイムズ』紙の調査によると、１９９０年から２０１６年の間に製造業で５６０万人前後が失業した。[*14] 全米各地の工業都市すべてで労働者がダメージを受けた。「企業城下町」として特定の産業にすっかり依存していたいくつかの町は、とりわけ大打撃を受けた。こうした仕事の多くが根こそぎなくなるわけではなく、遠い所では中国、近い所ではメキシコに移転された。しかし他方ではオートメーションの進歩によって、約半分の仕事が完全になくなった。

こうした高賃金のブルーカラーの仕事がなくなると、後はせいぜい、賃金の低いサービス業の仕事しかない。最悪の場合は、新しい雇用機会がまったくなくなる。少なくとも、大卒の資格を持たない労働者にとってはそうだ。インフレ調整後の賃金が１９８０年以来ほとんど上がっていない産業部門もあった。パンデミックに襲われるまで、公式発表される失業者の人数は非常に低かったとはいえ、２０００年に67％以上という過去最高の数字を記録していた米国人の就業率は、２０２０年には62％前後まで落ちた。[*15] これはつまり、多くの人が職を探すのをすっかりやめてしまったということだ。デンマークではこれとは逆に、２０２０年初頭にパンデミックに見舞われた後も、就業率は70％前後で推移している。[*16]

なぜこのようなことになったのだろうか？　スビューは言う。「米経済の抱える大きな問題の一つは、労働者への教育が不十分なことだ。[*17] デンマークとは異なり、米国には労働者の技能向上のためのシステムが普及していない。ＯＥＣＤ（経済協力開発機構）が発表した数字に、この問題が現れている。[*18] デンマークはOECD加盟国の中でも、いわゆる「積極的労働市場政策」への一人当たりの政府支出額が最も多く、失業者を労働市場に戻す支援をしている国である。これに比べて米国の政府支出は、この15分の1だ。また、デンマークの社会体制は柔軟でよりインクルーシブ（包括的）であり、年齢・性別・教育レベルや雇用状況にかかわらず、国民のほとんどが対象となる。さらにもっと重要な点として、デンマークの社会体制は、あらゆるOECD諸国のうちで労働市場のニーズに最も適合している。一方、米国は、調査対象となった32カ国のうちで第19位と、デンマークに大きく水をあけられている。

そのせいで、米国の労働市場では慢性的に需給にズレが生じている。米国でも技能再教育は受けられる。しかし、『ワシントンポスト』紙の経済ジャーナリストであるヘザー・ロングによれば、労働者はほとんどの場合、参加を奨励されていないか、やっても新しい就職につながらないだろうと懸念している。登録するとしても、かなり初歩的なITコースのたぐいを選ぶ。たとえば、マイクロソフトのワードやアウトルックの操作方法のようなことを教わろうとするというのだ。「これにはびっくりした」と、ロングはこんなエピソードを語ってくれた。[*19]

オハイオ州にある自動車工場を解雇された労働者を追跡調査した。彼ら全員に、2年間有給扱いで学校に通って訓練を受けるという「贅沢な」再訓練資格があった。また、トラック運送や看護の資格を取ったり、コミュニティーカレッジに通ったり、上級の機械オペレーターになったり、ブルーカラーの仕事としては最先端の、3Dプリンターを操作する仕事もできた。対象者の中でも20代や30代の失業者はその待遇を大歓迎した。ところが、20年前に学校を出て以来、教室で勉強などしたことがないという40代の人々は、それを受け入れなかった。技能のギャップがあり過ぎたのだ。USBメモリーが何かを知らない者もいた。私がダボスに行ったとき、会議に参加している企業のCEOは「とにかく、技能を磨かなければならない！」と言っていた。素晴らしい意見だが、現実味がまったくなかった。悪口のつもりはない。ただ、オハイオ州の工場にいた2000人の労働者は、技能を磨く資格があったのに、申し込んだのは30％足らずで、プログラムを最後まで終えたのはたった15％だった。[*20]

念のため言っておくと、ここで問題になるのは年配の労働者の態度ではない。常に再訓練を行う企業文化がなく、労働者もこれまでのキャリアで技能を磨いたことが一度もないなら、資金をたっぷり投じてショック療法を行っても効き目がないのだ。

トマス・スビューもまた、この状況をデンマークから見てそのように考えている。「労働者がなぜこれまで、新しいテクノロジーやロボットに文句があったのかはよく分かる。もしそのせいで職を失うのだとしたら、お先真っ暗だと思ってしまうのも無理はない。その人たちのスキルはほとんどの場合、社内でしか通用しないから、再教育や技能向上のシステムがないなら、怒りも湧くだろう。これはちょっとやそっとでは解決しない問題で、その人たちのやっていることは逆効果だ。今、必要なのは、教育の充実と、労組の組織率を上げることなのに[*21]」

この手の解決策を唱えているのは、スビューだけではない。海を渡ったワシントンDCでは、ジョセフ・スティグリッツをはじめとする経済学者や、経済政策研究所（通称EPI。米国元労働長官ロバート・ライシュなど経済学者グループが創設した）といったシンクタンクも、同じことを提案していた。

ＥＰＩの調査ディレクターであるジョシュ・ビベンズは、２０１７年の研究でこんなことを指摘している。デンマークでは労働組合に加盟する労働者は今でもかなり多く、賃金や研修といった問題への労働者のニーズが保証されている。それに対し、米国では１９５０年に労働者の3分の1が労働組合に加盟していたが、１９８０年には25％、そして現在ではたった10％にまで減っていると言う。労働組合加盟率が低下すれば、経済格差は拡大する。さらにＥＰＩも指摘するように、訓練プログラムの衰退も、同時に進んでいる。こうしたプログラムが充実していれば、第四次産業革命の時代にあっても労働者の特殊技能を、また米国の労働力の生産性と競争力を維持できるはずだ。[*22]

経済体制の変化で最も打撃を受けた二つの国、米国とイギリスでは、労働組合と教育への支持姿勢が政治的に二極化している。１９８０年代、イギリス首相マーガレット・サッチャー（保守党）と、米国大統領ロナルド・レーガン（共和党）が、新自由主義的な政治課題《アジェンダ》を取り入れた。このアジェンダは結局、教育や労働組合の勢力といった分野への公共投資を鈍らせる呪いの言葉となった。

新自由主義のイデオロギーにおいては、労働組合による集団交渉は自由市場を阻む障害であり、高福祉高負担の制度は経済成長の足を引っ張っていると考える。レーガン大統領が、労働組合主導のストライキに参加した航空管制官を全員解雇した話は有名であり、その結果米国の労働組合は崩壊した。イギリスではサッチャー首相が炭鉱労働者による大がかりなデモをつぶし、イギリスの労働組合を支配的地位から引きずり下ろした。そして二人とも、最高税率を大幅に下げた。

本来はこれで、企業や富裕層が資金を投資に回し、富が富裕層から低所得層にしたたり落ちる「トリクルダウン」が実現するはずだった。ところが、この政策で教育プログラムのような公共事業に投資するための国の収入も奪われてしまった。その後数年間は、どちらの国も高い経済成長率を記録したので、こうした政策が確かに米国とイギリスの経済を支えたかのように見えていた。米国の民主党（クリントン政権）とイギリスの新しい労働党《ニュー・レイバー》（ブレア政権）さえも、１９９０年代にこの新自由主義のイデオロギーを導入するようになった。ところが２００８年から２００９年にかけて世界的金融不況が起きると、新自由主義政策の黄金時代の終わりがはっきりと見えてきた。第１部でも紹介したように、近年の経済成長はいまだに停滞しており、米国のみならず工業化された社会ではどこも、多くの労働者の賃金は頭打ちで、しかもこれまた大勢が労働市場から脱落している。デンマークと米国の対照的な例からも分かるように、どのような工業国であっても再びステークホルダー主導の解決策を取り入れ、教育分野への公共投資を行えば世の中は良い方向に動き出す。政治的な色やイデオロギーはこの議論では大きな問題ではない。単にこうした方が効果的だということなのだ。

　シンガポールはアジアでこのことを証明している。貿易、テクノロジー、移民への開放姿勢のどれを見ても、この東南アジアの都市国家は世界でも突出して経済的にリベラルな国だ。一方、社会政策を見ると、シンガポールは筋金入りの保守国家であり[*23]、ＬＧＢＴＱ（性的マイノリティー）の権利[*24]や結婚や人権が、大半の西側諸国よりも広い範囲で、より厳しく制限されている。それが経済政策になると、上級相ターマン・シャンムガラトナムが私たちの取材に対して述べたように[*25]、政府はイデオロギー主導ではなく国家に有益な政策を導入している。グローバル経済の競争力がもたらす富が主な財源である島国としては、活路はほとんどこれしかない。

　シンガポールは、１９６０年代に香港、韓国、台湾と並んで「アジアの虎」として急速に経済成長を始めた。その初期には労働集約型の製造業を成長の柱の一つに据えて成功した。製造業がＧＤ

図6-1　シンガポールの1人当たりGDPの伸び（1965-2019年）

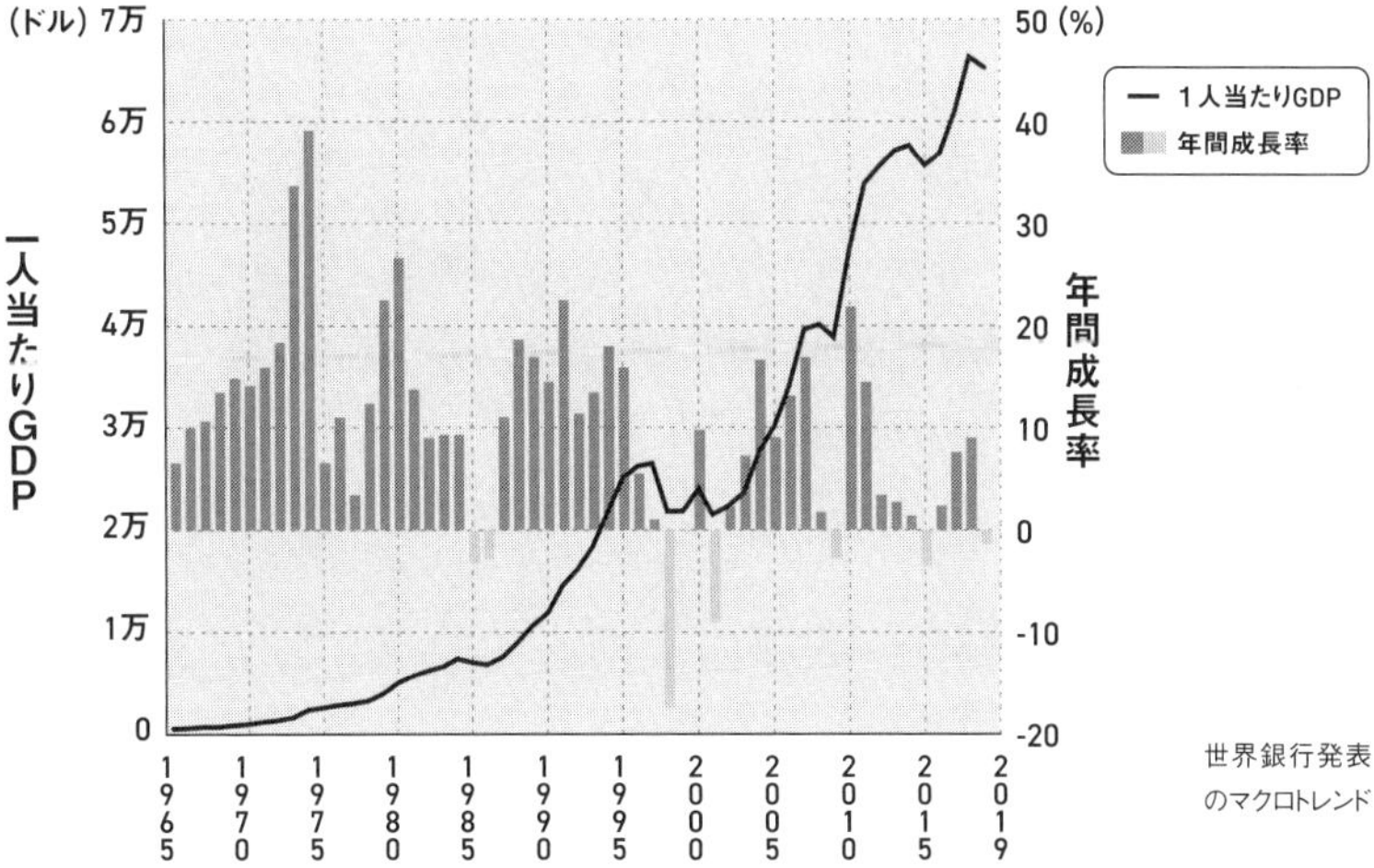

世界銀行発表のマクロトレンド

Pに占める割合は１９６０年の10%から１９７０年代の終わりには25%にまで伸びた。GDPが毎年６％以上成長していた時代である。[26] 日本をはじめ安価な製造ハブを求めていた多くのグローバル企業が進出したため、多くのシンガポール人が好待遇のブルーカラーの仕事に就くことができ、国は飛躍的に成長した。１９６５年には５００ドルだった一人当たりGDPが、１９９０年には1万３０００ドルになった[27]（図６－１参照）。

ところが、中国などアジアの新興国が追い上げていたこともあり、シンガポールでは１９８０年代に早くも労働者の技能再教育が必要になっていた。よりサービスや知識主導の経済になれば、バリューチェーンの上流に位置を占め、十分に発展した国家という地位に駆け上れるという目論見があったのだ。そこで、子どもと大人の両方を対象に今までにないタイプの教育に重点的に投資した。米国の都市計画コンサルティング会社グローバル・アーバン・デベロップメントの報告書によると、「より多くの教育センターが電子工学のような高度なスキルを必要とする産業に特化し」、新しい教育システムが導入され、「シンガポールがより高い資質と技能を備えた労働力を大学が輩出する一方で、正規の教育システムでは頭角を現せなかった人も技術トレーニングを受けられるように徹底した」[*28]。このときも教育重視の態勢は、状況を改善した。製造業の雇用シェアは減ったものの、その後の数十年間でサービス部門が急速に伸び、1980年代初頭にはGDPの第5位を占めるようになって、2010年代中盤には第3位にまで食い込んだ。2015年になる頃には、シンガポールの一人当たりGDPは、欧州の経済推進力であるドイツ、そして世界で最も豊かな国である米国を追い越した。

シンガポールは過去半世紀の中でも突出した成功事例である。そして、新しいテクノロジーとサービス業が今まで以上に重要になる現代のグローバル経済の変化に、これからも適応し続けなければならないことをこの国は認識している。最近、政府が中心になって「スキルズフューチャー（未来の技能）」という取り組みを立ち上げた。この生涯学習システムを利用するシンガポール人は、年齢を問わず、新しい技能を学んで第四次産業革命の労働市場に確実に加わる人材になれる。ただしデンマークと違うのは、この体制はとてつもなく大きな社会勢力と遠大なプログラムを掲げた大きな国家を作ろうと設けられたものではない点だ。シャンムガラトナムは言う。「我が国の政府は強いが、大きな政府ではない」。それゆえ、このスキルズフューチャーの特徴の一つに、申し込むプログラムを参加者がほとんど自由に選べることが挙げられる。シンガポール国立大学のジェームズ・クラブトリーが私たちのために主催したワークショップで、何人かの政策研究者が述べたこんな意見が、後に政府筋の間で議論になった。「たとえば花屋や料理人になろうとする労働者が、補助金を受けて勉強をする必要があるのか？」。シンガポールでは今のところ、このプログラムは特殊かもしれないがコストに見合うだけの価値がある、という考えが主流になっている。労働市場の未来は読めないからで、それは現在起きている第四次産業革命の際立った特徴の一つだ。今20代の若者の間で一番の勝ち組とされる職業が、ゲーム実況をするユーチューバーだったり、10秒のティックトック動画を作るインフルエンサーだったりする世の中を、誰が予測できただろうか？

シンガポールのモデルを見ると、もう一つ留意すべき重要な特徴がある。このモデルには、ステークホルダーの三本柱である政府、企業、労働組合が関わっている。1965年以来、この三者はあらゆる労働市場と産業政策の政策決定に深く関わっていた。しかもその間、経済活動に大きな混乱もなかった。シンガポールではストライキはめったにないが、労働市場は流動性が高く（採用も解雇も比較的ハードルが低い）、上述のように国の経済は少なくとも二回、スムーズに生まれ変わっている。一度目は1960年代から1970年代にかけて製造業に、二度目は1980年代から1990年代にかけてサービス業に舵を切った。このような前向きで状況に応じた動きは今後も重要になるだろうと、『日経アジアンレビュー（現日経アジア）』紙は最近の記事で述べている。なぜなら「東南アジアで起きている破壊的技術変革によってシンガポールで今後、かなり高い率で配置転換が行われる」からだ。*79

とはいえ、破壊的技術変革によっても、シンガポールの社会や経済はびくともしないという予想を裏付ける、会計監査会社プライスウォーターハウスクーパースが行った調査がある。これによると、「90％以上のシンガポール人が、技術をより理解する、あるいは使いこなすために雇用主が機会を与えてくれるならば何でも活用すると答えている」[30]。ここに、米国や西欧のような国が向き合うべき三つの課題が示されている。政府と企業は継続的に労働者を再教育できるよう、さらに投資しなければならない。労働組合はもっと力をつける必要があるが、企業や政府に対しては協力的な姿勢を示さなければならない。そして当の労働者は国と自分たちが今後経験する経済的な課題に前向きで、柔軟な姿勢を持たなければならないのである。

変化するビジネスの勢力図

1980年、ティム・ウーはまだ小学生だった頃、クラスでいち早くパーソナルコンピューターを手に入れた。そのパソコンは、アップルⅡ。製作者であるスティーブ・ジョブズとスティーブ・ウォズニアックを一躍スーパースターに押し上げ、テクノロジーの世界に新時代の到来を高らかに告げた、伝説のコンピューターだ。しかしティムと弟にとってアップルⅡは何よりもまず、新しいテクノロジーに触れられるエキサイティングな手段だった。「私と弟はアップルに夢中になり、その魅力にすっかり取り憑かれてしまった」とウーは私たちに語った[31]。小学校高学年になるかならないかの二人は、このコンピューターのチップを取り出し、プログラムし直してから元に戻すといったことをしてよく遊んだ。その数年後、コンピューター・ネットワークが初めて導入されると、兄弟はダイヤルアップ式のモデムを組み立て、いくつかのコンピューターにつないで自分たちだけのネットワークを作った。成長期に育まれたテクノロジーへの偏愛は、この兄弟が大人になってからも続く。ティムの弟はその後マイクロソフトのプログラマーとなり、ティムはグーグルで(無給の)

仕事に就いていた。当時のティムはそれでもワクワクしていた。ティムは言う。「私はとことん、無邪気なファンだった。そのときグーグルがやろうとしていたことには、たくさんの希望があった。どんな困難も乗り越えられるという心意気があった」

現在ティムは、コロンビア大学法科大学院の教授になり、今でもアップルのノートパソコン、iPhone、グーグルのサービスを日々使っている。だがもはや、こうした企業の今の姿を、手放しに支持することはない。かつては家のガレージに収まってしまうほどの規模だった両社は今や、市場評価額1兆ドル前後、あるいはそれを優に上回る、[32]米国でも屈指の株式公開企業となった。アップルではパソコンはとうの昔に主力製品ではなくなり、その座をiPhoneに明け渡している。アップルウォッチ、iPad、iPhoneなどスタイリッシュな一連のハードウエアの売上は、いまだに収益の圧倒的なシェアを占めてはいるが、アップルの収益構造の心臓部は、同社が保持する著作権およびセキュリティーが厳重なソフトウエア製品、それに草分け的存在であるApp Storeにある。かつての大手検索プロバイダー、グーグル（現在は、親会社アルファベット社の傘下にある）は見る見る勢力を伸ばしてジャンルを超えた強い支配力を持つようになり、広告営業から、ショッピング、エンターテイメント、クラウドコンピューティング事業などを一手に手掛けている。黎明期のIT企業の多くが時代と共に消え去っても、アルファベット、アップル、マイクロソフト、フェイスブック（現メタ）、それにアマゾンは、その支配的地位をますます固め、現代における巨大企業になった。

「潮目が変わったのは、こうした巨大企業が消える心配がなくなった、つまり大きくなり過ぎたときだった」とウーは語った。「そのとき彼らは、あまりにも多くの市場に進出し過ぎていた」。これをウーは、グーグルに忠告した。その頃彼はまだ同社を好意的に見ていた。「同社はすでに素晴らしいことを成し遂げていた。だが、隣接する市場への進出には気を付けた方がいいと考えた」。彼によるとそのとき彼はグーグルに味方し、「モラル的に怪しい活動」と自分が見なすものに同社を関わらせまいとしていたのだと言う。しかし、その助言は聞き入れられなかった。ウーの言葉を借りれば、結局「ビッグテック（巨大テクノロジー企業）」上位5社は、独占企業の様相を呈するようになった。ついこの間まで新興企業だったのが、今では1980年代における通信会社、AT&Tのようになってしまったのだ。

ウーの考えによると、これらの企業は自分たちの市場を守るために競合他社を買収または模倣し、プラットフォームと販売者、両方の役割を果たし、自社の製品を自社の店舗で前面に押し出した。さらには、過去に起こったすべての産業革命にも必ず現れた寡占者と同じく、企業活動をしながら経済と競争に圧力をかけ、富と権力を大勢に分配するのではなく、限られた少数に集中させたとウーは訴えた。だからこうしたビッグテックは、自然独占のように規制を受けるか解体されるか、いずれかの厳しい処分を受けるべきだとウーは言う。

もちろん、米国でウーだけが、ビッグテックの状況を前時代の独占企業になぞらえているわけではない。2018年の暮、私がエリザベス・ウォーレン米上院議員をワシントンDCに訪ねたときには、彼女はすでにテクノロジー、医薬品部門や、金融界など米国の多くの産業における大手企業に対し、ウーと似たような姿勢を取ることを検討していた。コロンビア大学法科大学院の頃からウーと友人だった米国の法学者リナ・カーンは、（エール大学在学中の）2016年に執筆し、大反響を呼んだ論文『アマゾン社の独占禁止法のパラドックス』[*33]で同様の意見を述べている。経済学者ではガブリエル・ズックマン、エマニュエル・サエズ、ケネス・ロゴフら、さらには、ノーベル賞受賞者であるポール・クルーグマンやジョセフ・スティグリッツもまた、ビッグテックは「権力を握り過ぎている」[*34]、あるいは、もっと厳しく規制されるべきだと論じた。第一線で活躍するジャーナリスト、たとえば『ワイアード』誌編集長のニコラス・トンプソン、それに『フィナンシャル・タイムズ』紙の共同編集者ラナ・フォルーハーもまた、ビッグテックに独占禁止法を適用すべきだと考えている。さらには、今や規制当局に目を付けられているアップルのスティーブ・ウォズニアック[*35]やフェイスブック（現メタ）のクリス・ヒューズらビッグテックの共同創立者ですら、もっと厳しい規制を求める発言をしている。ウーにとっては、正しい姿勢はそれしかない。「私はずっと、ウォズニアックのアップルが好きだった」と彼は言う。「素晴らしいことをいくつも成し遂げていた」

しかし、ウー、ウォーレン、ウォズニアックのように、ビッグテックの独占と買い手独占（独占の一種で、市場には一人の買い手しかいないので売り手に対して力を持つ）への規制を厳しくすべきだと考える人がいる一方で、そんな対応は逆効果だと考える人もいる。その人たちは、多くのビッグテックのサービスが無料か、低価格、あるいは市場最低の価格を提供している点を指摘する（アマゾンをイメージすれば分かるだろう）。いずれにせよ、こうしたビッグテックに対応する最善策は、解体や規制ではないと彼らは言う。そんなことをしたら、歴史的にも傑出した革新的な企業に、ひいては米国経済における革新的な力にダメージを与えかねない。テクノロジーの覇権を巡る戦争が主に米国と中国の間で今まさに起きていると指摘する人もいる。米国の企業に規制を課し過ぎたら、米国はこの戦いに負けてしまうかもしれないと言うのだ。

私はこれまでに、あらゆるビッグテックの経営者に会い、彼らの多くが成功をつかむ道筋をそばで見守る機会に恵まれた。たとえば米国カリフォルニア州パロ・アルトの倉庫にマーク・ザッカーバーグを訪ねたことがある。当時、この会社の従業員はたった18人だった。また、ジャック・マー（馬雲）がアリババ社を立ち上げたばかりの頃、彼を世界経済フォーラムの「ヤング・グローバル・リーダーズ（世界の若きリーダー）」に選んだこともある。彼らはきっと、『不思議の国のアリス』のような感覚を味わう創業期を通り抜けた後で、自分たちが個人の人生やアイデンティティーに与えている影響が途方もなく大きいことに、少しずつ気付いていくのだろう。それに、データ所有権、アルゴリズム、顔認証など、大きな社会的使命に応えようとするとき、こうした人々の間には建設的に動こうとする気運が高まっていくのも私は見ている。こうした使命を決してないがしろにしない方が、長い目で見て自分たちのメリットになることを、彼らは分かっている。さもなければ、規制の対象となり、ひいてはそれが今後の成長に悪影響を及ぼすからだ。

結局、この議論では誰が正しいのだろう？　ビッグテックを筆頭に、市場を支配する大手企業は、果たして労働者や消費者を救っているのか、それとも苦しめているのか？　私たちは競争政策をアップデートして、デジタル経済に合うものにすべきなのか？　あるいは、私たちはビッグテックのおかげで新たな「金メッキ時代」に突入したのか？　そして、もし現代で最も成功した企業の動きを制限したら、イノベーションは冬の時代を迎えるのか？　産業革命という切り口で経済の歴史を眺めると、こうした重要な問いの答えが見えてくる。

産業革命以前の世界

近代の夜明けが訪れる前は、世界のどこを見回しても経済に目立った動きはほぼなかった。人類のライフスタイルが決定的に変わったのは、1万年ほど前だ。狩猟・採集を中心に生活をしていた人々が定住し、農耕を中心とする生活を送るようになったのだ。この変化には二つの重要な点がある。農業によって食糧供給が安定し、しかも歴史上初めて、安定的に収穫量が必要量を上回るようになった。[*36] その上、遊牧生活を送るのでなければ食糧を貯蔵して家畜を飼うことができ、肉や乳製品などから栄養を摂れるようになった。農具や車輪、陶器や鉄具の発達など技術面でも飛躍的な進歩があり、この時代には本物の農業革命が起きて、その影響は政治や経済、社会に大きく波及した。

社会の面では、定住型の新しいライフスタイルになったことで、村や町、社会、さらには初期段階の帝国も発達した。政治面では、こうした社会で人類史上初の階級制度が見られるようになった。食糧の余剰が生じ、一部の階級が他人の作った食糧で暮らせるようになったからだ。また経済面では、初期の交易と専門化が始まり、全体の富がわずかに増えた。続いて起きた文明では、ほとんど必ずと言ってよいほど、支配階級に戦士と宗教指導者、中間の階級に商人や（陶芸や衣服などを作る）職人が、そして裾野の広い最下級には奴隷や農民がいた。最下級の人たちはたいがい、支配階級の人々に隷属し、自分たちや他人のために食糧を生産した。これは歴史全体を通じてその後も見ることになるパターンの初期段階だ。つまり、技術の飛躍的な進歩によって富が大幅に増えるが、その余剰はほぼ必ず不公平に分配され、しかも社会の支配階級であるほんのひと握りの人々がそれを独占する。

その後の数千年間、政治構造や社会構造に数々の変化が起き、様々な技術革新の時期があった。中国からインド、そしてアラブ世界から欧州にかけてのユーラシア大陸では、中世に印刷技術、金融や財務会計、それに航海術や兵器、交通の分野で飛躍的な進歩が起きた。本書でもこれまでの章で紹介したように、こうした技術の発展により大陸間交易の盛んになる時期が繰り返し訪れ、人々の生活がさらに潤った。とりわけ支配階級がその恩恵にあやかった。この時代に栄えたのが、ペルシャ、オスマン、モンゴル、明などの帝国である。

欧州は、ユーラシア大陸の動きに遅れて発展を始めた。ルネッサンスと近世になってようやく、正真正銘の科学革命が起きた。それが社会と政治を大きく変えた。具体的には、世界経済で欧州列強が支配的な力を持ち、欧州で宗教改革運動が起き、ウェストファリア条約によって欧州の政治に平和がもたらされた。さらに、羅針盤、帆船、火薬といった科学革命を追い風に、欧州列強は数々の「通商帝国」をも打ち立てた。その典型が、先に述べた強大な二つの東インド会社だ。ただし、これだけ技術が発展し、富が蓄積されても、18世紀末の時点では、欧州の大多数の人々はまだせっせと土地を耕し、数世紀前の祖先とほとんど同じ生活を送っていた。

第一次産業革命

それらがすべて、いわゆる第一次産業革命の訪れと共に変わった。変化が起きたのは主にイギリスで、1760年代になるとジェームズ・ワットの発明した蒸気機関が、産業界に一気に革命を起こした。その進歩は最初、ごく一部に限られていたが、19世紀初頭には、イギリスの起業家たちは世界で最も成功を遂げたと言えるまでになった。それから数十年でイギリスの蒸気機関車、船、機械が世界を席巻し、大英帝国は世界で最も強大な帝国になった。

　すべての産業がすっかり変容し、とりわけ農業と紡績業の発展は目覚ましいものだった。馬や人の力に頼っていた動力を機械に換えると、農業の収穫高は何倍にもなり、製造業における生産量はそれ以上に増えた。最終財の生産高でイギリス経済を測ると、その成長率は毎年数%の伸びを見せていた。それまでは何世紀もの間、0・1%や0・2%といった数字が当たり前だったのだ。人口はたちまち増えた。食べさせるべき口が増えた一方で、農業に必要な人（と馬）の数は減った。19世紀の終わりになると、人口の過半数がロンドン、マンチェスター、リバプールといった工業都市に移住し、その大多数が工場で働いた。

　この第一次産業革命で誰よりもいい思いをしたのは、イギリスの資本主義的企業家たちだ。資本主義は何ら目新しいものではない。少なくとも中世において、地中海貿易に携わるベネチア商人たちの間で生まれていた。彼らは、共同出資により積荷のリスクを分散させたのだ。その後、資本は取引よりも、もっぱら工場や機械の資金調達に使われるようになった。大地主、豪商や貴族階級など、潤沢な資金を持つ者が新技術に投資し、儲かる会社を始めることができた。

　かくして世界経済を思いのままにできるようになった人々は、莫大な利益を手にした。機械を操作する労働者は、手工業の職工ほど熟練した技能を必要としなかったので、初期の企業家は賃金交渉で労働者よりも優位に立った。それにより、搾取の構造が生まれた（それは当時最も豊かだった国、イギリスでだけ起きていた。専門的手工業が打撃を受けていたインドや中国といった国では人々がますます困窮し、利を得る者など事実上いなかった)。

19世紀になると次第に、第一次産業革命の技術は主に大陸欧州の国々、特にベルギー、フランス、ドイツと、北大西洋の向こうにあるイギリスのかつての植民地アメリカに波及した。テクノロジーの変革がここでもまた、政治、経済、社会を変革した。1800年代の終わりには、一般労働者の窮状はイギリス、ベルギー、フランスやドイツで社会問題になり、新しい支配層の中から行き過ぎた状況を非難する者も出た。『レ・ミゼラブル』が書かれ、搾取のはびこる環境で働かざるを得ないフランスの市井の人々に光が当たった。ドイツからの移住者カール・マルクスとフリードリヒ・エンゲルスは、工業化されたイギリスにおけるプロレタリアート(無産階級)が背負う運命について新聞に寄稿したり、本を書いたりしたが、その内容はひたすら暗かった。その数十年前に作家チャールズ・ディケンズはその著作に、今は「最良のとき」どころか、「最悪のとき」であり「暗闇の季節」で「絶望の冬」だと書いて[*37]話題を集めた。

これは、工業化の結果なのだろうか、それともグローバル化の結果なのだろうか？　実際には、たぶん両方だ。第5章でも述べたように、労働者は不正に対して団結し、政治的な権利、より良い賃金、労働環境、さらには新たに形成された社会のヒエラルキーの打倒を強く求めるようになっていた。このヒエラルキーでは、王や神父に代わって実業家が支配階級として君臨し、最下層には奴隷や小規模農家ではなく工場労働者がいた。

米国でもまた、第一次産業革命によって歯止めの利かない状況が起きていた。交通、金融、エネルギーの分野で技術が発展すると、寡占や独占を招いた。企業は資金と初期資源があればあるほど、最新の技術をできるだけ広く展開し、より良いサービスを提供できた。そうすれば、市場シェアがさらに伸び、ますます儲かるので、他社を打ち負かし、あるいは買収できた。たとえば交通部門では、コーネリアス・ヴァンダービルトが支配する中西部とニューヨークをつなぐニューヨーク・セントラル鉄道会社が圧倒的地位を得た。鉄道王と呼ばれたヴァンダービルトは、船舶事業にも積極的に乗り出した。エネルギー部門では、目先が利くジョン・D・ロックフェラーが、ほぼ無一文から世界最大の石油会社スタンダード・オイルを築き上げ、後に世界初の信託業務（ビジネストラスト）も始めた（現在スタンダード・オイルはエクソン・モービルになっているが、世界最大の石油会社であることに変わりはない）。鉄鋼業界では、スコットランド生まれの米国人、アンドルー・カーネギーがUSスチールの前身となる事業を立ち上げた。同社は後に、米国における鉄鋼生産を独占する企業となった。石炭生産では、ヘンリー・フリックがフリック・コークス・カンパニーを設立した。同社は、ペンシルベニア州の石炭生産の80％を占め、[*38]当時のコングロマリット数社の実権を握った。銀行業では、バンク・オブ・ニューヨーク・メロンのアンドルー・メロンや現在のJPモルガン・チェースの創業者ジョン・ピアポント・モルガンといった大物が米国史上最大の金融会社を立ち上げる土壌が整った。

現在では、こうした実業界の帝王たちの多くは社会貢献で有名である。たとえば、彼らが手掛けたロックフェラー・センターやカーネギー・ホール、フリック・コレクションなど多くの慈善活動組織は、現在も機能している。しかし1880年代の終わり頃には、その莫大な富と、しばしば問題のある事業のやり方でよく知られていたのだ。現代の価値に換算すると、彼らの資産はビル・ゲイツやジェフ・ベゾスの資産を超えるだろう。

しかし、何の後ろ盾もない一般市民には資産などなかった。ニューヨーク、フィラデルフィア、ピッツバーグやシカゴの共同住宅では、極貧が当たり前だった。労働者の賃金は低く、企業トラストの経済力の前では交渉力など持てなかった。富者と貧者の間の生活水準の格差があまりにも衝撃的だったため、作家マーク・トウェインとチャールズ・ダドレー・ウォーナーの二人は、１８７３年にそのことを風刺した本を書いた。そのタイトルである『金メッキ時代』（彩流社、２００１年）は、この時代の代名詞となった。１９００年代初頭になると、この状況は米国政治における最初の「ポピュリズム」の時代にもつながった。１８９２年の大統領選で「人民党」は、選挙人を獲得した最初の第三政党となった。同党は「地方と都市の労働者」の権利のために闘い、当時の支配者階級がもたらしていたとされる「倫理・政治・物質的な堕落」に反発した。１８９６年の大統領選挙では、このポピュリスト政党の候補者（ウィリアム・ジェニングス・ブライアン）が民主党全国大会でも大統領候補に選ばれたが、本選では共和党のウィリアム・マッキンリーに敗れた。

第一次産業革命は、それが起きている国にかつてない富をもたらした一方で、工業化を遂げた国にいる貧しき者には、かつてないほどの苦しみをもたらした。これはまた、産業革命がまだ起きていない国に住む人々にも悪材料であった。その国々とは、それまでＧＤＰで世界の上位にいた中国、日本、インドといったアジア諸国だ。そこでは国全体の政治体制が崩壊し、その後内乱状態になるか、さもなくば欧米列強に植民地化された。

ところが米国や西欧では、人々の反発があまりにも大きくなって無視できなくなり、富の集中を断ち、労働者階級の苦しみをこれ以上増やすまいとする動きが出てきた。イギリスからドイツにかけての欧州各国では、１８７０年代から１９２０年にかけての改革で普通選挙法が導入されると、社会主義政党が政権を獲得していった。保守政党やキリスト教民主主義政党も、社会主義を意識した政策を取り入れた。たとえばドイツ帝国のオットー・フォン・ビスマルク政権は保守だったが、1880年代に一連の社会改革を行い、それが現在の西欧における社会保障の基盤となった。

米国ではこれとは対照的に、社会保障を提供するよりも独占禁止法の強化に取り組む方が早かった（米国で社会保障プログラムが発足したのは、1935年以降のことである。きっかけは大恐慌で、このときに数千万人が職や食料、家を失った）。[*39] 1890年までには、政治を腐敗させ、産業界全体を独占する悪徳資本家の卑劣な行為に対処すべきだという考えが、国会議員の間で広まりだした。その年、最初の反トラスト法が議会を通過し、その後数年間で何度か改正された。1914年にはさらに重要な二つの法案が可決された。その一つによって、連邦取引委員会（FTC）が創設された。

これらの法律はいずれも、ロックフェラーのような人物によるトラストがこの先、競合他社を買い占め、あるいは価格談合することによって事実上の独占状態を作れないように徹底させるものだ。その後に起きた企業解体で最も有名なのは、1911年のスタンダード・オイルの解体である。20世紀の終わりに「米国内の精製油の90％以上を支配[*40]」していた同社は、34の新会社に分割された。その中には、エクソン・モービル（以前はエクソンとモービルに分かれていた）、シェブロン、アモコなど、現在もブランドとして、あるいは別会社として存続しているものもある。他の業界もまた、規制当局の厳しい審査を受けた。規制当局は、独占勢力は技術革新、消費者、競争に悪影響を及ぼすと考えていた。そのような事態は、阻止せねばならなかった。

第二次産業革命

経済や政治の歴史を振り返ってみればよくあることだが、工業化した国々においても、政府は現在と過去の問題には何とか対処できても、未来の問題を解決することは不得手である。第二次産業革命によって登場した内燃機関や電気などのテクノロジーは、自動車や飛行機、電力網、電話など新しい製品を次々に生み出し、やがてそれらは、かつて第一次産業革命が生み出した技術と同じように、産業を立ち上げ、再建し、支配した。ところが、1914年に起きた地政学的なあつれきによって、工業化社会の経済のダイナミズムが失われた。そのあつれきとは、二度の世界大戦だ。そこでは、テクノロジーは経済の推進力ではなく、破壊力だと見なされた。第一次世界大戦は、戦略レベルで軍馬が使用された最後の戦争となった。第二次世界大戦では初めて、戦車や戦闘機が戦場を埋め尽くした。何千万人もの人々が命を落としたが、その大半は、最新の技術によって作られた兵器の犠牲になった。

1945年になると、新しい世界が現れた。しかも今回は、カール・フレイが前述の著作『テクノロジーの世界経済史』で指摘したように、テクノロジーは西側諸国において、はるかに広い範囲の人々、とりわけブルーカラー労働者や中間層を喜ばせた。米国でも西欧でも、自動車はたちまち大衆的な交通手段になり、上流階級だけでなく普通の労働者でも普通に買えるものになった。各家庭に電力が普及し、洗濯機、エアコンや冷蔵庫などの家電が普通に使われるようになった。そのおかげで誰にとっても生活が楽に、健康に、清潔になり、このことが女性の解放に大いに貢献した。電力と交通によって生まれた産業が、中間層、さらには中・低技能の労働者にも、就業機会を広げた。この時点では、産業機械は労働者の力を補完する存在であり、労働者は重労働から解放されたが、それでもさらに多くの労働者が必要となった。また、製造業を中心とする経済から、サービス業中心の経済へと転換しつつあった所では、運転手、電話交換手、秘書、レジ係といった職が引く手あまたになった。

この爆発的な富の広がりが、ベビーブームと共に訪れると、各国政府は社会保障制度や教育、医療、住宅政策にさらに力を入れた。米国では、リンドン・ジョンソン大統領が「偉大な社会」プログラムを宣言した。[*41]米国は「貧困との戦い」のような取り組みを通して貧困や人種問題の撲滅を目指し、高齢者・障がい者向けの「メディケア」や貧困層向けの「メディケイド」といった医療保険制度を導入した。また教育の分野では、連邦政府の予算を直接地域の小中学校に分配する仕組みを作ったり、貧困地域の教師の能力を改善するために「教師部隊」を派遣したりするだけでなく、新しい学校や大学を数多く創設した。欧州では福祉国家が形成され、多くの場合、全国民の医療費は無料で教育も無償、住宅には国の補助が受けられた。

その間ずっと、反トラスト法の規制は政治課題であった。米国では、新興の通信業界の集約が着々と進み、1960年代にはベル（現AT&T）が事実上独占企業になるまでになった。第一次産業革命後に制定された反トラスト法による規制が適用され1984年に同社が解体されると、その後数十年間で価格が下がり、サービスが飛躍的に向上して、技術革新の新しい波が起こった。ひいてはそれがモバイル通信の技術につながった。欧州では、各国がより直接的な規制の形を選び、国営の独占企業として電力会社と通信事業会社を設立した。これもまた、市場価格を超えた利益はすべて、間接的ではあっても最終的に社会還元されることを保証するものであった。しかし、国有企業では競争力を強化する必要がなかったため、より良いサービスや低価格を提供するモチベーションはそのうち薄れ、技術革新や競争力は停滞した。

一方、自動車産業では競争が生じていたので、反トラスト法による規制は必要なかった。しかし、自動車産業が政治的影響力と経済力を利用し、交通部門のためになるとは思えない状況をもたらすようなロビー活動を行っていたことは、今ではよく知られている。電車や路面電車よりも、自動車やバス、そのインフラへの資金供給を優遇し、（内燃機関に代わる）電気モーターの導入を遅らせていたのだ。それでも、市場集中（上位企業の生産・売上高が業界全体の生産・売上高に占める割合）の度合いが比較的小さいままだったことには、国際競争が年々激しくなってきているなどの理由がある。この業界はまた、直接的にも間接的にも膨大な数の雇用を創出している。しかも、数千万、数億人もの人々に中間層のライフスタイルへの切符を与えた。こういった背景があったからこそ、自動車メーカーは規制当局の監査を免れ、世界中で一目置かれる企業になれたのだ。

恐らく、この欧米諸国の黄金時代に、テクノロジーと企業のおかげで社会がかつてなく潤ったせいだろう。資本と労働の関係や、人間と機械の関係について、イデオロギーに凝り固まっていた人々の考えも驚くほど柔軟になった。特筆すべきは、経済学者もまた、企業とそのイノベーションが社会や経済の発展に与えるプラスの影響を、手放しに褒めたことだ。オーストリアの経済学者ヨーゼフ・シュンペーターは1940年代の時点ですでに、新しい企業や革新的なテクノロジーが世の中に「創造的破壊」[*42]を起こし、古い企業や製品を解体する時代に入ったと予見した。そこでは、馬ではなく車が、船ではなく飛行機が、主婦ではなく家電製品が活躍する。

シカゴ大学のミルトン・フリードマンら（いわゆる「シカゴ学派」）はさらに上を行った。フリードマンは、経済システムにおいては企業がおのずと世の中を良くする役割を果たすと信じて疑わなかった。市場は見えざる手によって常に最適な結果を出し、社会にとっての効用を最大化する。つまり、「企業の社会責任とはたった一つしかない。そのリソースを使い、ゲームのルールを守って利益を増やす活動に関わることだ」とフリードマンは1970年に『ニューヨーク・タイムズ』紙への寄稿で書いた。[*43] 第二次産業革命と、その当時の経済および社会の発展に企業が果たした役割の大半が世の中にプラスに働いたという部分だけ見たら、この考えにもうなずける。ところがそれからたった数十年後に、ここにはもっとマイナスの影響があることが証明される。第三次、第四次産業革命では、企業が社会に与えるプラスの影響がまたもや、薄れていったからだ。

第三次産業革命

1970年代から1980年代にかけ、ベル社が米司法省との間で法廷闘争を繰り広げ、他方、議会では通信の規制緩和を目指す動きが見られた。そんな中、ニューメキシコ州アルバカーキとカリフォルニア州クパチーノのガレージで、その後の経済史の流れを変えることになる二つの小さなコンピューター会社が創業した。この二社、マイクロソフトとアップルコンピューターは最初、ティム・ウーが両親からもらったようなパーソナルコンピューターを作っていた。しかし、1980年代に入るとMS-DOSやウィンドウズ、マックOSといったソフトウエアでどんどん有名になっていった。また両社は1990年代に、オフィスやリビングルームにインターネットが普及することに貢献した。

そうした中で、パーソナルコンピューターは、高価でかさばるニッチなデバイスから、現代の経済社会を支える労働者の最も重要なツールに変わっていった。この大きな変革は、情報技術（IT）とインターネット、そしてそれと密接に関連するあらゆるアプリケーションや産業を世界にもたらし、第三次産業革命として知られるようになった。

第三次産業革命によって、ホワイトカラーの生産性は大幅に向上した。タッチ操作だけでより多くの情報をより速く処理でき、同僚がどこにいても瞬時に作業調整ができるようになったのだ。この技術の進歩は、史上最大のグローバル化の波を起こすことになった。すなわち、製造拠点をバックオフィスから、本社をグローバルバリューチェーンから、それぞれ切り離せるようになったのである。このITとインターネットの革命によって、中国、インドネシア、ベトナム、メキシコなどの国々が世界経済に組み込まれ、何億人もの人々がグローバル中間層の仲間入りをした。

グローバルな視点で見ても、この革命が世界にもたらした影響は間違いなく有益なものだった。第一次・第二次産業革命では欧米先進国の中でもトップから中位ぐらいまでの国に富が蓄積されたが、この第三次産業革命では新興国もようやく公平な分け前を得られるようになった。経済学者のクリストフ・ラクナーとブランコ・ミラノビッチは、よく知られる「エレファントカーブ」（象のグラフ）でこの影響を可視化した。[*44] そのグラフは、IT革命が本格化した1988年から、インターネットが世界のサプライチェーンを揺るがした2008年まで、グローバル中間層が先進国の上位1％の層と同様に恩恵を受けたことを示している。しかし、欧米の中間層はその代償を払うことになった。IT革命により、彼らの仕事は他のところにいる低賃金労働者でもできることになり、彼らは仕事と給与の両面で圧迫されることになった。

図6-2　世界の不平等と成長のエレファントカーブ

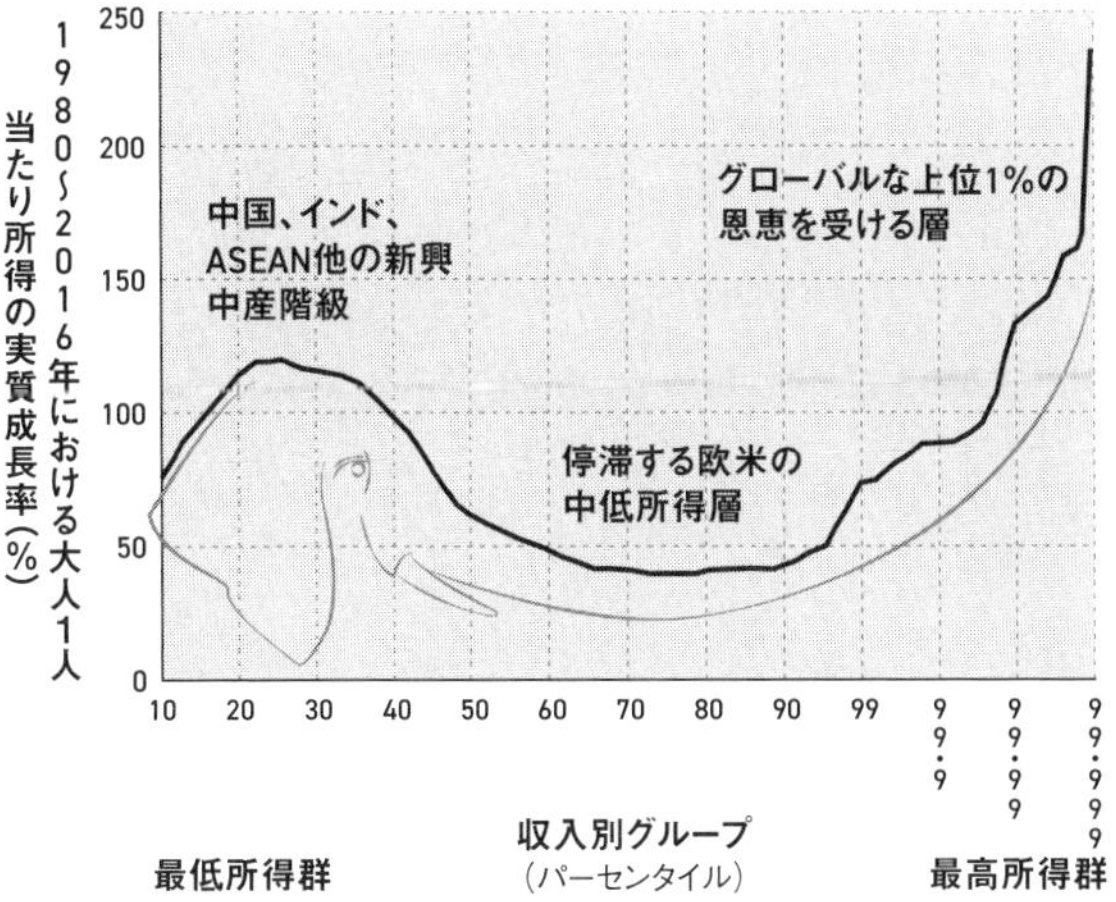

『世界不平等レポート2018』、およびラクナーとミラノヴィッチの着想による「世界銀行経済レビュー2015年版」による。象の絵を初めて描き加えたのはピーターソン国際経済研究所のキャロライン・フロイントである（*45）。

この洞察は、『世界不平等レポート２０１８』で更新された最新のエレファントカーブで確認できる（図６－２参照）。このグラフでは、世界人口の各％の層（横軸：最貧困層から最富裕層までランク付け）の所得の伸び率（縦軸）が示されており、所得分布の百分位で下から大きく10番目～50番目に位置する人々（中国、インド、ＡＳＥＡＮ〔東南アジア諸国連合〕などの国・地域における新興の中間層の多くを含む）は、しばしば１００％を超えて非常に急速に所得を増やしたことが分かる。彼らは象の背中側を構成している。グローバルエリートと呼ばれる上位１％の人々（欧米の知的専門職を含む）の所得成長率も高く、相対的に０・１％と０・０１％の層の人々がさらに多くの利益を得ていた。彼らは象の鼻の先端部分にいる。全般的に見て、この二つのグループがグローバリゼーションの恩恵を大きく受けていた。

しかし、世界の所得分布の60番目～90番目の人々（米国、イギリス、西欧など欧米諸国の労働者・中間層の多くを含む）の所得の伸び率ははるかに低かった。過去35年間、彼らの平均所得の増加率は、あったとしても年に1%をわずかに超える程度でしかなかった。彼らの多くは、グローバリゼーションの恩恵をまったく感じられず、低所得国へのアウトソーシングによって高賃金のブルーカラーの職を失った人も多かった。そして、所得分布の百分位で最初の数番目に位置する最貧困層の人々の所得もたいして向上しなかった（彼らの所得の伸びはこのグラフに示されていない）。

ただ、第三次産業革命は別の影響ももたらした。ネットワーク効果（訳注　プラットフォームやサービスを利用するユーザーが増えれば増えるほど、それ自体の効用や価値が高まる効果）が競争力として働き、ユーザー数が多いネットワークにユーザーがさらに囲い込まれていくようになったのだ。知的財産の重要性も高まった。その好例がマイクロソフトだ。パーソナルコンピューターがオフィスで勢力を拡大するにつれて、マイクロソフトのウィンドウズ、オフィス、インターネットエクスプローラーがそれぞれ、OS（オペレーティングシステム）、ソフトウエア、ウェブブラウザとして職場を席巻した。これは主に、その使い勝手の良さと同社が初期にIBMと交わした契約の結果によるものであったが、マイクロソフトは素早く消費者を自社製品から離れられないようにもした。つまり、ウィンドウズにインターネットエクスプローラーをあらかじめインストールして二つを事実上一体化し、またその一方でマイクロソフトオフィスやウィンドウズメディアプレーヤーなどのファイルをマイクロソフト以外のユーザーが開きにくくなるようにしたのである。

それにより、「マイクロソフトはその権力を濫用しているのではないか」と、米国や欧州の反トラスト規制当局の注意を引くこととなった。7年間の調査の末、2000年6月7日に、ワシントンDCの米国連邦地方裁判所は次の評決を下した——確かに、マイクロソフトは独占的な力を悪用している。従って、ＯＳを作る会社と、ソフトウエアを作る別会社の二つに分割するべきである。[*46]
２００４年に欧州委員会はマイクロソフトのウィンドウズメディアプレーヤーに関連する訴訟で、同社を反競争的行為で有罪であると認定し、約5億ユーロの罰金を科した。[*47] これは欧州で、それまで企業に科された罰金としては最高額だ。マイクロソフトはこれを支払ったが、米国では会社の分割を命じた連邦地方裁判所の判決に上訴して連邦高等裁判所に覆させることに成功し、２００１年、司法省との和解によってマイクロソフトは一つの会社として事業を続けられることになった。

ティム・ウーによると、これが米国と欧州の反トラスト活動の転換点だった。欧州委員会は活動成功の後押しを受け、消費者利益の保護と独占企業との戦いにますます積極的になっていった。欧州共同市場の構築を追求する中で各国内市場も開放し、それは多くの産業で競争の拡大や価格の低下、サービスの向上につながった。対照的に米国では、反トラスト規制当局がたいていの場合傍観していたため、市場集中はそれからも高まり続けた。実際、マイクロソフトへの裁定から20年経って、ジャーナリストのデービッド・レオンハルトは『ニューヨーク・タイムズ』紙で、経済学者トマ・フィリポンの研究を引用して次のように述べている。「少数の企業が、高価格を維持し賃金を低く抑える力を持つほど巨大になった。その企業にとっては素晴らしいことだが、他のほぼ全員にとっては悪いことだ」[*48]。その結果、以下のように事実上、寡占の状態となっている。

多くの米国人が選べるインターネットプロバイダーは二社しかない。航空業界は四つの大航空会社（アメリカン、ユナイテッド、デルタ、サウスウエスト）によって支配されている。アマゾン、アップル、フェイスブック、グーグルはこれまで以上に大きくなっていく。系列病院を複数持つ一つか二つの医療法人が地域の医療市場を支配している。ホーム・デポとロウズが地元のホームセンターを駆逐した。エッカードやハッピー・ハリーズのような地域のドラッグストアチェーンは全国規模の巨大店に飲み込まれている。[*49]

この展開が、単にテクノロジーやグローバリゼーションの結果であるとするのは誤りだろうと、フィリポンのような経済学者やウー、リナ・カーンといった法学者も主張した。もちろんテクノロジーが、これらの巨大企業が市場での地位を強固にするための手段を与え、グローバルな成長を続けることを可能にした。しかし、そうすることを許したのは国家だった。

その経緯はこうだ——テクノロジー分野において、国の反トラスト規制が消費者価格だけに目を向けてしまっていた。シカゴ学派が二、三十年前から主張していたように、価格に気を取られると、何が起きているのか、より広い視点で見ることができなくなってしまうのだ。フェイスブックやグーグルのようなサービスの場合、消費者価格は適切な基準ではなくなり、消費者こそが、実質的な商品となった。多くのサービスは無料で利用できるが、それは裏を返せば、ユーザーがパーソナライズされた広告のターゲットになったということだ。そしてインターネット広告の市場ではビッグテックがまさに価格を設定することになり、競争が失われた。しかし、この市場は見えにくいものなので、欧州と同じような規制のための監査は促されなかった。それに対して欧州では、EUの競争監視機関DG Comp（競争総局）がより広範な市場指標に着目していたため、より迅速に介入することができた。

また、ネットワーク効果によって消費者を囲い込む（消費者は、周りがみんな使っているSNSを自分だけが使っていない状況を避けりたがる）ことで、ビッグテックは、個人データの使用に関する前代未聞のルールを設けることも可能になった。過去の産業革命においては、そんな商慣行は端的に言って存在しなかったので、規制当局の側も何に則って対処すればよいのか、最近になるまで分からなかったのだ。

すでに指摘したように、欧州委員会ではこのような状況に対処するために別の方法を採った。欧州委員会の競争政策担当コミッショナーは、画期的であったマイクロソフト訴訟以来、より盛んに、独占的な企業に大きな罰金を科すようになった。グーグル、インテル、クアルコムはいずれも反競争的慣行に対して10億ドルを超える罰金を科され[*50]、さらにグーグルには2019年3月に、反トラスト規制当局から「ネットワーク広告における慣行の濫用」として二度目の10億ユーロ規模の罰金が科せられた[*51]。欧州委員会はまた、トラック製造[*52]、ブラウン管製造、外国為替、自動車修理、エレベーター、ビタミン剤、航空貨物などのカルテルに対しても行動を起こし、2000年以来合計で260億ユーロを超える罰金を請求した[*53]。そして、積極的に合併を阻止し、大企業が新規参入者からの競争圧力を感じ続けるようにした。最近では、鉄道車両製造大手のアルストムとシーメンスの合併や、鉄鋼最大手のタタ・スチールとティッセンクルップの合弁事業の設立を阻止したことが注目に値する。欧州委員会は200件の合併について裁定を下したが、30件は却下され、133件は条件が満たされた場合にのみ適合と見なし、完全なゴーサインが与えられたのは62件だけだった[*54]。『フィナンシャル・タイムズ』紙が報じたところでは、競争コミッショナーは今後数年で、特にビッグテックに対して、さらに積極的になる計画である。「私たちは企業の違法行為に悩まされてきた市場で（中略）今何が必要かについて、なお一層高い意識で臨む[*55]」、そして「企業分割（中略）

が、私たちにとって利用できる手段だ」。このように攻めの姿勢を取るのは正しいことだ、とトマ・フィリポンは主張する。なぜなら、それは「EUの消費者は今、米国の消費者よりも裕福に暮らしていて（中略）EUは米国自身が放棄してしまった米国の反トラスト戦略を採用している」[*56]ことを意味するからだ。

しかし、たとえ欧州で採用されたようなアプローチが市民の利益を最もよく守る上で正しいように見えても、それは欧州のテック企業のグローバルなレベルでの競争力を損なうかもしれない。アルストムとシーメンスの合併案の例を見ると、新会社が奪ったはずの市場シェアは欧州市場では問題でも、グローバルな規模で見れば、日本の日立やカナダのボンバルディアといった同規模の企業はもちろんのこと、国家の支援を受けている車両メーカー、中国中車[*57]とも競争することになるので、合併したほうが効果的であろう。

欧州の規制水準がこれほどまでに厳しくなったことも一因となって、欧州のテック企業は近年、グローバルな舞台で真のブレークスルーは果たしていない。2020年に世界最高評価のテック企業10社のうち、6社が米国、4社がアジアからだった。欧州や他の地域の企業は、これらの巨大企業に対抗することができるだろうか？　もちろん、公平な競争の場を作る最適な方法は、政策で規制の幅を広げ、より国際的な枠組みを作るアプローチであり、恐らくはWTO（世界貿易機関）を大きく改革して独占対策を組み入れることになるだろう。しかし、WTOが直面している難題を考えると、これが近い将来に起こることはなさそうだ。

第四次産業革命

第三次産業革命に出現した多くの技術が今もなお市場で利用される中、第四次産業革命を迎えることになった。私は2016年に以下のように書いた。

この第四次産業革命の特徴は、物理学とデジタル、そして生物学との領域間の境界線を曖昧にする技術の融合にある。今や自動運転車やドローンから、翻訳や投資を行うバーチャルアシスタントやソフトウエアまで、AI（人工知能）は身の回りのどこにでもある。コンピューティングパワーの飛躍的な向上と膨大なデータが利用可能になることで、新薬の発見に使用するソフトウエアから個人の好みを予測するアルゴリズムに至るまで、近年AIは目覚ましい進歩を遂げている。その中で、デジタルファブリケーション技術は毎日のように生物学の世界と相互に影響し合っているし、エンジニアやデザイナー、建築家は、コンピュテーショナルデザイン・積層造形（AM）技術・材料工学・合成生物学を組み合わせることで、微生物と私たちの身体、また私たちが消費する製品、さらには私たちが居住する建物との共生を図るパイオニアとなっている。*58

第四次産業革命がもたらす技術には、もう一度世界の富を大幅に増加させる可能性がある。それらの技術は電気や内燃機関のような汎用技術（GPT）となりそうだからだ。エリック・ブリニョルフソンをはじめとする経済学者たちは、GPTの中で最も強力なのはAIだと見ている。*59すでに中国などの大手ハイテク企業は、ＡＩアプリケーションで米国のトップ企業を追い越そうとしている。アリババ、百度、テンセントといった企業は、アマゾンやフェイスブック（現メタ）、グーグル、マイクロソフトなど米国のＡＩ最大手に急速に追い付きつつあり、ものによってはすでに凌駕する機能のアプリケーションを持っていると、テクノロジー起業家で投資家の李開復（カイフ・リー）は語った。彼らは中国の発展と中国国民の繁栄に貢献できることだろう。

過去の産業革命の時代と同じように、こうした技術によって不平等が拡大され、社会的・政治的な亀裂が深まり、今の社会が崩壊の危機に瀕するかもしれない。すでにフェイスブックなどは、投稿や広告を表示するアルゴリズムが分断を引き起こすように設計されていて、もともと政治的に左右の対立が論争になりがちな米国社会をさらに大きく分裂するように煽っているという批判に直面している。人々がオンラインでより多くの時間を費やし、これまで以上にＡＩとやりとりするようになる中、それは、はるかに悪いことが起こる始まりにすぎないのかもしれない。さらに、バイオテクノロジーと医学の進歩は、不平等をかつてないレベルにまで増幅して、より裕福な人間の生活を、さらには身体さえも改善し、富の格差だけでなく生物学的な格差までも生み出してしまう可能性がある。そして、テクノロジーはサイバー戦争にも適用され、経済と社会に深刻な影響を及ぼすかもしれない。

最悪の事態を避けて、先の見通しを可能な限りいいものとするために、すべてのステークホルダーは過去の教訓を忘れてはならない。そして、政府はインクルーシブな政策とビジネス慣行を具体化するべきだ。技術上のブレークスルーを規制する際の課題は多くの場合、イノベーションのスピードが早すぎることにある。政府の規制手続きは時間がかかるうえ、イノベーションの深い理解も必要となる。以前、この様子に苛立ったあるCEOは「ビジネスは創造力のエレベーターに乗って上昇しているのに、政府や規制機関は階段を上るように一つ一つ理解しようとしている」と私に言った。こうした状況では、あらゆるテクノロジーの進歩について十分な理解を得る責任は、企業の側に生じることになる。しかも、個々のユーザーにとって使い勝手が良くなるといった説明ではなく、広く社会にとってどのような意味を持つのかという見地から説明して理解してもらわなければならない。

このため、2017年、サンフランシスコに「世界経済フォーラム第四次産業革命センター」が設立された。その目標は、政策の枠組みを策定して、科学とテクノロジーがもたらす利益を促進するコラボレーションを進めることだ。[*60] このセンターは、そのプロセスに関連するすべてのステークホルダー、つまり政府・企業・市民社会・若者・学術界を結集させるためにある。すぐにいくつかの企業が創設メンバーとして調印した。活動の当初から、それらの企業は社会を支援するための手助けを得ることに前向きだった。そして、新しい技術の影響やそれをうまく規制する方法について知りたがっていた世界中の政府から関心が寄せられて、中国、インド、日本にグローバル拠点となる姉妹センターが置かれ、コロンビア、イスラエル、南アフリカ、サウジアラビア、アラブ首長国連邦に支部センターが開設された。

今後忘れてはならないことは、テクノロジー自体は決して普遍的に良いものでも悪いものでもなく、私たちがどのように展開するかですべてが決まるということだ。政府から企業、そして社会全般に至るまで、どのステークホルダーにも果たすべき役割がある。実際、社会にとって最善の利益とは何かを常に考えている起業家が、かえって社会に害をなす方向へ自社を導いてしまうことがある。また、自由市場で事業を展開する革新的な企業は経済発展の大きな原動力となるが、それと等しく革新的で強力な、社会にとって最善の利益を念頭に置く政府は、そのような企業の最良の協力者となる。マリアナ・マッツカートが著書『すべてのものの価値』[*61]で主張したように、強い政府は規制を行うのみならず、イノベーションと社会的付加価値を生み出す根本的な力にもなれるのだ。政府支援の研究から生まれた技術の中には、国防高等研究計画局（DARPA）が開発したインターネットとGPS、欧州原子核研究機構（CERN）が生んだワールドワイドウェブ、他にもタッチスクリーン技術、半導体などがあり、それらすべてがアップルのiPhoneなど、現在最も革新的な製品が生まれる推進力にもなっている。[*62]

結局のところ、私たちはイノベーションを受け入れ、支援があればそれが誰からであれ受け入れる以外に選択肢はない。しかし、かつては小規模で革新的だった起業家が、自らのアイデンティティーを裏切らず、独占的な大企業にならないよう、より大きなインセンティブが与えられるべきである。テクノロジーは広く共有されてこそ、それが持つ可能性を最大限に引き出せる。そしてAIの時代に、テクノロジーはこれまで以上に重要になるだろう。そのときにはデータの所有権が決定的な要素となるから、データが独占的な企業のものにならないようにしなければならない。ティム・ウーは、自身がかつて愛したビッグテックに対して、他産業を支配する巨大企業へ向けたものと同じアドバイスを送った。「私はいつも中小企業が好きだった。だからこそ、それらの企業が大きくなり過ぎたとき、独占禁止のために戦う活動家になった」[*63]

ただし、市場の構造と同じくらい重要なのは、生み出される価値が効果的に共有されることだ。これまでの産業革命では、企業は主に国内市場で事業を運営していた。それは、政府が介入すれば価値がすべての市場参加者で公平に共有されるようにできるということを意味した。しかし、ＡＩが入ると違った様相が見えてくる。インターネットテクノロジーを積極的に利用する企業の多くは無料でサービスを提供しているが、これは製品レベルで規制をかけるべき価格や徴収する税金がないということになる。また、大手ハイテク企業のほとんどは米国や中国にあるが、世界的に活動しているために移転価格（訳注　海外の子会社へ商品を販売する際に、第三者へ販売するより低い価格で販売すること。親会社の利益が通常より少なくなるので、結果として子会社のある国へ利益を移転することになる）や知的財産関連の優遇税制で保護されることが多く、各国政府の多くは利益に課税できていない。世界中の市民や政府が、こうした企業が生み出す富を分かち合いたいと思うなら、今とは異なる規制と税の枠組みを構築して実施する必要がある。

そして最後に考えなければいけないのは、たとえ第四次産業革命がうまくいったとしても、深まりつつある「気候危機」というもう一つの世界的な危機に対処しなければならないということだ。

第7章 人類と地球

ダボスみたいなところでは、誰でもサクセスストーリーを語りたがる。でも、その人たちの莫大な富は、呆れるような犠牲の上に成り立っている。そして気候変動の問題について、私たちは失敗していることを認めなければならない。今ある形の政治運動はすべて失敗してきたし、メディアもまた、世の中の人の気候変動問題への意識を高めることができずにいる。[*1]

これは、2019年1月に世界経済フォーラムのダボスでの年次総会でスピーチをしたスウェーデンの若き環境活動家グレタ・トゥーンベリの言葉だ。トゥーンベリはその数カ月前に「気候のための学校ストライキ」で有名になり、地球規模の気候危機として知られるようになった議論に揺さぶりをかけていた。ダボスでの会議で発言する機会を捉えて彼女は、破滅的な状況を避けるために必要なアクションについて、世界に向けて厳しい警告を発した。特別記者会見では、このように述べた。「大人は『若い人たちに希望を与えるのが私たちの役目だ』などとしきりに言う。けれども、大人の希望などいらない。希望を持たないでほしい。あわてふためいてほしい。私が日々味わっている恐怖を味わってもらいたい。それから、行動を起こしてほしい。緊急時のように、自分の家が火事になったときのように、飛び上がって行動してほしい。本当にそうなのだから[*2]」。ここ何十年も学者は警告し、政府内で議論が行われてきた。しかし、ここにきて一人のティーンエイジャーの声がどうやって、気候変動について世界でも最も注目を集めることになったのか？

2003年1月3日生まれのトゥーンベリが気候変動について初めて知ったのは、2011年のことだった。まだ小学生だったが、「一部の気候問題の専門家が言っていることと、社会で実際に行われていること」のずれにすでに違和感を抱くようになっていた。[*3] 不安になり、悲しんだ。しまいには、この問題についての心配が止まらなくなった。どうして誰も何もしなかったのか？ どうして今まで、自然環境の破壊を放っておいたのか？ そんなことを四六時中深く思い詰めるようになった。

状況を救おうと、できるだけのことをした。両親を説得してヴィーガン（卵や乳製品も取らない厳格な菜食主義者）になってもらい、飛行機を使うことまでやめさせたが、これはトゥーンベリの母親にとってはあまりにも大きな変化だった。母親は第一線で活躍するオペラ歌手であり、それまで欧州中を飛び回っていたからだ。

トゥーンベリの思い詰めぶりには原因があることが分かった。彼女は「行動や興味にこだわりがあり、パターンを反復する」特徴を持つ自閉症の一種、アスペルガー症候群だと診断された。[*4] しかし、だからといって彼女は主張をやめなかった。「私はアスペルガー症候群だから、たまに普通とはちょっとずれたことをしてしまう」と彼女は批判者に書き送っている。[*5]「でも、時と場合によっては、人と違うことが『スーパーパワー』になることがある」。彼女に言わせれば、気候変動はみんながもっと心配すべき問題だ。なぜなら、その問題は現実に起きているからだ。他の人はそれよりも目の前にある日々のあれこれの方に気を散らされているのかもしれない。だが、彼女はそうではなかった。その緊急性を世の中の人々にも十分に理解してもらうことが、自分の務めだと考えた。

2018年夏になると、トゥーンベリはさらに一歩踏み込んでアピールするようになった。スウェーデンの総選挙が間近になった頃、国内のある新聞に寄稿して、もっと気候変動に関心を持とう、そのために総選挙までストライキをするのだと呼びかけた。しかし、行動を起こそうという彼女の声は無視された。彼女は一人でもやることにした。2018年8月下旬のある日、彼女は学校をさぼり、ストックホルムにあるスウェーデン国会議事堂に行った。その建物の外の広場で、「気候のための学校ストライキ」とだけ書いた自作のプラカードを持って立つためだった。

何とも不思議な光景だったが、たちまち世間の注目を集めた。後にこのときのことを調査した『ワイアード』誌は、トゥーンベリがストライキ中の自分の写真をツイッターやインスタグラムに投稿すると、「他のソーシャルメディアユーザーが彼女の信念を煽った」と書いている。[*6] この記事によると、影響力のある環境活動家が数人、彼女のネットの投稿をシェアした。すると翌朝までに、彼女に最初のフォロワーがついた。15歳の男子、メイソン・パーソンだ。その日の正午を過ぎるとさらに、5、6人がフォロワーになった。数日後には、さらに30人ほど加わった。1カ月も経たないうちに、トゥーンベリのストライキはスウェーデン国内に一大センセーションを巻き起こした。2018年秋になると、何万人もの欧州全土の小中学生が学校を休んで彼女の「気候のための金曜日」に参加した。

その頃ちょうど、気候変動に関する政策の科学的知見に評価を下す国連機関、気候変動に関する政府間パネル（IPCC）が特別報告書を発表したこともあって、子どもたちの危機感が煽られた。

その報告書では、「地球温暖化を1・5℃に抑制するには、社会のあらゆる面で迅速かつ広い範囲にわたり前例のない変革が求められる」[*7]と警鐘を鳴らしていた。「そうした変革が起こらなければ、気候変動が臨界を超えて止まらなくなる危険性が生じる。地球温暖化が1℃進むとどうなるかは、エスカレートする異常気象で、私たちは今まさに経験している。海面は上昇し、北極海の氷が減っている」。ストライキを行っていた子どもたちにはこれだけ刺激すれば十分だった。その活動はさらに盛り上がった。それからの数カ月間で、反対活動に参加する人数は何十万にも膨れ上がり、ブリュッセルからベルリン、キャンベラからバンクーバーにまで広がった。

トゥーンベリ、ダボスへ

2018年秋、私もトゥーンベリの活動に気付いた。私はただちにダボスでの年次会議に彼女を招待することにした。彼女の訴えは、通常の政治家、あるいは学者による主張をもってしてもとうてい及ばないレベルまでこの問題への関心を引き上げていた。これは重要かつ急を要する問題だと私には分かったし、そう声を上げていたのは彼女だけではなかった。50年にわたる世界の目覚ましい経済発展は、地球がこの先も住みやすい星であり続けることを犠牲にして成り立っている。第2章でも述べたように、それが1970年代初頭にローマクラブが発信したメッセージであり、創設者のアウレリオ・ペッチェイは1973年のダボスでの会議で、人類は成長の限界に達したと警告していた。「経済や人口増大が今のペースで進めば、地球をくまなく覆う資源、つまり生きとし生けるものすべてが住む地球規模の自然システムは2100年以降、人々を支えきれなくなる。最先端の技術を駆使してもそこまでもたないかもしれない」[8]。今思えば、これは驚くほど先見の明があるメッセージだった。

世界経済フォーラムは組織として、これまでずっとこの話題を会議のテーマに取り上げていたが、それだけでは足りなかった。確かに成功例もいくつかはある。1992年のリオデジャネイロでの国連地球サミット開催に至る最初の歩みは、「世界の経済リーダーによる非公式セッション」（IGWEL）で示されていた[9]。これは、第一線で活躍する政治・企業リーダーの小さなグループで、毎年の世界経済フォーラムの際に開かれた。1990年代終盤に始まったダボスでの年次会議もまた、環境活動家と多国籍企業とが公然と敵対しつつある状況にあって、企業と市民社会が集える安全な場として機能していた。そして、2015年にパリで開催される国連気候変動会議（COP21）に先駆けて、世界有数の大企業の経営者たちがパリ協定への道を切り開く大役を果たした。彼らは公開書簡の中で「環境とカーボンフットプリント（CO_2排出量）削減のために自発的に行動し、自社の温室効果ガス排出量および／またはエネルギー消費削減の目標を設定しながら、サプライチェーンや業界レベルで協働を図る」[10]ことを誓った。彼らの表明したメッセージは基本的に、政治的合意の邪魔は一切しない、むしろ積極的に支援したい、ということだった。こうした取り組みをしていたとはいえ、ダボスにやってきたグレタに、政治家、企業、そして社会的リーダーたちはこれまで気候変動を食い止められていないと言われたとき、私たちには返す言葉がなかった。

なぜそうなったのか？　そして、世界をどう動かしたらこの状況を立て直せるのか？　こうした問いに答えを出すために、まず200年間のグローバルな経済発展で起きたことをもう一度考えてみよう。この時期に、今まさに環境に取り返しのつかないダメージを与えている温室効果ガスが排

図7-1 産業革命以降の世界のCO_2排出量

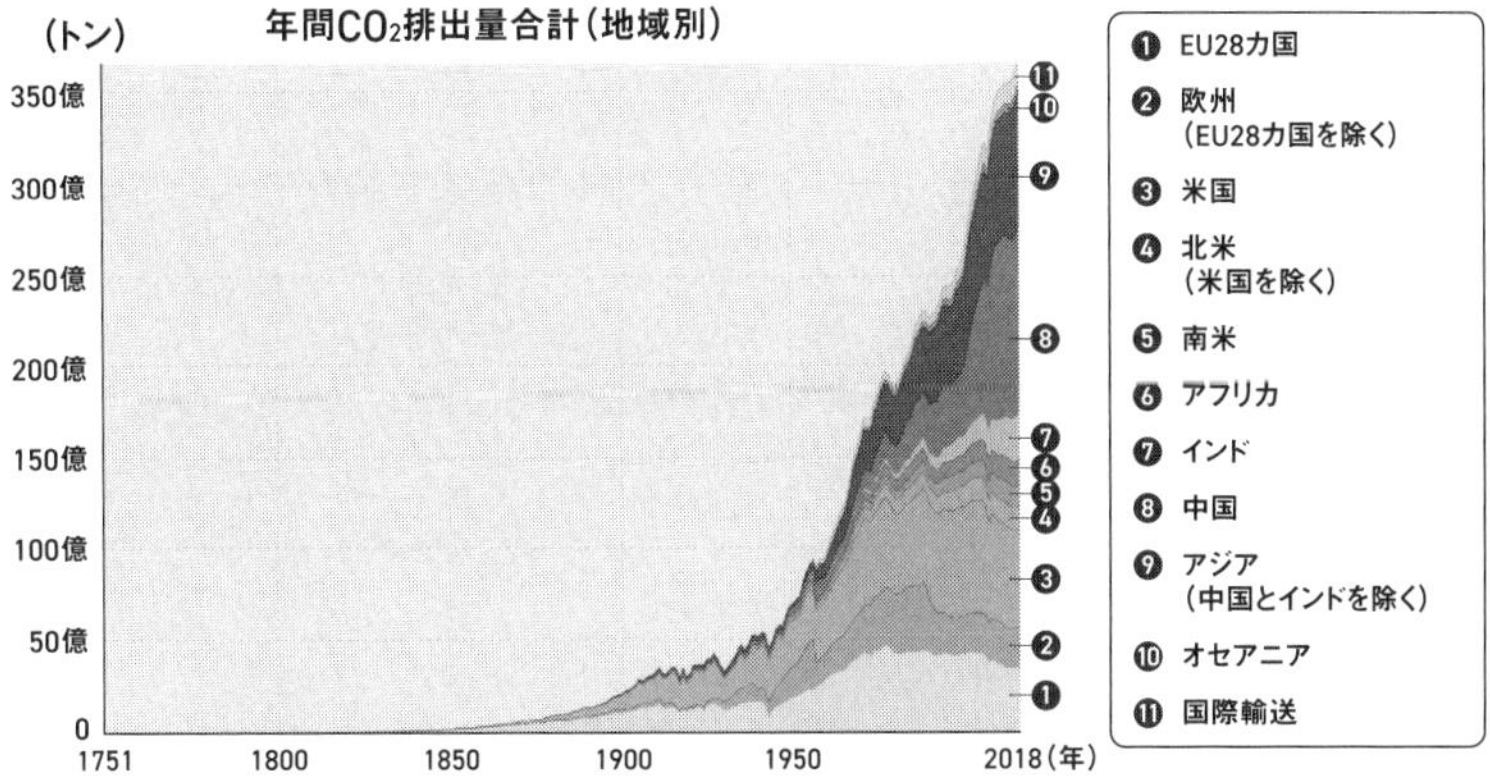

『データで見る世界』、二酸化炭素情報分析センター（CDIAC）およびグローバル・カーボン・プロジェクト（GCP）による
注：GCPのデータセットに含まれる「統計的有意差」は含まれない。
OurWorldInData.org/co2-and-other-greenhouse-gas-emissions ・CC BY

出され、今ではさほど大切には思えない目先の利益を優先し、環境問題への関心をないがしろにしてきた。このようなことになった理屈が理解できて初めて、これから先の経済体制の動きを修正できるのではないだろうか。

時計の針を戻し、どうしてそこまで経済活動に熱中して地球温暖化を引き起こしたのかを先祖に尋ねてみることはできないが、想像するのはさほど難しくない。温室効果ガスの排出が地球規模で増えたのはちょうど、第一次産業革命が始まったときだった。これは、主にオックスフォード大学が運営する『データで見る世界』で可視化された数字[*11]を見れば分かる（図7－1参照）。

温室効果ガスとはCO_2（二酸化炭素）やメタンのような気体であり、赤外線放射を吸収・放出する。化石燃料を燃焼すると発生し、地球の大気中に放出される。第一次産業革命が始まってから150年の間、世界でも類を見ない工業地帯となった北米と欧州で機関車、船舶、工場を動かしたエンジンは、ほぼすべて石炭などの化石燃料で稼働していた。今ではこれが、いわゆる温室効果の原因であることを私たちは知っている。大気中の温室効果ガスに捕らえられた太陽の放射熱が大気中に閉じ込められ、地表を温めるのだ。当時も環境問題は懸念されていたが、その懸念の大半は工場の巨大な煙突から拡散される煙が直接健康に及ぼす影響に限られていた。

実はこのひどい大気汚染から逃れる目的で、人々はわれ先にとダボスのようなアルプスの山並みに囲まれた村を訪れるようになったのだ。新鮮な山の空気は、結核のような病気の治療にいいと考えられていた。1800年代と1900年代の欧州では、人間の死因のトップは結核だった。[*12] ところがなんと1988年になってもまだ、人間の活動によって起きる公害が地球規模の温暖化の原因になっているという考えは、『ニューヨーク・タイムズ』紙の第一面で大々的に取り上げられるほど衝撃的なものだったのだ。[*13]

これ以降、気候変動との闘いはがぜん勢いを増した。1989年から1991年にかけての世界情勢を見ると、ソビエト連邦が崩壊して冷戦が終わり、人類史で初めて本当の意味で、地球規模で協力し合う機運が生まれた。1992年のリオ地球サミットでは気候変動が初めて国際舞台での主な議題となった。このとき「気候変動に関する国際連合枠組条約」が調印され、温室効果ガスの濃度を「気候系に対して危険な人為的干渉を及ぼすこととならない水準に」安定させるという目標が掲げられた。[*14] それから3年後、第1回の国連気候変動枠組条約締約国会議（COP）がベルリンで開催され、1997年には日本で開かれた第3回締約国会議（COP3）で、京都議定書が調印された。この議定書によって、先進35カ国は2008年から始まる約束期間にCO_2排出量を1990年のレベルまで削減することが義務付けられた。対象国は欧州のほとんどの国々、米国、カナダ、日本、ロシア、オーストラリアやニュージーランドなどだ。カナダと米国は途中で離脱したが、それ以外の参加国は努力して排出量削減を実現した。

しかし、こうした国々が力を合わせて取り組んでも、より大きなトレンドを変えることはできなかった。世界のCO_2総排出量は2010年代も増え続け、現在に至る。京都議定書の第二約束期間（2013〜2020年）が過ぎ、さらには2015年により包括的なパリ協定が合意されたが、それでも阻止できなかった。

なぜそうなったのか？　気候変動がもたらす有害な結果を知っているのに、なぜまだ立ちすくんで手を打たないのか？　その核心に迫る答えは、京都議定書に含まれていない150以上の国々で起きていたことの中にある。押しも押されもせぬ新興国であるインドや中国といった国々だ（第3章を参照）。1990年から2020年までに、中国では史上類を見ないスケールの奇跡的な経済成長が起きていたが、この国はいまや、温室効果ガスの排出量でもダントツの首位になった。小さな島々からなるインドネシアも気候変動の深刻な影響を受けているが、ここ数十年で工業化の道を選んでいたのだからこれは当然の帰結だ。さらには、1980年代には飢餓と極度の貧困に悩まされていたエチオピアのような国[*15]が今では、世界でも驚くべき急成長を遂げている。喫緊の課題だというのに、気候変動対策がなぜこれほど難しかったのか。その答えは、すでに工業化を成し遂げた国よりむしろ、こういった国々から見いだせる。

このことはデータにはっきり表れている。先に述べたように、京都議定書に署名あるいは批准した国家は実際に成果を出した。トータルで見ると、（ロシアを含む）欧州と北米で1990年には約130億トンだったCO_2排出量が2017年には108億トンになり、15％以上減少した。しかしそれ以外の国、たとえば中国やインドのような巨大新興国やインドネシアやエチオピアといった工業化の途上にある国などのCO_2排出量は、1990年の約90億トンが2017年には240億トン前後になり、150％以上増えている。その結果、地球全体の排出量を1990年と2017年とで比べると、250億トン弱から360億トン超まで増えている。

排出量という観点から見ると、この展開はかなりの問題をはらむ。しかし、人類の進歩という観点から見れば、ここには魔法のような進歩が映し出されている。世界を見渡しても、何世代にもわたり貧しさから抜け出せなかった人々が、この30年間で新たに中間層の仲間入りをした。それは、先に挙げたような国々が謳歌する経済成長のおかげである。この人たちはそれまで、照明、洗濯機、冷蔵庫、エアコン、車やバイクなど、電気や内燃エンジンという近代の発明が形をとって表れたものとは無縁の暮らしを送っていた。それが今、その奇跡に目覚めつつある。それこそが、CO_2排出というコインの裏側なのだ。気候変動について地球に優しい解決に至りたいなら、そしてこれらの新たに工業化した国すべてを巻き込みたいなら、このコインの裏側について考えなければならない。

この視点を理解するには、たとえばエチオピアのような国に行ってその国の経済と政府に関わるステークホルダーと話をすればいい。すると、気候変動との闘いの核心にある難題が見えてくる。人々を代々続く貧困から救い出したのと同じ力が、未来の世代が安心して暮らせる地球を壊しているのだ。気候変動を引き起こした排出物は、実業家、あるいは欧米諸国のベビーブーマーという自己中心的な世代がもたらしたというだけではない。人類が自分たちのためにより良い未来を作ろうとする、強い願いがもたらしたのだ。

私はスイスの湖のほとりにある町、ジュネーブで働いている。同じく湖のほとりにある町——ただしエチオピアにある——アワッサの事例を考えてみよう。この町は、欧州や米国の町が1世紀以上前に、そして深圳のような中国の町がほんの数十年前に味わった変化を今まさに味わっている。アワッサはごく最近まで、エチオピア内陸部にある地方都市であり、車でも飛行機でもアクセスの悪い土地だった。アフリカ大陸の多くの国の例にもれず、高速道路はこの国には存在しないか、あってもあまりに悪路なので、車でこの地を訪ねるならタフな四輪駆動車が必要だった。アワッサは商業の中心地だが、取引されるのは主に食料となる農作物で、地元で作られ、地元で売られていた。この町の名所であり、主な水源地でもあるのがアフリカ大地溝帯に点在する見事な眺めの湖だ。外の世界がこの町に入ってくることもなければ、この町が外の世界に出ていくこともない。ただし、政治的・民族的な動乱と無縁ではなかった。過去30年間に何度か暴動が起きている。2002年に起きた暴動では、民族独立への反対運動で100人以上の人々が殺された。

アワッサの昔ながらの暮らしの名残は、現在もある程度見られる。ロバの引く農産物を載せた荷車は、この町の中でも外でもいまだによく見る運搬手段だ。だがいくつかの重要な点において、アワッサはもはや僻地にある田舎ではなく、工業の中心地として栄えている。現在、市街からほんの数キロの郊外にこつぜんと現れる建設現場が多くの人を惹きつけている。このアワッサ工業団地には多国籍企業十数社が拠点を置き、布地、衣料品など、様々な工業製品を生産しており、大量の労働者がこの工業団地の内外から毎日、働きに来る。ここでは西欧諸国の衣料品ブランドのためにあらゆるタイプのズボン、シャツ、セーターが機械で大量に作られ、布地が大量に織られる。その上、意外に思われるかもしれないがエチオピア国内市場向けにおむつを作り、梱包している。この国では現在もベビーブームが続いているのである。

アワッサへのアクセスはもう、以前ほど大変ではない。工業団地に通じる新しい舗装道路ができ、ここから首都アディスアベバやその先の目的地に直結する複数車線の高速道路も、もうすぐできる。小さいが最新の設備を備えた空港が建設中で、これができれば、現在乗客を出迎えているおんぼろのバラックはお払い箱だ。そしてエチオピア国営の鉄道会社がアディスアベバから遠く離れたアワッサと、エチオピアの海の玄関口である隣国ジブチをつなぐ鉄道を運行している。こうした新しいプロジェクトはすべて、アワッサをエチオピア全土はもちろん他のアフリカ諸国やグローバル経済につなぎ、地元の何万人もの労働者に雇用とスキルアップの機会を与えることになる。

このような投資の効果はすでに出ている。2019年度に、アワッサをはじめとする国内の工業団地の輸出額は史上最高の1億4000万ドルを記録し、7万人の雇用を生み出したとエチオピア投資委員会が発表している。[*16] これは素晴らしいサクセスストーリーだ。エチオピアを代表する工業団地の創業も3年前に始まったばかりで、他にもまだまだ工業団地が完成する予定だ。

この土地に住み、働くエチオピア人は、この工業団地のおかげで人生が変わった。工業地区にあるアパレル企業、エベレストの現地統括マネージャー、セネート・ソーサのエピソードを紹介しよう。[*17] 彼女は大学進学を機にアワッサにやってきた。当時、エチオピア人はソーサと同じように続々と田舎を離れ、都会を目指していた。ソーサは会計学の学位を取るとフリーの会計士として働き出し、十年ほどの間にこの地域のいくつかの零細企業との仕事で経験を積んだ。ところがアジア資本の衣料品会社エベレストが工業団地に進出し現地マネージャーを募集すると、ソーサはためらうことなく応募した。英語を話せたので、中国人の統括マネージャーと意思疎通が図れた。零細企業でマネジメントも経験したことがあった。さらに、現地の人間だから、エチオピア人労働者とうまくやっていける。エベレストにとっても彼女は願ってもない人材だ。文化レベルも高く、財務の経験を持つマネージャーが見つかったのだから。かくしてソーサは、多国籍企業で働き、キャリアをさらに伸ばすチャンスをものにした。

　大勢の現地人にとって、アワッサの工業化は嬉しい知らせだった。エベレストはアワッサ工業団地で2300人の労働者を雇っている。そのほとんどがアワッサ市内またはその近隣地域の出身の現地採用で、95%以上が女性だ（一番若い労働者は18歳だ、とソーサはすかさず補足した）。「ほとんどの人はそれまで無職か、家族のために家事をしていた」とソーサは言う。「小中学校に通った人は多くても、高卒はほとんどいない。衣料品業界の労働者にはそれで十分だから」[*18]。初めに3カ月の実習研修を受ければすぐに、世界各地の工員と肩を並べられる。その仕組みは、工場の中を歩いてみれば分かる。速いペースで稼働する生産ラインと、それよりも遅いペースで稼働する生産ラインがある。どのラインの終点にもスコア表示板があって、担当する衣料品のパーツをそのチームがいくつ作ったかが示されており、前の週の数字と比べてどれくらい生産性が向上しているかが分かるようになっている。昼の休憩時間になると工員は別屋で昼食を取り、午後5時になるとバスが迎えに来て工員をアワッサの中心街まで送る。作業は簡単ではないが、達成感もとりたててあるわけではない。それでも、ほとんどの工員にとっては、以前に比べて格段の変化だ。この仕事のおかげでより安定した収入が得られ、裏社会の闇経済《シャドウエコノミー》ではなくまっとうな職に就く機会が持て、個人の成長という点でもささやかだが手応えのある機会を得られるからだ。これが、工業化の作用である。このようにして、世界中の様々な国が田舎の農業社会から都会の工業化社会になった。その過程では試行錯誤や成長にともなう犠牲、妥協も尽きないが、今でもこれは世界の歴史上、最も成功した発展モデルなのである。

エチオピアとその国民はすでに、工業化政策の成果を享受している。過去15年間、エチオピアのGDPは年平均10％ずつ伸びており[*19]、2003年には150億ドルに届かなかったGDPは急増して、2018年には600億ドルを超えた。[*20]成長率で言うと、この躍進でエチオピアは「新興国」というカテゴリにおけるスタープレイヤーになった。これだけの伸びが見られたのは2000年代初期の中国以来だ。エチオピア国民のほとんどが、21世紀の初めはまだ貧困ライン、あるいはそれ以下で暮らしていたから、彼らにとってここまで急速な経済成長は天の恵みだった。一人当たりのGDPは、2003年には1日当たり50セントをやっと超えるくらいだったが、現在では約2ドルと、ほぼ3倍になっている。[*21]この数字は、その間相場が安定していた米ドルで換算したものなので、飛躍と言っても実質的にはささやかに見えるかもしれない。しかし、いわゆる「購買力平価」で見るとエチオピア人の生活はもはや極貧ではない。物価水準の違いを考慮した購買力平価で換算すると、2018年のエチオピアでの一人当たりGDPは2000ドルを超える。好景気が始まった2003年にはそれはわずか500ドルだった。

ただ、エチオピアもまた、その発展は環境の犠牲の上に成り立っていた。経済成長とほぼ足並みを揃えて、2002年から2017年の間にエチオピアにおけるCO_2排出量は3倍になった。ちなみに、相対的に考えるなら、2017年のエチオピアのCO_2排出量1300万トンはまだ少ないほうだ。全世界の合計360億トンに比べたら、ほとんど誤差と言ってもいい。とはいえ、これだけは間違いない。国が豊かになると汚染も広がる。

だからといって、エチオピアをはじめとする新興国が環境に配慮した開発に努めなかったとか、国民の間に地球温暖化への懸念が広まっていなかったというわけではない。エチオピア政府はすでに2011年にグリーン経済戦略を発表していて、その中で2025年までにエチオピアを気候変動に対しレジリエンスのあるグリーン経済の中所得国にしようとしている。その計画の一つが、森林破壊への取り組みだった。これは、国連によれば「1900年代初めには陸地エリア合計の35％を占めていた森林が、2000年代になると4％強にまで減った」[*22]エチオピアという国にとっては、切実な問題だった。計画にのっとり同国は、2019年に数百万人もの人々を動員して1日に3億5000万本の木を植えるキャンペーンを行った。[*23]また別の計画では、国内の極めて乏しいエネルギー供給源を拡大すべく、再生可能エネルギーやクリーンなエネルギーに光を当てた。

国際エネルギー機関（IEA）の報告によると現在、電力を利用できるのはいまだにエチオピア国民の半数でしかないが、「この20年間で大きな進歩を遂げた」[*24]。1990年以降、水力、バイオ燃料、風力、太陽光発電は倍以上になり、国内のエネルギー供給の約90％を占めるようになった。ただし、化石燃料エネルギーの供給もやはり4倍を超え、1990年にはエネルギー供給全体の5％に満たなかったものが2017年にはすでに2倍になっている。つまり、貧しい国家はまだ、工業化を進めながら、CO_2排出量を抑制できる魔法の杖を見つけていない。国の発展、つまり生活レベルの向上とCO_2排出量の増加はいまだに切っても切り離せない関係にある。

これこそが、気候変動への世界的な取り組みの中核にある極め付けの難題であり、状況がなかなか好転しないことはほぼ間違いない。これは、市場の失敗や企業、政府のリーダーシップの欠如（だけ）が招いた結果ではない。人間の本質、それに、ただ生きるだけではなく豊かに暮らしたいという、人が持って生まれた欲望が招いた結果である。気候変動に配慮することと、より良い暮らしとを天秤にかけたなら、収入が不安定な多くの人は、環境に及ぼす悪影響が増えるとしても、迷うまでもなく良い暮らしを取るだろう。電気、安定した収入、あるいは食卓に並ぶ食べ物すらなかったら、気候変動の心配などそっちのけになる——それが長い目で見ればどれだけ生命を脅かすものであったとしても。

このことを考えれば、たとえばインドネシアのジャカルタで沿岸部に住む人々が、なぜ自分たちの家がどんどん沈んでいるのに日常生活を続けられているのかが分かる。水位が上昇してコミュニティー全体が水没してしまうので、彼らはコンクリートで高さ数メートルの、文字通り「砦」を建設しなければならなくなった。地元のモスクは潮に洗われ、為す術もなく放置されている。家の屋根の上から防波堤と浸水したモスクを見下ろすと、不吉な未来を思わせる景色が広がっている。[*25]

フランスで起きたこともまた、先ほどの理屈で説明がつく。2018年から2019年にかけて起きた「黄色いベスト」運動のデモがなぜ、パリをはじめフランス国内数十カ所の市町村を巻き込む大混乱を招き、燃料への環境税（温室効果ガス排出量に応じて課す税金）導入に向けた政府の計画を断念に追い込んだのか？　彼らのスローガンは、「月末も世界の終わりも同じ苦しみだ[*26]」だった。理論上では、フランス政府が提案した燃料税は、環境にプラスの結果をもたらすはずだった。これがあれば、フランス国内では自家用車ではなく別の交通手段の利用が奨励されるはずだった。ところが実際には、都市部の教育、仕事、豊かになるチャンスから締め出されているとすでに感じていた農村部の人々の権利が奪われることになった。

パラオ、ナウルやトリニダード・トバゴといった多くの島国がなぜ、上昇する水位、異常気象現象、温暖化といった気候変動の影響をもっとも受けやすい国であるのと同時に、一人当たりのCO_2排出量が世界でもトップクラスに高いのか、その理由もこれで説明がつく。開発途上国であったため京都議定書に参加する必要がなかったパラオは、2015年に、2020年までにエネルギー消費を30％削減すると宣言している[*27]。パリ協定を真っ先に批准した国の一つでもある[*28]。しかし、個人レベルで見るとパラオ人はまだ世界最悪レベルで大気汚染ガスを出す国民に数えられる。パラオ島の電力のほとんどは、化石燃料による発電に頼っているからだ。

■　■　■

解決策を考える前に、まず、このことを考えねばなるまい。「そもそも、希望はあるのか？」。人は生まれながらにより良い暮らしを求めたがるものであり、過去200年間にわたって一人当たりのCO_2排出量が増え続けているのなら、そもそも地球の未来を考えた気候政策など、実行できるのか？

その答えの一部を握るのが、四つの重要なメガトレンドだ。そのメガトレンドは多かれ少なかれ、社会全体とその社会で影響力を持つ個人によって作られる。

第一のメガトレンドは、都市化現象だ。国連の試算によると1960年代まで、大まかに言うと世界人口の約3分の2が農村部に住んでいた[*29]。この人たちの大多数が開発途上国にいたため、電気や道路など、エネルギーを消費する原因に接する機会が少なく、CO_2排出量も限られていた。しかし変化はすでに始まっていた。今後50年間で世界情勢は完全に変わってしまうだろう。2007

年には世界人口の約半分が都市に住むようになり、現在ではそれが55％を超え、さらに増え続けている。この動きは世界の至るところではっきりと見受けられたが、最も重大な変化はアジアで起きた。ここでは人口2000万人規模の巨大都市に住む人々のほとんどが農村出身者である。とりわけ中国とインドではそれが著しく、全世界の巨大都市の約半分が、この二つの国に集中している。人口1100万人の武漢は、中国以外でほとんど知られておらず、2020年の新型コロナウイルス感染症の大流行で一気に世界の注目を集めた都市だったが、1950年の武漢は三つの町からなり、人口は合わせて100万人にも満たなかった。

都市化傾向が衰える気配はない。国連によると2050年までには比率が逆転して、世界人口の3分の2が都市や巨大都市に住み、[*30] 農村部に残るのはたった3分の1になるという。

気候変動を気にする人なら、このトレンドを見た途端心配になるだろう。ドーハやアブダビ、香港やシンガポールのように、最先端の洗練された都市もまた、一人当たりのCO_2排出量が世界有数の多さである。[*31] また、デトロイト、クリーブランド、ピッツバーグ、ロサンゼルスといった米国の名だたる大都市がいち早く、都市部では車こそが何よりも重要だという考えを広めた。そのため、都市のつくりが地球に優しい《サステナブル》交通手段と暮らしを好む人にはとても受け入れ難いものになってしまった。とはいえ、一人当たりのCO_2排出量を大幅に増やしている都市でも、見逃せない明るい兆しが一つある。ノルウェー人の環境エコノミストであるダニエル・モランが、アメリカ航空宇宙局（NASA）のオンラインメディア『アースオブザベートリー』のインタビューで語ったように、[*32]「これはつまり、ごくひと握りであっても地方の市長や政府が協調して動けば、国全体のCO_2排出量を大幅に減らせる可能性があるということを意味する」のだ。たとえば、中国の深圳で最近行われたように、タクシーや公共交通機関をすべて電気車両に変えれば、人口1000万人以上の都市に大きな変化が起きる。シンガポールのように、車を購入するときに割増料金を課せば自家用車の購入は著しく抑えられるし、入札で取得する自動車保有許可証（COE）の新規発行数の増加率をゼロにしても、がらりと変わる。[*33]

第二のメガトレンドは、人口の変化だ。近代における歴史のほとんどで、地球の人口が大きく増えるということはすなわち、CO_2の排出増加を意味した。条件が同じなら、この二つの要素は同じ上昇基調をたどる。確かに、1950年に年間50億トンだったCO_2排出量は、2017年には年間350億トンになり、世界人口の爆発と並行して増えていた。1950年には25億人だった世界人口は現在、80億人に達しようという勢いだ。[*34] 西側諸国では1950年代から1960年代にかけてベビーブームが起きたが、その後、開発途上国でもそれに輪をかけて大きなベビーブームが起きている。つまり、昔よりも人口が増えたこの世界では、一人当たりのGDPが伸びると、地球全体のCO_2排出量が倍速で跳ね上がることになる。ライフスタイルがますますエネルギーに依存するようになったことに加え、さらに多くの人が、そうしたライフスタイルを手に入れつつあるシナジー効果があるからだ。仮に、人々がもっと早くCO_2排出量を減らし始めていたとしても、人口の増加分だけで地球全体のCO_2排出量は伸び続けていただろう。

しかし、ここにもまた希望の光がある。2050年までに世界の人口が増え続けると予想される一方で、その変化のスピードには日増しにブレーキがかかっている。すでにイタリア、ドイツ、ロシアなど欧州大陸の大半では、移民を除いた人口が大幅に減っている。たとえば2018年には、ロシアの総人口が10年ぶりに減少[*35]し、国連はその人口が2100年までに半分になると推測している。

東アジアでも似た様相を呈している。日本の人口減少は周知の事実だし、中国ではかつての一人っ子政策で国民は経済的に豊かになったが、その出生率の低さが目立つ。中国の若い夫婦は、二人目、三人目の子どもを産もうとはしない。ということは、中国の人口は今世紀中のかなり早い段階で減っていく。その中国を抜いてインドが世界一の人口大国になるのは時間の問題だが、そのインドですら、ここ数十年間で出生率が激減していて、1960年代には女性一人当たり六人を産む計算だった[*36]のが、2019年には二人強くらいにまで落ちた。インドもそのうち人口減少に転じるだろう。アフリカ大陸だけは、出生率が人口置換水準（現在の人口を維持するのに必要な水準）である約2・1を大幅に超え、人口増加を示している。予測される世界的な人口減少は、課題をはらんではいるものの、気候変動との闘いという意味では好材料となる可能性がある。

第三のメガトレンドは、テクノロジーの進歩だ。これもまた、両刃の剣だ。そもそも、このテクノロジーの進歩こそが、環境破壊のきっかけだったからだ。1800年代初頭、そして第一次産業革命が広まる以前は、人が環境に及ぼす影響は深刻ではあったが回復できるものだった。ところが工業化が始まると、世界でもとりわけ貴重な天然資源、つまり石油や石炭、しまいには希土類鉱物やヘリウムといった希ガスに至るまで、埋蔵エネルギーをどんどん消費するようになった。それと同時に人類の活動が環境に与える負荷はかつてなく増えた。人類の営みが地球規模の気候や生物多様性に変化をもたらしたとする「人新世《じんしんせい》」の時代を招いたのは、まさしくこの工業化だった。この後に続く工業化の第二、第三の波では、内燃エンジン、車、飛行機やコンピューターが登場して数十億人の生活の質が向上したが、その影響で人が環境に及ぼすCO_2排出量は増加の一途をたどった。

つい最近始まったばかりの第四次産業革命では、ＩｏＴ（モノのインターネット）、５Ｇ、ＡＩ（人工知能）や暗号通貨が登場したが、これらは今のところ、拡大し続ける人類の環境への負荷を増やしている。暗号通貨の中でも特によく知られているビットコインを作るには電力が必要だが（訳注　仮想通貨の不正を防止するための仕組みであるブロックチェーンでは、取引の記録を取引台帳に書き込むために「マイニング」と呼ばれる膨大な計算を行う必要があり、その計算を行うコンピューターが大量の電力を消費する）、これが年間22から23メガトンのCO_2を排出すると科学者は試算している。[*37] この数字は、ヨルダンやスリランカといった国のCO_2排出量に匹敵する。また、デバイス同士を接続することで確かにスマートなエネルギーインフラは構築できるが、だからといってそれが即、環境に優しいものになるとは限らない。そうするには、電力事業者は地球に優しい発電エネルギーを、消費者は効率的なエネルギーの使い方を意識的に選んでいかなければならない。

とはいえ、温暖化を抑制するには、科学やビジネスの分野でのイノベーションが重要な役割を果たす。内燃エンジンに比べて不経済で性能も劣るとこれまでずっと思われていた電気エンジンだったが、ここにきて急にガソリンエンジンよりも安価になり性能面でも上回るようになっている。バッテリー技術の進歩とはすなわち、風力、水力、太陽エネルギーが幅広く手頃に使えるようになることを意味する。正しい目的で使われるなら、コンピューターをはじめとするスマートデバイスは、エネルギーや資源の無駄遣いを防ぎ、節約を助けてくれる。

しかし、こういった意味で私たちがとることのできる最も手っ取り早く、かつ最も効果的なアクションは、エネルギーミックス（石油、石炭、原子力、天然ガス、水力、風力、太陽光などによる各種の電力を経済性や供給安定性、安全性、さらに環境への負荷を考慮して組み合わせた電源構成）から、石炭などの化石燃料を外すことだが、まだそこまではできていない。実際、主に中国やインドのような新興国では今も新しい石炭火力発電所が毎年のように建設され続けている。とはいえ変化は始まっている。欧米の大手機関投資家は、石炭火力発電所を経営する企業から次第に手を引き始めている。それは、活動家や顧客の強い要求に屈したせいか、さもなければ、元イングランド銀行総裁のマーク・カーニーが警告したように、化石燃料発電所はやがて持て余す資産になるのではないかというもっともな懸念[*38]に従っているだけだ。インドと中国の起業家や政府もまた、CO_2排出量の少ない未来を目指して行動を起こし始めている。石油燃料のテクノロジーに比べて、環境負荷の少ないクリーンテクノロジーのコストが手頃になってきたことに目を付けたのだ。

　そういった意味では、世界経済フォーラムもまた、行動を起こしている。2020年にダボスで開かれた年次総会に先駆け、私は国際ビジネス評議会（IBC）の現会長ブライアン・モイニハン、「CEO気候変動リーダー・アライアンス」の共同議長フェイケ・シーベスマと共に、2050年またはそれより早く温室効果ガス排出量削減目標の達成を目指す「ネットゼロ・チャレンジ[*39]」への参加を会議出席者に呼びかけている。これには、多くのビジネスリーダーが前向きな反応を示してくれている。

　最後のメガトレンドは、私たちだ。正確に言うと、私たちが社会的選好（訳注　自分自身にとっての物的・金銭的な利益だけでなく、自分が属している、あるいは同一性を感じている集団の物的・金銭的な利益も気にする人間の傾向のこと）を変えつつあるということだ。他のすべてのトレンドを増幅させるのも、終わらせるのも、このトレンド次第だ。近代のほとんどの期間、人類は「より多く、より良く、より早く」

を求めがちだった。19世紀後半までの一般的な欧米人の生活水準からすれば、人々が今よりも良い生活を求め、さらにお金を稼ぎ、さらに消費したがったのはごく当たり前のことだった。先にも述べたが、こうした欲望は、現在でも多くの開発途上国で共有されているし、それは無理からぬことだ。ベトナム、インド、中国やインドネシアの活気ある町を訪ねてみればいい。そうすれば、昨日より今日、去年より今年、親世代よりも自分たちの世代の成功を望む、人間の根源的な欲望がよく分かる。

ところが現代のいわゆる先進国では、社会的選好が全体的に変化している。エネルギーを浪費するライフスタイルの副作用を知り、かつては憧れだった習慣や製品に別れを告げ始めている人が少なくない。富よりも健康に関心が移っているのだ。

たとえば、2019年11月にドイツ国内を飛行機で移動していた人の数は、前年同月よりも12％減ったとブルームバーグは報じた。[*40] かたや、ドイツ鉄道（DB）は過去最高の乗客数を記録した。[*41] これは恐らく、「フリーグスカム（スウェーデン語で『飛ぶのは恥』の意）」現象の効果であり、気候変動を止めようとする人々の動きが主流になったことの表れだと考えられている。他の地域でも人々は次第に、目的地まで公共交通機関や自転車を使うか、ただ歩けばいいいと考え直すようになり、車離れが始まっている。ロンドン、マドリード、メキシコシティのような都市では車の使用を制限[*42]している。これは、交通渋滞のせいというだけではなく、町は車ではなく人間のためにあると考える住人が増えていることによる政治的選択だ。車文化の代名詞とも言える国、米国では車を持つことが大人の証だ。しかし、あるライターの記事によれば、ミレニアル世代はだんだん自家用車を持たなくなっていると言う。

このような展開はどれも、新型コロナ危機のずっと前から起きていた。やがて、各地の都市がロックダウンを余儀なくされると、交通にごく小さな革命が起きた。世界経済フォーラムの都市交通スペシャリストであるサンドラ・キャバレッロと、都市交通にAIソリューションを提供するフランスの新興企業アーバン・レーダーのCEOフィリップ・ラパンは、この危機に直面し、以下のように記している。[*43]「新型コロナウイルス感染症で都市がロックダウンされると、道路から人と車が消え、公共交通機関は完全に営業停止するか運行本数を大幅に減らした。すると、歩行者や自転車に乗る人々が車道や歩道を気兼ねなく通れるようになった」

米オークランドやコロンビアのボゴタ、シドニーやパリ、そして筆者が住むスイスのジュネーブといった都市までもが自転車専用道路を新しく設け、市民は今までよりも財布に優しく身体にいい手段で通勤・通学できるようになった。欧州では、新型コロナ危機の間に電車への回帰も一気に進んだ。たとえばスペインのバルセロナとオランダのアムステルダムを結ぶ長距離の新しい寝台列車路線の開通が計画された。2020年の秋には、ドイツの運輸・デジタルインフラ大臣のアンドレアス・ショイアーが、欧州諸国の交通担当閣僚に向けて、国際旅客輸送で大した出番がなくなってしまった古い路線に代わり、トランス・ヨーロッパ・エクスプレス網[*44]を新設する提案をした。

このような行動変化がなぜ起きたかは、すぐにピンとくるはずだ。西欧諸国の人々の間で気候変動との闘いは構造的な問題であるだけではなく、自分自身に降りかかってくる問題だという意識が盛り上がったのだ。若い世代、とりわけミレニアル世代とZ世代は、気候変動を止めるために自らの資金、能力、労力を費やす。彼らは次第に、環境・社会・ガバナンス（ESG）を守るべくネットゼロ（訳注　植林によってCO_2の吸収量を増やしたり、CO_2を直接回収したりすることによって、CO_2排出量を実質ゼロとすること）にしっかりと取り組む企業[*45]にしか金を使わなくなっている。環境への負荷が少しでも軽い製品やサービスを選び、さらに、環境問題を引き起こす側ではなく解決に少しでも役立ちそうな学問や仕事を率先して選ぶ。

こうした行動の変化が今まさに、社会のあらゆる層に影響を及ぼしている。たとえばマイクロソフトは、現在と未来のCO_2排出量を削減するだけではなく、過去に排出した分も減らそうとしている。クラウドコンピューティング企業セールスフォースの共同CEOで世界経済フォーラム評議員会のメンバーでもあるマーク・ベニオフは、2020年のダボスでの年次会議で「私たちが知る資本主義は死んだ」と高らかに宣言した。従来の資本主義に代わって企業はステークホルダーモデルに従い、より良い環境管理を行うべきだと提言したのだ。6兆ドル以上を運用する資産運用の世界大手ブラックロックのCEO、ラリー・フィンクとその顧客は「政府、企業、株主はあまねく気候変動に向き合うべきだ」と考えるようになり、同社は目下「発電燃料用石炭の生産が収益の25％を超える企業の株や債券を運用中のポートフォリオから外して」いると言う。

世界経済フォーラムでもまた、この変化に気付き、対応している。主催するイベントはさらに環境志向になっている。飛行機ではなく鉄道で来場した参加者には特典を提供し、CO_2排出量のオフセットに取り組んでいる。また、再利用可能な素材を積極的に取り入れ、食べ物と飲み物は地元から調達している。このような取り組みはひとえに、有言実行を目指そうとする私たちの強い決意の表れだ。しかしこうなったのはまた、このように幅広い範囲で起きた社会的選好の変化が原因でもある。そのきっかけを作ったのは、若い世代だ。いかなる政府・企業あるいは組織も、気候に関する緊急事態が展開しつつある中で、今まで通りのやり方を続けてはならないと釘を刺したのだ。

突き詰めると、こうした四つのメガトレンドは私たちに希望を与えてくれるはずだ。つまり、気候変動はまだ解決できる危機であり、これに付随する地球全体の危機、たとえば生物多様性の消滅や、自然資源の枯渇、それに様々な形の公害もまた、同じように克服できるのだ。ただし、グレタ・トゥーンベリのような若き活動家が警告するように、行動を加速させなければならないことは間違いない。たとえば今最も差し迫った問題である地球温暖化を考えてみよう。それを遅らせる、ましてや止めることは、各国政府だけではなく地球上のすべてのステークホルダーがその目標に向かって邁進しなければ達成できない課題だ。

単一のグループやステークホルダーに頼ることはできない。何度も暗礁に乗り上げ、議論を戦わせながら、170カ国以上の政府がようやくパリ協定の共通目標、つまり（第一次）産業革命前からの気温上昇を1・5度未満に抑制することに取り組もうとしている。ところが各々が自国の削減計画の実施で足踏みをしているならまだいいほうで、計画すらないこともある。そうなってしまう理由の一つは、気候変動対策は喫緊の課題であるとはいえ、多くの有権者にとってまだ最優先事項ではないからだ。もう一つの理由は、政府単独で引っ張っていくために必要な知見も実行力も足りないことだ。従って、企業、投資家、そして社会全体や個人といった他のステークホルダーにもまだやるべきことがある。

理屈の上では、彼らステークホルダー、そして私たちが必ず取り組まなければならない課題はシンプルだ。CO_2やメタンをはじめとする温室効果ガスをできるだけ早急に、かつ大幅に減らすことだ。「カネの動きを追え（そうすれば真実にたどり着く）」という格言も、気候変動という文脈では「排出量の動きを追え」となる。そう言われれば、唯一にして最大の排出源であるエネルギー生産に考えが及ぶ。まさしくこの部分で、ステークホルダー全員が削減の取り組みを徹底させるべきだ。すなわち、化石燃料主体のエネルギーミックスを再生可能エネルギーだけにすれば、現在の排出量の多くはそのうちひとりでに消えるだろう。石炭火力発電所をポートフォリオに入れることを投資家が禁じれば、企業や消費者は再生可能なエネルギー源に切り替え、メーカーやその他の企業もこれに従うので、ギガトン単位のCO_2排出を早々に避けられるようになるだろう。これこそが、どんなステークホルダーでもできる、唯一にして最大の決定的な貢献だ。

もちろん、実際にそうするまでには、乗り越えるべきことが山ほどある。これまで見てきたように、石炭、石油や天然ガスは今のところまだ他のエネルギー源よりも安いので、多くの途上国が今も発展と工業化のため、こうした化石燃料に依存している。こうしたエネルギー源を使うのが、最も安上がりだからだ。すでに工業化した国ですらエネルギー源としての化石燃料を手放すのは難しいことに気付いている。たとえば米国では、新しい石油火力発電所や石油開発インフラの建設計画が現在も検討され、実施されている。こうした国に拠点を置く企業や国民は、政府が好む政策の枠を超えるか、時には反対しなければならないこともあるだろう。主要な石油・天然ガス産出国の多くでも、国民が石油やガスがもたらす安価なエネルギーからどうにも抜け出せなくなっているという側面がある。

エネルギー源を変える以外に、温室効果ガス排出を減らす有力な方法として、カーボンプライシング（炭素価格付け）とキャップ&トレード（排出権取引）制度を世界規模で実施することがある。CO_2に価格を付ける、あるいは排出権取引制度で行われているように業界ごと、または企業ごとに排出できる合計排出量に上限を設けてこうした排出権を市場で取引すれば、当事者それぞれが自分たちの排出原単位（訳注　一定量の生産物をつくる過程で排出するCO_2排出量のこと）を減らそうとするようになり、コストに基づいたインセンティブが生じる。確かに、CO_2排出にかかる金銭コストが高くなれば、生産や移動、あるいはその他の経済活動をもっとエネルギー効率の良いやり方で行ったほうが、収益性は上がる。

　これは、理論倒れのシミュレーションではない。ＥＵは２００５年からＥＵ域内排出量取引制度（EU-ETS）を実施している。[*46] ＥＵによると、この制度により1万１０００拠点を超えるエネルギー消費の多い施設（発電所や工業施設）や、加盟国を結ぶ航空機からの排出物を制限し、「ＥＵの温室効果ガス排出を約45％」カットした。また、米国科学アカデミーの研究者によると、この制度はかなり成功[*47]しており、２００８年から２０１６年の間に累積CO_2排出量で約12億トン、あるいは全体の排出量に対して約３・８％の削減を達成したと言う。欧州の排出権取引制度はこの手の制度では世界最大だが、ライバルはたくさんいる。オーストラリアや韓国、あるいは米国のカリフォルニア州やカナダのケベック州も、独自の制度を運用しており、他にも多くの場所で、もっと容赦のないカーボンプライシング、つまり炭素税が導入されている。

　これらのメカニズム、つまりエネルギーミックスを変えること、エネルギーの効率化にインセンティブを与えることが、排出量を減らす取り組みの中でもとりわけ効果的な二つの方法だ。どちらも、温室効果ガスをどこよりも大量に排出するエネルギー生産者、主要産業の企業にダイレクトに働きかけるからだ。しかし、実は個人や環境意識の高い企業、市民グループも、たとえ時流に逆らうことになったとしても変化を起こすことはできる。世界経済フォーラムでは、グローバル企業のＣＥＯが参加する「ＣＥＯ気候変動リーダー・アライアンス」[*48]が長年、自分たちの会社を通してさらに広範な活動を自主的に行っている。そうするのは、目先の利益を優先して、自社だけが温暖化対策に取り組まずにいても無意味だと分かっているからだ。そんなところで楽をしたって、結局は全員が損をする。では、どのように手を差し伸べれば良いのだろうか？　私たちがボストン・コンサルティング・グループと共同で行った研究によると、三つの領域に重点を置いて行動すべきだと分かった。[*49]

1　自社の事業と関係するサプライチェーン全体において排出される温室効果ガスの排出原単位を減らす。多くの場合、より効率良くエネルギーを使うことで削減できる。

2　他の企業への投資を見直してクリーンな企業にだけ投資し、インターナルカーボンプライシング（自社内での炭素排出量の価格付け）を導入して特定の事業の真のコストを洗い出す。

3　現行のビジネスモデルを変え、環境に優しいビジネスチャンスを新たに求めることで、ビジネスモデルを革新する。

この取り組みの優れた事例が、海運業世界大手のA・P・モラー・マースクで、同社のケーススタディーは第9章で詳しく紹介する。事業にともなう温室効果ガスの排出原単位について、マースクはより効果的に食品コンテナを保冷する方法を検討したり、風力支援推進技術を採用した船舶を運航したりしている。同社もポートフォリオから石油部門を外し、中核とする船舶事業に重点を置いた。また、港から港へ物資を輸送することから事業を拡張し、発荷主から着荷主まで届けるサービスを提供するなど、新しいビジネスを追求している。そのおかげで、成長を続けながら運送にともなう総排出量をできるだけ抑えることができている。これまで石油燃料の生産にも流通にも、ひいては消費にも積極的だったマースクのような企業が環境重視路線に舵を切れるのなら、他のほとんどの企業も間違いなく同じようにできるはずだ。

そういった意味では、私たちは今後も希望を捨ててはならない。ここでグレタ・トゥーンベリがダボスで述べた彼女の主張を共有したい。

そう、私たちは失敗している。しかし、すべてを巻き返す時間はまだある。まだ、やり直せるのだ。私たちの手の中にはまだ何もかもある。一番重要な解決方法はあまりにもシンプルだから、小さい子どもでも分かる。温室効果ガスの排出を止めるべきだ。やるかやらないか、私たち全員が、どちらかを選ぶことができる。人類の未来の生活環境を守る変革のための行動を新たに起こすともできるし、今まで通りのやり方を続け、失敗することもできる。皆さんも私も、気持ち一つで決められる。*50

だが、残り時間が少ないことを忘れてはならない。大気中の有害な排出物の蓄積は、ほとんど漏れないバスタブに貯まった水のようなものだ。ある時点でバスタブがほぼいっぱいになってから、水道をのんびり閉めるようでは間に合わない。すぐに水を止めなければ、水はバスタブから溢れてしまう。気候変動についても同じことが言える。世界はまさしく、転換点（ティッピング・ポイント［訳注　少しずつ上昇していた気温が、不可逆的かつ制御不能な急上昇へとレベルが変わってしまう閾値のこと］）の間際にある。だから、思い切った取り組みをしても、制御不能なほど急激な変化が起きつつある状況を止められはしないだろう。ある意味、2020年における唯一の吉兆は、その瞬間が先送りになったことだ。多くの場所で数カ月間、CO_2の排出がほぼ止まっていたのだ。アフターコロナの世界をより良いものにしたいなら、ようやく動き出した経済が再び軌道に乗っても、私たちは同等の結果を出さなければならないだろう。

第3部

ステークホルダー資本主義

第8章

コンセプト

グローバル経済システムに欠点があることを考えれば、改革が必要なのは自明の理だ。ではどのように改革するのか?

世界には現在、競合する二つの経済システムが広く確立されている。米国はじめ西洋の多くの国で広まっている株主資本主義と、中国が推進し、多くの新興国が取り入れつつある国家資本主義である。どちらも、過去数十年にわたって、大きな経済発展をもたらし、かつてないほど繁栄した世界を生み出した。しかし、そのどちらも同じように、社会、経済、そして環境の面で大きな課題があった。所得や富、機会の不平等の拡大や、持てる者と持たざる者との間の緊張の高まり、そして深刻な環境の悪化をもたらしたのだ。

両システムの欠点を見ると、より良いグローバルシステムが新たに必要だと思える。それが、ステークホルダー資本主義だ。このシステムでは、経済、社会におけるすべてのステークホルダーの利害が考慮され、企業は短期的な利益だけでなく、中長期的な成長を最大にしようとする。政府は機会の均等と公平な競争条件を約束する。さらに、システムがサステナブル(持続可能)であり続けること、そしてあらゆる人を包摂することについて、すべてのステークホルダーが等しく貢献し、同時にシステムの恩恵を平等に受けられるよう、管理する役割をも果たす。しかし、それを私たちはどのようにして実現できるだろうか。それは、実際にやってみると、どのようなものに見えるだろうか。そして、今ある二つのシステムは、どこで道を誤ってしまったのだろうか。

最後の質問から始めよう。広く定着している今日の二つのシステムを詳しく見ていくことにする。まず、株主資本主義は、株主というステークホルダーの利害がその他すべてのステークホルダーよりも優先する資本主義の形態である。企業は利益を最大化し、可能な限り高い配当を株主に分配するという、ただ一つの目的をもって活動する。このことについて、私は『タイム』誌に寄稿して次のように書いた[*1]。

株主資本主義は1970年代の米国を皮切りに、その後の数十年の間に全世界へ影響を及ぼした。その隆盛に功績がなかったわけではない。全盛期には、利益を追求する企業は新しい市場を開拓して雇用を新たに創出し、世界中で何億もの人々が豊かになった。しかし、それがすべてではない。ミルトン・フリードマンや彼を信奉するシカゴ学派の経済学者など、株主資本主義の支持者たちは、上場企業は単に利益追求団体であるだけでなく社会的有機体であるという事実を無視した。その結果、短期的な業績を高めようとする金融業界からの圧力と合わせて、利益だけをひたすら追い求めたことにより、株主資本主義は次第に実体経済から切り離されてしまったのである。

これこそが、過去数十年の間、私たちが目の当たりにしてきた力である。さらに、企業のグローバル化が進むにつれて労働組合は力をなくし、政府も株主と従業員の利害対立を調整する力を失った。これによって株主は、その企業がある国で優位に立つだけでなく、世界を支配するようになり、従業員や地域社会、サプライヤー、政府、環境という他のステークホルダーは力を失う結果となってしまった。

そして、この20年ほどの間に、株主資本主義に代わるものとしてもう一つの形の資本主義が現れた。国家資本主義である。「民間の事業者が彼らの利害に従って資産を所有、管理し、社会の利益を最大化するような仕方で需給関係が自由に市場の価格を決める」ことが資本主義であるという定義に従うならば、これもまた資本主義のモデルだ。最も有名な例の一つに、中国がある。[*2][*3]

中国の民間部門は現在、GDPの60%を生産しているにもかかわらず、国家が最も重要なステークホルダーとして、個人の株主を上回る権力を握っている。中国政府はその支配的な役割を少なくとも三つの方法で果たしている。第一に、政府は資源と機会の分配において実権を握っている。第二に、事実上いかなる業界にも介入できる。第三に政府は、大規模インフラや研究開発、教育、医療、住宅計画などを通じて経済を管理できる。

このように見ると、少なくとも理論的には、株主資本主義の欠点を解決できるように思える。なぜなら、民間の短期的利益が、より広範な社会の利益より優先されないようにするメカニズムを備えているからだ。この経済体制を採ることで、シンガポールや中国、ベトナム、そしてより最近ではエチオピアのような国々は、必要に応じて民間企業の利益をけん制しながら、力強く成長する経済を築くことができた。実際、国家資本主義がなければ開発途上国の大部分は高成長を実現することなどなかったかもしれない。

しかし、ブランコ・ミラノビッチが『資本主義だけ残った　世界を制するシステムの未来』（みすず書房、2021年）で主張しているように、国家資本主義にもまた根本的な欠陥がある。最も重要な点は、国家に権力が集中すると、絶えず腐敗という脅威にさらされることだ。契約を偏りなく行おうとしても、人間関係のしがらみが影響を与える。チェック&バランスのシステムがないことを考えると、法の適用も恣意的になる可能性がある。国家のトップが経済動向の評価を間違えれば、彼らが握っている膨大な資源の配分を誤る危険がある。そうなれば、株主資本主義における問題とほとんど同じ問題が引き起こされるだろう。

株主資本主義と国家資本主義のいずれにおいても、あるステークホルダーが他のステークホルダーに対して優位に立つことに変わりはなく、それが最大の欠点となる。株主資本主義においては株主の目的だけに関心が集まりやすく、国家資本主義においては政府が過大な権力を振るうようになる。

だから私は、ステークホルダー資本主義という第三のシステムを提唱する。従来の言い方で定義するならば、それは経済活動に占める個人と民間企業の役割が最も大きくなる資本主義のことだ。私は以下のことが、持続可能な経済システムの要件だと考えている。まず、社会の大多数の人々の想像力を働かせるためのエネルギーや労働倫理が解放されるこの経済体制の下では、民間企業と個人はイノベーションを通じて自由に競争できなければならない。また、そのような個人や民間企業による経済活動は、経済発展の方向が総じて社会にとって役立つように、そしてどのプレイヤーも他のプレイヤーの努力にただ乗りできないように、保護され、健全な方向に導かれなければならない。これが、私たちが支持すべき資本主義だ。

ステークホルダー資本主義は、私たちがこれまで見てきた他の資本主義とは根本的に異なり、従来の資本主義の欠点の多くを克服するものだ。まず、経済に利害関係を持っているステークホルダーのすべてが、意思決定に影響を与えることができる。経済活動を最適化する際の評価基準で欠かせないものは、社会により広く利益をもたらすかどうかだ。さらに、ステークホルダーのいずれかが優位になり過ぎたり、支配的であり続けたりできないようにするチェック&バランスが、ステークホルダー資本主義では機能する。政府と企業は、どの形の資本主義体制においても主役だが、ステークホルダー資本主義では利益よりも広い目的、すなわち社会全体の健全性と豊かさのために、そして地球全体の、将来の世代のために最大限に価値を高めようとする。こうした点から、経済システムとして望ましく、私たちが今後導入すべきなのは、ステークホルダー資本主義だと言える。

ステークホルダーというコンセプトの歴史

ステークホルダー資本主義というコンセプト（ステークホルダーコンセプト）の背景にある考えを私が初めて発表したのは、50年前、まだ私が米国と欧州での研究を経て、独り立ちしようとしていた若手の経済学者だった頃だ。

当時、私が生まれたドイツや仕事をしていたスイスでは、会社とそのCEOが、株主と彼らが期待する利益だけでなく、会社のすべてのステークホルダーのことを考えるのはごく当たり前だった。故郷のラーベンスブルクでエッシャーウイスという会社を経営していた父も、同じことをしようとしていた。父は作業場で従業員と意見交換をし、経営戦略を決定する際には彼らの意見も聞

図8-1 企業を中心としたステークホルダー

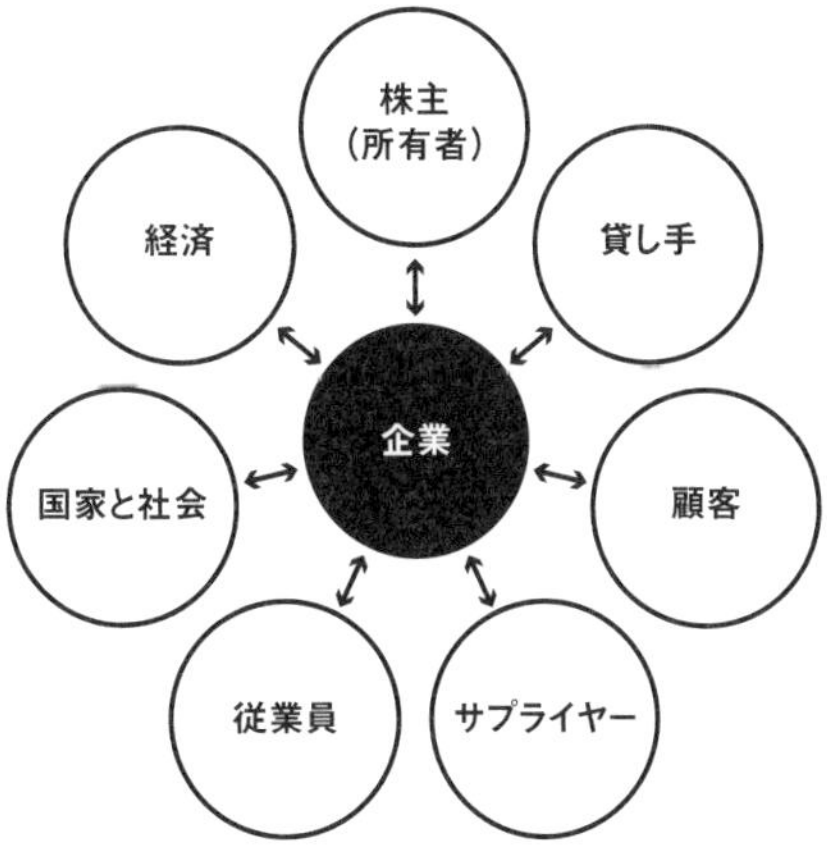

クラウス・シュワブ『機械工学分野の最新企業経営』（1971年）を基に作成

き、自分の給料に近い額の賃金を支払った。父の会社はラーベンスブルクの町に深く根差し、その町と共存共栄の関係を築いていた。町が栄えた時には会社もうまくいったし、逆もまた同じであった。

一人の人間、あるいは一つの事業体は、地域社会や経済がうまく機能するときにのみうまくいく——戦後数十年の間、この相互利益の考え方は一般的だった。だから父が経験したようなことは、欧州のどこでも見られたし、欧州ほどではなかっただろうが、米国でも見られた。企業とその地域社会との間には強力なつながりがあったのだ。ドイツでは、私が述べたように、それが従業員の経営参加につながり、その伝統は今日まで続いている。調達や生産、販売の大部分は、地元の市や県、大きくてもシュヴァーベンやフランケンといった地域のレベルで完結していたので、サプライヤーや顧客とのつながりも密接だった。地元の企業は地域に深く組み込まれ、その地域の一部であるという意識が強く根付いていた。そしてそこから、企業と政府や学校、医療機関など地域の組織との間で、互いに尊重する関係が強まっていった。それは、1971年の著書、『機械工学分野の最新企業経営』の中で私が描いた様々なステークホルダーの図につながった（図8−1参照）[*4]。

その後、ステークホルダーコンセプトは、スウェーデンやデンマーク、フィンランド、オランダ、ベルギー、ドイツなど、欧州北西部の社会民主主義国で最も顕著な形で受け入れられるようになった。その結果、経営者、従業員、政府の三者による団体交渉の実現につながったし、さらに企業と従業員が、公教育や医療、社会保障などを賄うために税を公平に分担する福祉国家の実現にも貢献した。このような社会体制はこれらの国々で、程度の差はあっても、状況に適応しながら何十年にもわたって生き続けている。

しかし、ステークホルダーコンセプトを、ビジネスの組織原理として世界中に定着させることはできなかった。ミルトン・フリードマン言うところの「企業の本分はビジネスを行うことだ」という考えと正面から競合して、最終的に敗れてしまったのだ。企業がグローバル化し、地域社会や政府とのつながりが弱くなり、代わって競争の激しいグローバル市場で株主のために短期的利益を最大化することが最大の目標になった。こうして株主資本主義がビジネスの規範となっていった。同時に、労働組合、政府、その他市民社会のステークホルダーは多くの権力と影響力を失い、ステークホルダーモデルが繁栄できる基盤がさらに弱体化した。先に名前を挙げた、企業統治の原則としてステークホルダーコンセプトを強く支持してきた国々においてさえも、企業――特に第三次、第四次産業革命を通じて繁栄した企業――がより強力になったのを受けて、その他のプレイヤーは弱体化していった。

今日のステークホルダーモデル

今日、ステークホルダーコンセプトは新たな、より総合的な形で返り咲く用意ができている。ステークホルダーの顔ぶれは、企業の活動の大部分が国内で完結していた1970年代とまったく同じというわけにいかないが、この修正版なら、気候変動やグローバル化、デジタル化を特徴とした今の時代にも資本主義社会が生き残り、広く普及する可能性があると保証できる。「21世紀型ステークホルダー資本主義」とでも定義するか、あるいは単純にただの「ステークホルダー資本主義」としてもよい。それはいったい、どのようなものなのか。そして、私の父の世代が1960年代、1970年代に、深く考えずとも実行できていたステークホルダー経営と、どのように違うのだろうか。

今日のステークホルダーモデルの最も重要な特徴は、システムの利害関係（ステーク）が、よりはっきりとグローバルになっていることだ。世界の経済や社会、環境は50年前より緊密につながり合っている。だから、ここに私たちが示すモデルは、原理的にグローバルな性質を持つし、その二つの主要なステークホルダーもまたグローバルだ。

これは、何よりもまず私たちの「地球」について言える。ご存じのように、地球が健康な状態にあるかどうかは、個人や国の手に握られているわけではなく、世界中のプレイヤーによってなされる決定の総数に左右される。もし私たちが将来世代のために地球を守ろうとするなら、どのステークホルダーも、各自が担う役割に対して責任を持つ必要がある。かつては国の経済政策決定や企業の方針決定にとって外部要因とされていた問題も、各国の政府や企業、地域社会、個人の活動に組み入れるか、または内在化する必要がある。言い換えると、地球はグローバルな経済システムの中心的ステークホルダーなのだ。その他すべてのステークホルダーは、地球が健全な状態に保たれるように意思決定をしなければならない。

このことが今までになく明らかになったのは、外でもない、地球の気候変動とそれがもたらした異常気象、それにともなって起こった出来事によってである。最近起きた例の一つが、アフリカや中東におけるサバクトビバッタの異常発生（Locust-19）だ。[*5] 何兆匹ものバッタが群れを成して大陸を越えてくるこの現象は、この地域で2019年が極端に雨の多い年であったために起こったと考えられている。[*6] その結果、バッタの大群が東アフリカで、そしてアラビア半島と南アジアの様々な地域で、繁殖し、広がり、それらの地域の食糧供給を危うくした。

互いにつながり合っていることは、地球に住んでいる「人」についても同様に観察できる。これが第二のステークホルダーだ。以前なら、国や企業は、自分たちの決定が社会にもたらす副作用の責任を取ることなしに経済システムを最適化することができた。これに対して現在は、グローバル経済によって世界が深く結び付いているため、そのようなことはもはや不可能である。ある社会の人々の幸福は、別の社会の人々の幸福に影響する。だから、すべての人の幸せを最適化するのは私たち全員の、グローバル市民としての義務である。そうしなければ、そのツケは私たちに回ってくることになる。

このことを観察したければ、移民の世界的な流れを見るとよい。世界のある地域で、経済的、政治的に取り残された人々はおのずと、より経済状態が良いところに移って自分たちの生活を改善しようとする。ブルームバーグの推計では、2017年に世界人口の3・4％に相当する推定

2億5000万の人々が、生まれた国を出て暮らしており、「世界中でこれまでにないほど人の移動が起きている」[*7]。世界の多くの地域で移民の流入を阻止しようとする動きがあり、そしてもちろん新型コロナウイルス感染症のパンデミックによって人の移動が抑えられたにもかかわらずだ。相互のつながりについて気付くのに移民の例が十分でないなら、究極の証拠として新型コロナウイルス感染症のケースを見るべきだ。世界中でこの感染症が広がったとき、何億という人々の生活が壊滅的打撃を受け、何百万もの人々が死亡または重症化した。いくつかの島国を除いて、どんなに厳しい国境封鎖も新型コロナウイルスの拡散を止めることはできなかった。

インターネット技術が広く普及したおかげで、世界の人々は他の地域にいる人々の状況をこれまで以上に知ることができるようになっている。これによってグローバルな規模で公平性に対する関心が高まり、恐らく歴史上初めて、それが重要な目的になった。実際のところ、人間は社会性のある動物なので、幸福の絶対値よりも人と比べた相対的な幸福のほうが重要なのだ。世界の歴史上ほとんどの間、大部分の人々にとって幸せを測る基準は身の回りのごく狭い地域にあったが、産業革命でそれは国全体に広がった。さらに戦後の数十年間にこの基準は、米国の勢力圏の人々にとっては西側、ソビエト連邦の勢力圏の人々にとっては東側という広い地域に拡大した。しかし、第四次産業革命の幕開けと、それがもたらした「つながる（インターネットに接続される）技術」が普及すると、人々は、中国や米国、欧州など国を問わず世界規模で、自分と同じような階層に属し、同じような地位に就いている人の中で最もよい暮らしをしている人を基準に考えるようになった。こうして歴史上初めて、グローバルな公平性というものが考慮すべき概念となったのだ。

人々——暮らしている場所にかかわらず——と地球全体のウェルビーイング（訳注　満足した生活を

図8-2　人と地球が中心に位置する、単純化したステークホルダーモデル

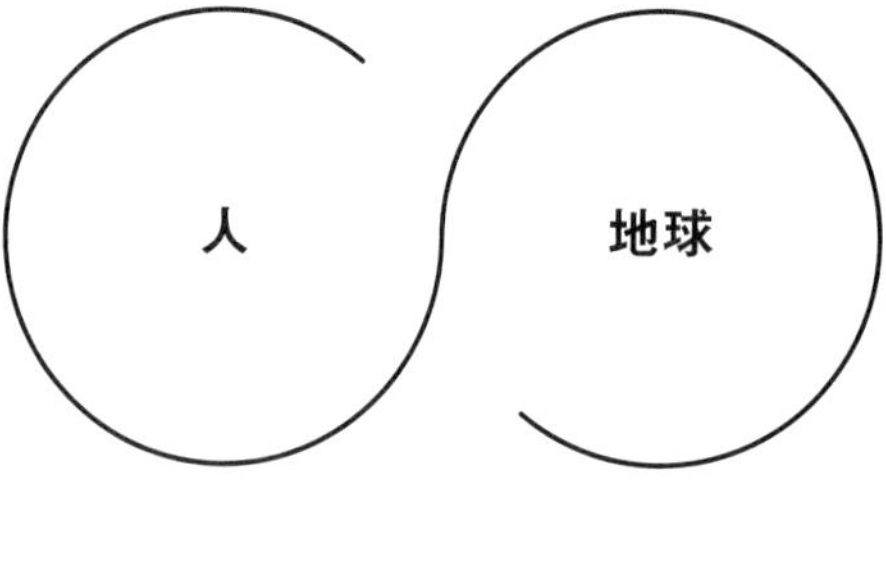

クラウス・シュワブ、ピーター・バナム（2020年）による

送れている状態、幸福な状態、充実した状態などの多面的な幸せを表す言葉で、瞬間的な幸せを表すハピネスとは異なり、「持続的な」幸せを意味する）が私たち全員にとって重要なのだというコンセンサスが強まっている。

「人」と「地球」という二つの要素は、人類史の始まりからずっとステークホルダーである。そして「人」とは単純に一人ひとりすべての人間を指し、「地球」は私たちすべてが共有する環境である。そこから、この二つが中心にある新しいステークホルダーモデルに行き着く（図8－2参照）。

人々と地球のウェルビーイングを最適化できるのは、次に示す四つの主要なステークホルダーだ。

1　政府（国・州・地方自治体それぞれの政府のこと。人々の代表で構成され、その地域または場所での法的権限を持つ）

2　市民社会（労働組合から非政府組織まで、学校・大学から各種活動団体まで、宗教

組織からスポーツクラブまでを含み、市民組織の総体を指す最も広い意味で）

3 企業（個人事業主、零細企業、中小企業、多国籍大企業など規模を問わず、民間セクターを構成するすべて）

4 国際社会（国連、世界貿易機関、経済協力開発機構などの国際機関と、EUやASEANのような地域連合で構成される）

どのような団体が、あるいはどのような人々が、それぞれのステークホルダーグループを構成しているのかを覚えておくことが重要である。なぜなら、それによって各グループが公益に関心を寄せている理由が分かるからだ。すべてのステークホルダーは、社会的ないし法的な有機体として認識されているとしても、あくまで人間が集まってできたものであり、地球を利用することで存続している。従って、各ステークホルダーが環境を健全な状態にしようとするだけでなく、私たち全員のウェルビーイングを目指そうとしても、驚くには当たらない。しかしそれと同時に、そもそも、各ステークホルダーはそれぞれ異なった明確な目的を持つ別個の有機体だとはっきりさせておく必要がある。政府は、とりわけ、最多数の人の最大限の繁栄に重点的に取り組む。市民社会は、その構成メンバーの利益を増進し、そのメンバーに意味や目的を与えるために存在する。企業は、利益として測定できる経済的余剰を生み出すことを明確に目指す。そして、国際社会の重要な目標は平和を保つことである。

最後に、こうしたステークホルダーがいずれも相互につながっている、ということをあらためて

図8-3 人と地球を中心としたグローバルステークホルダーモデル

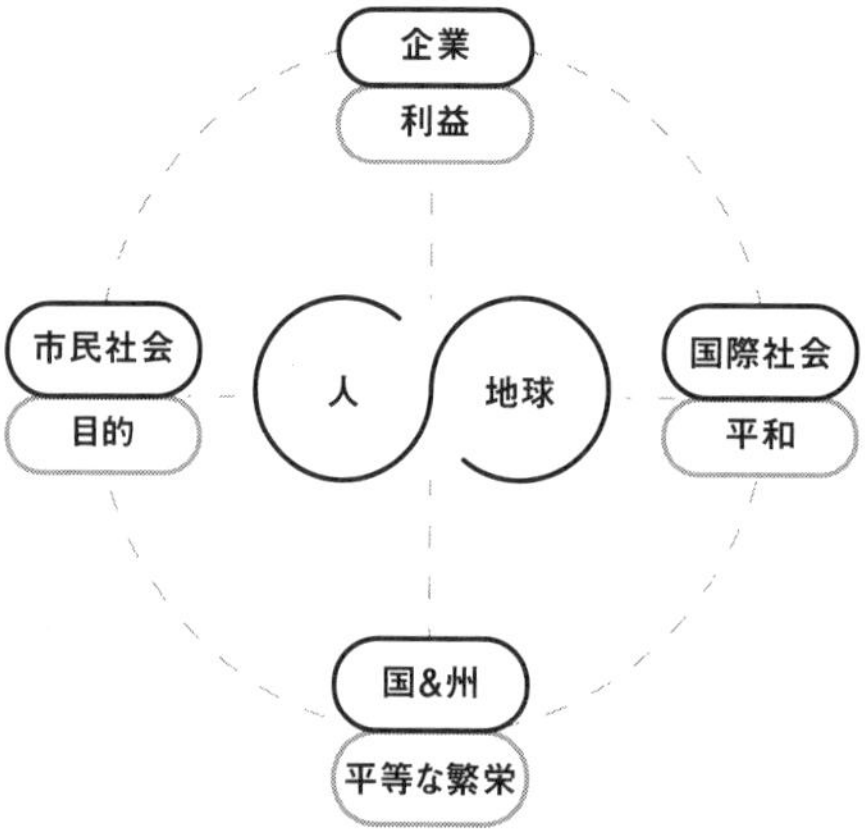

クラウス・シュワブ、ピーター・バナム（2020年）による

指摘しておくことが大切だ。企業は政府による規制の枠組みの中で活動する。市民社会の動向が政府や企業への圧力として働くことで、そのレジリエンスは高まっていく。そして国際機関は、ある地域で何かを決定する際には必ず別の地域に及ぶ影響について考慮するよう調整する。[*8]

ここから、今日私たちが知っている、世界のどこでも有効な「ステークホルダーモデル」が導き出された（図8－3参照）。人と地球のウェルビーイングがやるべき大事なことの中心にあるならば、人と地球以外の四つの主要なステークホルダーグループは、それらの一層の向上に貢献する。四つのステークホルダーには、それぞれ次のような主要目的がある。

- ■企業は利益を追求し、長期的な価値創造を目指す
- ■市民社会は各組織の目的または使命を推進する

■政府は公正な繁栄を追求する
■国際社会は平和に向けて取り組む

ステークホルダーモデルにおいて、すべてのグループとその目標は相互につながっている。どのグループも、他のグループがうまくいかなければ目標を達成できないのだ。

モデルは単純だが、これを見ると、なぜ株主優位の株主資本主義と国家資本主義が最適な結果を出せなかったかがすぐに分かる。株主資本主義と国家資本主義は、すべての人々と地球全体のウェルビーイングよりも、特定の会社や国の利益や繁栄という狭い目的に重点を置いている。それに対してステークホルダーモデルは、人と地球の相互のつながりと包括的なウェルビーイングが中心になるので、時間と共により調和のとれた結果が確実に得られるのだ。

ステークホルダーモデルの根底にある原理と思想

ここまで、グローバルなレベルにおけるステークホルダーモデルについて詳細に見てきた。今度は、特定の国やコミュニティーのような、より限定された状況でステークホルダーモデルがどのように当てはまるかを考察してみよう。視点をグローバルからローカルに移すことは、ステークホルダーモデルを成功に導くために極めて重要な要素だ。経済システムにおける利害関係はこれまでになくグローバル化しているが、実のところ、どのようなアプローチも、そのほとんどはよりローカルなレベルで実施されるだろう。コミュニティーはその土地に深く根付いており、人々は、すぐ近くに住み、働いている知り合いを信用している。それは、人々の連帯感を高め、個人よりも全体が恩恵を受けるプロジェクトを受け入れる強い動機になる。

それに代わる案を、一度だけ考えてみよう。その案では、グローバルな政府がグローバル市場において多国籍企業を規制し、人々はグローバルな民主主義やグローバルな労働組合の中で集まる。それは非現実的かつ望ましくないゴールだ。なぜなら一人ひとりの人間を、その人が属する身近な社会の生態系《エコシステム》から引き離してしまうからである。それはまた、彼らの最も近くにいる人々や環境に対する責任感を弱める。20世紀には、ネオリベラリストたちが、そのようなグローバルモデルをユートピア的理想として見たかもしれない（カナダの歴史学者クィン・スロボディアンが『グローバリスト：帝国の終焉とネオリベラリズムの誕生』において主張したように）。そのモデルを突き詰めれば地域社会が政治的権利をはく奪されるのは必然だ。権力の中心が人々の日常の現実から離れ過ぎると、政治的なガバナンスも経済における政策決定も人々の支持を得られなくなるだろう。

サブシディアリティー

従って、ステークホルダー資本主義を実践するために必要な第一の原理は「**サブシディアリティー**（補完性原理）」にある。一般的には下位への権限委譲を意味するこの原理は、これまでも試されたことがあり、純粋な理論としてだけ捉えられているものではない。実際に、よく知られているところではEUのガバナンス[*9]に適用されているが、この原理はスイス連邦やアラブ首長国連邦、ミクロネシア、その他世界中の連邦国家でも実践されている。

この原理の根底にあるのは、政策決定は可能な限り最も細かなレベルで、その決定が最も顕著な影響を与える所の限りなく近くでなされるべきだという考え方だ。[*10] 別の言い方をすれば、ローカルなステークホルダーは、自分たちでは決定できない、またはそれが効率的でない場合を除き、自分たちに関わることは自分たちで決めるようにするべきだということをこの原理は定めている。

この原理が、今日の私たちの経済システムのグローバルな課題にどのように適用されるかは、すぐに分かる。たとえば、危機にある気候変動問題で考えてみよう。この問題は当然、まずグローバルなレベルで調整される。最初から、それ以下のレベルで対処しようとしても効果はない。世界中の誰もが同じ方向に動く場合にのみ、気候変動に向けたアクションが、何らかの目立った効果をもたらすからだ。そして、調整なしにローカルな活動に頼って解決しようとすれば、ただ乗りを許してしまう。実際、気候変動に関する合意から離脱したコミュニティーは、二度利益を得ることになるだろう。他のコミュニティーの努力によって改善した環境を享受できるうえ、汚染物質の排出を気にせず好きなように暮らし続けていられるからだ。

サブシディアリティーの原理に基づく行動や意思決定の第二のレベルは、国家である。再び、気候変動の場合で考えてみよう。各国が気候変動に関して具体的な方法で貢献するとする。たとえば、工場からの温室効果ガス排出の削減は、世界のどの国よりも多くの工場を持っている中国にとって、どこよりも大きなマイナスとなるだろう。同様に、自動車による移動を制限すれば、自動車が主要な交通手段である米国に重大な影響を及ぼすだろう。航空機による移動の制限など、異なるアプローチを取れば、それはそれで特定のグループに、より大きく影響することになる。サブシディアリティーは、グローバルな目標に効果的に取り組むには、どの道を行けば最もうまくいくかを国が決めるための国家レベル、地域レベルの政策決定の根拠となるものだ。

　このことが、気候変動のような地球規模の共通問題について、パリ協定のような国連の枠組みを使うのが賢明な理由である。全世界のCO_2（二酸化炭素）排出量の（明確に）4分の1以上を単独で出す国はないが、[*11] 気候変動によって起こる災害を避けるためには、全世界の排出量の半分以上を削減しなければならない。ということは、どの国も地域も、すなわち米国も中国もEUも、単独でそれだけの排出量を削減することはできない。しかしそれはまた、自国だけでなく他の国も同じように削減するのだと知っていなければ、どの国にも排出量を減らすインセンティブが働かないことを意味する。一つの国や地域が排出量を削減しても、グローバルな規模では大して変わらないし、対策を採った国々の経済発展や繁栄を短期的には損なうことになるかもしれないからだ。このジレンマから抜け出る唯一の方法は、世界規模で協力することである。それでも、各国の経済構造が大きく異なっていることを考えると、いったん国別の目標が設定されれば、各国がどのように排出量を削減すべきかをグローバルなガバナンス機関が決定しても無意味である。

　同じことが企業レベルでも言える。他の条件が同じであれば、競争する上でのハンディキャップを考えると、どの企業も一社では排出量を削減する意欲は湧かないし、それだけの能力もない。しかし、（EUのような）仲裁者が各業界向けの目標を設定し、各企業に与えられる排出権を明確に示せれば、企業は排出量をどのように最適な排出量にまで削減するかを決めることができるはずだ（よりエネルギー消費の少ないやり方で生産する、他の企業から排出権を購入するなど）。この二つの例は、何も根拠のないところから持ってきたものではない。パリ協定は実際に、サブシディアリティー原理を、上述したようなアプローチに近い方法で取り入れている。そしてEUはこの原理を、グリーン・ニューディール（訳注　環境分野への集中・大型投資で、地球温暖化防止と景気刺激の両立を目ざす政策。米オバマ政権が最初に提唱した）と企業向けの排出量取引制度にも適用している。この二つの計画は、一部が世界経済フォーラムの会合で立案されたものであり、それらは、ステークホルダー資本主義が、サブシディアリティー原理を守れば、いかにうまく機能するかを示すものだ。

同様のロジックを技術ガバナンスや競争、グローバル税制にも適用できる。多くの企業が今日、デジタル空間でも現実の世界でもグローバルに活動しているが、それぞれの国の政府が定めている規制の対象となっている場合が多い。そこで生じる不均衡は企業にとって不公平な競争条件をもたらしている。たとえば、あるグローバル企業は技術や知的財産をある国で開発し、それらの収益の一番大きな部分を二番目の国で手にし、三番目の国で税金を払い、四番目の国でコスト競争の優位に立ち、五番目の国で労働協約の規則をうまく逃れることができる。それはしばしば課税基盤を損ない、制度・慣行とそれらに対する信用を弱めて、偏った市場を生み出し、雇用や起業の機会を減らしてきた。

この場合もまた、解決策はグローバル・ガバナンスの盟主を作り出すことではなく、規制当局間の行動を調整して、それぞれの管轄権が及ぶ範囲内で競争の条件を平等にすることだ。デジタル企業の収益にかかる税金を調整し、本社や知的財産権のある場所にかかわらず、企業が実際に活動している国に税金が納められるようにするOECD（経済協力開発機構）の努力は、この原理が実際に機能している好例である。

サブシディアリティー原理を念頭に置くと、ステークホルダー資本主義が機能する範囲が明確になる。ステークホルダー資本主義は、グローバルなトレンドや利害関係（気候変動やデジタルグローバリゼーション、グローバルな不平等、市場集中など）を扱う場合にも、それを最もうまくまとめられる原理としてサブシディアリティーを持つシステムなのだ。結果として構築されるステークホルダーモデルは、もともとのステークホルダーモデルと同様、企業や団体が中心にあって、それぞれがステークホルダーへの義務を果たすモデルだが、同時に企業や政府、非政府機関、今後の世代なども、私たちに共通するグローバルな未来とウェルビーイングのステークホルダーとして認められている。私たちが作るこのような現実に即した経済システムは、ローカルに組み込まれていると同時に、グローバルにも一体化していなければならない。

それは、私たちを次の問いに導く。どちらの思想がステークホルダー資本主義を支えるべきなのか？

価値の創造と共有

ステークホルダーモデルを支える一連の思想は、最初にモデルが形作られたときからほぼ変わっていない。その思想に基づいて、戦後の西欧における福祉国家の建設や米国の「偉大な社会」、現代中国のチャイニーズドリーム[*12]がもたらされた。

そのうち最も重要なのは、社会のごく一部の人だけでなく、すべての人が栄えるときに社会は最もうまくいくという考えである。たとえば、「偉大な社会」においては、「すべての子どもが心を豊かにし、才能を拡大するための知識を見つけることができる。そして都市は、単に衣食住を賄い、商売を行うだけの場所ではなく、美への欲求が満たされる場所、他人とのつながりを渇望する気持ちに応える場所にもなる」とジョンソン大統領は述べた。[*13] そしてチャイニーズドリームについて、習近平国家主席は、中華民族の偉大な復興こそが「民族全体の夢であり、すべての個人の夢である」[*14] と語っている。

それゆえ、以上のような思想には二つ目の考えが含まれることになる。その考えとはすなわち、社会の価値の多く、あるいはそのすべてを創り出すのは、企業やその（最も）生産性の高い従業員だけではなく、教育者や科学者、文化関係者、政府機関、そして何より社会と自然環境そのもの、言い換えればすべてのステークホルダーなのだ。これは非常に率直な見方であり、ほとんどの人には自明のことのように聞こえるかもしれない。しかし、マリアナ・マッツカートが『すべてのものの価値』の中で書いたように、この見方は世界経済システムがこの二、三十年どのように機能していたかを教えてはくれない。むしろ、最近の支配的な考えは、価値の大部分が企業によって企業の中から、とりわけ金融機関によって（そして、テクノロジー企業によって、と私たちは付け加えたい）生み出されてきたというものだ、と彼女は言う。

このような、価値創造に関する異なる見解と、それに基づく実際の経済活動によって、価値の創造に代わり単なる価値の「抽出」が常態化してしまった。また、それにともなって、経済システムにおいて最も生産性の高い部門の多く、たとえば公的資金による活発な科学研究や、教育、社会サービスなども過小評価されてきたとマッツカートは主張する。それはまた経済システムの金融化につながって、収入や利益が真の価値創造と混同されるようになった。そしてそのことが、CEOたちやテック系スタートアップ企業の創業者たちを中心とするカルト教団のような社会を作り出した。そこでは、公的資金と国立の研究機関によって達成された素晴らしい基礎的発見・発明よりも、民間のイノベーションのほうがより多くの賞賛を集め、その権利が保護されるようになってしまっている。*15

マッツカートの評価に両手を上げて賛成するわけではないが、現在の経済システムにおいては企業以外のステークホルダーによる貢献が過小評価されてきたこと、そしてステークホルダー経済のバランスを回復する必要があることは明らかだ。そのためには、ステークホルダー資本主義のもとで、次のことが確実に行われるようにしなければならない。

■すべてのステークホルダーが、自らに関わる政策の決定に参加する資格を有していること
■すべてのステークホルダーが行う真の意味での価値創造または価値破壊について、採算面だけでなく環境・社会・ガバナンス（ESG）の観点から達成状況を適切に測定できる仕組みがあること
■ステークホルダーにとって、自分が社会から受け取ったものを社会に還元するために必要なチェック&バランスと、地域レベル、グローバルレベルのどちらにおいても自分の貢献度に見合った分け前を受け取るために必要なチェック&バランスが機能すること

ではここから、これら三つの要件を詳細に見てみよう。

ステークホルダー資本主義の実践

意思決定に参加すること

ステークホルダーモデルを組織づくりの原則にするには、ステークホルダー全員が、自分たちに関わる問題を話し合う場に参加する権利を持っていることを、まず確認しなければならない。これは大切なことだ。世の中に根強く残る社会的・経済的・政治的な不公正は多くの場合、意思決定に参加できないことから起こる。

たとえば経済の面では、ステークホルダーの権利が強いことと、格差が小さいことや労働に見合った賃金が支払われていることの間には強いプラスの相関がある。米国の経済政策研究所が過去100年間の労働組合員を所得格差でプロットした印象的なグラフを見ると、労働組合がない時代には所得格差が大きく、米国の労働者の多くが組合に加入していた1940年から80年にかけての黄金時代においては、組織率の急増につれて所得格差が縮小したことが分かる。グラフの最後で組織率が再び減少し始めると格差は再び拡大し、2010年代半ばには史上最大に広がった。また、先にデンマークの事例を見たように、労働組合の力がいまだ強い国々では、経済がグローバル化しIT化が進んでも所得格差は低いままだった。

労働組合の組織率の低下や、意思決定に社会のすべての層が参加していないことが、意図的に政策を選択した結果なら、政府は原点に立ち戻ってよりインクルーシブ（包括的）な政策を進めるのが良いだろう。そうしないと、長期的にはすべての人にとって有害な結果につながることになる。米国では、数十年間にわたり労働者の賃金が経済成長に見合った割合で上昇しなかったことが原因で、結束力とレジリエンスの弱い社会になってしまった。そのために、新型コロナウイルス感染症や第四次産業革命での混乱といった、百年に一度の出来事に対する備えが十分にできなかった。またそのことは、少なくとも部分的には、米国でＢＬＭ（ブラック・ライブズ・マター）運動によって表面化した排他的な社会的・政治的政策が選択されていた結果でもあっただろう。政府の差別的な政策や行動に何十年もさらされてきた多くの人々が、ついにこの状況を非難するために立ち上がった。より インクルーシブな政策を重視しているマレーシアのような国から教訓を得るとすれば、よりインクルーシブな統治を目指せば、このような不平等が生じることは避けられたであろうし、今からでも避けられるということだ。

同様に企業では、個別の問題について取締役会が下す決定に、コーポレートガバナンス（企業統治）を理由として取締役以外のステークホルダーが参加できない場合、より多くのステークホルダーの利益を代表できる者を積極的に役員として登用すべきである。経営陣や取締役会、政府など組織を率いるリーダーグループにとって、社会全体の構成をより反映したメンバー構成にすることが、より総合的な視点で意思決定を行い、最終的に業績が上がる組織を作るこつだ。しかし、まだまだ先は長い。リーダーグループは、ジェンダーや職業、学歴、人種、性的指向、年齢などに関しては、依然として単一文化的だ。企業、コミュニティーや政府は、どの行動や基準が自らの状況に最も適しているかを判断する必要があるが、意思決定機関は、様々な声を代弁する代表者によって構成される多様性に富んだ組織でなければならない。このほぼ普遍的と言ってよい共通目標を実現することが、より健全でバランスの取れた組織を生み、最終的に社会にとってより良い成果を残すことにつながる。

ステークホルダーを意思決定に参加させるには、前例を踏襲するだけではいけない。組織が直面している現実は、時には以前と根本的に変化してしまっている。たとえば、歴史上これほどリモートワークやフリーランス契約の労働者が増えたことはなく、それだけ彼らを結集させることは難しくなっている。ウーバー、グラブやディディで運転や配達を行っているギグワーカーは、物理的に同じ場所で働くことはない。彼らは互いのことを知らないかもしれないし、それぞれの関心事や目標も恐らく違うだろう。そのため、ギグワーカーを組織化し、主張すべき共通の議題について合意を得るのは難しい。従来の工場やオフィスをベースにした労働組合では、その解決策にはならないかもしれない。なぜなら、人々は以前より頻繁に職を変え、多くの場合、同僚と物理的に同じ空間で働くことさえない。企業も同様に、昔よりも地理的な流動性を持つようになった。

しかし、原則は変わってはならない。プラットフォームや企業で働く人々は、それらの企業の運営方法、労働者の扱い方、社会に対して負う責任について、発言権を持たなければならないのだ。こうしたステークホルダーを結集させる実地の試みが行われている。たとえば、ウーバーが計画している新規株式公開（ＩＰＯ）に先立って、２０１９年5月にウーバーとリフト（配車・配送アプリ企業）のドライバーを支援するカリフォルニア州の団体、ライドシェアドライバーズ・ユナイテッドが世界的なストライキを呼びかけたことがある。彼らは、賃金アップと仕事の保証を勝ち取るために、仕事の受発注用のモバイルアプリを遮断するようドライバーに要請した。*16 この呼びかけは多くのメディアや政治的な注目を集め、*17 ＩＰＯに先だって一部のドライバーに和解一時金が支払われたもの*18の、組織としての要求は満たされなかった。このストライキで主に明らかになったことは、かつてタクシー組合が持っていたような影響力を持つのがいかに難しいか、そしてギグエコノミーがそこで働く労働者の権利を尊重することを保証するのがどれだけ難しいかということだ。事態はさらに進み、カリフォルニア州は2020年11月にギグエコノミー労働者を従業員として指定する修正案の採択を行ったが、反対派が「州史上で最も金のかかった法案」と評されたキャンペーンを展開して案は却下され、すべてのステークホルダーにとって有効な解決策はまだ見つかっていないことが明らかになった。[*19]

ステークホルダー資本主義では、企業と同じように政治の場においても、あらゆるステークホルダーの代表が参加しなければならない。世界中で、代議制民主主義に基づく政府や政党が存亡の危機に直面している。社会の不満が高まっているのに、投票率や党員数が減少しているのだ。たとえば欧州では、民主主義を形づくってきた昔からの政党が、三重の危機に直面している。過去数十年で、キリスト教民主主義政党や自由主義政党、社会民主主義政党などは党員数を減らした。どのような政治的意見を持っているかにかかわらず、選挙で一票を投じる有権者は少なくなり、投票所まで足を運んだとしても、昔からある政党には投票しなくなったのだ。[*20] 同様に、コロンビアを除くラテンアメリカのほとんどの国では、投票が義務化されているブラジルやコスタリカを含め、選挙の投票率が次第に低下してきている。[*21] また近年、社会不安が急拡大している米国でも、大統領選挙の投票率が時と共に低下している。1950年代と60年代に記録していた約70%という高い投票率は1990年代後半になるとかなり落ち込み、2016年の大統領選挙では55%程度にまで下がった[*22]（2018年の中間選挙はその下降傾向の顕著な例外で、この半世紀で最も高い投票率となった）。中国のような一党独裁体制においても、全国人民代表大会（全人代）の議員には年齢や性別の偏りという問題があると認識されている。中国共産党中央委員会によると、少なくとも2016年まで「既存の党員の年齢、文化的背景や分布は、新時代と新しい段階における党の偉大な使命のニーズに十分には適合していなかった」という。その時点で、「生産現場の最前線にいる党員や若い党員はほとんどおらず、女性党員の割合も低い」[*23]とされていた。それ以後、党内の女性やミレニアル世代の割合は上昇しているが、人口に占める割合に比べると低いことに変わりはない[*24]。

ステークホルダーモデルを正しく実践できるようになるためには、このような意思決定への参加の問題を解決する必要がある。主要なステークホルダーが話し合い、互いの目標を考慮し合っても、それぞれが代表するべきグループを正式に代表していなければ、その話し合いからは大した価値は生まれない[*25]。歴史上、政府や企業、宗教団体のトップが互いの利益のために結びついた例は数多い。しかし、そうした同盟において、社会全体のことや、少数派だが重要なステークホルダーのことが適切に考慮されなければ、少数派は間違いなく苦しい思いをすることになるし、社会全体も良い状況になることはない。これをどのように正すべきか？　以降の章で詳しく見ていこう。

GDPと利益の先を目指す

すべてのステークホルダーが意思決定に参加するようになれば、企業や組織、政府は利益やそれに関連するGDPなどの指標を盲目的に崇められなくなる。利益追求一辺倒から、より総合的に価値の創造を行うようになるからだ。すでに論じたように、企業は常に利益と株主への配当の最大化だけを目指してきたわけではないし、政府にとってもGDPを上げることは必ずしも至高の目的ではなかった。利益とGDPが究極の目的となったのは、20世紀最後の数十年で株主資本主義が確固たる地位を得るようになってからだ。
しかし今日の世界では、そのような短期的な経済指標だけに焦点を当てることはもう終わりにしなければならない。そして、人と地球がどのようにうまくやっていけるかという全体像が分かる尺度で補完していく必要がある。私が以前に論説で書いたように、[*26] 私たちの目標は「2030年までに国連の持続可能な開発目標（SDGs）を達成すること、今後30年間にパリ協定で合意したことを実現すること、そしてグローバル経済システムを次の50年とその先の地球にふさわしいものに改革すること」であるべきだ。これらが今後10年で最大限行うべき追加の目標なのだ。

GDPの先を目指そうとする国には、すでに多くの選択肢が揃っている。世界経済フォーラムの「世界競争力指数」と、たとえば、その中の「インクルーシブ開発指数」は経済面の枠を超えて、環境・社会・ガバナンスなどの幅広い指標を観察するものだ。OECDでも同様に、教育・健康と住宅・所得・雇用から、ワークライフバランス・生活満足度・環境への配慮まで、多くのウェルビーイングの分野で国々を測定してランク付けする「より良い暮らし指標（BLI）」[*27] がある。後の章で見ていくが、ニュージーランドなど一部の国ではすでに独自のダッシュボード（一覧表）を作成している。そこでは、国民がいくつもの重要なウェルビーイング指標を見て、それぞれの進捗状況を把握している（本章の後半でこれらの指標の事例を検証する）。

興味深いことに、世界経済フォーラムの世界競争力レポートによると、経済競争力と共にサステナブルかつインクルーシブな開発にも適応した国が、最終的に最も競争力のある国にもなることが多い。従って、正しい政策を選択する限りにおいて、同時に経済的・生態学的・社会的にも同時にうまく行くようになる可能性がある。第6章で議論した北欧諸国がその最たる例だろう。しかし、それはどうしてなのか？

２０１９年の世界競争力レポートは、よりサステナブルで環境に優しい経済を創出する上で「競争力の高い経済は、環境分野で画期的な発明となりうる技術など、あらゆる分野で新しい技術の出現を促進するのに適している。なぜなら、それがより有益なイノベーションのエコシステムをもたらすから」[*28]だと明らかにした。さらに「より良い人的資本、より良いインフラ、より高いイノベーション能力を持つ国は、概して環境により優しいエネルギーミックスを採用する可能性が高い」[*29]と付け加えた。もう少し簡単に言えば、すべての人が十分な教育を受け、環境意識の高い社会になれば、社会の総意として、長期的に見てより豊かな、そして同時にサステナブルな経済を実現するための選択をする可能性が高まるということだ。

この相関関係は、ＧＤＰに表れるかどうかにかかわらず、経済競争力が最終的には地球の資源と社会の人的資本に依存するということで説明できる。本当にＧＤＰだけを追い求める国は、遅かれ早かれ壁にぶつかるだろう。長期間にわたって、教育や訓練、地球のケアへの投資が置き去りになり、いずれ経済の生産関数（訳注　労働、土地、資本などの生産要素からどれだけの産出量が得られるかを表す関係式。生産に関する技術や知識をどれくらい有しているかを表すことができる）に影響が出るからだ。

競争力とインクルーシブネス（包摂性）を指標で表すことに加えて、世界はＧＤＰによる基準とは違うものに足並みを揃える必要がある。補完的な尺度は作られつつあるし、すでに存在するものもある。「応急策の一つは、人々が実際に直面している経済状況をより的確に反映する、一人当たり所得の中央値といった尺度を採用することだ」と、私は２０１９年の論説で書いた。また、こうも書いた。「次に、もっと野心的な尺度として、その国の生態系や水産、鉱物などの天然資源に基づく自然資本がある。[30]このバランスシートには人的資本も含めなければならないので、関連する要素すべてを一つの表にまとめることができる。[31]そして三つ目の具体的な選択肢は、パリ協定に基づく各国のCO_2排出削減目標の達成に向けた進捗状況を示せるよう、政府のダッシュボードに欧州の研究機関で構成される科学者グループ、クライメートアクショントラッカーによる分析結果を含めることだ」[32]。これらの提案の一部は、GDPばかりが取り上げられることにかねてより懸念を表明してきた経済学者のダイアン・コイルやマリアナ・マッツカートらによって構成される団体、ウェルスプロジェクトによって形作られたものだ。[33]

また、企業も損益計算書の枠を超えて視野を広げるべきであり、そうする意欲がますます高まってきている。私は、ダボスでの第50回年次総会に先立ち『ダボス・マニフェスト2020』を企業に向けて発表した。そこでは「第四次産業革命における企業の普遍的目標」を以下のように定めている。[34]

A **企業の目標は、自社のステークホルダーすべてを参加させて、全員が共有でき長続きする価値を創造することにある。**そのような価値を創出する中で企業は、株主だけでなく、従業員、顧客、サプライヤー、地域コミュニティー、社会全体など、あらゆるステークホルダーに奉仕できる。ステークホルダーすべての多様な利益を理解し調和させる最善の方法は、企業の長期的な繁栄を強化する施策や決定に、共に責任を持って参加することだ。

i　企業は**顧客**のニーズに最も合った価値の提案を行うことで、顧客に奉仕する。公正な競争と機会の均等を受け入れて支援する。汚職は一切認めない。信頼性の高い動作をするデジタルエコシステムを維持する。顧客が製品やサービスの機能を、悪影響や負の外部性なども含め十分に認識できるようにする。

ii　企業は、品位と敬意をもって**従業員**に接する。ダイバーシティー（多様性）を尊重し、労働条件と従業員のウェルビーイングの継続的な改善に努める。急速に変化する世の中で、企業は継続的なスキルアップや技能再教育を通じて、エンプロイアビリティー（就業能力）を育成し続ける。

iii　企業は、価値創造において、**サプライヤー**（調達品を提供する企業）を真のパートナーと考える。新規市場参入者に均等な機会を与える。サプライチェーン全体に人権の尊重を組み込む。

iv　企業は、その活動を通じて**社会全体**に奉仕し、自社が拠点を置くコミュニティーを支援し、応分の税負担を行う。データの安全で、倫理的、効率的な使用を保証する。将来の世代のために預かっている環境と物質世界を守る管理者として行動する。高い意識で自分たちの生物圏を保護し、循環型経済（サーキュラーエコノミー［訳注　製品、素材、資源の価値を可能な限り長く保全・維持し、廃棄物の発生を最小限にする経済システム］）、共有経済（シェアリングエコノミー［訳注　個人が保有するモノや場所、スキルなどの資源をインターネットを通じて共有するシステム］）、そして再生力のある経済を擁護する。知識やイノベーション、テクノロジーの最前線を常に切り開き、拡大させて人々のウェルビーイングを向上させる。

v 企業は、十分な投資収益（ROI）を**株主**に提供する。このROIは、起業に際しての投資にはリスクがともなうことや、イノベーションの継続とそのために投資を続けることの必要性を考慮に入れたものである。目先の利益のために将来を犠牲にすることのないサステナブルな株主への還元を求めるに当たり、責任を持って短期・中期・長期の価値創造を管理する。

B 企業は単なる富を生み出す経済単位を超える存在であり、より広い社会システムの一部として、人間と社会の願望を満たすことができる。業績は、どれだけ株主に還元しているかだけでなく、どのように環境、社会、そして良好なガバナンスに関する目標を達成しているかという面からも測定されなければならない。役員報酬にはステークホルダーに対する責任が反映されるべきである。

C 活動範囲が多国籍にわたる企業は、直接関わっているステークホルダーすべてに奉仕するだけでなく、**自ら地球の未来に対するステークホルダーとして政府や市民社会と共に行動する**。企業は、グローバル市民としての責任感から、自社のコア・コンピタンス（独自の強み）や起業家精神、スキル、関連する資源を活用し、他の企業やステークホルダーと協働して、世界の状況を改善していくことが求められる。

企業がステークホルダーに対してどのような実績を上げているか、測定するための具体的な指標をいくつか検討することには意味がある。『ダボス・マニフェスト2020』では、競争における機会均等を受け入れること、汚職を決して認めないこと、労働条件と従業員のウェルビーイングの向上に努めること、自社が事業活動を展開するコミュニティーを支援すること、応分の税負担を行うこと、そして役員報酬にステークホルダーへの責任を反映させることを明確に挙げている。これらの要件を合わせると、短期的な財務上の成功を最優先するものとは非常に異なったコーポレートガバナンスを実現できる。[*35]すべての企業がそれぞれこれらの目標に責任を持ち、根本的な問題に取り組むようになれば、株主資本主義が行き過ぎている部分の多くは自然消滅していくだろう。

しかし、数値が物を言うことの多い経営の世界では、企業のステークホルダーに対する責任も測定し、目標を定量化しなければならない。この点については、良いニュースがある。2020年9月、「ステークホルダー資本主義指標」が、大手グローバル企業140社で構成する世界経済フォーラムの国際ビジネス評議会から発表された。それは企業の非財務情報の指標と開示・報告の枠組みで、温室効果ガス排出量やダイバーシティー、従業員の健康とウェルビーイングなどの測定値と、一般にESG項目の枠組みで検討される他の要素とを含むものである。[*36]いったん開示されれば、経営幹部は単なる利益以上のものに合わせて最適化できるし、従業員やクライアント、政府など他のステークホルダーはステークホルダー指向重視の企業の業績を判断しやすくなるはずだ。そのように「ステークホルダー資本主義指標」はステークホルダー資本主義を現場で実践するための大きな一歩となる。指標の詳細については、次章と本書の結論で説明する。

チェック&バランス、そして堅固な機関

そして、ステークホルダーモデルには必要なチェック&バランスが含まれなければならず、また堅固な独立機関が必要である。というのも、権力の不均衡が生じがちだからだ。原則としてステークホルダーは、それぞれがステークホルダー資本主義においてできることで貢献し、社会的に最高の成果を得るために各自が必要とするものを受け取る。しかし、そもそも既存の資本主義モデルには、株主資本主義では大企業や富裕層の利益を、そして国家資本主義では政治的インサイダーの利益を優先する傾向があるため、現在の経済システムにおいて最も権力と影響力を持つステークホルダーである政府と企業が、互いに、また他のステークホルダーに対して説明責任を負うと同意することが最も重要である。そうすることで、民主的な形で説明責任を果たすことや権力の分立、そして国際機関の役割が効いてくるのであり、またそれらは私たちのシステムが必要とするチェック&バランスとして機能する。

もちろん、民主主義国家が土台から破綻しつつあり（第4章で見た）、国際機関の有効性とそれに対する支援が弱まりつつあるという現実にも立ち向かわなければならない。従って、まず政府に対する信頼を根底から強化し、それができた後に、意思決定者の権限を徹底的に強化する必要がある。そうすれば、体系的なチェック&バランスを再び機能させられるだろう。それにはどうすればいいのだろうか？

2019年に別の論説で書いたように、[*37] 私たちは「グローバルガバナンスのピラミッドの頂点に焦点を合わせるのではなく、その土台部分での亀裂に気を配るべき」である。

この点で興味深い実験をした国がある。アイルランドだ。何十年もの間、アイルランドの為政者にとって、人工妊娠中絶は政治の急所だった。だがアイルランドは、この分断の時代に合った社会政治的実験を試みた。幅広い有権者の支持を得られる可能性がある中絶法を考案するために、「市民議会」を開いたのだ。アイルランド議会は、99人の国民（と議長一人）を無作為に選出し「年齢、性別、社会階級、地域的広がりなど国勢調査で反映された社会を広く代表する」よう招集した。そのような構成にしたことで、既成の政治システムに見られるよりもはるかに広く多様な見解を得ることができた。国民は市民議会における議論のなりゆきを詳しく追いかけたので、他に類を見ないような幅広い政治参加意識が育った。人々は議論されている話題について深く関心を持ち、反対する人の見解を理解することも学んだ。最終的に、市民議会は中絶の合法化を含む勧告を出し、その後、勧告は国民投票にかけられ、勧告された内容の多くは、今では法制化されている。

世界各地で見られる政治的な分裂を克服したいなら、私たちは、統治において以下のような今までにないタイプのステークホルダーの参画を支持することが必要になる。

一般市民による審議集会（その主な仕事は、再選を目指すのではなく合意に達することだ）を設定することで、政治的対立を回避し、特定の問題に対する実用的な解決策の策定を進められる。民主的に選ばれた議会に取って代わるわけにはいかないが、必要に応じてそれを補完すべきものである。*38

ステークホルダーに配慮した同様の取り組みは、アイルランド以外の国でも、選挙で選ばれたリーダーが大きな問題に立ち向かうのに役立った。

フランスでは、エマニュエル・マクロン大統領により国民が全国の対話集会に直接参加できる「国民討論会」が組織されると、「黄色いベスト」運動の参加者が抗議のトーンを和らげた。ベルギーでは、アントワープのステークホルダーの集会で、数十年にわたって放置されていた大規模インフラプロジェクトに関する意見対立を解決する決議が生まれた。そしてポーランドのグダニスクでは、欧州オープンソサエティーイニシアチブのティン・ガジボダが「洪水軽減、大気汚染、市民参加、そしてLGBTQの人々の扱いに関する市の政策を、拘束力のある形で変更すべき」と述べたことが、市民議会によって実現した。[*39]

民主主義国家の政治的な意思決定において、どのような方法でステークホルダーモデルを採用するかは、その国の国民が自らが決めるものだということを、もう一度強調しておかなければならない。結果として採用される方法は、国によって大きく違って見えるかもしれないが、その点は大した問題ではない。

直接民主制の長い歴史を持つスイスでは、移民受け入れの抑制に関する提案から金本位制の復活の是非まで、また公営住宅プロジェクトから地元の空港の営業時間まで、あらゆる種類の政治的・経済的問題に関して国民投票が行えるとされてきた。このシステムは理想的に思えるかもしれないが、どんな国でもうまくいくとは限らないだろう。たとえばベルギーでは、北部のオランダ語圏と南部のフランス語圏とでイデオロギー、宗教、言語の違いがあり、そのことが社会に亀裂を生じさせている。過去に実施した国民投票は、国民を団結させるよりも分断させて傷跡を残す結果となり、結局その仕組みを放棄することになった。そこで現在は、民主主義への参加意識を高めるよう、様々な利益団体を集めた対話や無作為に選ばれた国民の集まりなど、よりコンセンサスを得やすい形でステークホルダーを参加させる実験をしている。

同様に、民主主義の組織そのものについては、地元の慣習や伝統を尊重し、部外者ではなく、その国の国民自身によって形作られるべきである。その好例が、伝統的に西側の民主主義国家とは非常に異なる形で政治参加が築かれてきたアフガニスタンだ。アフガニスタン系米国人の作家、タミム・アンサーリーは著書『イスラームから見た「世界史」』（紀伊國屋書店、2011年）の中で、米国がアンサーリーの故国アフガニスタンに押し付けた民主主義が、実際には、はるかに部族中心主義的な政治システムの継続を意味することになったと指摘した。というのも、その町で何世代にもわたって社会的、経済的に指導的な立場にあった一族の出身である候補者へ、コミュニティー全体が投票するという状態に逆戻りしたからだ。目標が既存の社会的・政治的構造の上に民主主義という層《レイヤー》を置くことであったなら、この取り組みは成功だった。しかし、意思決定への国民の直接参加を増やすことが目標ならば、どのシステムが自分たちに適するか、コミュニティー自身に決めさせるほうがよかっただろう。

さらに、ステークホルダーモデルにおいて重要な役割を果たす国内の公的機関が、堅固であり続けることが重要だ。第二次世界大戦後の二、三十年間で、欧米では、国や州、地方自治体の下に果たすべき役割が明確に定義された強力な諸機関があり、実際にその役割を果たしてきたことを当たり前のように思う、新しい世代が育ってきた。世界経済の発展について欧米では、このような強力な公的機関がうまく機能する社会や経済の礎だと信じられており、開発途上国でもそのような公的機関を構築しなければならないと見ていた。

しかし近年、多くの社会で、自国の公的機関に対する信頼が損なわれ、客観的な仲裁者としての有効性や機能の低下が見られる。たとえば米国では、公的機関に対する国民の信頼が低下するにつれ、公的機関があまり働かなくなっているという視線が向けられるようになった。[*40] 一方、スカンジナビア諸国、スイス、シンガポール、さらにはより人口の多いインドネシアや中国、インドなどでも、国民は依然として公的機関を強く信頼しており、その信頼が公的機関をより堅固に保つための一つの重要な要素となっている。ステークホルダーの観点から見ると、公的機関は中心的な役割を果たす必要があるので、(再び)強く、十分な能力を発揮できるようにすることが重要だ。

もう一つ、やらなければならないのは国際機関の権限強化だ。その必要性は明らかである。情報、テクノロジー、マネー、人、そしてウイルスが世界中を飛び交い、気候変動があらゆる人や国に影響を及ぼすにつれ、これらの問題をグローバルなレベルで調整する必要性がかつてなく高まっているからだ。さらに、企業のグローバル化が進み、納税などの義務はより少なく、他方で影響力はより大きくしようと手腕を発揮した結果、各国政府との間で不均衡が生まれ始めている。国連やその委員会などの代表的な国際機関、欧州司法裁判所や世界貿易機関の上級委員のような裁定者、欧州委員会や万国郵便連合(UPU)といった規制当局は、今も将来もグローバルガバナンスにおいて重要な役割を果たし続けなければならない。

しかし、これまで見てきたように、これらの超国家機関は、個々のステークホルダーの多くにとって、そのままでは関わりを持ちづらいレベルで運営されている。ほとんどの人にとっては、そもそも遠い国にあるので身近な感情を抱けない存在だ。そのため、超国家機関は、すべてのステークホルダー（通常は主権を有する政府）を包摂すると共に、自らが直面していて規制の対象でもある世界の動向を踏まえた意思決定プロセスを実施しなければならない。そうすることで、その機関に委託した権限に対する社会の承認がより強固なものとなる。だが、以下に示すように、これまで国際機関はこれらの要件を満たしていないことがあまりにも多かった。

第一に、前述のような第二次世界大戦末期に作られた組織は戦勝国を代表するものであったが、もはや今日の世界を代表してはいない。代表性に欠けることは、機関の運営において何から何まで、そしてしばしば投票手続きにおいても明らかである。その証拠としては、ＩＭＦ（国際通貨基金）と世界銀行を見れば十分だ。他の新興国が台頭するようになっても議決権は依然として欧米諸国に有利で（訳注　加盟国の出資額に比例して投票権が与えられるためで、世界銀行では米国が16％、日本が７％、中国６％、ドイツ、イギリス、フランスが４％前後を占める）、ＩＭＦ専務理事と世界銀行総裁の座は代々、米国人と欧州人に独占されてきた。さらに、こうした国際機関はその歴史のほとんどで、一つのタイプのステークホルダー、すなわち各国政府の代表だけが集まる場所だった。しかし、その一方で、グローバルな問題は増え続け、そこにははるかに多くのステークホルダーが存在している。

第二に、グローバル経済の動向に関して、国際機関の理解は遅れているか不足していることが多い。この点を理解するには、二つの事例を挙げれば十分だ。たとえば、グローバルなデジタル経済は経済的にも社会的にも明らかに重要であるにもかかわらず、今日に至るまで、それに関してどの国際機関も合意できる共通指標を持てていない（最もそれに近い指標は、民間コンサルティング会社のマッキンゼー・グローバル・インスティテュートが確立している）[*41]。もう一つの例は、万国郵便連合が２０１９年まで知らず知らずのうちに、不公平な国際競争を生じさせ、国際輸送によってCO_2排出量を増加させていたことだ。万国郵便連合では、所得水準の異なる国の間での小包の送料に、時代遅れのルールが設定されていた。実のところ、中国から米国に小包を送る国際料金の方が、同じ小包を米国で同じ市内のある街角から別の街角に送るよりも大幅に安いことが多くあったのだ。

　幸いなことに、これらの欠点は修正できる。そして修正がなされると、経済システムに対するグローバル規模のチェック＆バランスが改善される。前の例に戻ると、ＯＥＣＤは現在、デジタル取引についての統一的な定義とそれを測定するシステムの開発に取り組んでいる[*42]し、万国郵便連合は２０１９年末、率先して郵便料金の改革に取り組んだ[*43]。そして、前に見たように、パリ協定の大部分は、ステークホルダー間の取り組みの成果だった。民間部門やＮＧＯ、他の様々なステークホルダーの代表がパリでの議論を準備し、形作ることで、各国を代表する政府が最終的に妥協案に合意しやすくしているのだ。

　本章の終わりに、ステークホルダー間の意思決定プロセスがどのように機能するか考えてみよう。明確なプロセスとガイドラインが存在しない場合は、そのプロセスが混乱することは容易に想像できる。たとえば、政府や組織、企業が意思決定を下す前に、まず全ステークホルダーの承認を得なければならないとしたら、組織のかじ取りなどまともにできるわけがない。短期的には、様々なステークホルダーの利益が異なる可能性は十分あるし、また、最も声の大きなステークホルダーが意思決定を独占したり阻止したりしようとして行き詰まったり、結果が偏ったシナリオになったりしてしまうこともあり得る。

　その解決策は、協議プロセスと意思決定プロセスをうまく切り離せるかどうかにかかっていると私は見ている。協議段階では、すべてのステークホルダーが参加して、それぞれの懸念事項を聞く必要がある。それとは対照的に、意思決定段階では、その権限のある者（これは企業の場合には取締役会や経営幹部を意味する）だけが意思決定を行えるようにするべきだ。

短期的には、そうした意思決定は困難な選択を迫ることになるのかもしれない。というのも、その選択によって、他のステークホルダーよりも利益を得る特定のステークホルダーやその関係者がいるからだ。しかし、先に行った協議プロセスの結果に基づいて決定することで、長期的には、あらゆる面でより良い決定と成果につながるはずだ。

そして、これこそがステークホルダー資本主義なのだ。これから先の章で、このモデルが、いくつかの主要なステークホルダーに、そして気候変動、市場の集中、経済的不平等や次世代に残された債務など、以前の章で明らかにした重要な問題に対して、どのように適用されるかを議論していく。

第9章 企業

世界経済フォーラムの理事会メンバーで、ドイツのソフトウエア大手SAPの共同CEOも務めたジム・スナーベが2016年に海運業大手のA・P・モラー・マースク（以下「マースク」）に加わったとき、デンマークに本拠を置くこの多国籍企業は大きな変革に向けた準備を進めていた。マースクは112年の歴史を持ち、彼が参画する前の数年間こそ非常に大きな成功を収めていたが、その前は海運業と石油産業の両方で厳しい市場状況に苦しんでいた。収益は約600億ドルから約300億ドルに減少し、このコングロマリットは損失を重ねていた。

将来を見据えると、確実に時代に応じて進化しつつ、次の100年間も重要な地位に留まり続けるようにする必要があった。マースクの輸送サービスによって人々が世界中の市場や商品にアクセスできるようになり、生活水準が高まり、すべての市場で何百万もの雇用が創出され、その過程で世界貿易に参加できるようになっていた。しかしその一方で、同社は温室効果ガスの排出にも大いに加担し、不平等と市場集中を加速させるグローバル経済システムの担い手にもなってしまった。企業が繁栄するためにはステークホルダー資本主義のモデルが必要だと見ていたスナーベは果たして、マースクをそのモデルを実践する代表的な企業に転換させることができただろうか？

どの巨大企業もそうだが、マースクもかつては小規模なスタートアップ企業で、変化する世界で新しいチャンスをものにしようとしていた。1904年に若いA・P・モラーと父親のピーター・マースク・モラーが、バルト海に面したデンマークの小さな港町スベンボーで商品の搬入・搬出を行う運送会社を設立した。それから100年以上の歳月が経つ間に、同社は中古の蒸気船を運用する新興企業から世界最大の海運会社へ、そしてデンマーク経済の誇りとも言える存在へと目覚ましい発展を遂げた。そして今や、油田の探索、原油の運搬、貨物輸送、救助活動、コンテナ製造や世界120カ国以上への商品配送など、ありとあらゆる分野で活躍するコングロマリットとなり、世界の海上貨物の約15%を占める業界最大手にまで成長している。*1

ある見方をすれば、マースクはグローバル化と一連の産業革命がもたらした驚異の産物でもある。中国の青島では冷蔵コンテナを生産し、北海では石油採掘を行っている。スエズ運河では最大1万8000個まで積載できるコンテナ船（現時点で世界最大級の船舶である）、マースク・マッキニー・モラー号が見物人の度肝を抜いた。七つの海では、コンテナ船から大型タンカーまで、マースクの船が縦横無尽に動き回っている。エクアドルのグアヤキルからロシアのノヴォロシースク、シドニーから米国のチャールストン、釜山からウルグアイのモンテビデオまで、マースクの船舶を見ない港は世界中どこを探してもないほどだ。この圧倒的な物流インフラによって商品コストが下がり、世界中の人々やサプライチェーン、そして企業の結び付きが拡大した。

別の見方をすれば、マースクは世界経済における問題の多くを象徴しているとも言える。油田の探索活動は、より多くの石油が発見され、掘削され、輸送され、そして使用された場合にのみ利益が出る。マースクが支配している世界の海運業界はCO_2（二酸化炭素）排出量の大きな割合を占めているうえに増加の一途をたどっており、これを放置すると2050年までに世界の総CO_2排出量の17%に達する可能性がある。[*2] また、マースクが構築したグローバルバリューチェーンは、より多くの人々がより多くの商品を手に取れるようにしただけでなく、グローバル企業とその所有者のごく小さなグループが、世界の様々な産業のもっとずっと大きなシェアを占有して、市場集中を加速させ、所得と富の不平等を悪化させることにもなり得る。

もっとも、スナーベにとってマースクの取締役になることは母国に帰ったようなものだった。デンマーク出身の彼にとって、この会社は生まれた時からずっと母国に君臨していたのだ。コペンハーゲン港湾地域の中心部にある巨大でエレガントなガラス張りのマースク本社は、近くにあるハンス・クリスチャン・アンデルセンの童話を記念した人魚姫の像、カラフルなニューハウンの集合住宅、運河に停泊している帆船と同じくらい有名だ。最近閉鎖されたオーデンセのマースク造船所は、スナーベの人生においてデンマーク造船業の1000年にわたる伝統と見事な技術力を深く思い起こさせるものだった。彼が取締役会に加わった当時、同社はデンマークGDPの2・5%以上を占め、国内最大の民間企業で、従業員数は数千人に達していた。

ソフトウエア業界で長いキャリアを積み、ドイツのSAPで共同CEOを務めた後、スナーベはリアルの世界で事業を展開する企業で働きたいと考えていた。それは十分によく考えた上での選択だった。第四次産業革命がもたらす新しい価値のうねりは、海運業大手のマースクや工業メーカーのシーメンス、自動車メーカーのテスラなどのような、持続可能な方法でリアルの世界を自在に操れる企業が引き起こすだろうと彼は信じていた。「リアルの世界で行っていることに最新の技術を加えれば、こういった企業はよりサステナブル（持続可能）な世界の原動力となり、大きな影響を与えることができるだろう。なぜなら、リアルの世界がなければ私たちは成り立たないからだ[*3]」とスナーベは言った。

■
■
■

同じ頃、テクノロジーの分野でも、ビッグテックにこれと同じ方向転換が必要だということが理解され始めていた。近年、テクノロジー企業は時代の先駆者、情報を人々に解放する革新者として賞賛される存在から、世界経済が直面する問題の一部とも言える存在と見なされるようになってきた。セールスフォース・ドットコムのCEOであり、スナーベと同じ世界経済フォーラムの理事会メンバーでもあるマーク・ベニオフは、2018年のダボスでの会議で同じように発言し、さらに最新の著書でも次のように述べている。「私は、テクノロジーを、クレジット・デフォルト・スワップ（略称CDS。企業の債務不履行にともなうリスクを対象にした金融派生商品で、対象となる企業が破綻し債務や社債などの支払いができなくなった場合に、CDSの買い手が金利や元本に相当する支払いを受け取る）や砂糖、タバコと同じ次元で企業が規制されずに顧客に売り歩くことが許されてきた有害な品目の一つだと主張してきた。私たちの業界は何年も規制を免れてきており、CEOが責任を取らないなら政府が介入するしかないだろうと考えていた[*4]」

スナーベやベニオフらは、自分たちの会社や業界は変わらなければならないこと、すなわちステークホルダー主義の企業のように行動する必要があることを理解していた。しかし、彼らはどうすればよいのだろうか？

前章で見たように、ステークホルダー資本主義の概念は昔からあった。その意味で簡単な解決策は、1960年代に生まれた「ステークホルダー主義」黎明期の企業経営手法に戻るということかもしれないが、もちろん、それがうまくいくことなど決してない。ステークホルダー主義のモデルが最初に発表されてから、世の中は大きく変わっている。当時、社会の分断やグローバリゼーション、技術の進歩、気候変動、そして人口動態は現在とはまったく異なる段階にあった。では、企業がステークホルダー主義の概念を再びうまく実践し、世の中の状況を改善するにはどうすればよいのか。こうしたCEOたちと彼らの企業にその後、何が起こったのかを見てみよう。

マークとセールスフォースの改革、そしてエンロンの失敗

スナーベを取締役に加えたマークスは、自社を変革するプロセスをすぐに始めたかった。このデンマーク人のビジネスリーダーは、2010年から2014年までSAPの共同CEOとして同様の改革に取り組み、成功させた経験があった。SAPで彼は、クライアントが「希少な資源を節約し、それによって世界がよりサステナブルとなることに貢献できる」[*5]ように支援するという共通の夢と、その実現に不可欠な詳細事項をいくつか定めて組織全体を活性化させた。SAPは第1回ダボス会議の翌1972年に営業を開始した。同社ではパンチカードに替えて財務管理を行うソフトウエアを扱っていて、そのリソース管理の範囲を拡大してグローバル企業になっていた。自分たちがさらに先に進むとすれば何があるだろうとスナーベは考えた。[*6]

もしもSAPが、エネルギーや水、CO_2など希少資源の管理でも企業を支援できるとすれ

ばどうだろうか？　原材料から小売りまでほぼすべての業界において持っている多大な顧客基盤を活用して、一つの企業だけでなくバリューチェーン全体のすべての企業のために、希少資源の最適な管理をできるとしたらどうだろうか？　さらに世界全体での希少資源の管理を支援できるとしたらどうだろうか？

世界中で、限られた資源がもたらす問題が増えている中、企業が資源をより効率的に管理するのを支援できることや、世の中のためになる変化を生み出すチャンスは、会社の四半期利益よりもはるかに想像をかき立てるものだった。そう考えて、社の目的《パーパス》（訳注　自社の存在意義を明確にし、社会にどう貢献していくのかを示すもの。将来実現すべき「ミッション」「ビジョン」と異なり、自分たちが今何のために存在しているのかを示す）を「世界がより良く動くようにし、人々の生活を向上させる」へと見直す決断をした。それは、ソフトウエアを企業に販売すること以上に、社員を奮い立たせる夢だった。私たちは責任を持って行動し、世界にとって有益な貢献を行うことに注力せざるを得なくなるだろう。

この方向転換はＳＡＰの戦略全体を根本的に変化させることになった。スナーベたちはいくつか重要なポイントを決めた。第一に、他社の廃業物削減を支援するなら、ＳＡＰが率先垂範で牽引しなければならない。そこで、たとえ同社の事業規模が拡大し続けたとしても、今後10年で自社のCO_2排出量を絶対値で50%削減する計画を立てた。第二に、それにリンクした収益目標を明確に掲げた。新しい魅力的な目標を持つことで、より急速な成長を目指すべきだとＳＡＰは考えた。同社はすでに収益性を高めながら売上を倍増するというゴールを設定しており、方向転換によってそのゴールを達成するモチベーションを与えたのだ。スナーベは次のように回想した。「新たなパーパスは、すでに大手であった私たちにとって、会社を改革するのに必要な社内の士気に、火をつける原動力となりました。私たちは火事のような差し迫る危機によって動かされたのではなく、変化を生み出すという夢に焚き付けられた、燃え上がる願望によって突き動かされたのです[*7]」

ＳＡＰの新しい戦略はうまく機能した。それはクライアントにとって理にかなっていただけでなく、単なるソフトウエア会社以上の仕事をしていると感じた従業員のモチベーションも高まった。野心的なゴールと新しい目的はまた、ＳＡＰをモデル企業と見なした株主を味方につけることになった。スナーベは共同ＣＥＯとしてこの新戦略の実行を支援し、初期の成果をものにした。彼は２０１４年に退任したが、ＳＡＰが計画より早く、２０１８年に収益を倍増させCO_2排出量を半減させるという双子のゴールを達成したことを誇りに思っている[*8・*9]。その経験を血肉として、彼はマースクの変革に挑んだのだ。

マースクには確固たる根本理念という一つの重要な無形資産があった。設立者Ａ・Ｐ・モラーの息子で元会長のアーノルド・マースク・マッキニー・モラーは、「基本原則は、我々が信頼できる存在であるということ」だと言った。信頼を中心に据えることで、同社は顧客と、もちろん政府とも長期的な関係を築くことができたのだ。その上に、マースクは「絶え間なき配慮・謙虚さ・誠実さ・我々の従業員・我々の名前」という五つの理念によって導かれてきた[*10]。この理念は、２００３年にマースク・マッキニー・モラーが90歳で会長を退いたときに公式に発表されたものだが、マースク家によって経営されている間ずっと存在していた。これは「1世紀を超えて当社のビジネスを支えてきた」理念だと、彼の娘でありマースク家の第4世代で副会長を務めるアン・マースク・

マッキニー・ウッグラが2019年に書いている。

誠実さ、絶え間なき配慮、従業員と世評を大事にすることというマースクの企業理念を考えると、次の二つに対処する行動が必要なことは明らかだった。最初にマースクが認識したのは、同社が環境にかけている負荷が、気候変動と汚染というグローバルな問題の一因になっているということであった。社会的にも、環境の面でも引き続き事業を行っても構わないというお墨付きが欲しければ、この問題を変える必要があった。そして次に、世界中、多くの場合は事実上無法状態である海に活動が広がっている中で、マースクがどのコミュニティーに何の義務を負っているかが不明確になってきていた。

それでも、マースクはどの方向に進んでも社会に貢献したいという意向を強く持っていた。何と言っても、第二次産業革命でスベンボーにある母港が工業化されたことと、デンマークが高度な福祉国家であること、そして同国のステークホルダー経済的な社会組織のおかげで、同社が現在の規模へと成長することができたのだから。

マースクはすぐに行動に移した。それまで以上に地域や政府に対する説明責任を果たすため、2017年初めに同社は「ビジネスにおける説明責任文化の再定義[*11]」を目指す非営利団体が集まるワーキンググループに参加した。また、同じ志を持つ企業と共に、責任ある税務管理のための一連の原則にコミットした[*12]。マースクによるとその原則に基づいて、同社の「税に対する基本的な姿勢、税務に関わる当局などとの関わり方、ステークホルダーへの報告義務」が定められた。

説明責任を負うことは具体的な結果につながった。第一に、マースクは毎年、各国政府へ支払った税金やロイヤルティーなどの金額を公開するようになった。これによって公共との関わりに対する透明性が高まり、説明責任をよりはっきりと果たせるようになった。第二に、世界中でマースクが全部または一部を所有する企業のリストを公開し、自社の活動と会計が真に及ぶ範囲を明らかにした。そして第三に、同社は「責任ある透明性の高い税務で、コンプライアンスと説明責任を果たす納税者」になるという抱負を明確に示した。同社のサステナビリティーレポートでは、ESGの問題や、収益・利益・温室効果ガス排出量などの実績に関する他の指標と共に、納めた税金の額についても強調し始めた。たとえば、2019年にマースクは57億ドルの利益に対して4億5800万ドルの法人税を支払ったと報告したが、これは実効税率8%強になった。また、2020年に向けて、「信頼できる透明性の高い税務によりコンプライアンスと説明責任を果たす納税者」となるため「税務に関しステークホルダーとの対話を続ける」「2020年の報告において『Bチームの責任ある税務原則』を実施する」[13]と発表した（「ザ・Bチーム」はヴァージン・グループの創業者兼会長リチャード・ブランソンとプーマの会長ヨッヘン・ザイツが設立した非営利団体で、利益よりも人と地球を守ることを優先し、より良い資本主義社会を形づくることを目指している。世界中のビジネスリーダーたちと手を組み、企業がより大きな社会的責任を果たせるように改革を推進していくという）。

気候変動に関しては、さらに抜本的なビジネス改革を実施した。2017年から2019年にかけて、マースクは最も収益性の高い事業マースクドリリング、マースクタンカーズ、マースクオイルを売却するという思い切った措置を講じた。これら三部門はその名前が示すように、化石燃料の採掘、輸送、開発に関与していたが、売却もしくは別会社とされた[14]。これは大きな決断であり、短期的には収益を圧迫することになった。しかし、いったん実行されると、それによって将来が開け、マースクを本当にパーパス主導の会社とする軌道に乗せることができたのだ。マースクはあくまで、世界の限りある資源を絞り取るためではなく、世界中の商品を運ぶために設立された会社なのである。

　こうした取り組みを初めに行ったことで、ステークホルダーの責務を一段高いレベルに引き上げることができた。それはいくつかの理由で必要になってきていたことだった、とスナーべは言った。まず、社名と世評である。インターネットとＳＮＳによって、マースクがたとえば、環境についてあることを言いながら、それとは違うことを行うことはもはや不可能になった。そんなことをすると、すぐに非難されて、社名を守るというマースクの根本理念に反することになってしまう。次に、従業員と顧客の存在である。彼らも、マースクのような企業は社会的責任に一層気をつけるよう要求していた。マースクが彼らの要求に応えなければ、新しい世代の消費者や労働者はマースクに背を向けるかもしれない。そして最後に、ＥＳＧ経営を行う企業はリスクが少ないということが投資家に理解され始めたことだ。ラリー・フィンクの２０１８年の株主への公開書簡（訳注　フィンクは毎年このタイミングで、次の株主総会シーズンを意識した書簡を投資先企業のＣＥＯに出しており、それは通称「フィンク・レター」と呼ばれている）がその好例だ。マースクが成長し続けて利益を上げることを望むなら、遅かれ早かれステークホルダーを重視する必要は生じるのだ。

　また、ステークホルダー主義の企業になることは長期的なチャンスにもなりつつあった。以前のマースクは、ミルトン・フリードマンの「企業の本分は利益追求である」という主張に従っていた。マースクはＡ地点からＢ地点に海を渡って商品を運ぶことと、出荷に関連する活動など、いくつかの非常に簡単なことから事業を始めた。今日に至るまで、それが金を稼ぐ方法だった。マースクでのＣＳＲ（企業の社会的責任）プロジェクトはどれも、従業員に満足感を与えるか、会社の評判を上げるためのもので、どちらにしても、簡単に言えば金を使う案件だった。しかし、もはやそうではない。新しい技術がチャンスをもたらしたことによって、ステークホルダー指向とは「金をどう使うかではなく、どう稼ぐか」になるだろう、とスナーベは言った。株主第一主義からステークホルダー第一主義への移行は「もはや結果論などではない」[*15]とも言った。それはビジネスの中核になり得るのだ。しかし、どのようにして？

それを知るために、マースクは「パーパスについての深い話し合い」を始めた。「なぜこの会社を経営しているのか？　マースクはなぜ存在するのか？」と、スナーベは問いかけた。「歴史を振り返って会社のルーツに戻ってみた。そうすれば、私たちがしてきたことについてのステークホルダーは誰なのかを見いだせるだろうと考えた」

しかし、このようにしてもマースクについてすぐに満足のいく答えは出てこなかった。ある日、「私たちは運送会社だ」とスナーベは気付く。「私たちは箱をあちらこちらに移動するけれども、そのことは説得力のあるパーパスではなかった」。もう一段深く考えると、答えが見えた。「なぜ箱を移動するのだろうか？　私たちは、モノの生産地が世界のどこにあっても、グローバル市場に結びつけている。そして、その移動コストは極めて低いので、売り手はほぼコストゼロでグローバル市場に到達し、大幅な収益増を実現できる。だから、私たちは世界中のあらゆる場所に製品を運ぶことで、生活手段を作り出しているのだ」

スナーベはバナナを例に、北欧諸国の厳しい気候に言及して次のように主張する。「デンマークではバナナを生産しない方が良い。バナナを生産地から運ぶことで、マースクは雇用と機会、そして繁栄を生み出せた」。それは、世界貿易を可能にし、それによって人々の生計を立てるという、マースクの最初の貢献だった。そして、冷蔵コンテナのおかげで第二の貢献ができた。「バナナをマースクの冷蔵コンテナに運び込めば、その0・4％しか無駄にしなくて済む。サプライチェーン上の他の部分では平均40％の損失があるのと比較して、食品廃棄物を劇的に削減できる」と、彼は言った。

それはマースクのパーパスの本質を表すものだった。箱を運ぶことではなく、「世界貿易を可能にし、それを通じて繁栄をもたらし、食品廃棄物を劇的に削減すること」だったのだ。突如として、同社の真の目的は箱を移動することよりもはるかに幅広いものになった。そして、同社の仕事は国連SDGsの「働きがいも経済成長も」（目標8）、「つくる責任、つかう責任」（目標12）、「産業と技術革新の基盤をつくろう」（目標9）、「気候変動に具体的な対策を」（目標13）などへの貢献に結びつくことになる。

そこからは、マースクにとって企業活動の優先順位を決めるのがとても簡単になった。石油を掘削し、タンカーで積み降ろしして販売する事業は明らかに目的にそぐわなくなり、しかも環境を悪化させるものでもあった。それらを売却することは理にかなっていた。他方で貿易には、世界経済の影の部分として厳しい視線が注がれるようになっていたのだが、それでもマースクの目標に合致しており、もっとはっきり言えばビジネスの核心だった。そこで、マースクは貿易を守り、世界をつなぐ取り組みを拡大することを選んだ。

環境に対する配慮と矛盾しないよう、マースクは貿易での排出量について野心的なゴールを設定した。「自社の運営を脱炭素化し、事業での成長をCO_2排出量から切り離す」ことを目指し、2050年までにネットゼロエミッション（温室効果ガス排出量実質ゼロ）を達成することを約束したのだ。2008年を基準値に、2018年までに同一条件下で輸送において41％の削減を達成し、引き続きさらに積極的な目標を設定している。スナーベによると、「それは私たちの中核となるビジネスではないが、良いビジネスだ。CO_2排出量の41％を削減するということは、同量の燃料を節約することだ。悪いビジネスではない。それによって私たちはより稼げるようになる」

自社が行う貿易が、幸運な少数の多国籍企業だけでなく、世界中で現実に暮らす人々の生活に利益をもたらすように、マースクは顧客を支援するための多くの目標も追加した。それは「2025年までに中小規模の顧客取引が総収益の10％、eコマースロジスティクスでの売上収益の30％を占める」こと、そして「2025年までにパートナーを支援して、国際間取引に従事する10万社の中小企業（女性経営者が率いる企業を含む）が設立できる」ことを求めている。[*16] これらの目標を設定することで、マースクは、ステークホルダー主義の企業になるということは金を使うことではなく、金を稼ぐことだという見解をはっきりと言い切った。果たしてそれは正しいと証明されるだろうか？

マースクの変革は、他の多くの企業と同様にまだ進行中で、その目標の多くはまだ完全には達成されていない。パーパスを設定し直し、SDGsにどう貢献できるかを問いかけ、そしてすべてのステークホルダーに対する目標にコミットすることで、同社は劇的な方向転換を遂げた。同社の従業員は、スナーベの言葉で言えば「朝ベッドから出る」ための新しい理由を見つけ、投資家や規制当局は、マースクをポートフォリオから外して売却したり規制をかけたりするのではなく、長期にわたって同社を熱心に支持し、好意的な評価を与える理由を見つけた。マースクは誠実に行動し、その理念を実践している。

ステークホルダー主義の企業になるために、マーク・ベニオフがやらなければならなかったことは、マースクでスナーベがやったこととは大きく違っていた。セールスフォースの創業者ベニオフは、未来のビジネスを構築していたからだ。一般にテック企業は、人々の生活をより良くし、製品をより安くするイノベーションをもたらした。それらの企業は、昔の重工業と違って気候への悪影響を及ぼさなかったし、従業員の給料は高く、最高級の福利厚生サービスが用意されていた。少なくとも、それがテック企業に対する一般的な――そしてバラ色の――見方だった。

四代目のサンフランシスコ市民としてベニオフは、自分が育ってきた業界が独自の問題を生み出していると確信していた。最も根本的なこととして、ビッグテックには中核となる根本理念が欠けていると、彼は強く思った。欧州のマースクのような前世代の企業や、スチュアーツという衣料品店チェーンを経営していた彼の父親のような昔のベイエリアの企業家が抱いていた理念がない。以前は、信用・評判・信頼というのは企業にとってマーケティングのバズワードなどではなく、ビジネスを成り立たせる中心的な存在だったのだ。

第四次産業革命の産物である新世代のテック企業にとって、モットーは「素早く行動し破壊せよ」[*17]、そして「許可を求めるな、許しを乞え」[*18]だった。新しいビジネスの世界では、すべてが自在に変形でき、変更することも作り直すこともできるとなると、伝統的な価値観は無意味で時代遅れに思えた。

自分が住む都市と業界の双方にルーツを持つビジネスリーダーとして、ベニオフはそれが問題だと認識した。なぜなら、まず企業の価値観があり、それから他のすべてのものが派生していくからだ。しかし、他の投資家やイノベーターで彼に賛同する者は、ほんのひと握りだった。ほとんどの起業家にとって、自分たちがまったく新しい産業を興し、従来のビジネス慣行を破って大成功し、絶賛されているという現実は、企業責任やガバナンス、信用の構築といった概念を独自に解釈して構わないという自信をもたらしていたのだ。

ベニオフはまた、シリコンバレーでの競争に問題があることにも気付いた。インターネットが登場したとき、彼自身も含め多くの起業家には、新しい会社を興してクライアントや市場シェアの獲得を競うチャンスが与えられていた。しかし近年、市場はひと握りのビッグテックだけに集中するようになってしまった。新しい企業の創業数は史上最低に落ち込んでおり、適切な機会が得られないことで、スタートアップ企業の中には支配的な企業のどれかに買収されたいと望むだけのものも現れた。その結果、競争だけでなくイノベーションも妨げられ、あらゆる種類の新鮮で多様な視点にとって有害となるモノカルチャーを生み出すことになった。

しかし、ビッグテックにとって、寡占企業やさらには独占企業として活動することは問題などではなく、むしろそれに向かって努力すべきものだった。ペイパルとパランティアテクノロジーズの共同設立者で、フェイスブック（現メタ）の初期のアウトサイダー株主であるピーター・ティールは、2014年に『ウォール・ストリート・ジャーナル』紙への寄稿でそのことを強く主張した。編集者が「競争は敗者のためのもの」[*19]と見出しをつけたその論説でティールは、グーグルについて次のように書いた。

グーグルのような独占企業は別物だ。グーグルは誰かと競争する心配がないので、従業員や製品、そして広く世界に与える影響に配慮できる大きな裁量をもっている。グーグルのスローガン「邪悪になるな」は、ブランド戦略の一部ではあるが、それを掲げることが許されるのは、倫理を重視しても自らの存続を危うくすることがないほど成功を収めた企業だけだ。

ビジネスにおいて、金は重要なものか、それがすべてであるかのどちらかだ。独占企業には金を稼ぐ以外のことを考える余裕があるが、非独占企業には無理だ。完全競争の下では、ビジネスは今日の利益に焦点を絞るものなので、長期的な将来など計画できない。企業が日々の過酷な生存競争から脱却できる方法はただ一つ、独占で利益を得ることだけなのだ。

ティールの考えは、ミルトン・フリードマンによる「独占企業のみが良い企業行動のためにお金を払える」を挑発的に言い換えたものだった。理想を持ち成功もしているIT起業家たちには、自分たちの技術と製品はほとんど自動的に世界をより良い場所にできる、だからすべては自身の裁量に任されなければならないという信念がある。ティールは、それを揶揄したのだ。しかし、それは競争に関するフリードマンの教義から導かれるものでもあった。教義では、市場の集中と独占自体は悪いものではなく、消費者物価の上昇につながりがちな性質だけが悪いのだとしている。競争に関するこの見解は、フリードマン支持者の魂の中だけでなく、米国政府の反トラスト政策や、有名ビジネススクールで教えられている事例にまで浸透していた。シリコンバレーでは、ほとんど消費者に無料で製品を提供していたので、確かに問題はない。だが本当にそうだろうか？

シリコンバレー起業家の経済に対する見方は、他の地域に住む人々にとって奇妙に思われるものばかりだった。欧州では、独占的市場は消費者物価に影響がある場合だけでなく、独占企業が市場への影響力を濫用する場合にも問題であるとの信念が規制当局にあった。「特定の製品の全量を支配的企業だけから購入するよう買い手に要求する」（排他的購入）、「赤字覚悟の価格設定をする」（略奪的行動）、また「アンシラリーサービス市場での競争に不可欠な情報の提供を拒否する」[*20]ことも問題となった（訳注　アンシラリーサービスとは、事業の主たる製品やサービスを確実に提供するために必要な、メンテナンスなど補助的なサービスのこと）。このような定義が適用されたことで、いわゆるビッグテックのマイクロソフトとグーグルには反トラスト法に基づく罰金が科され、アップルとアマゾンには調査が入るまでになった[*21]。

だが、巨万の富を築いてもベニオフは、自身が極めて明白な問題だと見なしたもの、すなわち拡大する不平等から目を背けなかった。彼と仲間の創業家や投資家、そして従業員が極めていい生活をする一方で、サンフランシスコのあまり裕福でない人々の中には就業機会や収入を奪われる者もいた。そのため、サンフランシスコ市内とグーグル本社を結んでテックワーカーを送迎するグーグルのバスに文字通り「石を投げ」始める者もいた。『グーグルバスに石を投げる：成長はいかにして繁栄の敵となったか』を著した作家ダグラス・ラシュコフのように、ビッグテックの影響は、まさに持つ人と持たざる人の間の格差を広げる多くの兆候の一つであり、放置されたままでは状況が悪化すると気付いた人もいた。

他方、この問題をただ見過ごした人もいた。サンフランシスコは米国で最も裕福な都市の一つなのに、ホームレス問題が手に負えなくなりつつあった。それにもかかわらず、ほとんどの起業家には、何かできる、何かをすべきだという自覚はなかった。2019年までにサンフランシスコ郡のホームレスは8000人を超えていた。これは2年前より17％増加しており[*22]、2004年に市が表明した、10年でホームレス問題に終止符を打つという意気込み[*23]からはかけ離れていた。これは、ベニオフの父親のような経営者であれば、市民をないがしろにしていると言って真正面から取り組んでいた問題だったかもしれない。しかし、サンフランシスコ市に住むエンジニアたちは、ほとんどが寄付の呼びかけに沈黙し、応じなかった。特に、シリコンバレーを含む一部の大手ハイテク企業にとって、寄付などあり得なかった。そもそも彼らは、拡大路線を採って赤字が出たとしたり、グローバルな税務最適化スキームを利用したり、各国の税制の違いを利用して子会社間で利益をキャッチボールさせたりと、あらゆる手段を使って何年もの間ほとんど税金を納めてこなかったのだ。

ベニオフはあらゆる局面で要請に応えた。この分野における信頼は、長い時間をかけることでしか取り戻せないものだと彼には分かっていた。しかし誠意を見せるために、短期的に取り得る手はあった。たとえそれが業界における自身の立場のためにはならないものであっても、社会全体のためになると考える運動を提唱したのだ。それによって自分が信頼に足る人物だと示せると感じたからだ――利益や成長ばかりでなく、企業がリーダーシップを発揮することで広がる影響も考慮できる人物なのだと。彼は、新しい技術の副作用を指摘して、「技術は万能薬ではない[*24]」と書いた。新たなテクノロジーによって新たな圧力と危険、さらにそれらにともなう新たなモラル上の難題が生じた、と主張したのだ。そして、立場を同じくする仲間に対して、たとえ短期的に利益が下がったとしても、信頼を得ようと心を砕くことが絶対に重要なのだと戒めた。彼はダボスでの会議で「信頼は企業における最高の価値でなければならない。そうでなければ、悪いことが起こるべくして起きるだろう」と述べている。
ベニオフは2016年、さらに一歩踏み込んだ。欧州委員会の反トラスト責任者、マルガレーテ・ベステアーや他の競争政策担当委員に対し、ビッグテックの分割を検討するよう求め始めたのだ。彼は、ビッグテックのいくつかは、イノベーションを生み出すのではなく、競争を妨げ、顧客を囲い込むのに躍起になっていると考えていた。「私たちは、企業が別の企業を買収して、競争を妨げるためにデータを囲い込む可能性があることを見てきた。だから、米国政府がそのことに目を向けようとしないなら、他国の政府がしなければならない」と彼は言い[*25]、その後も何年か同様の呼びかけを繰り返した。ベニオフは、規制当局が「居眠り運転をしてしまう」ために、多くの企業がデータを悪用し、プライバシー保護基準に違反しているのだという確信にたどり着いていた。彼が2019年のダボスでの会議の場を利用して規制を求めたのは驚くことではなかったのだ。「CEOが責任を取らないなら政府が介入するしかないだろうと考えた」と彼は言った。[*26]
このような呼びかけは、ハイテク分野における競合状況を考えればまだ理解できる。マイクロソフトやフェイスブック（現メタ）などが、リンクトインやワッツアップといった企業を買収できるとなると、セールスフォースにとってとても悪い影響が及ぶかもしれないからだ。しかし、時間が経つにつれ、ベニオフの率直な姿勢に触発されて他の経営者も同様の行動を取るようになった。アップルのティム・クックなどビッグテックの経営者仲間が、準備不足のため自ら意思決定できないと考える分野に関して、自社の部門への規制を求め始めたのだ。これは、たとえ遠回しに競合他社を狙ったものであったとしても、テック企業が自分たちの行動の社会的影響を深く考え始めたことを示すものだった。

ティム・クックは2019年のダボスでの会議に先立ち、「テクノロジーは世界をより良い方向に変えていく可能性を秘めているが、それを使う人々の完全な信頼と信用がなければ、その可能性を現実のものにすることはできない」[*27]と書いている。彼は、EUの一般データ保護規則（GDPR）のような規則がない米国において、法律の制定に向けた指針になるべきだと考える四つの原則を提示した。すなわち、「最小限の個人データの使用」、誰が自分のデータを使用するか「知る権利」、自分のデータに「アクセスする権利」、そして、「信頼のために不可欠」な「データセキュリティーの権利」である。

2020年、フェイスブック（現メタ）のマーク・ザッカーバーグが規制を求めるこの動きに加わった。彼は欧州委員会に対し、規制によって「企業が間違いを犯した場合に責任を負わせる」ことができるよう、政治広告やユーザーデータのポータビリティー（訳注　ユーザーが、プラットフォームやソーシャルメディアなどに蓄積したデータ＝個人情報を、別のサービスへ移るときに持ち運びできること）、そして自社のようなテック企業に対する監督について、より厳格な規則の施行を検討するよう提案したのだ。[*28]しかし重要なことは、彼が課税に関する新しい規則も支持したことである。「ハイテク企業は社会に奉仕すべき」だと彼は書き、「それには企業レベルで行うことも含まれるので、インターネットのための公正なグローバル税制を作ろうとするOECD（経済協力開発機構）の努力を支持する。（中略）規制は短期間にはフェイスブックのビジネスを損なうかもしれないが、長期的には私たちを含むすべての人にとって良いことだろう」とした。

このような提案を批判するのは簡単だし、グローバルな競争の一環であることも理解できなくはない。そうではあっても、これらの提案には大きな意味がある。第四次産業革命を支配するハイテク分野の成熟に向けた新たな段階を示すものであり、また、より良い規制への一歩ともなる。
結局のところ、ステークホルダー主義の企業になる上で違いを生み出すものは、言葉ではなく行動である。ベニオフの場合、これは少なくとも二つの面での行動を意味した。第一に、彼の会社も含めシリコンバレーがダイバーシティー（多様性）の問題を抱えていることを認識したベニオフは、外部の顧問会社を招いて自社の給与と人事慣行を見直した。これにより、セールスフォースでの男女の賃金格差が明らかになり、経営陣は同じような仕事をしているのに賃金を抑えられていた人に対する契約を正すようになった。そして第二に、故郷であるサンフランシスコ市のホームレス問題の現実に立ち向かうべく、ベニオフは自社のようなビッグテックに課税し、ホームレス問題の構造的な解決のための資金とすることを支持すると決めた。提案C（「ホームレス税」）と呼ばれるこの市への直接請求の内容は、サンフランシスコ市内に本社を置く企業が5000万ドルを超える企業収益を上げている場合、0・5％の課税を打ち出すものであった。[29] 影響を受ける他のテック企業の経営者はこの法案に反対の声を上げたが、ベニオフにとってそれは、自分と自分の会社が我が家と呼ぶコミュニティーに恩返しする方法だった。『ニューヨーク・タイムズ』紙への寄稿[30]で、彼は自身がこの提案を支持する理由について分かりやすく説明し、ステークホルダー資本主義の時が来たのだ、と以下のように述べた。

提案Cは、私たちのコミュニティーと、ひいては私たちの国における企業の役割に関する住民投票だ。企業の本分はもはや単なる金儲けではない。私たちの義務は、株主のために利益を増やすことだけではなく、顧客、従業員、環境、そして私たちが働き、暮らすコミュニティーという、より広範なステークホルダーに対して責任を負うことである。最も裕福な企業や企業経営者が、私たちの中で最も弱い人々に歩み寄って恩を返す時が来たのだ。

これは、ベニオフやスナーベのようなリーダーの発言、そして彼らが率いる企業の後ろ盾となる行動であり、第四次産業革命の時代におけるビジネスのより広範な責任を思い起こさせるものだ。今この時代の企業は、損益計算書の枠を超えて視野を広げるべきであり、彼ら先駆者たちはすでに行動に移している。

進んでこの道を選択しようとする人にとってビジネス面で重視すべき事項は、すでにスナーベやベニオフなどがほとんど明らかにしている。それは以下のようなものだ。

■競争において機会均等を受け入れること
■労働条件と従業員のウェルビーイングの改善のために努力すること
■自社が活動しているコミュニティーを支援すること
■環境とビジネスの長期的なサステナビリティー（持続可能性）に配慮すること
■公正な応分の税負担を行うこと

これらは、私たちのモデルが定める通り、『ダボス・マニフェスト2020』や、すべてのステークホルダーの利益のために行動するという一般的な概念で規定される活動である。すべての企業が個別にこれらの目標にコミットし、根本的な問題に取り組むならば、株主資本主義の行き過ぎの多くは自然に根絶されるだろう。マークとセールスフォースの例は、その主張を良く証明するものとなっている。

それは、企業改革を経営陣の善意に任せておけばよいということなのか？　そうではない。知っての通り、経営では数字が物を言うので、ステークホルダーとしての経営者の責任も数で測られなければならない。前章で簡単に述べたように、最近、この面で大きな進歩があった。昨年末、バンク・オブ・アメリカのＣＥＯ、ブライアン・モイニハン[*31]が率いる世界経済フォーラムの国際ビジネス評議会は「ステークホルダー資本主義指標」を発表した。これは、ＥＳＧ目標に対する企業の進捗状況を測定し数値で示すことで、利益以上の目的のために最大限利用できるようにするもので、具体的には、以下の四つの柱からなる[*32]。

■**ガバナンスの原則**の柱には、以下の点についての指標とそれを開示することが含まれる――会社が表明したパーパス、取締役会の構成（関連する経験、性別、少数派のメンバー、ステークホルダーの代表）、ステークホルダーエンゲージメント（ステークホルダーにとって重要な事項が何であるか？　それらについてステークホルダーとどのように議論されたか？）、腐敗行為防止の取り組み、非倫理的行為や違法行為の報告の仕組み、そしてビジネスプロセスに影響を与えるリスクと機会

■**地球**の柱には、以下の点についての指標とそれを開示することが含まれる――関連するすべての温室効果ガス排出量（およびパリ協定の目標に則した達成計画）といった気候変動に関する指標や、事業活動での土地利用とそれが生態系に与える影響の度合いに敏感であるか、そして水ストレス地域での水利用と取水

■人の柱には、以下の点についての指標とそれを開示することが含まれる――ダイバーシティーとインクルージョン（経営陣と従業員の構成が多様であるか、また互いに尊重し合い様々な意見を受け入れているか）、賃金は平等か（男性と女性で、少数民族と多数派の民族で、など区分けごとに）、賃金の水準（報酬の中央値に対するCEOの報酬の比率、法定最低賃金に対する初任給の額の比率）はどうか、また児童労働や強制労働、従業員の健康問題や業務の安全性（事故件数と対策の説明）といった問題についてのリスクを検討しているか、そしてどのような研修が行われているか

■繁栄の柱には、以下の点についての指標が含まれる――従業員の離職数と採用数、企業が経済にもたらす貢献の度合い（プラスは賃金や低所得者・社会的弱者へのコミュニティー投資として、マイナスは受け取った政府援助として表れる）、金融投資と研究開発費、および納税額（法人税、付加価値税や売上税、固定資産税、雇用主負担の給与税、その他）

これらの指標について報告することで、経営幹部や取締役会は、自分たちの手法のうち変える必要がありそうなところを理解でき、他のステークホルダー（従業員、顧客、サプライヤー、投資家、NGO、政府など）は、ステークホルダー指向の企業の業績を判断できるようになる。ステークホルダー資本主義指標は、早ければ2022年にも広く採用される可能性がある。バンク・オブ・アメリカやオランダの化学企業DSM、電機メーカーのフィリップス、そして先に述べたマースクやセールスフォースといった企業などの間で、早くもステークホルダー資本主義指標への支持が広がっているからだ。この指標に関する協議プロセスでは、国際ビジネス評議会の会員140社のうち3分の2以上――多くのグローバル大企業を含む――が指標を支持し、いわゆるビッグフォーと呼ばれる四

大会計事務所（デロイト、ＥＹ、ＫＰＭＧ、ＰｗＣ）のすべてが、指標の開発に協力したのだ。彼らは、この指標がグローバルスタンダードとなるよう支援に精力を傾けてくれている。このように、ステークホルダー資本主義指標は、ステークホルダー資本主義の概念を実践に移すための大きな一歩となるものだ。

このことは、企業の活動を縛ることを意味しないし、いったんＥＳＧ指標の測定にサインして登録すれば何をしてもいいというものでもない。しかし、本章で紹介したような企業とは違って、ステークホルダー主義を掲げるとはどういうことかまだ定義できていない企業にとっての助けにはなる。短期的利益だけを最大にしようとしている企業に投資家は我慢できなくなってきているから、ステークホルダー資本主義指標を採用することが、これまで以上に重要な課題となっているのだ。この点について、ラリー・フィンクの例を見てみよう。[*33] 彼はブラックロックを世界最大の民間資産運用会社に育て上げ、世界中数多くの上場大企業の主要株主として無視できない発言力を持っている。

数年前、フィンクと彼の仲間の投資マネジャーは、ステークホルダー主義に基づく目標ではなく、より狭い短期的な財務利益だけを念頭に置いて経営する企業に警鐘を鳴らし始めた。そのような短期主義のアプローチは、社会、地球、そして結局のところ投資家や企業自身に多大な損害を与える恐れがあり、変える必要があったのだ。それが、２０１８年のフィンク・レターで彼が伝えたメッセージの趣旨だった。「社会は、公的機関と民間企業双方に社会的なパーパスを果たすよう求めている」と、フィンクはレターに書き、「長期にわたって繁栄するため、すべての企業は財務面で業績を上げるだけでなく、自社がどのようにして社会にプラスとなる貢献をするか示す必要がある」とした。

利益志向のウォール街カルチャーの中で、フィンクのメッセージは株主にも観測筋にも驚きをもって迎えられた。「資本主義の本質について、あらゆる疑問を提起する一大転機となるかもしれない」と『ニューヨーク・タイムズ』紙のコラムニスト、アンドルー・ロス・ソーキンは書いた。[*34・*35]しかし、むしろ遅すぎるくらいだと考える人もいた。『フィナンシャル・タイムズ』紙のジリアン・テットは、自身のコラムで指摘している。[*36]たとえブラックロックが年次書簡でESGの思想を擁護していたとしても、「環境団体は、資産運用会社が主力の投資商品を通じて化石燃料などの分野に資金を投下し続けていると不満を訴えている」

画期的なフィンク・レターの後、ESG問題に対してより多くの行動を取るようステークホルダーに促すブラックロックと、ブラックロックの行動は十分ではないと批判する気候活動家との間の議論は堂々巡りが続いたが、時が経つにつれ、それはより良い結果につながる気配を見せた。2019年、権利擁護団体マジョリティ・アクションは、企業に対する気候変動関連の決議でブラックロックが株主として賛成票を投じたのは12％に過ぎなかったと分析した。[*37]それに応えて、2020年のフィンク・レターは、ブラックロックが「サステナビリティーを投資プロセスの中心に置く」つもりであるというメッセージを発した。[*38]その直後に再び「気候変動偽善」だと非難されると、ブラックロックは「地球温暖化への取り組みが進んでいない50社以上を罰する」ことで応じ、[*39]株式を保有する別の191社に「十分な進展が見られない場合には、2021年に議決権を行使する際、経営陣の提案に反対票を投じる可能性がある」と警告した。

フィンクはまた、本書の取材時に自身のESGに対する約束を守ると明言した。「大事なことは短期的な利益ではなく、会社の長期的な存続可能性だ」と彼は言い、そのような長期的な観点で見ると「ステークホルダー資本主義モデルはより大きな利益を生み出す」とした。つまり、「企業が事業を展開している社会でより良いつながりを生み出せば、社会の側はその企業とさらに多くのことをしたいと思うようになる」ということだ。[*40] さらにフィンクは、「資本主義的な観点から見てもステークホルダーモデルがより適している」と言う。なぜなら「株主資本主義に焦点を合わせているだけの企業はスピード不足になる」からだ。そのような企業は利益と成長の追求に目がくらんで、新しい世代の好みの変化や懸念など、長期的に企業に影響を与えるマクロトレンドが見えず、自社の活動の根本的な推進力を理解できない。そして結局のところ、そのせいで彼らは終焉を迎えるかもしれない。この点について、最後にエンロンの物語を見てみよう。

■ ■ ■

エンロンは、株主のほうだけを向くことの危険性を学ぶための格好の例だ。テキサス州に本拠を置くこのコングロマリットは、1980年代半ばにヒューストン・ナチュラルガスとインターノースという二つのエネルギー企業の合併で誕生した。この2社とも、天然ガスなど化石燃料の探査、生産や流通を行う企業として立ち上げられた。[*41] エンロンがステークホルダー主義の考え方に沿って会社のパーパスを再検討していれば、同社が雇用とGDPの面で大きな足跡を残してきたテキサスやネブラスカのような州で、引き続き役割を果たせる方法を見いだせたかもしれない。徐々に再生可能エネルギーの生産に方向転換したり、エネルギー効率に特化した研究開発会社に再編したりして、エネルギー供給先の人々の生活を向上することにつながったかもしれないのだ。しかし、ご存じのように、そうはならなかった。

1980年代と1990年代のM&Aブームと規制緩和の波に乗り、同社の新しい首脳はむしろ、短期的により良いリターンが得られる事業への多角化を推し進めた。エネルギー会社よりも金融サービス会社として活動し、短期的なエネルギー取引に向かったのだ。会計上の理由や、コストの隠蔽、利益の押し上げなどのために、特別目的会社（訳注　資産買取り、資金調達証券発行、信用補完、収益配分を行う会社）をたくさん作った。合法的にそうする機会を得るや否や、エンロンはエネルギー供給を支配している州で価格を引き上げ、会社には天文学的利益をもたらしたが、消費者にとっては悲惨な結果となった。

エンロンの経営陣は、ステークホルダーに向けた長期的な方向性を持つのではなく、短期的に収益と利益を膨らませることだけを考えた。何年もの間、それはうまくいっただけでなく素晴らしい効果をもたらし、エンロンは誰もが嫉妬するほどの収益と利益を上げる巨大なコングロマリットとなった。そして社内でそれに手を染めている者を除いて、エンロンの成功の大部分が欺瞞と腐敗の上に成り立っていたことは、まだ知られていなかった。結果として、エンロンは「最も革新的な企業」の番付、フォーチュン500に何度か選ばれ、その見かけの成功の恩恵にあずかろうと熱望する投資家や従業員を引きつけたのだ。

しかし、エンロンの物語が嘘であることは最終的に露見した。経営陣は収益性をこれまで以上に高めるのではなく、コストを隠し、虚偽の収益を報告し、投資家と政府の監督者の両方を欺くことにますます長けるようになっていて、2001年に真実が明らかになると、同社は破産を宣言するしかなかった。彼らが15年間作り上げてきた巧妙な仕掛けは、結局のところ空っぽだった。CEOやCFOを含む同社の経営幹部の何人かは、不正行為で有罪判決を受けた。[*42] 彼らは利益を生み出し株主価値を向上させることだけに狙いを定めたが、最終的にはその逆となった。投資家はだまされ、同社の価値はピーク時の査定額に比べればほんのわずかになってしまった。

しかし、エンロンの物語には学ぶべきものもあった。米連邦破産法第11条に基づく倒産手続きの完了後、エンロンの事業には貴重な部分がまだ残っていることが判明した。それは、同社を構成した元の天然ガス会社2社の一つ、インターノースだった。具体的には、1930年代初頭からずっとネブラスカ州オマハで操業していたインターノースの一部門、ノーザンナチュラルガスが、地域の人々にエネルギーを供給するという本来の目的を、非常にうまく行っていることが分かったのだ。

買い手は簡単に見つかった。オマハにずっと暮らしている億万長者の投資家ウォーレン・バフェットが、この部門の残りを元の購入者から買い取り、[*43] バークシャー・ハサウェイ・エナジーの下で成功させた。その企業は今も操業中で、成功の理由は、ステークホルダー指向のミッションにもっと注意を向けたことである。ノーザンナチュラルガスは「天然ガスを供給するだけでなく、顧客の生活を改善するサービスと手段と資源を提供する」と表明している。[*44] この教訓は覚えておいて損のないものだ。

■
■
■

ここまでステークホルダー企業や企業のリーダーシップがどのようなものかを見てきた。残る章では、経済と社会において重要な役割を果たしている他のステークホルダーに目を向けていこう。

第10章 コミュニティー

ニュージーランドの新型コロナ危機対策

２０２０年3月初めの数週間、ニュージーランドのジャシンダ・アーダーン内閣は難しい選択を迫られていた。新型コロナウイルスの感染拡大を食い止めるべく国内全域に厳しいロックダウンを実施するのか、それとも、急激な景気悪化を避けるべく経済を回すのか。当初、どこから見ても絶望的な状況に思えた。国民の命か生活に――恐らくはその両方に、ダメージを受けそうだった。ニュージーランドは太平洋にぽつんと浮かぶ島国で、医療制度も充実していた。だから実際は、政府の締め付けを厳しくしなくてもウイルスに耐え得る絶好の条件がどこの国よりも整っていた。それでも、イタリアやイランなどが陥った状況を見て、国民は戦々恐々としていた。それらの国では、ウイルスが蔓延して手がつけられなくなっており、国民の健康も経済もひどいことになっていたからだ。人命と経済のどちらを優先する政策をとれば、ニュージーランドのダメージは最小限に留められるのだろうか？

アーダーン政権にとって有利な点が一つあるとすれば、他国で起きていた事例を参考にできたことだ。新型コロナウイルスが最初に発見されたのは、2019年。場所は中国の武漢だ。2020年初頭までに国内各地に広がり始めたところで、このウイルスは感染力が極めて強く、どうやら致死率も高いことが見えてきた。2月になると、ウイルスは国境を越え、このままだと世界の多くの地域で感染者が爆発的に増えることが目に見えていた。中国の様子を見ていた諸外国の人々はこの頃ようやく、パンデミックになったらどれだけ深刻な事態になるのかに気付き始めた。新型コロナウイルス感染症はまずタイ、日本、韓国といったアジア諸国で広がった。そのうちそれが欧州、中東、オーストラリアにも押し寄せると、太平洋に浮かぶ島国であるニュージーランド国民の懸念は膨らみ、他国の失敗から学ぼうとする政府の気運も高まった。

やがて、ウイルスがニュージーランドに上陸した。2月28日、初の陽性患者が国内で確認された。イランからの帰国者だ。それから数日間で、さらに多くの陽性患者が確認され、最初の市中感染者も見つかった。3月中旬になると、日々の感染者数は数十人になった。内閣と国内の権威ある公衆衛生専門家が会合を開いたが、意見はまとまらなかった。ジャーナリストのアリス・クラインが科学誌『ニュー・サイエンティスト』に書いた記事によると、スウェーデンが最終的に採った政策をたたき台に、比較的軽い対策を支持する専門家もいたという[*1]（スカンジナビア諸国では店舗や学校、職場を強制的に休業させなかった結果、最終的に何百万人もの国民がウイルスに感染し、多数の死者が出た）。もっと強硬な措置を主張する者は、厳しいロックダウン、経済活動のほぼ全面停止、移動の禁止を促した。このような措置が、感染カーブの上昇を抑えるのに役立つだろうという判断だったが[*2]、それでも反対意見は出た。強硬派だった疫学者マイケル・ベイカーによると、一部の同僚は彼の案をやり過ぎだと考えたという。「ノミを殺すのに、大きなハンマーを振るうようなものだとも言われた[*3]」と彼は語っている。

3月21日に、アーダーン首相は政府の方針を発表した。ベイカーらが提唱した「ハンマー」案を採用することにしたのだ。ほぼ一夜にして、ニュージーランドの社会生活は停止することになった。全国民が自宅待機を強いられ、学校は閉鎖され、日常生活の維持に不可欠な店舗以外は営業を停止する。経済は甚大なダメージをこうむるだろう。ところが、最初のロックダウンが実施された数日後の演説で、アーダーン首相は経済面の影響だけをくどくどと語ったりはしなかった。それよりも、はるかに大事だと考えることに人々の目を向けさせた。「今回発表した措置を取らなければ、最悪の場合、数万人ものニュージーランド国民が新型コロナウイルス感染症で亡くなるだろう」と国営テレビで語った。[*4]「皆さんが今後数週間、やりたくてもやれなくなること、人との交流が途絶えてしまうこと、自宅に一人待機すること、そして子どもを退屈させないよう心を砕くこと――そのすべてが、文字通り命を救うことになる。大勢の命を」。首相は自分の考えをこう説明した。「最悪のシナリオはとても耐えられない。ニュージーランド開国以来最悪の死者数を出すことになるだろう。そんなことは、断じてあってはならない」

たった2年ほど前に37歳で首相に就任し、当時世界一若い女性のリーダーになったアーダーン首相にとっては思い切った動きだったが、[*5]たちまち国民の賛同を得た。国内で大きな影響力を持つ各界のトップも、多くが即座に政府の方針を支持した。ニュージーランド最大の小売業の創業者スティーブン・ティンダルもその一人だ。[*6]彼は4月初旬に行われた『ワシントンポスト』紙とのインタビューでこう答えている。「あれくらい素早くシャットダウンしていなかったら、もっと長い間、苦しい状況が続いただろう」。ティンダルは、自分の事業が受ける短期的な、あるいは狭い範囲の影響に無駄に気をもむより、全体を俯瞰した視点を持つべきだと考えた。そして、国民が実によくルールを守ったのは、首相が国民の身になって考える姿勢を見せたことによるところも恐らくある。財務大臣に経済への影響を尋ねたり、警視総監にロックダウンにともなう強制措置についての説明を求めたりするよりも、首相は国民に「他人に優しく」と語りかけることを優先した。

「皆さんにはぜひ、助け合っていただきたい。今晩、家に帰ったら、ご近所の人が無事か気を付けてみてほしい。近所でまず、電話連絡網を作ろう。お互いにどうやって連絡を取り合うか、相談してみよう。この状況を共に乗り越えるには、協力し合うしかない。強くなろう。そして、優しくなろう」

アーダーン首相、ニュージーランド政府、そして国民の素早い対応は効果てきめんだった。ほんの数週間で、国内の新規感染者数は減り始めた。5月になると、1日5人にまで減り、初めてロックダウンの緩和措置を取ることができた。月末には、市中感染者数が連日ゼロになった。6月に新規感染者がいなくなったところで、国内すべてのロックダウン措置が解除され、7月になる頃には、新規感染者ゼロは2カ月以上続いた（外国から戻ってニュージーランドの検疫で陽性と判定された人はいた）。まとめると、新型コロナ危機の第一波で亡くなったニュージーランド人は（総人口約500万人に対して）25人に満たず、社会生活や経済活動はたった3カ月でほぼ平時に戻った。ただ、経済はもちろんダメージを受けた。オタゴ大学経済学者のムーラット・ウンゴールの分析によれば、2020年1～3月のGDPは、1991年以来最大となる1・6％も下落した。*7 2020年10月には、その年全体で6％以上減少するとIMF（国際通貨基金）は試算した。*8 その原因の一端は、初期のロックダウンが直接影響を及ぼしたり、観光業のように丸ごと不振に陥った業界があったりしたからだ。

しかし、GDP成長率にはこだわらないことにした国とそのリーダーにとって、一時的な経済的負担は問題にならない。まず犠牲者の数を抑えられるし、長期的には他国よりも早く経済活動が普通の状態に戻ることが見込まれたから、負担はすぐに回収できるだろうと踏んだのだ。前者については、努力は報われた。次の結果も、半年から1年後には分かるはずだ。

その判断を下すことは、恐らく難しくなかっただろう。GDPとは別の指標を使った方が、そうした判断はしやすいものだ。その1年と少し前、ニュージーランドはちょうど生活水準フレームワーク（LSF）のダッシュボードを作っていて、これまでのGDP成長率に加え、幸福に関する指標を幅広く設けていた。このダッシュボードは「省庁を横断してウェルビーイングの優先順位について政策を助言する」ために作られ、定期的にアップデートされた。

このような広い視点から新型コロナ危機を眺めると、「キウイ（ニュージーランドっ子）」の取り組みは理にかなっている。確かに、短期的にはGDP成長率はマイナスの影響を受けるだろう。しかし、国民の健康、安全や治安、社会のつながりなど、LSFダッシュボードで測定する指標はすべて、プラスになる。LSFダッシュボードは、完成させたらそれで終わりというものではないし、統治に関してニュージーランドがこれまで行ってきた別の取り組みを反映するツールもある。だがこれは、ステークホルダー資本主義を支える原則や考えとも相性のいいアプローチとも言える。つまり、誰もが持ち場をしっかり守れれば、社会はうまく回るということだ。具体的には、利益やGDPを追うより、世の中が良くなることが大事であり、誰であれ、社会や経済に貢献したら評価されなければならない。政治家や大企業の経営者ら社会の指導層が力を発揮する一方で、現場の労働者など社会を下支えする人たちにも活動の権限が与えられる。この両方が大切なのだ。

このような、あらゆる人を受け入れるステークホルダー的なアプローチなら、長期的にも短期的にも、企業にとっても労働者にとっても、状況が良いときにも悪いときにも結果を出せる。ニュージーランドで新型コロナウイルスの感染者がゼロの状態が数カ月続くと、国内の研究者は、自国の対策がここまでうまくいった理由を次のように語った。「私たちは国として団結した。そうできた理由の一端は、国民が政府や医療専門家が結果を出すと信じ、彼らが期待に応えてくれたからだ」。2020年7月にマッセー大学のコミュニケーション・ジャーナリズム・マーケティング学部の上級講師ジャガディーシュ・トーカー博士は『ガーディアン』紙の取材にそう答えている。[*9] また「ほとんどすべてのニュージーランド国民が新型コロナウイルスについて重要な事実を正しく理解し」、その指示に従って行動し、こまめな手洗いの習慣を取り入れて、ソーシャルディスタンスを実施した。[*10] これは、長距離レースのような新型コロナウイルスとの戦いでは必勝戦略だ。

やがて2020年8月にウイルスが再び現れ、ある食肉輸入工場で労働者とその家族からクラスターが発生したときも、ニュージーランドはすぐに振り出しに戻ってその闘いをやり直すことができた。『ニューヨーク・タイムズ』紙が一言でまとめた表現[*11]を借りれば、アーダーン首相は同じ判断で再び「厳しい、早目の」措置を取り、ほんの数週間で第二波を食い止めた。アーダーン内閣の対応は国民に評価された。新型コロナウイルスの感染者がゼロの状態で行われた2020年10月の総選挙で、アーダーンは歴史に残る圧勝を収めた。

ニュージーランドの事例は、より広い範囲にも当てはめることができる。新型コロナ危機は世界中で、感染症の爆発的流行に対処する準備が整っている国とそうでない国の違いをあらわにした。うまく対応できた政府には、特徴的な共通点があるという指摘もあった。女性のリーダーが率いる国は、対応がうまくいったと言える。この指摘は2020年6月にリバプール大学のスプリヤ・ガリキパティとレディング大学のユマ・カムバムパティによってデータで裏付けられた。[*12] この二人の研究者は、ドイツ、デンマーク、フィンランド、アイスランド、そしてもちろんニュージーランドのように女性がリーダーである国のパンデミック対策は、そうでない国の対策よりも成功していると述べ、その理由として女性リーダーが採用する「機先を制し連携の取れた対応策」と、リスクを嫌う傾向（それゆえ死者が数人出たところでロックダウンを実行した）や共感性などの共通する資質を挙げた。[*13] 他の学者やジャーナリスト（こちらはデータによる裏付けはないが）もまた、概して女性リーダーの方が男性リーダーよりもあらゆる人を受け入れようとする姿勢があり、様々な考えを聞く耳があり、科学を認める傾向が高いと言い切る。[*14]

私もまた、ある共通点に気付いている。今回の新型コロナ危機にうまく対応できたリーダーの多くが、「社会全体」を見据えた対応を選んでいるのである。こうしたリーダーたちは、すべてのステークホルダーに目を配り、受け入れた。[*15] それがつまり、先に述べたように感染症対策にとってだけではなく、国家、都市、州、そしてコミュニティー全体を導くことにとっても最良の処方箋だったのだ。それではここで、新型コロナ対策を超えて一般化した場合に、政府にとってステークホルダー主義的な取り組みとはどのようなものになるのか、詳しく見ていこう。

国のかじ取りに重要なこと

国および地方の政府がその任務を全うするにはどうするのがベストかという問いには、これまでなかなか答えが出なかった。本書でも紹介したように、近年多くの政府がＩＴ技術の進歩に遅れを取った上、うまく対応できなかったために、安定した課税基盤の維持と格差の抑制が困難になっている。その上、自由市場を規制することもますます難しくなってきた。どうすればもっとうまく対応できるのか？

もちろん、20世紀の経済思想に戻っても意味がない。だからといって、保護主義や自給自足経済に舵を切っても、長くは続かない。20世紀に多くの国が気付いたように、こうしたやり方は物価上昇や技術進歩の遅れを招き、社会はより貧しくなり、停滞する。こういう状況を、旧ソビエト連邦の支配下にあった国をはじめ、閉鎖経済を実践した多くの国が身をもって体験した。さりとて、自由放任主義もまた正解ではない。そういった政策を取り入れると、格差はとめどなく広がり、国民感情や世論はこれに反発する。アルゼンチン、ブラジル、ボリビア、メキシコやベネズエラといったラテンアメリカの多くの国々は、２０００年代あるいは２０１０年代のある時点で新自由主義的政府から「21世紀の社会主義」に転じている。理由の一つは、市場に依存し過ぎた結果生まれた経済格差だ。このような振り子の揺れ戻しは往々にして悲惨な結果を招くこともあり、私たちの生きる現代には新自由主義的イデオロギーと社会主義のどちらもそぐわないことが分かっている。

政府がその力をいかんなく発揮するには、もっと実利的なやり方を選ぶべきだ。端的に言うとステークホルダーモデルにおける政府の主な役割は、全員を豊かにすることだ。つまり、政府はすべての当事者がそれぞれの豊かさを思う存分追求できる社会を実現させなければならない。しかもそれは、人と地球のどちらにとっても公正に行われなければならない。

　そのやり方は、主に三つある。第一に政府は、すべての人の社会への貢献を評価し、すべての人に平等な機会を提供し、極端な格差が生じたら歯止めをかけるべきである。第二に、政府は自由市場で事業を展開する企業を調停し、かつ規制すべきである。第三に、未来の世代を守る見地から、環境を破壊する活動を止めさせるべきである。

　第一の課題、つまり、人々に平等な機会を与え、極端な格差を抑制するには、昔からある三つの社会的ニーズ――教育、医療、住宅にウエイトを置けば、政府はいかんなくその力を発揮できると私は考える。この三つに加え、人々がますますインターネットに依存する現代社会では、「デジタルコネクティビティー（ネットへの接続のしやすさ）」を四つ目の重要な柱にすべきだ。中国から米国まで、これらの分野は社会にいるすべての人に関わることである。また、政府にとって手強い課題もたいがいはここから生じる。

　まず、三つの大切なテーマである教育、医療と住宅について考えてみよう。たとえば中国の状況について、清華大学経済管理学院の白重恩《バイ・チョンエン》院長[16]は私たちの取材にこのように答えた。「現在見られる格差においては、これらが重要なファクターになる」[17]。中国経済が1970年代後半から少しずつ開放された当時のことを彼はこのように語った。「全員に同じ機会があったわけではない。人よりも様々なリソースを利用できた人もいた。そうした状況は、格差と経済成長のどちらにもプラスにはならなかった」。とりわけ都市生活者は医療制度、社会サービスや教育の恩恵を受けやすかった。それに引き換え、地方では2003年まで健康保険制度はなく、教育に至っては両親の戸籍によって受ける資格が制限されていた。都市戸籍がなければ、都市部の名門校には基本的に通えない。都市生活者の間でも、優先的に住む所が決まる者と、そうでない者がいた。時と共に都市開発が進んでいわゆる「第一級」「第二級」の都市が急速に発展すると、こうしたもともとの格差がさらに広がり、不平等は制度として固定化された。機会すら与えられない人も大勢いた（ただし、白院長によれば、中国のジニ係数がピークに達した2010年頃まで、国民総所得に対する労働所得の割合を示す労働分配率はどんどん底に落ち込んでいた。高学歴労働者の賃金とそうでない労働者の賃金差を示すスキルプレミアムも低下し始めた。これらはすべて、労働者のスキルは向上したが、にもかかわらず所得格差が過去最高レベルに達していたことを示している）。

教育、医療、住宅の利用機会に格差があるという話は、米国人にとっても身につまされる話である。特に有名なのは、人種によって土地利用を区分けするゾーニング政策だ。20世紀後半に入るまで、多くの米国の都市ではアフリカ系米国人の住人を、良い学校、居住地域、職業から締め出していた。それだけではない。民間企業もまた、これに大いに加担していた。そういった意味でとりわけ有名な事例に、いわゆる「レッドライニング（赤線引き）[*18]」がある。一部の地域で銀行が、融資の可否を人種によって決めていたのだ。現代でも社会正義を問う運動が勃発する理由の一つに、こうした日常的な差別の多くが決して消えてはいないということがある。公民権法ができ、その後法律による様々な改革が重ねられても変わってはいない。

また、教育、医療、住宅の格差は、人種差別が原因とは限らない。米国の一流大学の多くには現在に至るまで、いわゆる「家族入学優遇制度」がある。親が卒業生であったり、あるいは親が多額の寄付を納めていたりする子女は優先的に入学が許可されているのだ。また、米政府は何十年も前から住宅の取得を奨励してきた。そこに、不動産担保証券や債務担保証券など金融イノベーションが生み出した不透明な商品が考案された揚げ句、2008年の住宅危機を引き起こし、膨大な数の米国人が家や職を失った。今なお、当時の危機から経済的に立ち直っていない人もいる。

さらに、本書執筆時点のデータでは、2018年の時点で全人口の約10％に当たる2800万人ほどの米国人が、健康保険に加入していない。[*19] また加入している米国人にとっても、医療費は他のどの国よりも高額であることが多い。たとえば、米国の国民一人当たりの医療費はOECD諸国の中でも圧倒的に高く、健康保険でカバーされる費用に加えて、診療時に発生する自己負担分やその他の付加費用も高額になることが多い。このような長年にわたる不平等が、2020年に新型コロナ感染症拡大と相まって、米国の公衆衛生にダブルパンチを浴びせ、社会と経済に重大な局面を招いたのも驚くべきことではない。

前出のデジタルコネクティビティーもまた、非常に大きな問題だった。第四次産業革命真っただ中の今、インターネットへアクセスできるかどうかは、ひと昔前ならクルマやバイクを持っているか、あるいは石油が手に入るかというようなものだ。インターネットが普及した途端に、それを利用できる層とできない層との間の「情報格差（デジタルデバイド）」が浮き彫りになった。デジタルコネクティビティーが不可欠な仕事やサービスが増えるにつれ、富の配分が大きく変化した。それが今に至るまで続いている。たとえばどの調査を見ても、[*20・*21] 今回のパンデミックの最悪の時期に、信頼できるユビキタスな（訳注　いつでもどこでも誰でも利用できる）インターネットが使えるかどうかで明暗が分かれたことが分かる。安定したインターネットが使えてパソコンやタブレットを持っていた人は、何の抵抗もなくテレワークに切り替え、仕事と収入を維持できた。同じように、インターネットを利用できる子どもは学校の授業を続けられたが、利用できない子どもはタブレットなどを持っていても家で自習せざるを得ないことが多かった。診療所や病院に行くのをためらう人も、遠隔医療で医療相談を受けられた。スマートフォンの普及率が高いシンガポールのような国では、効率のよい検査とブルートゥースアプリを使った追跡対策をかなりスムーズに導入できた。[*22]

ステークホルダー政府の見本、シンガポール

先に紹介した二つの例が示すように、国がその主な機能を正しく使うのはなかなか難しい。ところが非常にうまく実践している国もある。北欧諸国やニュージーランド、シンガポールなどだ。これらの国々を見れば、他の国（はるかに巨大な国であっても）にとってヒントになるだろう。

中でも典型的な事例は、シンガポールだ。東南アジアの半島の突端にある人口500万人のこの都市国家は、第6章でも紹介した通り、1960年代以降目覚ましい技術的・経済的転換を遂げた「アジアの虎」の一つだ。現在では、アジアにおける技術と貿易のハブとして重要な役割を果たしている。ここに到達するのに決め手となったのは、すべての国民に高水準の教育、医療制度、住宅を提供しようとする政府の取り組みだ。こう聞くと、驚く人もいるかもしれない。シンガポールといえば、きらびやかな高層ビルが立ち並び、世界を飛び回る幸せなひと握りの人々のための国のようにも見えるからだ。『ブルームバーグ』紙に最近こんな記事があった。「アジア系セレブを描いた映画『クレイジー・リッチ！』の主な登場人物は、シンガポールで豪華なマンションと植民地時代に建てられたホテルを行き来して暮らしている。しかし実際には、この国に住む大多数の人々は政府が建てたこぢんまりとしたアパートに住んでいるのだ[*23]」

シンガポールの住宅開発庁（ＨＤＢ）が建設・管理する公営住宅は、米国や欧州の都市にある公営住宅と基本的にはさほど変わらない。つまり、あっさりした外観の集合アパートで、ある特定の層の人のために建てられたものだ。ただしシンガポールの公営住宅は、少なくとも三つの点で異なっている。第一に、こうした住宅は民族統合政策に基づき、社会的・民族的に多様な人々を受け入れることを念頭に置いている。シンガポールの主要民族グループ（中国人・インド人・マレー人）ごとに入居者数が割り当てられ、そのおかげで、特定の民族だけで固まってしまうという都市部で起こりがちな事態は発生しない。ターマン・シャンムガラトナム上級相は、人種が異なる住民を一緒に住まわせることで、社会が調和するようになったと言う。[*24]「異なる民族グループが同じ場所に住むと、ただ通路を歩いて同じエレベーターで昇り降りするだけの間柄ではなくなる」と、上級相は２０２０年の記者会見で答えている。[*25]「その子どもたちは同じ幼稚園に行き、同じ小学校に通う。世界中どこでも、子どもは家から一番近い学校に通い、一緒に成長するものだ」

第二に、ジャーナリストのアダム・マジェンディはこう書いた。「多くの国の政府はこれまで、公営住宅を社会の最貧層向けに計画してきた。そうすると、うちっぱなしのコンクリートブロックは、やがて老朽化してスラム街になってしまう。しかしシンガポールは、公営住宅を整備することが、国の繁栄に貢献した国民へのご褒美となることに気がついた。住宅開発庁は建物や土地のメンテナンスをまめに行い、エレベーター、通路、外装も新たに建物を定期的にリノベーションした[*26]」。誰が見てもそのことは一目で分かる。シンガポールに滞在すると、私はかなりの時間を割いて公営住宅エリアを歩いてきた。見るからに感じが良く、気持ちの良い散歩道が多かった。たいてい、あかぬけたカフェバー、ファッションの店やブックストアに囲まれている。他の土地で同じような公共住宅地を見て歩くのとは、かなり趣が違っていた。

第三の、そして最後の特徴は、住宅開発庁の提供する公営住宅はどれも、長期間借りられることだ。そうすることで居住者は資産を貯めることができ、不動産所得から生じる格差も抑えられる。それができるのは、住宅開発庁が提供するアパートはほぼすべて、入居時に99年間の長期貸借契約を結ぶからだ。だから、「所有者」は高齢になるまでそこに住み、そのうちその権利を転売して資金を回収する十分な機会がある。ただし、いかなる場合でもリース期間の残り年数分の価格でしか転売することはできず、従って公共のアパートは値上がりすることがない。ニューヨーク、ロンドン、香港、そしてもちろんシンガポールのような大都市にある民間のマンションではこうはいかない。このことを考えれば、シンガポールがなぜ世界でもトップクラスに不動産価格が高い都市（シンガポールは民間の不動産相場が世界で二番目に高い都市）[*27]でありながら、世界で最も居住コストが手頃な都市でもあることが腑に落ちる（国民の80％が、政府が提供するかなり安い公営住宅に住んでいる）。

教育の分野でも、シンガポールの成果は際立っている。2018年に『エコノミスト』誌はこう端的に書いている。「シンガポールの教育システムは世界一だと考えられている」[*28]。それは何よりもまず、生徒のパフォーマンスを見れば一目瞭然だ。ランダムに選ばれた生徒の数学と科学、読解力を調べるOECD（経済協力開発機構）の「生徒の学習到達度調査（PISA）」でコンスタントに世界トップ3に入っている。東南アジアでは首位だ。しかし、シンガポールが真に抜きん出ているのは、その教育制度の内容と予算だ。公立校の教師には民間企業並みの給料が支払われ、上級教師としてキャリアアップもできる。カリキュラムは最新の教育研究に基づいて導入されている[*29]。これは、長期的視野に立ちよく練られた政府方針によるものであり、その根底には国の発展のために教育を最優先するという価値観がある。2020年にリー・シェンロン首相は公立小学校を訪問して、そのビジョンを繰り返し述べた（シンガポールでは、大多数の子どもが公立小学校に通っている）。「教育は、シンガポール人が持てるものの中で最も重要だ。そしてそれは、政府が目を配るべきものの中でも最も重要だ。なぜなら、政府は教育を通して、国民がスキルを学び、知識を得て、社会に貢献できる有益で善良な人になり、経済的に自立する支援ができるからだ[*30]」

シンガポールにはまた、世界でもトップクラスの医療制度がある。公的な負担も私的な負担も抑えながら、すべての国民に一定レベルの医療を提供している。国の繁栄度を表すレガタム繁栄指数を見ると、2019年にシンガポールは国民の健康という項目と医療制度へのアクセスという項目で、日本、スイス、韓国を抑えてトップに立っている[*31]。教育モデルと同じように高評価を得ているのはつまり、国民が高齢になるまで健康状態を維持できており、問題が生じたら治療を受けられるからだ。ただし、この医療制度は単に仕組みの評価が良い結果を出しているというだけではなく、効率的に行われてもいる。米国では医療費の支出がGDPの17%、EUではGDPの約10%を占める。ところがシンガポールでは5%を切っているのだ。

この、優れたコストパフォーマンスの秘訣は、官民の役割分担のユニークさにある。シンガポールでは、「政府が切り札を握っている」というのは、小児科医のアーロン・E・キャロルだ。彼は、自らが分析したシンガポールモデルについて『ニューヨーク・タイムズ』紙の取材にこう答えている。「国内でどのようなテクノロジーをどこで利用できるかを政府は厳しく規制している。公共施設にどんな薬と機器を用意するかも判断している。（それに）価格を設定し、どんな補助金が利用できるかを決めている」。政府はまた、食品品質規制などでは予防的にも動く。その一方で、民間企業や自由市場もまた、重要な役割を果たしている。たとえば「プライマリーケア（家庭医などによる初期の診療）のほとんどを、民間企業が安価に提供している」。患者の約80％は、まずはこのプライマリーケアで治療を受けているのだ[*32]（この比率は、入院では逆転する。入院は大病院が対応することが多い）。

そしてジャーナリストのエズラ・クラインは、政府ではなく国民の大多数が、二大医療制度を利用して自身の医療費を支払っているため、政府の負担が抑えられていると説明する。[*33]制度の一つは、全員加入の「メディセーブ」という日常的な医療のための保険であり、もう一つは雇用されると自動的に加入する（脱退もできる）「メディシールド」で、いざというときの治療に備える保険だ。これら二つの自助的な保険制度でも足りない場合に限り、政府が「メディファンド」で対応する。このようにシンガポールモデルは米国のような国とは正反対だ。前出のキャロル教授はこう言う。「（米国には）大半を公的資金で賄う民間保険制度があり、シンガポールには大半を民間資金で賄う公的保険制度がある[*34]」

そして、デジタルコネクティビティーもまた、シンガポールの政治では前々からの最重点項目だ。もともとデジタルコネクティビティーの高さでは世界有数の同国は、2019年から教育、医療、住宅や交通といった主要部門のすべてにおいて独自の「スマート国家戦略[*35]」を展開している。政府はこれを通じて、国民と企業がデジタルコネクティビティーとスキルを足掛かりにさらに高い価値を引き出せるようになることを狙っている。これはすぐに効果が表れた。たとえば、「ヘルシー365」というモバイルアプリは国民の約半数がダウンロードしており、健康に関する豆知識やちょっとした裏技を提供し、ユーザーの健康活動を記録するために使われている。「マイインフォビジネス」や「ゴービジネス」というアプリを利用する何千、何万という企業にとって、公的書類の記入と営業許可申請の手間が軽減された。「モーメントオブライフ」のおかげで何万人という世帯が出生届や職探し、新しいスキルの取得をオンラインでできるようになった[*36]。一つ一つのアプリやサービスはささいな改善かもしれないが、それらすべてを勘案すると、シンガポールとその国民は、世界でもずば抜けてデジタルIQの高い国になる。

これらすべてを考えると、シンガポール政府の教育、医療、住宅、そしてデジタルコネクティビティーに関する方針は、すぐれて実利的なものだ。三つの政策分野の重要さとそれらを国民に提供する政府の責任について分かっているからこそ、シンガポール政府は、国民が質の高い教育、医療、住宅制度をスムーズに利用でき、その恩恵にあやかれるように努めている。それでいて、イデオロギーを全面に出したり、あるいは政府こそが最上位のステークホルダーであるとみなして動いたりすることは避けている。「シンガポールは強い政府を求めているが、大きな政府を求めているわけではない」とシャンムガラトナム上級相は私に語ったことがある。

だからといってもちろん、シンガポールモデルに欠陥がないわけではない。今回のパンデミックでは、この「ライオンシティー」のモデルの深刻な欠点があらわになった。当初、シンガポールは新型コロナウイルス感染症の蔓延をしっかり防げているように見えた。これは、感染拡大地域帯と密接なつながりを持つ国際都市としては驚くべき成果だ。政府は素早く動き、全国規模の検査や、追跡調査、治療法を導入して、国民一般の生活や（出入国の）移動を抑制した。このように早々と結果を出せていたにもかかわらず、この都市国家で感染は大流行した。最初は外国人出稼ぎ労働者が集団生活を送る市内の宿舎で発生し、そこから広がった。

このことを機に、普段は見過ごされがちな人口層に注目が集まった。この人たちは、大多数のシンガポール国民や海外からの移住者とは異なり、その大半が正規の制度の対象外として扱われていたため、利用できる福祉制度もかなり限られていた。シンガポール駐在の『フィナンシャル・タイムズ』紙記者、ステファニア・パルマは、政府の姿勢を批判する人々がこの事態によって「シンガポールが抱える低賃金の移民の『不可視性』が証明された」と見ていると指摘する一方で、出稼ぎ労働者の宿舎で発生した新型コロナウイルス感染症のクラスターに対して当局が「動き始めた」ことに注目する。パルマは2020年6月にこう報じている。「1部屋当たり入居者の上限人数を10人とするなどの新しいルールができたから、こうした宿舎もパンデミックのような公衆衛生上のリスクに対処しやすくなるだろう[*37]」

また、シンガポールの選挙モデルは他の民主主義国家とはかなり違う。与党である「人民行動党」は1965年の国家独立以来ずっと、一党独裁の政府を引っ張ってきた。5年に一度行われる総選挙には他の政党も参戦しており、2020年にはその得票率も40%に近づいている。しかしこうした野党は今に至るまで、議席の過半数を獲得する、あるいは省庁の要職に就くことができずにいる。その結果、『日経アジアンレビュー』誌によると、「シンガポールは『エコノミスト』誌傘下の調査機関エコノミスト・インテリジェンス・ユニットが世界を対象に調査した2019年の民主主義指数で75位となった。東南アジア諸国で見ると、マレーシア（43位）、インドネシア（64位）、タイ（68位）よりも下だ。シンガポールの評価がとりわけ低かったのは、『選挙プロセスと多元主義』の項目だった[*38]」

もちろん、シンガポールが採った政策をそっくりそのまま、他の国がまねることはできないだろう。この国よりも大きく人口密度の低い国、あるいは貧しい国はどう頑張っても、同じサービスを国民には提供できそうにはない。とはいえシンガポールの政策は、ニュージーランドやデンマークと同じように、実利的でステークホルダー主導の理念に基づいたものであり、他国から一目置かれてしかるべきものであることは間違いない。

ニュージーランドの事例、そしてGDPとの訣別

教育、医療、住宅といった政治分野に集中的に取り組むことが、ステークホルダー主義の政府にとって重要な成功の鍵の一つであるとすれば、ニュージーランド政府は成功の鍵がもう一つあることを、身をもって示した。この国は、GDP成長率という狭い目標を追いかけるのをやめ、その代わりに評価基準をより広く取ることにしたのである。

本書でもすでに述べたが、現在に至るまで、大多数の国、そして、数多くの主要国際組織が経済発展レベルを測る主要数値としていまだにGDPを使っている。ところがGDPは幸福度を測る物差しでは決してないことも、私たちは知っている。そもそもGDPという考え方は1930年代後半に広まった。この数値は主に、国家の戦時中の生産能力予測に使われた。時まさに、第二次世界大戦開戦前夜であり、贅沢は敵だった頃である。ところがその後、この指標の考案者であるサイモン・クズネッツのみならず、マリアナ・マッツカート、ダイアン・コイル、そしてノーベル経済学賞を受賞したジョセフ・スティグリッツなど大勢の経済学者が、GDPの根本的な欠陥を指摘した[*39]。

筆者が所属する世界経済フォーラムやOECDのような組織もまた、もっと包括的な指標はない

かこれまで模索してきた。ニュージーランドはいち早く、GDPの先を行く考えを実際に起用した国家の一つだ。この生活水準フレームワーク（LSF）を見ながらもう少し詳しく説明しよう（図10－1）。そもそも、LSFは、「人々が世代を超えて幸福な生活を送るために必要な要素について共通の理解」を得るために編み出された。この視点に立つと、国民の幸福度はGDP（だけ）では測れるものではない。それには、以下のような国家の四つの資本が関わってくる。*40

■**自然資本**：「生命と人間の活動を支える自然環境のあらゆる側面」から成る。「陸地、土壌、水、植物、動物、鉱物、エネルギー資源」などを指す。

■**人的資本**：それは「仕事、勉強、レクリエーションや社会活動にたずさわる人間の才能や能力」と言えるもので、「スキル、知識、心身の健康」などを指す。

■**社会資本**：「人々の生き方、協力する働き方に影響を与え、帰属意識を経験させる常識やルール、制度」のこと。「信頼、相互関係、法規範、文化や共同体としてのアイデンティティー、伝統や習慣、共通の価値観や興味」などを指す。

■**金融および物的資本**：「金融資産と人が作った（生産した）物的資産を含むので、GDPと最も密接に関連しており、また物質的な生活条件を満たすこととも密接に関連していることが多い」。「工場、機材、住宅、道路、建物、病院や財政的保証」などを指す。

これら四つの資本がまとまって、国民や国全体、そして次世代を担う子どもたちの幸福を支える。そして、これらの資本について今、ニュージーランドがどういう状況にあるかを評価するの

図10-1　ニュージーランドの生活水準フレームワークのまとめ

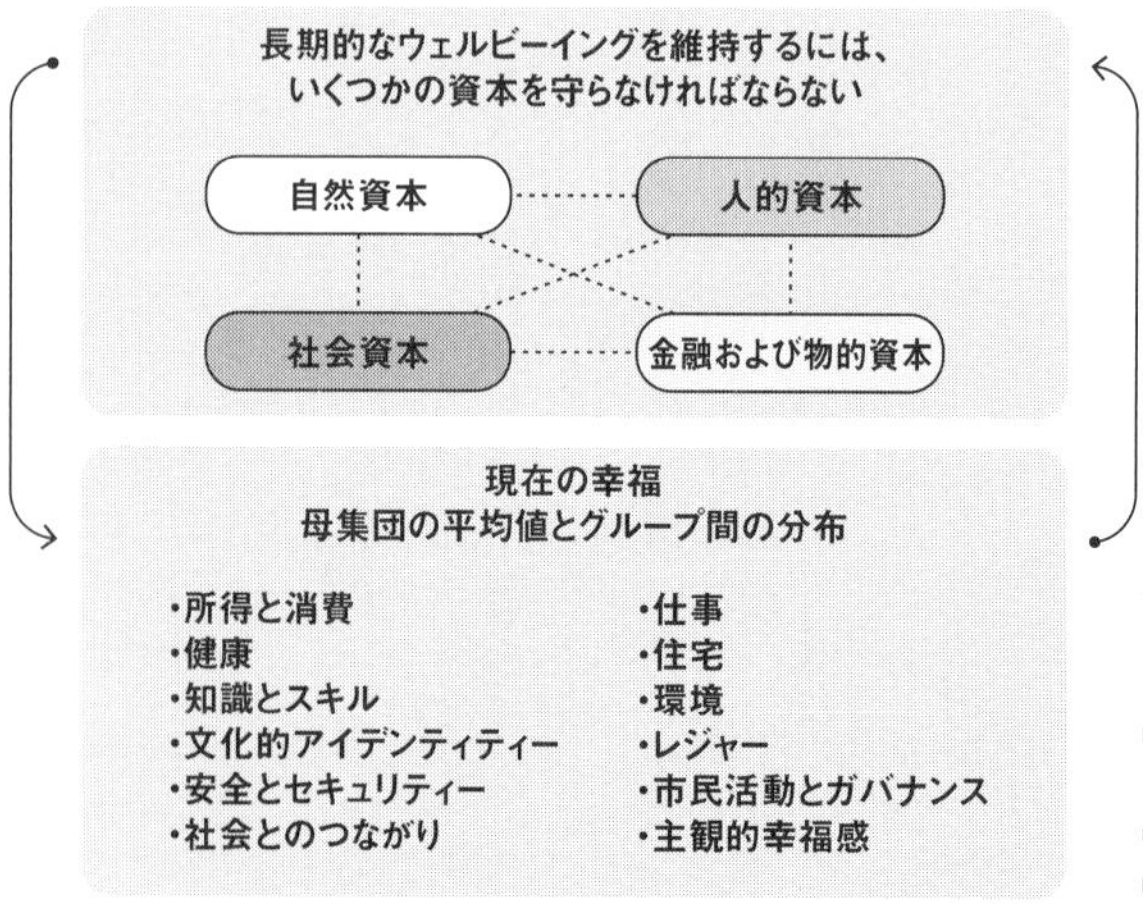

ニュージーランド財務省による持続可能な発展目標および生活水準フレームワーク（DP 18/06）、2018年7月26日（https://treasury.govt.nz/publications/dp/dp-18-06-html.）を基に作成。

に、このフレームワークに加えて、現在および将来の幸福に関する12の領域での、ニュージーランドの実績を示したダッシュボードが用いられている。12の領域とは、「市民活動」「文化的アイデンティティー」「環境」「健康」「住宅」「所得と消費」「仕事と収入」「知識とスキル」「時間の使い方」「安全とセキュリティー」「社会とのつながり」「主観的幸福感」である。

　こうした領域を見れば、私たちが考える公正な繁栄に不可欠な要素とかなり重なることがすぐに分かるはずだ。教育、医療、住宅に関する指標は三つある（「知識とスキル」、「健康」、「住宅」）。他にも、GDPよりもきめ細かい、個人の事情を反映した（「仕事と収入」、「収入と消費」）二つの指標がある。他にも地球のウェルビーイングに関する指標や、個人のウェルビーイング――主観的な要素もあれば社会の相互作用で決まる要素もある――に関わる指標もある。

　さらに、特筆すべきことがある。このフレームワークでは調査対象者の豊かさについてはリスクやレジリエンスという側面も含めて考えている。ただし、こういった側面は「変化、ショック、予期せぬ出来事に直面したとき」にしか働かない。残念ながら、まだこうしたレジリエンスを評価するのにふさわしい指標が、このダッシュボードでは見つかっていない（それでも今回の新型コロナ危機はどうやらリトマス試験紙となり、ニュージーランド政府はめでたくそのテストに合格している）。

このフレームワークとダッシュボードが果たして、ニュージーランド政府が国家とその国民のウェルビーイングを守るのにどれだけ役立っているのか、役立っているならばどこまでできるのかを判断するにはまだ少し早すぎる。このダッシュボードは2018年後半に運用を始めたばかりであり、最初の年次報告が行われたのも2019年12月である。とはいえ、新型コロナ危機でわかったことがあるとすれば、ニュージーランド政府がウェルビーイングとレジリエンスのために取っている総合的な取り組みが目覚ましい成功を収めていることだ。2020年10月の総選挙では、ジャシンダ・アーダーンとその所属政党にニュージーランド有権者の票が集中し、大衆の支持をはっきりと裏付けた。この政党は圧倒的勝利を収めて、この国が1996年に比例代表制を取り入れて以来初めての絶対多数を獲得した。[*41] ステークホルダー指向のやり方を目指す政府なら、ニュージーランドの事例は大いに参考になるはずだ。

市民社会と国際社会

ステークホルダーモデルで中心的位置を占めるグループとして、最後に市民社会について述べたい。近年では、労働者組合、NGOや、人権団体などの組織が、前世紀規模の会員基盤と影響力をなんとか維持しようともがいていた。そこに、かつてない問題が次々と起き、分かったことがある。このような団体がなければ、社会はまともに機能しない。それに、他のステークホルダーもまた、こうした団体を受け入れ、手を差し伸べることで自らもうまくやっていけるのだ。

今までとは違う労働者と消費者のグループが、第四次産業革命で果たす役割から説明しよう。私たちがなじんだ昔ながらの雇用主と従業員の関係性は、第三次産業革命のときに労働者が長い時間をかけ、育んだものだ。そこでは労働者がしばしば産業別労働組合の大きな力を借り、賃金や労働条件について団体交渉をした。ところがこの関係性は終わりつつある。法律が改正され、グローバル化が進むと、伝統的な組合の力は削がれた。そのうち第四次産業革命が始まり、企業から単発で仕事を受けるフリーランスが支える「ギグエコノミー」が世界各地で生まれた。ここでは、組合や団体交渉、それにこれまで何十年も私たちが親しんできた伝統的な雇用関係はほぼすべて失われたのである。

この前例のない領域でプラスの成果を上げている地域もある。私たちのスタッフがインドネシアに出張で訪れると、現地の配車サービスであるグラブやゴジェックを利用して、スクーターや車で走り回る。その運転手たちの大半は「ギグワーク」を喜んで引き受けていた。彼らはそれまで農業労働者であったか、あるいは都会で不安定な仕事に就いていたのである。旧態依然とした雇用契約がなくても、問題も不便もない。そんな身分には慣れていたからだ。それどころか、配車サービス企業が使うテクノロジーは、仕事と給与の面で少なくとも透明性と選択肢をもたらしてくれた。これまで工場労働者だった運転手ですら、「ギグワーカー」になって本当に良かったと熱っぽく語っていた。グラブで働くある運転手によると、工場労働者だった頃と比べると月給は平均で4倍になったという。

　こうした状況は、インドネシア特有のものでも、裏付けのないローカル情報でもない。世界各地でまだまだたくさんの職業人が、デザイナー、運転手、便利屋など、今までよりも賃金の高い、新しい仕事の機会を見つけられている。それはひとえに、プラットフォーム企業のおかげだ。アップワーク、タスクラビット、ファイバーのようなフリーランスのためのマッチングサービスの会社、またディディ、グラブ、リフトのような配車サービスの会社が続々と現れている。セルビア、パキスタン、ウクライナのような国では、オンラインプラットフォームを使ってフリーランス契約を結ぶことができ、その方が従来の雇用市場で仕事を見つけるより人気があることが分かっている。

　しかしそれ以外の事例では、ギグエコノミーの出現は、労働者にとって得てしてありがたいものではなかった。米国では配車サービス企業の台頭はすなわち、従来の雇用形態ではカバーされていた法的保護や財政的優遇措置を受けられない何千、何万という労働者の出現を意味した。全米最大の個人輸送市場であるニューヨーク市では、２０１８年末のウーバーまたはリフトの運転手の手取り賃金は1時間当たり11・9ドルで、これはその年の後半にニューヨーク州が定めた最低賃金15ドルをかなり下回る[*42]（運転手の賃金はその後、新しい最低賃金に沿って引き上げられた）。２０２０年のコロナ危機では、大勢のギグワーカーが大きな打撃を受けたと証言するのは、ネット経由で予約を受ける運転手のために立ち上げられた労働組合「個人運転手ギルド」のアジズ・バーだ。他の労働者と違い、彼らには雇用主が提供する健康保険もなく、その雇用形態ゆえにおしなべて経済的に不安定な状況に置かれていた[*43]とバーは言う。

似たようなことが、消費者市場にも起きていた。何十年も前から、小売チェーン、消費財メーカー、政府のサービスを巡る争議では、NPOの国際消費者機構やその傘下にある団体のようなグループが、消費者の権利を守るべく大きな役割を果たしてきた。それができたのも、これらのグループが熱心な会員によって支えられていたからだ。この人たちは年会費をしっかり払い、組織が自分たちの代わりに代表訴訟を行ってくれるというメリットを享受していた。しかしこうしたグループにも近年、様々な問題が起きている。一方では、新規入会者や会員資格を更新する人の数が減り、グループの資金と交渉力が弱まっていた。他方では、巨大インターネット企業が新しい売り手として登場した。こうした企業は斬新なビジネスモデルで事業を運営し、物理的な店舗はほとんど持たない。インターネットプラットフォーム企業の多くがユーザーに無料のサービスを提供し始めると、消費者グループの行動パターンも変わるしかなかった。製品の質やどこで買えば一番得かという情報より、プラットフォーム企業が提供するサービスを細かく調べるようになったのである。

新たに頭をもたげつつあるこうした不平等と不安定な状況を回避するには、新しい市民社会グループが必要だ。企業と政府だけでは、労働者と消費者が求める打開策は見いだせない。そんな時代に新しく立ち上がった、あるいは自己変革を遂げた組織の実例はあるだろうか?

消費者権利グループ

ここで新時代の消費者権利グループ「ヒューマニティー・フォワード」を紹介しよう。これは、2020年の米大統領選で民主党の予備選に出馬したこともあるアンドルー・ヤンが設立した非営利団体だ。第四次産業革命が米国社会にもたらした抜本的な変化をふまえ、この組織はユニバーサルベーシックインカム（UBI。政府がすべての個人を対象にキャッシュを無条件に支給する制度で、一定の経済的な保障により国民が自由と安全を得られるようにすることを目指す）やデータの財産権化といった解決策を提示している。*44 米国民であるすべての成人に毎月1000ドルの小切手を送るという構想を掲げ、それがあれば今すでにギグワーカーとして収入を得ている労働者、あるいは最低限のセーフティ・ネットが必要な生活または労働環境にある人々の安全弁となると考えている。私自身は、そのような小切手を配っても、期待通りの切り札になるとは思えない。だが実は、誰もが平等なチャンスを与えられるべきだとするステークホルダーモデルと、今後数十年にわたり労働市場を破壊し続ける第四次産業革命の根幹にある発想は一部、深いところで共鳴する。だからこそ、この問題についてはさらに深く掘り下げ、議論を行うべきだろう。

「データは財産権」として法的に扱おうとするヤンの取り組みからは、実に興味深い事例が生まれている。そこでは、どうすれば一人ひとりが自分の権利を守るために、現代的なやり方でステークホルダーとして団結できるかが示されている。ヤンはこう主張する。「個人から派生するデータはその人自身が所有すべきで、そのデータがどのように使われ、守られるのかを所有者が知ることができる権利もある」。これは、現行のインターネットプラットフォーム・ビジネスで慣行とされている「データはそれを収集する者（たとえばインターネットプラットフォーム企業）が所有する」やり方とはずいぶん違う。[*45] ヒューマニティー・フォワードが目指すのは、消費者が団結し、力を合わせて、自分たちのデータ所有権を規制当局や企業に認めさせることだ。また、その所有権を共有する場合は必ず、人々に対価が支払われるべきだと考えている。それには、消費者が「データディヴィデンドプロジェクト（訳注　「ディヴィデンド」は『配当』の意）」に登録すればよい。[*46] 技術系ニュースサイト『ザ・ヴァージ』はこのように報じている。「このプロジェクトでは、法改正によってデータ所有権を国内ユーザーに拡大するには、集団行動に訴えればといいと考えている」

このような取り組みが成功するかどうかはひとえに、自分たちがいる社会の一般市民からどれだけ支持が得られるかにかかっている。それだけではない。この事例はまた、今日のテクノロジー主導経済の中でも、個人が結束し、正しいと信じることのために立ち上がることができることを示している。こういったタイプの社会活動こそが、社会をより良い方向に動かせるのだ。

新たな労働組合

仕事の現場でもまた、新しい時代に合った形の労働組合が立ち上がる余地があるはずだと、ジェフリー・ハーシュやジョセフ・セイナーといった学者がその論文『新しい経済のための新たな労働組合』[*47] で論じた。だが、どうすればそれができるだろう？　本書でも紹介したが、デンマークのように今でも組合の組織率が高い国もある。そういう国では、前向きに動けば会社の競争力を上げながら賃金も上げられ、労働者も常時再教育が受けられる。組合がその力を存分に発揮できている例だ。対照的に、イギリスや米国のような国では、組合がここ数十年で大勢の組合員を失い、影響力も失っている。それにともなって賃金も下がり、従業員教育に資金をあまり回せずにいる。仮に、こうした組合の求心力の低下が反組合的な政策の結果として生じたのなら、この状況を打開するにはそのような慣行を終わらせるしかない。問題がもう一つある。ギグエコノミーが世界的に増えているものの、昔ながらの労働組合では今のところ、ギグワーカーが抱えている課題をきちんと解決できずにいることが多いのだ。

ギグワーカーにとっては、新たな形の組合を立ち上げることが喫緊の課題だろう。米国ではすでに、フリーランスで働く人が推定約5700万人いる。*48 つまり、この人たちは今までのような労働契約なしに働いている。こうしたトレンドから職の未来を予想する一つの手がかりに、Z世代（ジェネレーションZ）の動きがある。つまり1990年代から2000年代初頭に生まれた世代の大半がフリーランスとして働き始め、その多くが今後もフリーランスとしてキャリアを積もうとしているのである。

似たようなトレンドがセルビア、ウクライナ、パキスタン、インドといった国でも見られる。本書の第5章に登場した売れっ子グラフィックデザイナー、プティ・プアルの母国、インドネシアもここに入る。これらの国では若者が社会人としての第一歩を踏み出す際、多くが自国の企業に就職するのでなく、フリーランスがインターネットで仕事を受注できるアップワークのようなｅワークのプラットフォームを使って、米国など豊かな国の会社と契約してしまう。

この状況にはもちろん、メリットがある。若者たちの母国は「頭脳流出」を防げるし、ドルなどの安定した外貨が獲得でき、こうした在宅ワーカーの購買力が向上するから、国内経済も活性化する。だが、大きなデメリットもある。あるメディアの報道によると、このような働き方をする大卒の若者は、在宅ワークで月に2000ドル以上稼ごうと夢見るようになるという。[49] ところが、自分たちの立場がサラリーマンと比べてかなり不安定であることには、なかなか気付かない。この若者たちには長期契約も福利厚生もない。失業保険のような法的保護も受けられないのだ。

だからといって先行きが暗いとは限らない。むしろ新しい形態の労働者組織や国際的な協力体制が生まれるかもしれない。手始めに試みるとしたら、運転手のような、一つのプラットフォーム、あるいは一つの業界だけで働くギグワーカーが良さそうだ。まさにそれをやってのけたのが、ニューヨークの「個人運転手ギルド」、そしてカリフォルニアの「立ち上がるギグワーカー」だ。どちらの組合も主にウーバーやリフトなどのプラットフォームからの仕事を請け負って働く運転手を集め、「より良い賃金、労働条件、敬意」を求めて声を上げている。[50] その甲斐あって、こうした運転手の立場や待遇が構造的に変わった。2020年8月に、カリフォルニアの裁判所はウーバーやリフトのような配車・配送サービスアプリ企業に対し、抱えている運転手を社員として扱うよう命じた。[51] これによって企業側に、運転手に最低賃金、健康保険、残業代や有給での病欠を認めるよう義務づけられたとメディアは報じている。[52] ところが、この法律に関して法廷での争いは秋になっても続き、先に紹介したように議会での投票によって、2020年11月に提案22号は却下された。この件に関する過去の法律のほとんどがくつがえり、ウーバーやリフトをはじめとする企業の運転手は再び契約労働者になった[53]（本稿執筆の時点では、当該プラットフォームによる法廷での争いが続いている）。ニューヨークでは先に述べたように、「個人運転手ギルド」が賃上げに向けて話を進め、経費控除後の最低賃金を州の最低賃金である時給15ドル以上という線を守った。

ステークホルダー的な目線で考えるなら、いわゆる請負業者は、このように組合を結成し、相応の賃金と福利厚生を主張してしかるべきだ。常識的に考えるなら、政府もまた彼らに、他の労働者と同等の権利を認めるべきだろう。イギリスのオックスフォード大学にあるインターネット研究所のアレックス・ウッドは『ワイアード』誌のインタビューでこう答えている[*54]「あなたが食べていくためにそういうプラットフォームに依存しているなら、他の競合プラットフォームには移れない。そのプラットフォームにあなたのデータを管理され、評価システムでがんじがらめにされているなら、ますますプラットフォームから動けない――そういうときこそ労働者の保護が必要であり、そのために労働法がある」。企業側に立って考えるなら、プラットフォーム企業は労働者と裁判で争うよりも、その要求を検討し、こうした組織と協議機関を立ち上げた方がメリットは大きい。

情報産業やIT、クリエイティブデザインといった業界で働くフリーランスなら、職業人のための利益団体を結成し、やはりより手厚い保護を受けられるように交渉を進めるといいだろう。現状を見ると、このようなeワーク市場はだいたいネット上にあり、そこには国境がない。だからと言って、労働基準についてどんどん切り下げられるとは限らない。たとえば、こんなことができるはずだ。労働者の就業形態が「オンライン」であるか「オフライン」であるかを問わず、請負業務について特定の州、あるいは国で同じ最低時給を守るよう義務化する。さらに、国をまたいでオンライン契約が履行される場合は、二国間、あるいは多国間で新たに契約を結ぶこともできるはずだ。その際、関係政府間で「バーチャル通勤」の条件を定めればよい。このような正当な報酬を保証するルールについて声を上げていけば、労働者の待遇はよくなる。

ただし、ここから先は長い。私が知る限り、フリーランスを十分に保護する法律はまだどこにもないし、フリーランスのための力を持った労働組合など、ほぼないに等しいからだ。

ニューヨークにあるフリーランスのための組織の中で、とりわけ大所帯なのがフリーランサーズユニオンだ。[*55] 創始者は弁護士であり、組合活動をしていた両親に育てられたサラ・ホロウィッツだ。フリーランサーズユニオンが他の組合と一線を画するのは、健康保険料の団体割引、技能トレーニング、コワーキングスペースを組合員に提供している点だ。また、「フリーランス保護法」をいち早く要求し、「フリーランスをただ働きさせないよう、他の都市や州にとってのロールモデルとなる」ことを訴えた。[*56] しかし、同組合はこれまでのところ、最低賃金と福利厚生について声を上げることは避け続けてきたため、労働組合というよりメンバーなら特典を受けられる会員制クラブのようだった。これがまた、左派の批判が集中する点でもあった。「フリーランサーズユニオンは労働者をまるでお客様のように扱っている。それでは労働組合とは呼べない」と、社会主義者向け雑誌『ジャコバン・マガジン』（訳注　誌名はフランス革命時に最左翼であったジャコバン派に由来している）は、この組織について真っ先に批判記事を書いた。[*57]

その上、ギグワーカーに関する規制の大半は、タクシーや配送サービスの運転手というように対象を絞っていた。仕事上のつながりで助け合う機会がさほどない労働者や、バーチャル通勤を活用する労働者への配慮はかなり手薄だった。たとえば2019年4月に欧州議会は、「すべての従業員に最低限の権利を導入する新しいルール」を適用した。[*58] これは、直前にキャンセルとなった場合の補償や、無償で受けられる全員参加の研修を受ける権利や、企業側が免責条項を設けることの禁止を定めている。こうしたルールによって、必要なときだけ呼び出される「呼び出し（オンコール）労働」、つまり「ゼロ時間契約」で働くすべての人が、家政婦や要請に応じて出向くオンデマンドの運転手、宅配業者が同様に守られるはずだった。[59] ところが、ベルギー・ルーヴェン大学のバレリオ・ディ・ステファノのような労働経済学者が指摘するように、[60] 先に述べたウクライナ、セルビア、パキスタンやインドといった国のＩＴ関係の労働者をはじめとするそれ以外のフリーランスには、これほどのレベルの権利や福利厚生を与えられていないのが現実である。

権利擁護団体

ステークホルダーモデルで、市民社会の構成要素として問題意識について耳を傾けるべきものには、あと一つ、権利擁護《アドボカシー》団体と、社会的正義を求める様々な活動がある。

各界でリーダーの立場にある者はすべて、新しく台頭したこうした市民社会グループと対話の機会を求めるべきだ。そのグループの問題意識がブラック・ライブズ・マターであれ、ＬＧＢＴＱの権利を主張するグループであれ、職場での男女平等を訴える人々であれ、あるいは、社会の大多数と同等の権利を受けるべく声を上げるその他の少数派《マイノリティ》グループであれ、そのことは変わらない。このようなグループの中心で活動するのは、若い世代の市民や労働者であることが多い。彼らの問題意識は尽きない。つまり、グループとしての動きはあらゆる社会がこれから向かう方向に寄り添っている。

そのような対話をきちんと行うことは簡単ではないし、取り上げられているテーマを解決するにもまた多大な労力が求められる。たとえば、人種差別問題の解決には何十年、何百年もかかっている。人種差別や性差別といった問題の原因は、社会に根を深く下ろしている。ということは、ステークホルダーのいずれかが孤軍奮闘してそれを取り除こうとしても、ちょっとやそっとでは無理だろう。また、要求によってはすぐに対処しなければならないものも、調整に時間がかかるものもある。攻めか守りかの選択を迫られたり、グループ同士の要求が対立したりもするので、一気に正すことはかなり難しい。そして、すでに世に認められているステークホルダーには、たいていスポークスパーソンや交渉人が役職として置かれているが、華々しく活躍する今時の権利擁護団体には、公式なリーダーを持ちたがらないところもある（だからといってこうしたグループに無理矢理リーダーを立てさせるべきではないというのが私たちの意見だ）。

こういった、もろもろの事情を考えると、このような市民社会グループの問題意識に耳を傾け、正しい答えを出すのはハードルが高い。とはいえ、先に挙げた懸念があったとしても、対話を求めたり、こうした権利擁護団体やマイノリティーの代表を話し合いの場に招いたり、社会的正義のために具体的なアクションを起こしたりすることをせずにいる言い訳にはならない。すべての人が関与して初めて社会は前に進むのであり、もはや誰も置き去りにしてはならない。こうした社会、経済、そして公平な温暖化対策を求める声に対して、企業経営者や役員はまずはステークホルダーとしての責任という考えを念頭に置き、それを自社の四半期、あるいは年次総会の議案に盛り込むべきだ。次に、ダイバーシティー（多様性）やインクルージョン、賃金の公平性や給与水準といった領域での目標をきっちり定め、どのグループとつながりを深めようとしているのかをはっきりさせなければならない（近年では、電力会社のファーストエネルギー[*61]や、スターバックス[*62]といった米企業では役員報酬の査定に、「雇用や昇進に際してダイバーシティーに配慮すること」という項目を含めている）。最後に、企業経営者や役員は自分たちが選んだ指標と目標についての進捗状況を毎年報告すべきであり、進捗について自社のステークホルダーへの説明責任を負うべきだ。

実際に何をすべきかを知るには、どうすれば社会的正義が成し遂げられるのかが分かる実例をいくつか見るといい。それも意外な所の事例が参考になるかもしれない。たとえば、パキスタンに住む少数民族集団シッディ[*63]で起きていることを見てみよう。私がこの人々の存在を知ったきっかけは、世界経済フォーラムの傘下にある、世界各国から集まった若者のネットワーク、グローバル・シェイパーズだった。当フォーラムが創設したグローバル・シェイパーズのコミュニティーには、だいたい20歳から30歳の次世代の若者がいる。彼らは、自分たちから見た地元やグローバルな変化について情報を交換し合い、共にその問題に向き合うことで、私たちにとって共通の未来を描く手助けをする権限を与えられている。このコミュニティーは米国のアトランタやガーナのアクラ、スイスのチューリッヒ、クロアチアのザグレブまで世界400都市以上で活動を行っている[*64]。シッディは南アジアで数十万人を数える最大のアフリカ系少数民族であり、「何世紀も前に南アジアに住み着いたアフリカ人奴隷、水夫、兵隊の子孫」だ[*65]。何十年も前から、この集団は社会の片隅に追いやられ、「偏見、そしてより広範な社会経済的病理と闘っている」

ところが2018年にその状況が変わり始めた。当時39歳だった3児の母タンジーラ・カンブラーニは、シンド州の州議会議員にシッディとして初めて選ばれた。この州は、パキスタンの中でもアフリカ系の住民が最も多い。グローバル・シェイパーズのメンバーによると「歴史を変える選挙が、党員仲間の辞職などの反対活動によって妨害された」。とはいえ、カンブラーニは議員として「パキスタンに住むシッディの人々への差別問題について積極的に発言し」、所属する政党の党首ビラーワル・ブットー（暗殺された元首相ベーナズィール・ブットーの息子）の支持を得た。しかも

「２０１９年3月にはシッディの学生に男女差別的な振る舞いをした教育者を罰する決議を通過させた。さらには、ジョージ・フロイドの殺害をきっかけに州議会が米国での人種差別について行った抗議決議でも、中心的役割を果たしている」とシェイパーズは報告している。[*66]

カンブラーニによるシッディへの差別への抗議活動をはじめ、市民活動はおしなべて時間がかかるが無理もない。彼らが取り組む差別問題は、社会全体に関わるからだ。しかしここで、大切な学びが一つある。社会的少数派、つまりマイノリティや様々な権利擁護団体が話し合いの場に参加すれば、カンブラーニのような社会正義のための闘争は格段に前進する。立法府の代表は、こうしたマイノリティや様々な団体が抱える問題を世間に注目させ、彼らの正義のための闘いが社会的に認められるのを助ければいい。ロイター通信社は、カンブラーニがシンド州議会に提出した抗議決議について２０２０年6月に報じた。それによると、彼女が行動を起こしたのは、当時米国でアフリカ系米国人ジョージ・フロイドが殺されたことをきっかけに広がった「人種差別反対の波」を受けてのことだった。同じようにグローバル・シェイパーズも、世界経済フォーラムの『インターネットアジェンダ』に寄稿した記事で、あらためてカンブラーニをコミュニティーのリーダーとして称賛し、米国で起きた社会正義のための抗議活動であるＢＬＭ（ブラック・ライブズ・マター）とパキスタンでのシッディのための抗議活動を対比させた。どちらの文脈でも、カンブラーニが議員という立場にあったからこそ記事は人々に受け入れられ、記事に取り上げた社会問題も人々に認められたのである。

マースク社やニュージーランド、そしてこの章で取り上げた市民団体の事例から学べることがある。古くさいやり方をなぞるだけでは、組織としても人としても成功することはあり得ない。歴史とは、思想や行動、主義主張が発展して作られるものである。組織が自らの利益にこだわり、ステークホルダーの利益をかえりみずに自分だけの利益を追い求める時代はもはや過去のものだ。今や、社会を構成するすべての団体や人間が、相互に深くつながるようになったため、他の団体・人間と強い絆を保ち相互に良い影響を与えない限り、成功することはできない。ならば、社会全体のプラスになる決断以外はすべきでない。企業なら、株主優先という考えにしがみつく限り、歴史の逆風にさらされることになる。進化の兆しに気付き、ステークホルダー資本主義を実践する企業にこそ、歴史は追い風となってくれるだろう。

結論
ステークホルダー資本主義への道

新型コロナウイルスによるパンデミックが発生すると、たちまち世界は根底から覆ってしまった。多くの人と同じように、私も自宅やがらんとしたオフィスからじっと状況を見ているしかなかった。他の人との連絡もビデオ通話だけが頼りだった。世界中の多くの都市と同じように、ジュネーブもまた不気味に静まりかえった。車は消え、商店は閉まり、人々もいなくなった。平時のように混み合っていたのは、大混乱している病院だけだった。病棟全体が、急ごしらえの新型コロナウイルス感染症患者用隔離施設となっていた。

これほどの危機の中では、世界の将来は明るいなどととうてい思えなかった。何百万という人々が重症となり、命を落とした。数千万、あるいは数億人の人々が生活の糧を失った。恐らく、10億人を優に超える子どもや老人が、外の世界から切り離された。何カ月もの間、学校に通うことも、大切な人に会うこともできなくなった。明るい面があったとすればただ一つ、温室効果ガス排出量が一時的に減ったことかもしれない。そのおかげで、地球の大気はひと息つくことができた。そこで、こう考える人が増え始めたのも当然だ。アフターコロナの時代に、政府や企業、影響力のあるステークホルダーは、本当にやり方を変え、世の中を良くしようとするのか、それとも従来のやり方に戻るのか？　言い方を換えれば、私たちがステークホルダー資本主義に向けて舵を切ることができるのか、それとも、もっと近視眼的で自己中心的にしか考えない、昔の資本主義に戻る運命にあるのかという問いだ。

本書の前半を読んだ読者は、この問いに悲観的な答えを出したくなっただろう。最初の数章で紹介した通り、私たちは今、経済、環境、社会、政治でとてつもなく大きな課題を抱えている。しかも問題は、年々悪くなることはあっても決して良くはなっていない。それが多くの人のリアルな実感だろう。世界のほぼすべての国で、経済格差についても、気候変動についても、同じことが見られる。誰もその影響からは逃げられない。社会と政治の分断も同様である。米国から欧州、アジアに至るまですべての大陸に広がりつつある。私たちはどうやら、たちの悪いグローバル経済システムの中で暮らしているようだ。そこでは、進歩の可能性などかき消され、衰退という闇が広がっている。

本書の第2部では、社会が発展しても、この危険なサイクルから逃れるのはひと筋縄ではいかないことを述べた。たとえその方法が目の前にあっても簡単ではないのだ。私たちは日々、暮らしやこの惑星をより健やかにできそうなテクノロジーを開発している。自由市場、貿易、競争は、莫大な富を生む。理論的には、そうする意思さえあれば、すべての人の暮らしを豊かにできるはずだ。しかし、現実はそうなってはいない。

技術革新はおおむね独占経済の中で生まれ、社会全体の発展よりも特定企業に利潤をもたらすように使われる。1950年代から60年代にかけて、米国資本主義の黄金時代をもたらしたのとまったく同じ経済システムが、今では格差と気候変動をもたらしている。さらに、第二次世界大戦後の世界に発展と民主主義をもたらした政治体制そのものが、現在では社会的な不和と不満をもたらしている。どれも善かれと思ってなされたものが、意図せずしてマイナスの結果をもたらしたのである。

　だとしても、希望を失ってはならない。もっと寛容でもっと志の高い経済を実現できると思える根拠はいくつもある。しかも、それはもうすぐ実現するかもしれない。パンデミックの最初のショックを乗り越えると、私たちにできそうなことがなんとなく見えてきた。そのためには、すべてのステークホルダーが社会全体のために、ひと握りではなくすべての人のウェルビーイングのために、行動を起こすことが必要である。

　パンデミックが広まってわずか数カ月後には、２００を超える新型コロナウイルスのワクチンの研究が始まった。２０２０年12月になると米国、ドイツ、イギリス[*1]などの国でいち早く、ワクチンの接種が計画された。その多くは多国間での協働の成果であり、官民両方のセクターが関与したものだ。世界経済フォーラムのＣＯＶＩＤタスクフォースには、いくつもの企業から衛生用品、換気装置、緊急医療対応などへの資金サポートのオファーが来た。ワクチンの開発と供給に必要な資金を確保するために、政府と企業との協力が強く求められた。こうした動きを見て、心を一つにして取り組めばグローバル経済を改善できることが裏付けられたと思った。パンデミックを乗り切るために力を合わせれば、私たち全員の中にある最良のものを引き出せる可能性があると危機が教えてくれたのである。

　本書の第３部では、どのようにすればそのような気高い動機を特別な例で終わらせず、私たちの経済システムに組み込めるかを示した。企業や政府、国際組織、市民社会が、どうすれば自己改革できるかを説明したのだ。これらのステークホルダーは短期的な利益や私利私欲を追うのをやめ、すべての人、そして地球全体のウェルビーイングを目指せるはずだ。それには１８０度の方向転換などいらない。企業は株主のために利益を求めるのをやめなくてもいいし、政府も国民のウェルビーイングを最優先にするのをやめなくてもいい。

やらなければいけないことはたった一つである。次の四半期や会計年度にとらわれず、長期的な視野に立ち、次の10年を、そして次世代のことを考え、他者のことも考えることだ。マースクのような巨大グローバル企業がこれを実践し、同時に収益性も競争力も維持している。ニュージーランドやシンガポールも同じことを実践している。すべての国民や企業のために富を生み出し、同時に他者や地球にも配慮している。

こうした先駆者を、私たちすべてが見習うべきだ。未来について深く考え、自分自身のビジネスモデルや企業理念を変え、どうすれば人々と地球の幸福に幅広く貢献しながら、目先の目標も追い続けられるかを明確にするべきだ。志の高い経済システムを打ち立てることは、現実離れした理想ではない。ビジネスリーダー、投資家やコミュニティーのリーダーを含むほとんどの人は、世界や他者の人生に対して自分が何をすべきか理解しているし、世の中のために良いことをしたいと願っている。しかし、ここ数十年間というもの、現代社会や経済で、こうしたリーダー的立場にある人々に方向性を示す分かりやすい羅針盤がなかった。

過去30年から50年ほど、新自由主義的な考え方がじわじわと世界に広がっていった。このアプローチの中心は、「市場が一番よく知っている」という考えだ。つまり、「ビジネスの本質はビジネスである」のだから、市場をうまく機能させたいなら、政府は市場に厳しい制約を課すべきではないとする。こうした凝り固まった考えは誤りであることが証明された。そして幸運なことに、私たちはその先例にとらわれなくてもいいのである。

　本書でも繰り返し述べたが、２０２０年９月、もっと志の高い資本主義が作れるという私の考えが「ステークホルダー資本主義指標」によってあらためて確認できた。これは、世界経済フォーラムの国際ビジネス評議会議長であるバンク・オブ・アメリカの最高経営責任者（ＣＥＯ）ブライアン・モイニハンを中心に動いている取り組みだ。これらは財務とは無関係な測定項目ならびに開示情報であり、これから２、３年のうちに企業の年次報告書に（任意で）加えられるだろう。これがあれば、長期的な企業の発展を評価できる。

　そうすれば、たとえば企業について以下のような事柄がすぐに分かる。性別による給与格差があるのか？　バックグラウンドの異なる人が何人採用され、昇進しているのか？　温室効果ガス排出削減のために、どのような進展があったか？　グローバルで、また活動エリアごとにどれくらい納税したか？　人材の採用と研修について、どのようなことを実施したか？

　このプロジェクトがなぜ今、実を結んだのだろう。世界経済フォーラムではかねてから、企業は短期的な利益だけではなく数十年のスパンでビジネスに取り組み、生産性を上げるべきだという考えを唱えてきた。そして２０１６年頃、国際連合の持続可能な開発目標（ＳＤＧｓ）達成には、民間セクターの具体的な役割が欠かせないと考えるビジネスリーダーが、ごく少数だが現れてくれた。先ほど紹介したブライアン・モイニハンをはじめ、フィリップス社のフランス・ファン・ホーテン、元ペプシコ社のインドラ・ヌーイといった面々がこの考えに同意し、多くの仲間に協力を呼びかけて彼らの取り組みを支持する協定に署名を呼びかけた。

　それから数年のうちに、社会問題や気候問題に正義を求める運動、たとえば「フライデー・

フォー・フューチャー」（発起人はグレタ・トゥーンベリ）、＃ＭｅＴｏｏ（ミートゥー）、ＢＬＭ（ブラック・ライブズ・マター）といった活動からの圧力があり、企業はのんびりしていられなくなった。企業にいくら善意があっても、抽象的な誓約をするだけでは不十分だったのだ。２０１９年の夏になると、モイニハンの率いるメンバーが、それまでの「アルファベットの略語ばかりが並ぶ測定項目[*2]」に代わる、自己測定ツールを作るアイデアを出した。秋までにその作業は進み、コンサルティング企業のビッグフォーと呼ばれるデロイト・トーマツ、アーンスト・アンド・ヤング（ＥＹ）、ＫＰＭＧ、プライスウォーターハウスクーパース（ＰｗＣ）がこの指標を定めるのに加わった。

２０２０年の1月には、議論のたたき台となる草案も完成し、反応も上々だった。ところがそこに、新型コロナウイルス感染症が世界を襲った。今思えばそれがまさしくリトマス試験紙になった。このプロジェクトは今回のグローバルな危機を乗り越えられるのか？　もっと大きく言えば、新型コロナ危機に呑まれて未熟なまま消えてしまうのか？　その数カ月前、米国のビジネス・ラウンドテーブル（米企業が参加する、ワシントンの有力ロビーグループ）がこのステークホルダー資本主義のコンセプトを採用したばかりだった。こうなると心配なのは、芽生えたばかりのステークホルダー資本主義が摘み取られ、より現実的な対策に取って代わられることだった。企業が「とにかく逃げろ」という姿勢を取り、従業員の解雇や納入業者を切ることもいとわず、既得権益をできる限り温存しようとするからだ。

しかし、その心配は杞憂だった。このプロジェクトに参画する企業の情熱にむしろ、拍車がかかったのだ。世界経済フォーラムでこの取り組みのまとめ役をしたマハ・アルトブジーはこう言う。「これは本当に大切だと直感した。危機のときなら、なおさらだ」。春に予定されていた対面のミーティングがキャンセルになると、私自身も含めた主要プロジェクトのリーダー全員が、オンラインでミーティングを開いた。そういう熱意があったからこそ、プロジェクトをやり遂げられたのである。2020年の秋にはこの「ステークホルダー資本主義指標」ができあがり、一般公開された。世界が今世紀最悪の公衆衛生危機のさなかにあっても、ワークショップ、インタビュー、関連ミーティングを重ね、仕上げまで漕ぎ着けた。こういった経験がある限り、私は希望を捨てない。ステークホルダー資本主義は一時的な流行ではなく、これからの経済システムの強みになり得るのだ。

もちろん、誰もが今より豊かになるグローバル経済を立ち上げるという目標には、まだほど遠い。「ステークホルダー資本主義指標」は成果を求められているあまたの取り組みの一つでしかない。そしてタイムリミットは迫っている。しかし、悲観的なムードが日常になりつつあり、自分さえ良ければいいという狭くて卑小な考えに流されがちな世界にありながら、もっと寛容で地球に優しいモデルが実現できるということを、こうした取り組みは世に示している。

思い返せば、私は運がいい。第二次世界大戦が終わって焼け野原になっても、やることすべてにステークホルダー的な気風が流れる町で、その地域社会で成長できた。この気風を私は父の工場で働いているときに見た。営業担当者から役員まで、誰もが同じ意気込みで仕事に打ち込んでいた。会社と製品の成功が長続きすることを目指し、結果が出たら全員でそれを分かち合おうとしていた。この気風を私は戦後のフリードリヒスハーフェンとラーベンスブルクで見た。市民全員、それに地元の自治体全体が協力して、壊されたものを建て直そうとしていた。以来私は、ふるさとシュヴァーベンを巣立ち、シンガポールのような遠くの国を訪れるようになるまで、事業に携わっていたときも政府の仕事をしていたときも、ずっと、この精神を多くの人に呼びかけている。

本書を読み終えた読者も、このステークホルダーモデルに確信を持ってくれることを私は願っている。世界の状況は誰かが与えてくれるものではないし、より良い世界にしようという覚悟が私たち全員にあれば必ず改善できるという結論を共有してくれることを願ってやまない。そしてまた、誰もが「力を合わせて」もっとレジリエンスがあり、寛容で、持続可能な理想の経済を、ポストコロナの世界に打ち立てられたらいいと思う。それこそがステークホルダー資本主義の真髄だ。進歩をもたらし、人と地球に優しいグローバル経済でなければならない。

謝辞

本書は、真のチームワークの賜物である。私がこれまでに両親から受けた教育、生まれ育った地域社会で得た学び、そして私が創設した世界経済フォーラムで共同作業を続けている協力者や、この機構を世界各地で支えてくれている仲間たちとの交流を通じて培うことができた多くの知見から生まれた成果でもある。私にとって本書は、ステークホルダー間のコラボレーションを具現化する絶好の機会でもあったが、この共同作業に意識的に、または知らず知らずのうちに関わり、前進させてくれたステークホルダーは枚挙にいとまがなく、一人ひとりに感謝の意を表すとなると、そのためだけにもう1章設けなくてはならなくなる。ここではその中でも特にこのプロジェクトに深く関わってくださった方々に、この場を借りてお礼を述べるにとどめることをお許し願いたい。

真っ先に感謝したいのは、私が全幅の信頼を置く共著者のピーター・バナムだ。本書の執筆に関連するすべての連絡の窓口となってくれたピーターは、約二年間、このプロジェクトのために世界中を駆け巡り、インターネットで大量の参考文献を検索し、私と接点がある数多くの人々と連絡を取ってくれた。執筆作業に着手してからは、彼の貢献範囲も度重なる下書きの推敲から21世紀のステークホルダーモデルの青写真を本書に反映させるプロセスにまで広がった。私がステークホルダー資本主義の原理について書いた本を初めて出版したのは50年前だが、それから半世紀たった今も、ピーターのような世界市民的なマインドを持つ新しい世代がその思想を受け入れ、明日の世界にそれをどう生かせるかを問い、再定義する作業に協力してくれていることを大変嬉しく思う。

次に、もう何年も仕事の上で素晴らしい関係を築いてきた真の連携相手、世界経済フォーラムのボルゲ・ブレンデ総裁にも感謝したい。ボルゲは、私が会長に就任した後、組織運営の大部分を受け継いでくれただけでなく、総裁としての責務を見事に果たしてくれている。そのおかげでこの数カ月間、新型コロナウイルス感染症の影響で様々な制約を受けながらも、本書の執筆に専念する時間を十分取れるようになった。

エイドリアン・モンク、メル・ロジャース、ケリー・オムンゼンとスザンヌ・グラスマイアーも、それぞれ緊密な協力者として重要な役割を担ってくれた。エイドリアンは本書の出版を正式なプロジェクトとして立ち上げる企画を組織内で最初に支持し、多くの人にプロジェクトへの参画を広く呼びかけた。また彼は、私の草稿の初期の担当編集者として、どのような文体で書くべきかといった方向性についてアドバイスしてくれた。本書の体験的報告スタイルは彼の発案だ。メルは重要な戦略的アドバイザーとして、新型コロナ危機の真っただ中にあった時でも、関係者全員の士気を高めようと絶えず努めてくれた。ケリーとスザンヌは、本書のベースになる情報を得るための数多くの取材を可能にしてくれた。彼らは全員、本書の内容、題名や表紙をどうするかを議論するために開いた内部のブレインストーミング会議にも積極的に参加してくれた。

この他にも、家族の一員であったり、職場の同僚や外部の関係者であったり、私が最終稿を書き上げるまで支援してくれた身近な協力者が数多くいる。批評眼を持った読者として様々な場面で数々の貴重な指摘をしてくれた妻のヒルデには心から感謝している。また、執筆が段階的に進む中で、批判的なフィードバックを寄せたり、より良い編集案を提案したりしながら支え続けてくれた

『グレート・リセット　ダボス会議で語られるアフターコロナの世界』（日経ナショナル ジオグラフィック、２０２０年）の共同執筆者ティエリ・マルレ、北米支部長のポール・スマイク、ワシントンＤＣで私の貴重な相談役になってくれたアラン・フライシュマンとピーターの配偶者、ヴァレリア・サピーニにも厚くお礼を申し上げたい。

本書をこのような形で世に出せるようにしてくれた出版社ワイリーの関係者の中ではとりわけ、ジェス・ワイリー会長、ビル・ファルーン編集主幹、プルビ・パテル編集長、クリスティーナ・ベリガン開発担当編集員ならびに複数の原稿整理編集者とグラフィックデザイナーで構成する編集チームの面々に感謝したい。ジェシーとビルは、本書を執筆する意義を誰よりも先に確信し、そのことを私に伝えるために、２０１８年12月に私たちがニューヨークで会ったときに、私がこれを書き上げたら自社で出版すると約束してくれた。ビルとプルビはその後、編集・出版プロセスを忍耐強く勤勉に推し進め、本書が２０２１年1月のダボスウィークでダボス・アジェンダを発表する頃にちょうど書店に並ぶよう、このプロジェクトの先頭に立ってくれた。そして本書の中身や読ませ方を最終的にこのような形式にまとめることができたのは、クリスティーナの見事な編集力の賜物だ。

ステークホルダーモデルとは何かを見極めて定義する作業には、世界経済フォーラムを支えてくれている世界中のスタッフから援助を受けた。北京支部のペンチェン・クーとムージー・リー、そして最高代表責任者のデービッド・エイクマンは、数々の中国人有識者と面談できるようにしてくれた。ニューヨーク支部では、マハ・アルトブジーが国際ビジネス評議会（ＩＢＣ）と四大会計事務所のデロイト、ＥＹ、ＫＰＭＧ、ＰｗＣの首脳陣を集め、ステークホルダー資本主義指標の策定に向けて話し合う場を設ける調整役として中心的な役割を果たしてくれた。中でもＩＢＣのブライアン・モイニハン議長には特別の賛辞を贈りたい。彼のリーダーシップとビジョンがあったからこそ、ステークホルダー原則にコミットする企業がそれぞれの理念を有言実行し、その進捗をメトリクスに基づいて測ることができるようになった。

また、本書の執筆活動の一環で実施した取材に快く応じてくれた学会の有識者、ジャーナリスト、ビジネスリーダー、グローバル・シェイパーズ、国際機関のトップ、各国の大臣やその他のステークホルダー諸氏には、下記に別枠を設けて、そこで全員の名を記してお礼を述べる。あなた方との対話を通じて、世界経済に対する私たちの見識はさらに広がり、より良い未来を切り開くために必要になる重要な構成要素を確認することができた。

そして最後に、私にとって最も重要な二人、亡き両親の父オイゲン・ヴィルヘルムと母エリカに感謝の気持ちを捧げたい。戦時中や戦後の困窮した状況下でも、二人は私に国際市民として生きるための術を授け、あらゆる可能性を託してくれた。両親の導きがなければ、私は他国の人と出会ったり、国境を越えて旅をしたり、留学したりする機会を得ることはなかっただろう。父からは、会社組織のトップに立つリーダーとしての心得も学んだ。それだけでなく、彼は私にとって、戦後ドイツで数多くの役割を引き受けた公務員として、ステークホルダーモデルを文字通り体現したロールモデルでもあった。実業界のリーダーはその実績や高い経営能力を公共的機能に生かし、官民が一丸となってより良い世界を築いていく努力をしていくのだという考えを実践した人物であった。その生き方、そして私のためにしてくれたすべてのことに対して、永遠に感謝の念を捧げる。

クラウス・シュワブ

本書のためにインタビューに答えてくれたすべての方へ、貴重な時間を割いて執筆に必要な多くの知見を教示してくれたことに感謝したい。以下に名前を挙げさせてもらう（ファーストネームのアルファベット順）。

アハドゥ・ウブシェ（エチオピア、アディスアベバ、モイエ・コーヒー創業者兼ゼネラル・マネジャー／アディ・レザ・ヌグロホ（ＭＹＣＬ共同創業者兼ＣＥＯ、インドネシア・バンドン）／アンヘル・グリア（ＯＥＣＤ事務総長、フランス・パリ）／アラレ・ダヘル（ＡＰＬ営業部長ジブチ）／アニサ・ウィビ・イスマルランティ（ＭＹＣＬ共同創業者兼ＣＦＯ、インドネシア・バンドン）／アレカ・ベンタンガン・ラザール（ＭＹＣＬ共同創業者兼ＣＴＯ、インドネシア、バンドン）／アズラット・ベガショー（エチオピア航空広報担当マネジャー、エチオピア、アディスアベバ）／カール・ベネディクト・フレイ（オックスフォード大学フェロー、イギリス・オックスフォード）／白重恩（清華大学経済学部教授、中国・北京）／クラウス・イェンセン（ダンスクメタル労働組合委員長、デンマーク・コペンハーゲン）／ダニエル・モス（ブルームバーグ通信アジア経済担当論説委員、シンガポール）／デビッド・オーター（マサチューセッツ工科大学［ＭＩＴ］経済学教授、米国・マサチューセッツ州ケンブリッジ）／デービッド・リン（グローバル・フットプリント・ネットワーク最高科学責任者、米国カリフォルニア州オークランド）／デービッド・Ｍ・ルーベンスタイン（カーライル・グループ共同創業者兼共同会長、米国・ニューヨーク）／ダイアン・コイル（ケンブリッジ大学ベネット公共政策研究所所長、イギリス・ケンブリッジ）／ドミニク・ウォーレイ（世界経済フォーラム・世界公共財センター・マネージングディレクター、スイス・ジュネーブ）／ファビオラ・ジャノッティ（ＣＥＲＮ事務局長、スイス・ジュネーブ）／ヘルト・ノエルス（エコノポリスＣＥＯ、ベルギー・アントワープ）／ギデオン・リッチフィールド『ＭＩＴテクノロジーレビュー』編集長、米国・マサチューセッツ州ケンブリッジ）／劉国宏（中国発展研究所副所長、中国・深圳）／グレッグ・イップ『ウォール・ストリート・ジャーナル』紙経済解説委員、米国・ワシントンＤＣ）／ヘザー・ロング『ワシントンポスト』紙経済担当記者、米国・ワシントンＤＣ）／ハインリッヒ・ヒュンテルマン（ラベンスバーガー・グローバル広報部長、ドイツ・ラーベンスブルク）、ジェームズ・クラブツリー（リー・クワンユー公共政策大学院准教授、シンガポール）／ジム・ヘーゲマン・スネーブ（シーメンス会長兼Ａ・Ｐ・モラー・マースク会長、デンマーク、コペンハーゲン）／ジョセフ・スティグリッツ（コロンビア大学経済学部教授、米国・ニューヨーク）／ジョシュ・ビベンズ（経済政策研究所研究部長、米国・ワシントンＤＣ）／李開復（シノベーション・ベンチャーズ会長兼ＣＥＯ、中国・北京）／ローレンス・Ｄ・フィンク（ブラックロック会長兼ＣＥＯ、米国・ニューヨーク）／リナ・カーン（コロンビア大学法学部准教授、米国・ニューヨーク）／王力為（財新網シニアライター、中国・北京）／マハ・アルトブジー（世界経済フォーラム「投資の未来」部門長、米国・ニューヨーク）／ミシェル・バチェレ（国連人権高等弁務官、スイス・ジュネーブ）／朱民（国立金融研究所所長、中国・北京）／ニコラス・トンプソン（『ワイアード』編集長、米国・ニューヨーク）／ニコラス・スターン（ＵＣＬ気候変動・環境研究所理事会議長、イギリス・ロンドン）／プティ・プアル（イラストレーター兼コンテンツクリエイター、インドネシア・西ジャワ）／リチャード・ボールドウィン（国際開発研究大学院・国際経済学教授、スイス・ジュネーブ）／リチャード・サマンス（国際労働機関［ＩＬＯ］研究部長、スイス・ジュネーブ）／ロバート・アトキンソン（情報技術・イノベーション財団理事長、米国・ワシントンＤＣ）／ロビン・ルフマン（マン・エナジーソリューションズ代表、デンマーク・コペンハーゲン）／ローラン・デュシャトレ（メレキシス創業者、ベルギー・シントトロイデン）／サーディア・ザヒディ（世界経済フォーラム「新しい経済と社会」センター専務理事、スイス・ジュネーブ）／ショーン・クリアリー（フューチャーワールド財団理事長、南アフリカ・ケープタウン）／セニアット・ソルサ（エベレスト社国内担当部長、エチオピア・アワサ）／スーザン・ルンド（マッキンゼー・グローバルインスティテュート・パートナー、米国・ワシントンＤＣ）／ターマン・シャンムガラトナム（シンガポール上級大臣、シンガポール）／トーマス・スビュー（ダンスクメタル・チーフエコノミスト、デンマーク・コペンハーゲン）／ティラフン・サルカ（ジブチ‐エチオピア鉄道総裁、エチオピア・アジスアベバ）ティム・ウー（コロンビア大学ロースクール教授［法律・科学・技術］、米国・ニューヨーク）／トリスタン・シュヴェンゼン（ラベンスバーガー資料室長、ドイツ・ラーベンスブルク）／田薇（中国中央電視台国際ニュース放送チャンネル・キャスター、中国・北京）／ウィリアム・ウトモ（ＩＤＮメディア創業者、インドネシア・ジャカルタ）／ウィンストン・ウトモ（ＩＤＮメディア創業者、インドネシア・ジャカルタ）／劉宇（中国開発研究院上級フェロー［低炭素経済］、中国・深圳）、ジア・クレシ（ブルッキングス研究所客員研究員［世界経済と開発］、米国・ワシントンＤＣ）

訳者あとがき

新型コロナウイルス感染症が中国から広まったとき、これほど世界の在り方が変わると思っていた人は多くはあるまい。2022年6月時点で、全世界の感染者は5億人をはるかに超え、死者は600万人を大きく上回った。米国だけでも100万人以上の死者が出ている。このパンデミックのせいで、サプライチェーンはずたずたになり、先進工業国や中国、東南アジアなどが大打撃を受けた。そして「経済安全保障」という言葉が急速に存在感を増している。

もちろん、新型コロナウイルス感染症だけが問題なのではない。分配を市場原理に任せるグローバリゼーションにも「格差の拡大」という限界が見えていたし、温暖化や環境破壊にもいっこうに歯止めがかからない。ウイルスの蔓延と共に、我々が抱えているいろいろな問題や矛盾が一気に噴き出したかのようにも見える。そこに勃発したのが2022年のロシアによるウクライナ侵攻だ。国際紛争は21世紀になっても続いていたが、国際連合 安全保障理事会の常任理事国である国が、領土的野心をもって他国に攻め込むという事態はほとんど想定されてこなかった。

そんな世界を変えようと世界経済フォーラムが提唱しているのが「ステークホルダー資本主義」である。クラウス・シュワブは言う。「短期的な利益をひたすら追い求め、租税や規制の抜け道を探す、あるいは環境に及ぼす害を他人事にしながら動く経済を、私たちはもう続けることはできない。それよりもすべての人々と地球全体のことを考えて作られる社会、経済、そして国際的なコミュニティーが必要だ」。日本でも一時、「企業の社会的責任」という言葉が強調されたことがあったが、それをもっと社会、地球規模に広げた概念と言ってもいいかもしれない。

岸田文雄首相が打ち出している「新しい資本主義」という概念も、格差是正、分配の平等化という意味では、同じように思える。しかし目標の一つ、個人資産における投資の割合を高めるとなると少しニュアンスが変わってくる。日本は米国などに比べて個人金融資産におけるリスク資産の割合が低いのは事実だが、米国は2019年の時点で1%の富裕層が全株式の56%を保有するという構造になっている。残りの人々は賃金が伸びていないため、株価が上昇する中で株式保有を増やすことができない。こうした文脈の中で、新型コロナウイルス感染症による死者が全米で100万人を上回ったという事実を見ると、世界一豊かな国のいびつな構造も垣間見えるだろう。

誰もが住みやすい社会がすぐに生まれるわけではない。長い時間と多くの人々の努力が必要だ。しかも人類の歴史でまれに見るような大変革期である。世界の指導者は現実とのすり合わせに懸命となり、世界の智者は歴史の教訓を様々に発信するだろう。それらを考える上で、グローバルな視点に立った本書が役に立ってくれると確信する。なお、翻訳は信頼する仲間と共同で行った。他にもご協力を仰いだ石塚嘉一さん、十山圭介さん、それに世界経済フォーラムの栃林直子さん、日経ナショナル ジオグラフィックの尾崎憲和さんにもこの場をお借りしてお礼申し上げます。

2022年6月　向暑の日に

藤田正美

索引

A-Z

あ行

か行

索　引

さ行

た行

な行

は行

索　引

ま行

や行

ら行

わ行

原注

第1部　私の生まれ育った世界

第1章　世界が成長と発展を遂げた75年間

1 70 Jahre Kriegsende, Schwabische Zeitung, Anton Fuchsloch, May 2015, (in German) http://stories.schwaebische.de/kriegsende#10309.

2 Wie der Krieg in Ravensburg aufhort, Schwabische Zeitung, Anton Fuchsloch, May 2015, (in German) http://stories.schwaebische.de/kriegsende#11261.

3 Year Zero, A History of 1945, Ian Buruma, Penguin Press, 2013（イアン・ブルマ著、三浦元博・軍司泰史訳『廃墟の零年1945』白水社、2015年）.

4 Organisation for Economic Co-operation and Development (OECD), Eurostat, https://ec.europa.eu/eurostat/statistics-explained/pdfscache/1488.pdf.

5 Friedrichshafen, History of the Zeppelin Foundation, https://en.friedrichshafen.de/citizencity/zeppelin-foundation/history-of-the-zeppelin-foundation/.

6 Der Spiegel, A Century-Long Project, October 2010, https://www.spiegel.de/fotostrecke/photo-gallery-a-century-long-project-fotostrecke-56372-5.html.

7 The company was founded as the Otto Maier Verlag and later changed its name to Ravensburger.

8 Company interview with Heinrich Huentelmann and Tristan Schwennsen, August 2019.

9 Ravensburger, About Ravensburger, https://www.ravensburger-gruppe.de/en/aboutravensburger/company-history/index.html#1952-1979.

10 Heritage, ZF, https://www.zf.com/mobile/en/company/heritage_zf/heritage.html.

11 Our World in Data, Working women: Key facts and trends in female labour force participation, https://ourworldindata.org/female-labor-force-participation-key-facts.

12 Kompetenzzentrum Frauen in Wissenschaft und Forschung, Entwicklung des Studentinnenanteils in Deutschland seit 1908, https://www.gesis.org/cews/unser-angebot/informationsangebote/statistiken/thematische-suche/detailanzeige/article/entwicklung-desstudentinnenanteils-in-deutschland-seit-1908/.

13 School Enrollment, Tertiary, Saudi Arabia, World Bank, 2018, https://data.worldbank.org/indicator/SE.TER.ENRR?locations=SA.

14 Global Gender Gap report 2018, http://reports.weforum.org/global-gender-gap-report-2018/key-findings/.

15 "Historical Background and Development Of Social Security," Social Security Administration, https://www.ssa.gov/history/briefhistory3.html.

16 Tuberculosis Treatment, Mayo Clinic, https://www.mayoclinic.org/diseases-conditions/tuberculosis/diagnosis-treatment/drc-20351256.

17 The term "global village" was coined by Canadian thinker Marshall McLuhan in the 1960s.

18 "The World Economic Forum, a Partner in Shaping History, 1971–2020," p.16 http://www3.weforum.org/docs/WEF_A_Partner_in_Shaping_History.pdf.

19 The Davos Manifesto, 1973, World Economic Forum, https://www.weforum.org/agenda/2019/12/davos-manifesto-1973-a-code-of-ethics-for-business-leaders/.

20 "A Friedman Doctrine—The Social Responsibility of Business Is to Increase Its Profits," Milton Friedman, The New York Times, September 1970, https://www.nytimes.com/1970/09/13/archives/a-friedman-doctrine-the-social-responsibility-of-business-is-to.html.

21 The New York Times Magazine, "What Is Fukuyama Saying? And to Whom Is He Saying It?", James Atlas, October 1989, https://www.nytimes.com/1989/10/22/magazine/whatis-fukuyama-saying-and-to-whom-is-he-saying-it.html.

22 "Pioneers in China," 1993, ZF Heritage, zf.com/mobile/en/company/heritage_zf/heritage.html.

23 Eurofound, "Pacts for Employment and Competitiveness: Ravensburger AG," Thorsten Schulten, Hartmut Seifert, and Stefan Zagelmeyer, April 2015, https://www.eurofound.europa.eu/es/observatories/eurwork/case-studies/pecs/pacts-for-employment-and-competitiveness-ravensburger-ag-0.

24 GDP Growth, Annual (%), 1961–2019, The World Bank, https://data.worldbank.org/indicator/NY.GDP.MKTP.KD.ZG.

25 International Monetary Fund, New Data on Global Debt, https://blogs.imf.org/2019/01/02/new-data-on-global-debt/.

26 Gross debt position, Fiscal Monitor, April 2020, International Monetary Fund, https://www.imf.org/external/datamapper/datasets/FM.

27 Global Footprint Network, https://www.footprintnetwork.org/2019/06/26/press-releasejune-2019-earth-overshoot-day/.

第2章　クズネッツの呪い　今日の世界経済の諸問題

1 クズネッツは、その当時ロシア帝国の一部だったピンスクで生まれた。現在、ピンスクはベラルーシの一部である。

2 "Political Arithmetic: Simon Kuznets and the Empirical Tradition in Economics", Chapter 5: The Scientific Methods of S mon Kuznets, Robert William Fogel, Enid M. Fogel, Mark Guglielmo, Nathaniel Grotte, University of Chicago Press, p. 105, https://www.nber.org/system/files/chapters/c12917/c12917.pdf.

3 A direct quotation of Kuznets' autobiography for the Nobel Prize committee. The Nobel Prize, "Simon Kuznets Biographical," 1971, https://www.nobelprize.org/prizes/economicsciences/1971/kuznets/biographical/.

4 "GDP: A brief history," Elizabeth Dickinson, Foreign Policy, January 2011, https://foreignpolicy.com/2011/01/03/gdp-a-brief-history/.

5 同上

6 "Beyond GDP: Economists Search for New Definition of Well-Being," Der Spiegel, September 2009, https://www.spiegel.de/international/business/beyond-gdp-economists-search-fornew-definition-of-well-being-a-650532.html.

7 ピーター・バナムによるダイアン・コイルの電話インタビュー、2019年8月。

8 Measured in constant 2010 US dollars.

9 World Bank, GDP Growth (annual %), 1961–2018, https://data.worldbank.org/indicator/NY.GDP.MKTP.KD.ZG.

10 "What's a Global Recession," Bob Davis, The Wall Street Journal, April 2009, https://blogs.wsj.com/economics/2009/04/22/whats-a-global-recession/.

11 United States Census Bureau, International Data Base, September 2018, https://www.census.gov/data-tools/demo/idb/informationGateway.php.

12 "World Economic Outlook," International Monetary Fund, Updated July 2019, https://www.imf.org/en/Publications/WEO/Issues/2019/07/18/WEOupdateJuly2019.

13 "World Economic Outlook," International Monetary Fund, April 2019, Appendix A
https://www.imf.org/~/media/Files/Publications/WEO/2019/April/English/text.ashx?la=en.

14 This concerns GDP growth based on market exchange rates (see corresponding row on table cited in footnotes 11 and 12).

15 "World Bank Country and Lending Groups," World Bank, https://datahelpdesk.worldbank.org/knowledgebase/articles/906519-world-bank-country-and-lending-groups.

16 "The Great Emerging-Market Growth Story is Unravelling," Financial Times, June 2019, https://www.ft.com/content/ad11f624-8b8c-11e9-a1c1-51bf8f989972.

17 See the IMF estimate of 2019 above. For the IIF estimate of Q1 2020, see https://www.iif.com/Portals/0/Files/content/Research/Global%20Debt%20Monitor_July2020.pdf.

18 "Coronavirus Lifts Government Debt to WWII Levels—Cutting It Won't Be Easy," The Wall Street Journal, August 2020, https://www.wsj.com/articles/coronavirus-lifts-governmentdebt-to-wwii-levelscutting-it-wont-be-easy-11598191201.

19 "Resolving Global Debt: An Urgent Collective Action Cause," Geoffrey Okamoto, IMF First Deputy Managing Director, October 2020, https://www.imf.org/en/News/Articles/2020/10/01/sp100120-resolving-global-debt-an-urgent-collective-action-cause.

20 "Gross Debt Position, % of GDP," Fiscal Monitor, International Monetary Fund, April 2020, https://www.imf.org/external/datamapper/G_XWDG_G01_GDP_PT@FM/ADVEC/FM_EMG/FM_LIDC.

21 "Inflation Rate, Average Consumer Prices, Annual Percent Change, Advanced Economies," World Economic Outlook, International Monetary Fund, April 2020, https://www.imf.org/external/datamapper/PCPIPCH@WEO/ADVEC/OEMDC.

22 International Monetary Fund, DataMapper, https://www.imf.org/external/datamapper/GGXWDG_NGDP@WEO/OEMDC/ADVEC/WEOWORLD.

23 "Youth Dividend or Ticking Time Bomb?" Africa Renewal, UN, 2017, https://www.un.org/africarenewal/magazine/special-edition-youth-2017/youth-dividend or tickingtime bomb.

24 "EM Youth Bulge: A Demographic Dividend or Time Bomb?" Jonathan Wheatley, Financial Times, May 2013, https://www.ft.com/content/f08db252-6e84-371d-980a-30ab41650ff2.

25 National Institute of Population and Social Security Research, Japan, http://www.ipss.go.jp/pp-zenkoku/e/zenkoku_e2017/pp_zenkoku2017e_gaiyou.html#e_zenkoku_II.

26 "Gross Debt Position, % of GDP," Fiscal Monitor, International Monetary Fund, April 2020, https://www.imf.org/external/datamapper/G_XWDG_G01_GDP_PT@FM/ADVEC/FM_EMG/FM_LIDC.

27 同上

28 "U.S. Central Bank Cuts Interest Rate for 1st Time Since 2008," CBC, July 2019, https://www.cbc.ca/news/business/federal-reserve-interest-rate-decision-1.5231891.

29 "United States Fed Funds Rate, 1971–2020," Trading Economics, https://tradingeconomics.com/united-states/interest-rate.

30 この慣習は、イラン、ロシア、サウジアラビア、イラク、アラブ首長国連邦、リビア、クウェートなど多くの産油国や天然ガス産出国によく見られるが、中国、インドネシア、メキシコ、エジプト、その他の新興国市場でも存在する。"Energy Subsidies, Tracking the Impact of Fossil-Fuel Subsidies," IEA, https://www.iea.org/topics/energy-subsidies. を参照。

31 "Public Spending on Health: A Closer Look at Global Trends," World Health Organization, https://apps.who.int/iris/bitstream/handle/10665/276728/WHO-HIS-HGF-HF-WorkingPaper-18.3-eng.pdf?ua=1.

32 "Global Infrastructure Outlook," Global Infrastructure Hub, https://outlook.gihub.org/.

33 "We' ll Live to 100—How Can We Afford It?" World Economic Forum, http://www3.weforum.org/docs/WEF_White_Paper_We_Will_Live_to_100.pdf.

34 "Labor Productivity and Costs," Bureau of Labor Statistics, https://www.bls.gov/lpc/prodybar.htm.

35 "Decoupling of Wages from Productivity," OECD, Economic Outlook, November 2018, https://www.oecd.org/economy/outlook/Decoupling-of-wages-from-productivitynovember-2018-OECD-economic-outlook-chapter.pdf.

36 "Some Notes on the Scientific Methods of Simon Kuznets," Robert Fogel, National Bureau of Economic Research, December 1987, https://www.nber.org/papers/w2461.pdf.

37 "Global Inequality is Declining—Largely Thanks to China and India," Zsolt Darvas, Bruegel Institute, April 2018, https://bruegel.org/2018/04/global-income-inequality-isdeclining-largely-thanks-to-china-and-india/.

38 "Upper-Middle-Income Countries," World Bank, https://datahelpdesk.worldbank.org/knowledgebase/articles/906519-world-bank-country-and-lending-groups.

39 "China Lifts 740 Million Rural Poor Out of Poverty Since 1978," Xinhua, September 2018, http://www.xinhuanet.com/english/2018-09/03/c_137441670.htm.

40 "Minneapolis Fed, "Income and Wealth Inequality in America, 1949–2016," https://www.minneapolisfed.org/institute/working-papers-institute/iwp9.pdf.

41 "Piketty's Inequality Story in Six Charts," John Cassidy, The New Yorker, March 2014, https://www.newyorker.com/news/john-cassidy/pikettys-inequality-story-in-six-charts.

42 "World Inequality Report, 2018," https://wir2018.wid.world/files/download/wir2018-summary-english.pdf.

43 The Precariat: The New Dangerous Class, Guy Standing, London, Bloomsbury, 2011.（ガイ・スタンディング著、岡野内正、藤田理雄、川崎暁子訳『プレカリアート：不平等社会が生み出す危険な階級』法律文化社、2016年）

44 ピーター・バナムによるカレ・ラースンのインタビュー、カナダ・バンクーバーにて2012年3月。

45 "World Inequality Report, 2018," https://wir2018.wid.world/files/download/wir2018-summary-english.pdf.

46 "How Unequal Is Europe? Evidence from Distributional National Accounts, 1980–2017," Thomas Blanchet, Lucas Chancel, Amory Gethin, World Economic Database, April 2019, https://wid.world/document/bcg2019-full-paper/.

47 EU income inequality decline: Views from an income shares perspective, Zsolt Darvas, Bruegel Institute, 2018, https://www.bruegel.org/2018/07/eu-income-inequality-declineviews-from-an-income-shares-perspective/.

48 "Wealth Inequality in the United States since 1913: Evidence from Capitalized Income Tax Data," Emmanuel Saez and Gabriel Zucman, The Quarterly Journal of Economics, May 2016, http://gabriel-zucman.eu/files/SaezZucman2016QJE.pdf.

49 "Share of Total Income going to the Top 1% since 1900, Within-Country Inequality in Rich Countries," Our World in Data, October 2016, https://ourworldindata.org/incomeinequality.

50 "How America's 1% Came to Dominate Equity Ownership," Robin Wigglesworth, Financial Times, February 2020, https://www.ft.com/content/2501e154-4789-11ea-aeb3-955839e06441.

51 それでも、ブランコ・ミラノヴィッチが指摘している次の事実は興味深い。すなわち、主に株式保有の有無によって起こる富の不平等は大きく、さらに拡大しつつあるけれども、19世紀にカール・マルクスが主張したような真の「資本家」は、もはや存在しないというのだ。富裕層は「資本」から富の大部分を得ているが、すべてを得ているわけではない。実のところ、ほとんどの「裕福な」人々もまた生活のために働いている。ただし、金融や法曹、医療などの業種で、高給のポストに就いていることが多い。

52 "The American Economy Is Rigged," Joseph Stiglitz, Scientific American, November 2018, https://www.scientificamerican.com/article/the-american-economy-is-rigged/.

53 "Mortality and Morbidity in the 21st Century," Anne Case and Angus Deaton, Brookings Institute, March 2017, https://www.brookings.edu/bpea-articles/mortality-and-morbidityin-the-21st-century/.

54 "Deaths of Despair, Once an American Phenomenon, Now Haunt Britain," The Economist, May 2019, https://www.economist.com/britain/2019/05/16/deaths-of-despair-once-anamerican-phenomenon-now-haunt-britain.

55 "Variation in COVID-19 Hospitalizations and Deaths Across New York City Boroughs," Journal of the American Medical Association, April 2020, https://jamanetwork.com/journals/jama/fullarticle/2765524.

56 "Total Public and Primary Private Health Insurance," Organization for Economic Cooperation and Development, https://stats.oecd.org/Index.aspx?DataSetCode=HEALTH_STAT.

57 "Global Social Mobility Index 2020: Why Economies Benefit from Fixing Inequality," World Economic Forum, January 2020, https://www.weforum.org/reports/global-socialmobility-index-2020-why-economies-benefit-from-fixing-inequality.

58 "Fair Progress? Economic Mobility across Generations around the World, 2018," The World Bank, https://www.worldbank.org/en/topic/poverty/publication/fair-progress-economicmobility-across-generations-around-the-world.

59 同上

60 "Some Notes on the Scientific Methods of Simon Kuznets," Robert Fogel, NBER, December 1987, https://www.nber.org/papers/w2461.pdf.

61 These two sentences are adapted from "The World Economic Forum, A Partner in Shaping History, The First 40 Years, 1971-2010," http://www3.weforum.org/docs/WEF_First-40Years_Book_2010.pdf.

62 The Limits to Growth, p. 51, http://www.donellameadows.org/wp-content/userfiles/Limits-to-Growth-digital-

scan-version.pdf.
63 The Limits to Growth, p. 53.
64 The Limits to Growth, p. 71.
65 "Earth Overshoot Day," Global Footprint Network, https://www.overshootday.org/newsroom/press-release-july-2019-english/.
66 "Delayed Earth Overshoot Day Points to Opportunities to Build Future in Harmony with Our Finite Planet," Global Footprint Network, August 2020, https://www.overshootday.org/newsroom/press-release-august-2020-english/.
67 "Statistical Review of World Energy 2019, Primary Energy," BP, https://www.bp.com/en/global/corporate/energy-economics/statistical-review-of-world-energy/primary-energy.html.
68 "Fossil Fuels, Fossil Fuels in Electricity Production," Our World in Data, https://ourworldindata.org/fossil-fuels.
69 "Statistical Review of World Energy 2019, Primary Energy," BP, https://www.bp.com/en/global/corporate/energy-economics/statistical-review-of-world-energy/primary-energy.html.
70 "Global Resources Outlook 2019," http://www.resourcepanel.org/reports/global-resourcesoutlook.
71 "Water Scarcity," UN Water, 2018, https://www.unwater.org/water-facts/scarcity/.
72 同上
73 World Economic Forum, 2016: https://www.weforum.org/press/2016/01/more-plasticthan-fish-in-the-ocean-by-2050-report-offers-blueprint-for-change/.
74 "22 of World' s 30 Most Polluted Cities are in India, Greenpeace Says," The Guardian, March 2019.
75 AirVisual https://www.airvisual.com/world-most-polluted-cities.
76 "Soil Pollution: A Hidden Reality," Rodríguez-Eugenio, N., McLaughlin, M., and Pennock, D., FAO, 2018, http://www.fao.org/3/I9183EN/i9183en.pdf.
77 "Extinctions Increasing at Unprecedented Pace, UN Study Warns," Financial Times, May 2019, https://www.ft.com/content/a7a54680-6f28-11e9-bf5c-6eeb837566c5.
78 同上
79 UN Intergovernmental Panel on Climate Change, 2018, https://www.ipcc.ch/site/assets/uploads/sites/2/2018/07/sr15_headline_statements.pdf.
80 "New Climate Predictions Assess Global Temperatures in Coming Five Years," World Meteorological Organization, July 2020, https://public.wmo.int/en/media/press-release/new-climate-predictions-assess-global-temperatures-coming-five-years.
81 "Here Comes the Bad Season: July 2019 Is Likely to Be the Hottest Month Ever Measured," The Atlantic, https://www.theatlantic.com/science/archive/2019/07/july-2019-shaping-be-warmest-month-ever/594229/.
82 Telebasel, Sich entleerende Gletschertasche lässt Bach in Zermatt hochgehen, https://telebasel.ch/2019/06/11/erneut-ein-rekordheisser-hochsommer-verzeichnet/.
83 "Migration, Climate Change and the Environment, A Complex Nexus," UN Migration Agency IOM, https://www.iom.int/complex-nexus#estimates.
84 同上
85 "Burning Planet: Climate Fires and Political Flame Wars Rage," World Economic Forum, January 2020, https://www.weforum.org/press/2020/01/burning-planet-climate-fires-andpolitical-flame-wars-rage.
86 "Our house is still on fire and you' re fuelling the flames, World Economic Forum Agenda, January 2020, https://www.weforum.org/agenda/2020/01/greta-speech-our-house-isstill-on-fire-davos-2020/.

第3章 アジアの台頭

1 "Top 5 Tech Giants Who Shape Shenzhen, 'China' s Silicon Valley,' " South China Morning Post, April 2015, https://www.scmp.com/lifestyle/technology/enterprises/article/1765430/top-5-tech-giants-who-shape-

shenzhen-chinas-silicon.

2 ピーター・バナムによる劉国宏のインタビュー、中国・深圳にて2019年6月。

3 Nanyang Commercial Bank, https://www.ncb.com.hk/nanyang_bank/eng/html/111.html.

4 "First Land Auction Since 1949 Planned in Key China Area," Los Angeles Times/Reuters, June 1987, https://www.latimes.com/archives/la-xpm-1987-06-28-mn-374-story.html.

5 "The Silicon Valley of Hardware," Wired, https://www.wired.co.uk/video/shenzhenepisode-1.

6 "Exclusive: Apple Supplier Foxconn to Invest $1 Billion in India, Sources Say," Reuters, July 2020, https://www.reuters.com/article/us-foxconn-india-apple-exclusive/exclusive-applesupplier-foxconn-to-invest-1-billion-in-india-sources-say-idUSKBN24B2GH.

7 "Global 500: Ping An Insurance," Fortune, https://fortune.com/global500/2019/ping-aninsurance.

8 "The World's Biggest Electric Vehicle Company Looks Nothing Like Tesla," Bloomberg, April 2019, https://www.bloomberg.com/news/features/2019-04-16/the-world-s-biggestelectric-vehicle-company-looks-nothing-like-tesla.

9 "How Shenzhen Battles Congestion and Climate Change," Chia Jie Lin, GovInsider, July 2018, https://govinsider.asia/security/exclusive-shenzhen-battles-congestion-climatechange/.

10 "China's Debt Threat: Time to Rein in the Lending Boom," Martin Wolf, Financial Times, July 2018 https://www.ft.com/content/0c7ecae2-8cfb-11e8-bb8f-a6a2f7bca546.

11 "China's Debt-to-GDP Ratio Surges to 317 Percent," The Street, May 2020, https://www.thestreet.com/mishtalk/economics/chinas-debt-to-gdp-ratio-hits-317-percent.

12 "Climate Change: Xi Jinping Makes Bold Pledge for China to Be Carbon Neutral by 2060," South China Morning Post, September 2020, https://www.scmp.com/news/china/diplomacy/article/3102761/climate-change-xi-jinping-makes-bold-pledge-china-be-carbon.

13 Current Direction for Renewable Energy in China," Anders Hove, The Oxford Institute for Energy Studies, June 2019, https://www.oxfordenergy.org/wpcms/wp-content/uploads/2020/06/Current-direction-for-renewable-energy-in-China.pdf.

14 "Everyone around the World is Ditching Coal—Except Asia," Bloomberg, June 2020, https://www.bloomberg.com/news/articles/2020-06-09/the-pandemic-has-everyoneditching-coal-quicker-except-asia.

15 "Statistical Review of World Energy 2020," BP, https://www.bp.com/en/global/corporate/energy-economics/statistical-review-of-world-energy.html.

16 "World Integrated Trade Solution," World Bank, 2018, https://wits.worldbank.org/CountryProfile/en/Country/CHN/Year/LTST/TradeFlow/Import/Partner/by-country/Product/Total#.

17 "China Imports," Comtrade, UN, 2018, https://comtrade.un.org/labs/data-explorer/.

18 "Does Investing in Emerging Markets Still Make Sense?" Jonathan Wheatley, Financial Times, July 2019, https://www.ft.com/content/0bd159f2-937b-11e9-aea1-2b1d33ac3271.

19 The Great Convergence, Richard Baldwin, Cambridge, MA., Harvard University Press, 2016.(リチャード・ボールドウィン著，遠藤真美訳『世界経済　大いなる収斂：ITがもたらす新次元のグローバリゼーション』日本経済新聞出版社、2018年)

20 "Member States," ASEAN, https://asean.org/asean/asean-member-states/.

21 "Total Population of the ASEAN countries," Statista, https://www.statista.com/statistics/796222/total-population-of-the-asean-countries/.

22 "Economic Outlook for Southeast Asia, China and India 2019," OECD, https://www.oecd.org/development/asia-pacific/01_SAEO2019_Overview_WEB.pdf.

23 "World Economic Outlook: Latest World Economic Outlook Growth Projections," International Monetary Fund, October 2020, https://www.imf.org/en/Publications/WEO/Issues/2020/09/30/world-economic-outlook-october-2020.

24 "Vietnam Emerges a Key Winner from the US-China Trade War," Channel News Asia, https://www.channelnewsasia.com/news/commentary/us-china-trade-war-winners-losers-countries-vietnam-hanoi-saigon-11690308.
25 "Southeast Asia Churns Out Billion-Dollar Start-Ups," Bain, https://www.bain.com/insights/southeast-asia-churns-out-billion-dollar-start-ups-snap-chart/.
26 "India's Economic Reform Agenda (2014–2019), a Scorecard," Center for Strategic and International Studies, https://indiareforms.csis.org/2014reforms.
27 "World Economic Outlook," International Monetary Fund, October 2020, Chapter 1,p. 9, https://www.imf.org/en/Publications/WEO/Issues/2020/09/30/world-economicoutlook-october-2020.
28 "India's Harsh Covid-19 Lockdown Displaced at Least 10 Million Migrants," Niharika Sharma, Quartz India, September 2020, https://qz.com/india/1903018/indias-covid-19-lockdown-displaced-at-least-10-million-migrants/.
29 "International Literacy Day 2020: Kerala, Most Literate State in India, Check Rank-WiseList," The Hindustan Times, September 2020, https://www.hindustantimes.com/education/international-literacy-day-2020-kerala-most-literate-state-in-india-check-rank-wise-list/story-IodNVGgy5hc7PjEXUBKnIO.html.
30 "Chinese Investments in Africa," Brookings Institution, https://www.brookings.edu/blog/africa-in-focus/2018/09/06/figures-of-the-week-chinese-investment-in-africa/.
31 "Global Economic Prospects, Sub-Saharan Africa," The World Bank, January 2019, http://pubdocs.worldbank.org/en/307811542818500671/Global-Economic-Prospects-Jan-2019-Sub-Saharan-Africa-analysis.pdf.
32 "The Asian Century Is Set to Begin," Financial Times, March 2019, https://www.ft.com/content/520cb6f6-2958-11e9-a5ab-ff8ef2b976c7.
33 "World Economic Outlook: Latest World Economic Outlook Growth Projections," International Monetary Fund, October 2020, https://www.imf.org/en/Publications/WEO/Issues/2020/09/30/world-economic-outlook-october-2020.
34 "Air Pollution," World Health Organization, https://www.who.int/airpollution/en/.
35 "World Inequality Report 2018: Income Inequality in India," World Inequality Lab, https://wir2018.wid.world/.

第4章　分断された社会

1 "Rede von US-Präsident John F. Kennedy vor dem Rathaus Schöneberg am 26. Juni 1963", City of Berlin, https://www.berlin.de/berlin-im-ueberblick/geschichte/artikel.453085.php.
2 "Ronald Reagan, Remarks at Brandenburg Gate,1987", University of Bochum, https://www.ruhr-uni-bochum.de/gna/Quellensammlung/11/11_reaganbrandenburggate_1987.htm.
3 "A Partner in Shaping History, The First 40 Years," The World Economic Forum, http://www3.weforum.org/docs/WEF_First40Years_Book_2010.pdf.
4 "A Partner in Shaping History, German Reunification and the New Europe," World Economic Forum, p.108, http://www3.weforum.org/docs/WEF_A_Partner_in_Shaping_History.pdf.
5 "Reality Check: Are Migrants Driving Crime in Germany?" BBC News, September 2018, https://www.bbc.com/news/world-europe-45419466.
6 "Germany Shocked by Cologne New Year Gang Assaults on Women," BBC, January 2016,https://www.bbc.com/news/world-europe-35231046.
7 "Why Italy's Technocratic Prime Minister Is So Popular," The Economist, June 2020, https://www.economist.com/europe/2020/06/25/why-italys-technocratic-prime-minister-isso-popular.
8 "Start Taking the Backlash Against Globalization Seriously," Klaus Schwab and Claude Smadja, The International New York Times, February 1996, https://www.nytimes.com/1996/02/01/opinion/IHT-start-taking-the-backlash-against-globalization-seriously.html.
9 "Italy Hit by Wave of Pitchfork Protests as Austerity Unites Disparate Groups," Lizzie Davies, The Guardian,

December 2013, https://www.theguardian.com/world/2013/dec/13/italypitchfork-protests-austerity-unites-groups.

10 "Clashes with fans as Pitchfork protests enter third day," ANSA, December 2013, http://www.ansa.it/web/notizie/rubriche/english/2013/12/11/Clashes-fans-Pitchfork-protestsenter-third-day_9763655.html.

11 例えばカナダでは、移民や多文化主義、権力エリートに反対する人たちが集まり、ネット上で大きな盛り上がりを見せた。« Le movement "gilet jaune" s' enracine à droite au Canada », Le Courrier International, January 2019, https://www.courrierinternational.com/article/le-mouvement-gilet-jaune-senracine-droite-aucanada. を参照。

12 様々な国の内部および国家間のグローバルな不平等の状況について詳しく論じるには、Branko Milanovic（ブランコ・ミラノビッチ）の優れた著作Global Inequality: A New Approach for the Age of Globalization, Cambridge, MA., Harvard University Press, 2016.（立木勝訳『大不平等――エレファントカーブが予測する未来』白水社、2017年）を参照した。ミラノビッチは、所得、富、機会の不平等の状態と変化についてグローバルかつ歴史的な文脈で論じており、私が議論を分かりやすく簡潔にするため外した多くの条件についても分析している。

第2部　発展と問題をもたらしたもの

第5章　グローバル化

1 ピーター・バナムによるウィンストン・ウトモとウィリアム・ウトモへのインタビュー、インドネシア・ジャカルタにて2019年10月。

2 IDN Times, IDN Media, consulted October 2020, https://www.idn.media/products/idntimes.

3 以下の文章は、ピーター・バナムによる世界経済フォーラムの行動計画の文章を元にアップデートしたものである。"Why Indonesians Fight like Avengers for Globalization," https://www.weforum.org/agenda/2018/12/why-indonesians-fight-like-avengers-forglobalization/.

4 同上

5 "Indonesia Maintains Steady Economic Growth in 2019," World Bank' s June 2019 Economic Quarterly, https://www.worldbank.org/en/news/press-release/2019/07/01/indonesiamaintains-steady-economic-growth-in-2019.

6 この節は、ピーター・バナムによる世界経済フォーラムの行動計画を改稿した。"How Globalization 4.0 Fits into the History of Globalization," Peter Vanham, World Economic Forum Agenda, January 2019, https://www.weforum.org/agenda/2019/01/how-globalization-4-0-fits-into-the-history-of-globalization.

7 "The Belt and Road Initiative," Permanent Mission of the People' s Republic of China to the United Nations Office at Geneva and other International Organizations in Switzerland, http://www.china-un.ch/eng/zywjyjh/t1675564.htm.

8 ここでは「発見」という言葉を使わない。なぜならヨーロッパ人が、ヨーロッパとアジアとの間に大陸があることを認識するずっと前から、先住民は南北アメリカ大陸に定住していたからだ。コロンブスの前に、バイキングのレイフ・エリクソンが初めてアメリカに到達したということも、現在では広く知られ、受け入れられている。

9 http://www.bbc.co.uk/history/british/victorians/victorian_technology_01.shtml.

10 https://ourworldindata.org/international-trade.

11 https://edatos.consorciomadrono.es/file.xhtml?persistentId=doi:10.21950/BBZVBN/U54JIA&version=1.0.

12 John Maynard Keynes, The Economic Consequences of the Peace, 1919. 引用部はhttps://www.theglobalist.com/global-man-circa-1913/で読むことができる。

13 "The Industrial Revolution," Khan Academy, https://www.khanacademy.org/humanities/big-history-project/acceleration/bhp-acceleration/a/the-industrial-revolution.

14 “India in the Rise of Britain and Europe: A Contribution to the Convergence and Great Divergence Debates,” Bhattacharya, Prabir Heriot-Watt University, May 2019, https://mpra.ub.uni-muenchen.de/97457/1/MPRA_paper_97457.pdf.

15 “Top Wealth Shares in the UK, 1895–2013, Figure 4.6.1,” World Inequality Lab, https://wir2018.wid.world/part-4.html.

16 https://www.wto.org/english/res_e/booksp_e/anrep_e/world_trade_report11_e.pdf.

17 https://edatos.consorciomadrono.es/file.xhtml?persistentId=doi:10.21950/BBZVBN/U54JIA&version=1.0.

18 “Trade in the Digital Era,” OECD, March 2019, https://www.oecd.org/going-digital/trade-in-the-digital-era.pdf.

19 英国生態学・水文学センターの説明によれば、熱帯雨林は、二酸化炭素を取り込み、酸素を吐き出すことから、しばしば「地球の肺」と呼ばれる。https://www.ceh.ac.uk/news-and-media/news/tropical-rainforests-lungs-planetreveal-true-sensitivity-global-warming.

20 Dani Rodrik, The Globalization Paradox: Democracy and the Future of the World Economy, New York, W.W. Norton, 2011.（ダニ・ロドリック著、柴山桂太・大川良文訳『グローバリゼーション・パラドクス：世界経済の未来を決める三つの道』白水社、2013年）

21 The End of History and the Last Man, Francis Fukuyama, London, Penguin Books, 1993.（フランシス・フクヤマ著、渡部昇一訳・解説『歴史の終わり（上下）』三笠書房、2020年）

22 The Rise and Fall of Hungary, Zsolt Darvas, The Guardian, October 2008, https://www.theguardian.com/business/blog/2008/oct/29/hungary-imf.

23 “How Rotterdam Is Using Blockchain to Reinvent Global Trade,” Port of Rotterdam, September 2019, https://www.portofrotterdam.com/en/news-and-press-releases/howrotterdam-is-using-blockchain-to-reinvent-global-trade.

24 ピーター・バナムによるウィンストン・ウトモとウィリアム・ウトモへのインタビュー、インドネシア・ジャカルタにて2019年10月。

第6章　テクノロジー

1 « Danmark i verdens robot top-10 », Dansk Metal, January 2018, https://www.danskmetal.dk/Nyheder/pressemeddelelser/Sider/Danmark-i-verdens-robot-top-10.aspx.

2 “Why American Workers Need to Be Protected From Automation,” Bill de Blasio, Wired, September 2019, https://www.wired.com/story/why-american-workers-need-to-beprotected-from-automation/.

3 “Robots Are the Ultimate Job Stealers. Blame Them, Not Immigrants,” Arlie Hochschild, The Guardian, February 2018, https://www.theguardian.com/commentisfree/2018/feb/14/resentment-robots-job-stealers-arlie-hochschild.

4 The Fourth Industrial Revolution, Klaus Schwab, New York, Penguin Random House, January 2017.（クラウス・シュワブ著、世界経済フォーラム訳『第四次産業革命：ダボス会議が予測する未来』日本経済新聞出版、2016年）

5 “The Future of Employment: How Susceptible Are Jobs to Computerization?” Carl Frey and Michael Osborne, Oxford University, September 2013, https://www.oxfordmartin.ox.ac.uk/downloads/academic/The_Future_of_Employment.pdf.

6 The Technology Trap: Capital, Labor, and Power in the Age of Automation, Carl Frey, Princeton, Princeton University Press, June 2019.（カール・B・フレイ著、村井章子・大野一訳『テクノロジーの世界経済史：ビル・ゲイツのパラドックス』日経BP、2020年）

7 “If Robots and AI Steal Our Jobs, a Universal Basic Income Could Help”, Peter H. Diamandis, Singularity Hub, December 2016, https://singularityhub.com/2016/12/13/ifrobots-steal-our-jobs-a-universal-basic-income-could-help/.

8 ピーター・バナムによるクラウス・イェンセンのインタビュー、2019年5月。

9 船舶の主な作り手が人間ではなくロボットになり、業界の一部で職がなくなったこともあった。それでも、

イェンセンには変化について長期的なビジョンがあったので、明るい前向きな展望を持ち続けられた。そういった現場でも建築作業を監督し、エンジンを修理し、どのパーツもぴったり収まっていることを確認しなければならないのは作業員なのだ。世界トップクラスの造船工を抱えていれば、デンマークは造船と船舶修理について世界のリーダー的存在であり続けられる。このような明るい展望は、イェンセンの組合のDNAと言える。「うちの組合は1888年に創業したが、初代組合長も私と同じことを言っている。テクノロジーは変わっても、意見は変わらない」

10 ピーター・バナムによるロビン・ルフマンのインタビュー、2019年11月。

11 ピーター・バナムによるトマス・スビューのインタビュー、2019年11月。

12 Unemployment, Statistics Denmark, consulted in October 2020, https://www.dst.dk/en/Statistik/emner/arbejde-indkomst-og-formue/arbejdsloeshed.

13 "Inequality in Denmark through the Looking Glass," Orsetta Causa, Mikkel Hermansen, Nicolas Ruiz, Caroline Klein, Zuzana Smidova, OECD Economics, November 2016, https://read.oecd-ilibrary.org/economics/inequality-in-denmark-through-the-lookingglass_5jln041vm6tg-en#page3.

14 "How Many US Manufacturing Jobs Were Lost to Globalisation?" Matthew C. Klein, Financial Times, December 2016, https://ftalphaville.ft.com/2016/12/06/2180771/howmany-us-manufacturing-jobs-were-lost-to-globalisation/.

15 Trading Economics, United States Labor Force Participation Rate, with numbers supplied by the US Bureau of Labor Statistics, https://tradingeconomics.com/united-states/laborforce-participation-rate.

16 Trading Economics, Denmark Labor Force Participation Rate, https://tradingeconomics.com/denmark/labor-force-participation-rate.

17 ピーター・バナムによるトマス・スビューのインタビュー、デンマーク・コペンハーゲンにて2019年11月。

18 OECD, Directorate for Employment, Labour and Social Affairs, Employment Policies and Data, Skills and Work dashboard, http://www.oecd.org/els/emp/skills-and-work/xkljljosedifjsldfk.htm.

19 ピーター・バナムによるヘザー・ロングのインタビュー、米ワシントンDCにて2019年4月。

20 同上

21 ピーター・バナムによるトマス・スビューのインタビュー、デンマーク・コペンハーゲンにて2019年11月。

22 "How Today' s Union Help Working People: Giving Workers the Power to Improve Their Jobs and Unrig the Economy," Josh Bivens et al., Economic Policy Institute, August 2017, https://www.epi.org/publication/how-todays-unions-help-working-people-givingworkers-the-power-to-improve-their-jobs-and-unrig-the-economy/.

23 "Singapore Society Still Largely Conservative but Becoming More Liberal on Gay Rights: IPS Survey," The Straits Times, May 2019, https://www.straitstimes.com/politics/singaporesociety-still-largely-conservative-but-becoming-more-liberal-on-gay-rights-ips.

24 "Singapore: Crazy Rich but Still Behind on Gay Rights," The Diplomat, October 2018, https://thediplomat.com/2018/10/singapore-crazy-rich-but-still-behind-on-gay-rights/.

25 ピーター・バナムによるターマン・シャンムガラトナム上級相のインタビュー、シンガポールにて2019年7月。

26 "Singapore' s Economic Transformation," Gundy Cahyadi, Barbara Kursten, Dr. Marc Weiss, and Guang Yang, Global Urban Development, June 2004, http://www.globalurban.org/GUD%20Singapore%20MES%20Report.pdf.

27 "An Economic History of Singapore—1965–2065," Ravi Menon, Bank for International Settlements, August 2015, https://www.bis.org/review/r150807b.htm.

28 "Singapore' s Economic Transformation," Gundy Cahyadi, Barbara Kursten, Dr. Marc Weiss, and Guang Yang, Global Urban Development, June 2004, http://www.globalurban.org/GUD%20Singapore%20MES%20Report.pdf.

29 "Singapore Faces Biggest Reskilling Challenge in Southeast Asia," Justina Lee, Nikkei Asian Review, December 2018, https://asia.nikkei.com/Economy/Singapore-faces-biggestreskilling-challenge-in-Southeast-Asia.

30 "PwC' s Hopes and Fears Survey," p. 4, PwC, September 2019, https://www.pwc.com/sg/en/publications/

assets/new-world-new-skills-2020.pdf.
31 ピーター・バナムによるティム・ウーのインタビュー、米ニューヨークにて2019年10月。
32 "The 100 Largest Companies by Market Capitalization in 2020," Statista, consulted in October 2020, https://www.statista.com/statistics/263264/top-companies-in-the-worldby-market-capitalization.
33 Amazon's Antitrust Paradox, Lina M. Kahn, The Yale Law Journal, January 2017
34 "Big Tech Has Too Much Monopoly Power—It's Right to Take It On," Kenneth Rogoff, The Guardian, April 2019, https://www.theguardian.com/technology/2019/apr/02/bigtech-monopoly-power-elizabeth-warren-technology; 引用は "Here are titles of some recent articles: Paul Krugman's "Monopoly Capitalism Is Killing US Economy," Joseph Stiglitz's "America Has a Monopoly Problem—and It's Huge," and Kenneth Rogoff's "Big Tech Is a Big Problem"; "The Rise of Corporate Monopoly Power," Zia Qureshi, Brookings, May 2019, https://www.brookings.edu/blog/up-front/2019/05/21/the-rise-of-corporatemarket-power/.
35 "Steve Wozniak Says Apple Should've Split Up a Long Time Ago, Big Tech Is Too Big," Bloomberg, August 2019, https://www.bloomberg.com/news/videos/2019-08-27/stevewozniak-says-apple-should-ve-split-up-a-long-time-ago-big-tech-is-too-big-video.
36 この考えに異議を唱える学者もいる。ユヴァル・ノア・ハラリは農業革命が人々の食糧供給の質・量に与えた影響をさほど重く見ていない。
37 A Tale of Two Cities, Charles Dickens, London, Chapman & Hall, 1859。(チャールズ・ディケンズ著、加賀山卓朗訳『二都物語』新潮文庫、2014年ほか複数の邦訳がある)
38 "The Emma Goldman Papers," Henry Clay Frick et al., University of California Press, 2003, https://www.lib.berkeley.edu/goldman/PublicationsoftheEmmaGoldmanPapers/samplebiographiesfromthedirectoryofindividuals.html
39 "Historical Background and Development Of Social Security," Social Security Administration, https://www.ssa.gov/history/briefhistory3.html.
40 "Standard Ogre," The Economist, December 1999, https://www.economist.com/business/1999/12/23/standard-ogre.
41 "The Presidents of the United States of America": Lyndon B. Johnson, Frank Freidel and Hugh Sidey, White House Historical Association, 2006, https://www.whitehouse.gov/about-the-white-house/presidents/lyndon-b-johnson/
42 この言葉の初出は、"Capitalism, Socialism and Democracy", Joseph Schumpeter, New York, Harper Brothers, 1950 (first published 1942). である(ヨーゼフ・A・シュムペーター著、中山伊知郎、東畑精一訳『資本主義・社会主義・民主主義』東洋経済新報社、1995年)。
43 "A Friedman Doctrine—The Social Responsibility Of Business Is to Increase Its Profits," Milton Friedman, The New York Times, September 1970, https://www.nytimes.com/1970/09/13/archives/a-friedman-doctrine-the-social-responsibility-of-business-is-to.html.
44 Global Income Distribution From the Fall of the Berlin Wall to the Great Recession, Christoph Lakner and Branko Milanovic, World Bank, December 2013, http://documents. worldbank.org/curated/en/914431468162277879/pdf/WPS6719.pdf
46 US District Court for the District of Columbia - 97 F. Supp. 2d 59 (D.D.C. 2000), June 7, 2000, https://law.justia.com/cases/federal/district-courts/FSupp2/97/59/2339529/.
47 Commission Decision of May 24, 2004 relating to a proceeding pursuant to Article 82 of the EC Treaty and Article 54 of the EEA Agreement against Microsoft Corporation, Eur-Lex, https://eur-lex.europa.eu/legal-content/EN/ALL/?uri=CELEX:32007D0053.
48 "Big Business Is Overcharging You $5,000 a Year," David Leonhardt, The New York Times, November 2019, https://www.nytimes.com/2019/11/10/opinion/big-business-consumerprices.html.
49 同上
50 "The 7 Biggest Fines the EU Have Ever Imposed against Giant Companies," Ana Zarzalejos, Business Insider,

July 2018, https://www.businessinsider.com/the-7-biggest-fines-theeu-has-ever-imposed-against-giant-corporations-2018-7.

51 Antitrust: Commission fines Google €1.49 billion for abusive practices in online advertising, European Commission, March 2019, https://ec.europa.eu/commission/presscorner/detail/en/IP_19_1770.

52 Antitrust: Commission fines truck producers € 2.93 billion for participating in a cartel, European Commission, July 2016, https://ec.europa.eu/commission/presscorner/detail/es/IP_16_2582.

53 Cartel Statistics, European Commission, Period 2015–2019, https://ec.europa.eu/competition/cartels/statistics/statistics.pdf.

54 Merger Statistics, European Commission, https://ec.europa.eu/competition/mergers/statistics.pdf.

55 "Vestager Warns Big Tech She Will Move beyond Competition Fines," Javier Espinoza, Financial Times, October 2019, https://www.ft.com/content/dd3df1e8-e9ee-11e9-85f4-d00e5018f061.

56 https://www.nytimes.com/2019/11/10/opinion/big-business-consumer-prices.html.

57 "The Alstom-Siemens Merger and the Need for European Champions," Konstantinos Efstathiou, Bruegel Institute, March 2019, https://www.bruegel.org/2019/03/the-alstomsiemens-merger-and-the-need-for-european-champions/.

58 The Fourth Industrial Revolution, Klaus Schwab, January 2016.(クラウス・シュワブ『第四次産業革命』).

59 "Unpacking the AI-Productivity Paradox," Eric Brynjolfsson, Daniel Rock and Chad Syverson, MIT Sloan Management Review, January 2018, https://sloanreview.mit.edu/article/unpacking-the-ai-productivity-paradox/

60 Centre for the Fourth Industrial Revolution, World Economic Forum, https://www.weforum.org/centre-for-the-fourth-industrial-revolution.

61 The Value of Everything, Mariana Mazzucato, Penguin, April 2019.

62 "One of the World's Most Influential Economists Is on a Mission to Save Capitalism from Itself," Eshe Nelson, Quartz, July 2019, https://qz.com/1669346/mariana-mazzucatos-planto-use-governments-to-save-capitalism-from-itself/.

63 ピーター・バナムによるティム・ウーのインタビュー、ニューヨークにて2019年10月。

第7章　人類と地球

1 Greta Thunberg, World Economic Forum Annual Meeting, held in Davos, Switzerland, January 2019. An edited version of this speech can be found in under the title, "Our house is on fire': Greta Thunberg, 16, Urges Leaders to Act on Climate," The Guardian, January 2019, https://www.theguardian.com/environment/2019/jan/25/our-house-is-on-fire-gretathunberg16-urges-leaders-to-act-on-climate.

2 同上

3 "School Strike for Climate—Save the World by Changing the Rules," Greta Thunberg, TEDxStockholm, December 2018, https://www.youtube.com/watch?v=EAmmUIEsN9A&t=1m46s.

4 Asperger Syndrome, National Autistic Society, United Kingdom, https://www.autism.org.uk/about/what-is/asperger.aspx.【ただし現在では、「自閉スペクトラム症」という名称に変更されている。】

5 Greta Thunberg, Twitter, August 2019, https://twitter.com/GretaThunberg/status/1167916636394754049.

6 "Greta Thunberg: How One Teenager Became the Voice of the Planet," Amelia Tait, Wired, June 2019, https://www.wired.co.uk/article/greta-thunberg-climate-crisis.

7 "Summary for Policymakers of IPCC Special Report on Global Warming of 1.5°C, Approved by Governments," IPCC, October 2018, https://www.ipcc.ch/site/assets/uploads/sites/2/2019/05/pr_181008_P48_spm_en.pdf.

8 "The Limits to Growth," The Club of Rome, 1972, https://www.clubofrome.org/report/the-limits-to-growth/.

9 "A Partner in Shaping History," World Economic Forum, p. 55, http://www3.weforum.org/docs/WEF_First40Years_Book_2010.pdf.

10 "These 79 CEOs believe in global climate action", World Economic Forum, November2015, https://www.weforum.org/agenda/2015/11/open-letter-from-ceos-to-world-leaders-urging-climate-action/.

11 "Global Emissions Have Not Yet Peaked," Our World in Data, August 2020, https://ourworldindata.org/co2-and-other-greenhouse-gas-emissions#global-emissions-have-notyet-peaked.

12 "A Breath of Fresh Air from an Alpine Village," Swissinfo, https://www.swissinfo.ch/eng/tuberculosis-and-davos_a-breath-of-fresh-air-for-an-alpine-village/41896580.

13 "Global Warming Has Begun, Expert Tells Senate," The New York Times, June 1988, https://www.nytimes.com/1988/06/24/us/global-warming-has-begun-expert-tells-senate.html.

14 "What Is the UNFCCC," United Nations Climate Change, https://unfccc.int/processand-meetings/the-convention/what-is-the-united-nations-framework-convention-onclimate-change.

15 "Global Extreme Poverty," Our World in Data, https://ourworldindata.org/extreme-poverty.

16 "Ethiopia Secures Over $140 Million USD Export Revenue from Industrial Parks," Ethiopian Investment Commission, October 2019, http://www.investethiopia.gov.et/index.php/information-center/news-and-events/868-ethiopia-secures-over-$-140-millionusd-export-revenue-from-industrial-parks.html.

17 このエピソードは、ピーター・バナムによるセネート・ソーサのインタビュー(エチオピア・アワサにて2019年9月)に基づく。

18 ピーター・バナムによるセネート・ソーサのインタビュー、エチオピア・アワサにて2019年9月。

19 "GDP Growth (annual %), Ethiopia," World Bank, https://data.worldbank.org/indicator/NY.GDP.MKTP.KD.ZG?locations=ET.

20 "GDP, Constant 2010 US$, Ethiopia," World Bank, https://data.worldbank.org/indicator/NY.GDP.MKTP.KD?locations=ET.

21 "GDP per Capita, Constant 2010 $, Ethiopia," World Bank, https://data.worldbank.org/indicator/NY.GDP.PCAP.KD?locations=ET.

22 "Deforestation, Did Ethiopia Plant 350 Million Trees in One Day?" BBC, August 2019, https://www.bbc.com/news/world-africa-49266983.

23 "Ethiopia Plants over 350 Million Trees in a Day, Setting New World Record," UNEP, August 2019, https://www.unenvironment.org/news-and-stories/story/ethiopia-plantsover-350-million-trees-day-setting-new-world-record.

24 "Ethiopia," IEA, https://www.iea.org/countries/Ethiopia.

25 "Indonesia' s leader says sinking Jakarta needs giant sea wall, Associated Press, July 2019, https://apnews.com/article/8409fd8291ce43509bd3165b609de98c.

26 "Fin du mois, fin du monde : même combat?", France Culture, November 2019, https://www.franceculture.fr/emissions/linvite-des-matins/fin-du-mois-fin-du-monde-memecombat.

27 "Per Capita Emissions, Navigating the Numbers: Greenhouse Gas Data and International Climate Policy," World Resources Institute, http://pdf.wri.org/navigating_numbers_chapter4.pdf.

28 "Palau Climate Change Policy for Climate and Disaster Resilient Low Emissions Development," Government of Palau, 2015, p.22-23, https://www.pacificclimatechange.net/sites/default/files/documents/PalauCCPolicy_WebVersion-FinanceCorrections_HighQualityUPDATED%2011182015Compressed.pdf.

29 "Urbanization," Our World in Data, November 2019, https://ourworldindata.org/urbanization.

30 "68% of the World Population Projected to Live in Urban Areas by 2050, Says UN," UN Department of Economic and Social Affairs, May 2018, https://www.un.org/development/desa/en/news/population/2018-revision-of-world-urbanization-prospects.html.

31 "Global Gridded Model of Carbon Footprints (GGMCF)," http://citycarbonfootprints.info/.

32 "Sizing Up the Carbon Footprint of Cities," NASA Earth Observatory, April 2019, https://earthobservatory.nasa.gov/images/144807/sizing-up-the-carbon-footprint-of-cities.

33 "Why a Car Is an Extravagance in Singapore," CNN, October 2017, https://edition.cnn.com/2017/10/31/asia/

singapore-cars/index.html.

34 "World Population Growth," Our World in Data, May 2019, https://ourworldindata.org/world-population-growth

35 "Russia's Natural Population Decline to Hit 11-Year Record in 2019," The Moscow Times, https://www.themoscowtimes.com/2019/12/13/russias-natural-population-decline-hit-11-year-record-2019-a68612.

36 "Fertility Rate, Total (Births per Woman)—India," World Bank, https://data.worldbank.org/indicator/SP.DYN.TFRT.IN?locations=IN.

37 "The Carbon Footprint of Bitcoin," Christian Stoll, Lena Klaaßen, Ulrich Gallersdörfer, Joule, July 2019, https://www.cell.com/joule/fulltext/S2542-4351(19)30255-7.

38 "Firms Must Justify Investment in Fossil Fuels, Warns Mark Carney," Andrew Sparrow, The Guardian, December 2019, https://www.theguardian.com/business/2019/dec/30/firms-must-justify-investment-in-fossil-fuels-warns-mark-carney.

39 "The Net-Zero Challenge: Fast-Forward to Decisive Climate Action," World Economic Forum, January 2020, https://www.weforum.org/reports/the-net-zero-challenge-fastforward-to-decisive-climate-action.

40 "German Air Travel Slump Points to Spread of Flight Shame," William Wilkes and Richard Weiss, Bloomberg, December 2019, https://www.bloomberg.com/news/articles/2019-12-19/german-air-travel-slump-points-to-spread-of-flight-shame?sref=61mHmpU4.

41 "How Greta Thunberg and 'Flygskam' Are Shaking the Global Airline Industry," Nicole Lyn Pesce, MarketWatch, December 2019, https://www.marketwatch.com/story/flygskamis-the-swedish-travel-trend-that-could-shake-the-global-airline-industry-2019-06-20.

42 "This Is What Peak Car Looks Like," Keith Naughton and David Welch, Bloomberg Businessweek, February 2019, https://www.bloomberg.com/news/features/2019-02-28/this-iswhat-peak-car-looks-like.

43 "COVID-19 Made Cities More Bike-Friendly—Here's How to Keep Them That Way," Sandra Caballero and Philippe Rapin, World Economic Forum Agenda, June 2020, https://www.weforum.org/agenda/2020/06/covid-19-made-cities-more-bike-friendly-here-show-to-keep-them-that-way/.

44 "Germany Calls for a New Trans Europe Express TEE 2.0 Network," International Railway Journal, September 2020, https://www.railjournal.com/passenger/main-line/germany-callsfor-a-new-trans-europe-express-tee-2-0-network/.

45 ESG stands for environmental, social, and governance.

46 "EU Emissions Trading System (EU ETS)," European Commission, https://ec.europa.eu/clima/policies/ets_en.

47 "The European Union Emissions Trading System Reduced CO2 Emissions Despite Low Prices," Patrick Bayer and Michaël Aklin, PNAS Proceedings of the National Academy of Sciences of the United States of America, April 2020, https://www.pnas.org/content/117/16/8804.

48 Alliance of CEO Climate Leaders, World Economic Forum, https://www.weforum.org/projects/alliance-of-ceo-climate-leaders.

49 "The Net-Zero Challenge: Fast-Forward to Decisive Climate Action," World Economic Forum and Boston Consulting Group, January 2020, http://www3.weforum.org/docs/WEF_The_Net_Zero_Challenge.pdf.

50 Greta Thunberg, World Economic Forum Annual Meeting, held in Davos, Switzerland, January 2019. An edited version of this speech can be found under the title " 'Our house is on fire' : Greta Thunberg, 16, Urges Leaders to Act on Climate," The Guardian, January 2019, https://www.theguardian.com/environment/2019/jan/25/our-house-is-on-fire-gretathunberg16-urges-leaders-to-act-on-climate.

第3部　ステークホルダー資本主義

第8章　コンセプト

1 "What Kind of Capitalism Do We Want?", Klaus Schwab, TIME Magazine, December 2019, https://time.com/5742066/klaus-schwab-stakeholder-capitalism-davos/.

2 "What is Capitalism," Sarwat Jahan and Ahmed Saber Mahmud, Finance & Development, International Monetary Fund, June 2015, https://www.imf.org/external/pubs/ft/fandd/2015/06/basics.htm.

3 中国政府はこのシステムを「新时代中国特色社会主义（新時代の中国の特色ある社会主義）」と呼んでいる。

4 Modern Company Management in Mechanical Engineering, Klaus Schwab, Hein Kroos, Verein Deutscher Maschinenbau-Anstalten, 1971, http://www3.weforum.org/docs/WEF_KSC_CompanyStrategy_Presentation_2014.pdf.

5 " 'Locust-19' set to ravage crops across east Africa", David Pilling and Emiko Terazono, Financial Times, April 2020, https://www.ft.com/content/b93293d4-3d73-42bc-b8b7-2d3e7939490e.

6 "The Locust Plague in East Africa Is Sending Us a Message, And It' s Not Good News," Carly Casella, Science Alert, July 2020, https://www.sciencealert.com/the-locust-plaguesin-east-africa-are-sending-us-a-message-and-it-s-not-a-good-one.

7 "The World is On the Move as Never Before," Bloomberg, October 2019, https://www.bloomberg.com/graphics/2019-how-migration-is-changing-our-world/.

8 すでに見てきたように、この相互のつながりは現実に存在し、これまでもこれからも変わることはない。しかし、ステークホルダー同士のこのつながりは、最近数十年の技術的進歩によって、拡張され、強化されてきた。そのため、新しいステークホルダーモデルでは、この点が特に強調されている。現代の技術が世界中の人々をつないだように、企業の事業のグローバル化や国家間の競争も可能になった。実のところ、負の影響を示す指標や押し止めようとする政策があるにもかかわらず、グローバル化はこれまで以上に進んでいる。公正を期するために、物流を伴う多国籍企業間の取引の伸び率は10年ほど前から世界貿易全体の成長率よりも低くなっており、政府の保護主義は再び強まっている。しかし、デジタル貿易は高い伸びを見せており、『エコノミスト』誌が言うところの「スローバリゼーション」、つまり物流を伴う貿易グローバル化の減速傾向に打ち勝っている。この影響はすべてのステークホルダーグループの間で感じられる。こうしたデジタルグローバリゼーションの結果、ひと握りの巨大テック企業がグローバル市場を支配し、企業価値はこれら数社で1兆ドル以上にも上る。これが、世界の企業格差やグローバル市場集中が過去最高点に達している理由だ。さらに、（中国が台頭したおかげで）世界の所得不平等が減少する傾向にあるにもかかわらず、世界中で個人資産がこれまで以上に集中している理由も、これによって説明がつく（国際ＮＧＯオックスファム・インターナショナルは2019年の報告書で、世界で上位2000人の超富裕層が、46億人の貧困層よりも多くの富を保有し、彼らが創業した巨大テック企業が世界有数の金持ちを生み出したと指摘している）。

9 "Fact Sheets on the European Union: The Principle of Subsidiarity," European Parliament, http://www.europarl.europa.eu/factsheets/en/sheet/7/subsidiaritatsprinzip.

10 "Subsidiarity," Cambridge Dictionary, https://dictionary.cambridge.org/dictionary/english/subsidiarity.

11 "Chart of the Day: These Countries Create Most of the World' s CO2 Emissions," World Economic Forum, June 2019, https://www.weforum.org/agenda/2019/06/chart-of-theday-these-countries-create-most-of-the-world-s-co2-emissions/.

12 "Connotations of Chinese Dream," China Daily, March 2014, https://www.chinadaily.com.cn/china/2014npcandcppcc/2014-03/05/content_17324203.htm.

13 "The Speech that Launched the Great Society," The Conversation, January 2015, https://theconversation.com/the-speech-that-launched-the-great-society-35836

14 "Connotations of Chinese Dream," China Daily.

15 For commentary, see "Who Creates a Nation' s Economic Value?" Martin Wolf, Financial Times, April 2018, https://www.ft.com/content/e00099f0-3c19-11e8-b9f9-de94fa33a81e.

16 "The Worldwide Uber Strike Is a Key Test for the Gig Economy," Alexia FernandezCampbell, Vox, May 219, https://www.vox.com/2019/5/8/18535367/uber-drivers-strike-2019-cities.

17 "Uber Pre IPO, 8th May, 2019 Global Strike Results," RideShare Drivers United, May 2019, https://ridesharedriversunited.com/uber-pre-ipo-8th-may-2019-global-strike-results/.

18 "Worker or Independent Contractor? Uber Settles Driver Claims Before Disappointing IPO," Forbes, May 2019, https://www.forbes.com/sites/kellyphillipserb/2019/05/13/worker-or-independent-contractor-uber-settles-driver-claims-before-disappointingipo/#7a157b93f39f.

19 "Uber and Lyft Drivers in California Will Remain Contractors", Kate Conger, The New York Times, November 2020, https://www.nytimes.com/2020/11/04/technology/california-uber-lyft-prop-22.html.

20 "Are Political Parties in Trouble?" Patrick Liddiard, Wilson Center, December 2018,https://www.wilsoncenter.org/sites/default/files/media/documents/publication/happ_liddiard_are_political_parties_in_trouble_december_2018.pdf.

21 "A Deep Dive into Voter Turnout in Latin America," Holly Sunderland, Americas Society /Council of the Americas, June 2018, https://www.as-coa.org/articles/chart-deep-dive-voterturnout-latin-america.

22 "Historical Reported Voting Rates, Table A.1," United States Census Bureau, https://www.census.gov/data/tables/time-series/demo/voting-and-registration/voting-historical-timeseries.html.

23 "How to Correctly Understand the General Requirements of Recruiting Party Members?" Communist Party, April 2016, http://fuwu.12371.cn/2016/04/22/ARTI1461286650793416.shtml.

24 "Recruitment Trends in the Chinese Communist Party," Neil Thomas, Macro Polo, July 2020, https://macropolo.org/analysis/members-only-recruitment-trends-in-the-chinese-communistparty/.

25 このため、世界経済フォーラムではここ何年も、若者、文化的リーダー、市民社会や学界など、あらゆる集団の声を代弁するステークホルダーが、参加する会議で必ず代表権を持てるようにする努力を重ねてきた。cultural leaders, civil society, or academia.

26 "Ending Short-Termism by Keeping Score," Klaus Schwab, Project Syndicate, October 2019, https://www.weforum.org/agenda/2019/10/how-we-can-end-short-termism-bykeeping-score/.

27 "Better Life Index," OECD, http://www.oecdbetterlifeindex.org/#/11111111111.

28 The Global Competitiveness Report 2019, World Economic Forum, p. 27, http://www3.weforum.org/docs/WEF_TheGlobalCompetitivenessReport2019.pdf.

29 同上

30 "What Is Natural Capital?" World Forum on Natural Capital, https://naturalcapitalforum.com/about/.

31 https://www.weforum.org/reports/the-inclusive-development-index-2018.

32 https://climateactiontracker.org/.

33 "Changing how we measure economic progress, The Wealth Project, https://www.wealtheconomics.org/about/.

34 "Davos Manifesto 2020," Klaus Schwab, World Economic Forum, December 2019, https://www.weforum.org/agenda/2019/12/davos-manifesto-2020-the-universal-purpose-of-acompany-in-the-fourth-industrial-revolution/.

35 さらに付け加えておきたいのは、これらの要素によって『ダボス・マニフェスト2020』が、2019年の米国ビジネス・ラウンドテーブル（財界のロビー団体）の「企業の目的に関する声明」とは違うものになっていることである。「企業の目的に関する声明」も同様に企業が価値を与えることをコミットすべきステークホルダー群をリストアップしているが、競争での機会均等や応分の納税、取締役の報酬には言及していない。

36 "Measuring Stakeholder Capitalism: World's Largest Companies Support Developing Core Set of Universal ESG Disclosures," World Economic Forum, January 2020, https://www.weforum.org/press/2020/01/measuring-stakeholder-capitalism-world-s-largest-companies-support-developing-core-set-of-universal-esg-disclosures/.

37 "A Better World Starts at Home," Klaus Schwab, Project Syndicate, December 2019, https://www.project-syndicate.org/onpoint/citizen-assemblies-to-end-polarization-byklaus-schwab-2019-12.

38 同上

39 同上
40 "Key Findings about Americans' Declining Trust in Government and Each Other," Pew Research Center, July 2019, https://www.pewresearch.org/fact-tank/2019/07/22/keyfindings-about-americans-declining-trust-in-government-and-each-other/.
41 "Digital globalization: The new era of global flows", McKinsey Global Institute, February 2016, and "Globalization in Transition: the future of trade and value chains", McKinsey Global Institute, January 2019.
42 "The impact of digitalisation on trade", OECD, https://www.oecd.org/trade/topics/digital-trade/.
43 "5 things to know about Option V", Universal Postal Union, October 2019, https://www.upu.int/en/Publications/Factsheets-backgrounders/5-things-to-know-about-Option-V.

第9章 企業

1 "Mærsk Hails Growth in Global Trade," Financial Times, November 2013, https://www.ft.com/content/35b9748e-4c55-11e3-923d-00144feabdc0.
2 "Emission Reduction Targets for International Aviation and Shipping," Director General for Internal Studies, European Parliament, November 2015, http://www.europarl.europa .eu/RegData/etudes/STUD/2015/569964/IPOL_STU(2015)569964_EN.pdf.
3 ピーター・バナムによるジム・スナーベのインタビュー、2019年8月。
4 Trailblazer: The Power of Business as the Greatest Platform for Change, Marc Benioff, New York, Random House, October 2019, p. 12.(マーク・ベニオフ、モニカ・ラングレー著、渡部典子訳『トレイルブレイザー: 企業が本気で社会を変える10の思考』東洋経済新報社、2020年)
5 Dreams and Details, Jim Snabe and Mikael Trolle, Spintype, 2018, p. 128.
6 Dreams and Details, pp. 128–129.
7 ピーター・バナムによるジム・スナーベのインタビュー、2019年8月。
8 "SAP's Global Revenue from 2001 to 2018," Statista, March 2019, https://www.statista.com/statistics/263838/saps-global-revenue-since-2001/.
9 "SAP Integrated Report: 2020 Targets Met Early," SAP, March 2018, https://news.sap.com/2018/03/sap-integrated-report-2020-targets-met-early/.
10 "The Values Are Constant in a Complex World," Mærsk, June 2019, https://www.Mærsk.com/news/articles/2018/06/29/the-values-are-constant-in-a-complex-world.
11 "Tax Principles," Mærsk, https://www.maersk.com/about/tax-principles.
12 "A New Bar for Responsible Tax," The B Team, https://bteam.org/assets/reports/A-New-Bar-for-Responsible-Tax.pdf.
13 Sustainability Report 2019, Maersk, https://www.maersk.com/about/sustainability/Reports
14 2017: Sale of Mærsk Tankers, 2018: Sale of Mærsk Oil, 2019: Mærsk Drilling listed on the Copenhagen stock exchange, https://www.Mærsk.com/about/our-history/explore-our-history.
15 ピーター・バナムによるジム・スナーベのインタビュー、2019年8月。
16 A.P. Moller – Mærsk, Sustainability Report 2018, February 2019, pp.18–19.
17 "Facebook Strategy Revealed: Move Fast And Break Things!", Henry Blodget, Business Insider, March 2010, https://www.businessinsider.com/henry-blodget-innovation-highlights-2010-2?r=US&IR=T
18 "Want to Succeed in Life? Ask for Forgiveness, Not Permission", Bill Murphy, Inc. January 2016, https://www.inc.com/bill-murphy-jr/9-words-to-live-by-its-always-better-to-begforgiveness-than-ask-permission.html
19 "Competition Is for Losers," Peter Thiel, Wall Street Journal, September 2014, https://www.wsj.com/articles/peter-thiel-competition-is-for-losers-1410535536.
20 "Antitrust Procedures in Abuse of Dominance," European Commission, August 2013, https://ec.europa.eu/competition/antitrust/procedures_102_en.html.
21 "If You Want to Know What a US Tech Crackdown May Look Like, Check Out What Europe Did," Elizabeth

Schulze, CNBC, June 2019, https://www.cnbc.com/2019/06/07/how-google-facebook-amazon-and-apple-faced-eu-tech-antitrust-rules.html.

22 "Why San Francisco's Homeless Population Keeps Increasing," Associated Press, May 2019, https://www.marketwatch.com/story/the-homeless-population-in-san-francisco-isskyrocketing-2019-05-17.

23 "A Decade of Homelessness: Thousands in S.F. Remain in Crisis," Heather Knight, San Francisco Chronicle, 2014, https://www.sfchronicle.com/archive/item/A-decade-of-homelessness-Thousands-in-S-F-30431.php.

24 Trailblazer, Marc Benioff, October 2019, pp. 12–13(ベニオフ「トレイルブレイザー」).

25 "Marc Benioff Says Companies Buy Each Other for the Data, and the Government Isn't Doing Anything about It," April Glaser, Recode., November 2016, https://www.vox.com/2016/11/15/13631938/benioff-salesforce-data-government-federal-trade-commission-ftc-linkedin-microsoft.

26 Trailblazer, Marc Benioff, October 2019, pp. 12–13(ベニオフ「トレイルブレイザー」).

27 "You Deserve Privacy Online. Here's How You Could Actually Get It," Tim Cook,TIME Magazine, January 2019, https://time.com/collection/davos-2019/5502591/timcook-data-privacy/.

28 "Big Tech Needs More Regulation," Mark Zuckerberg, Financial Times, February 2020, https://www.ft.com/content/602ec7ec-4f18-11ea-95a0-43d18ec715f5.

29 "Benioff Comes Out Strong for Homeless Initiative, although Salesforce Would Pay Big," Kevin Fagan, San Francisco Chronicle, October 2018, https://www.sfchronicle.com/bayarea/article/Benioff-comes-out-strong-for-homeless-initiative-13291392.php.

30 "The Social Responsibility of Business," Marc Benioff, The New York Times, October 2018, https://www.nytimes.com/2018/10/24/opinion/business-social-responsibility-proposition-c.html.

31 "We can now measure the progress of stakeholder capitalism. Here's how", Brian T. Moynihan, World Economic Forum, October 2020, https://www.weforum.org/agenda/2020/10/measure-progress-stakeholder-capitalism-brian-moynihan/

32 Measuring Stakeholder Capitalism, White Paper, World Economic Forum, September 2020, http://www3.weforum.org/docs/WEF_IBC_Measuring_Stakeholder_Capitalism_Report_2020.pdf

33 "BlackRock's Message: Contribute to Society, or Risk Losing Our Support," Andrew Ross Sorkin, The New York Times, January 2018, https://www.nytimes.com/2018/01/15/business/dealbook/blackrock-laurence-fink-letter.html.

34 同上

35 フィンク・レターが、企業は株主に対する「受託者責任」のために短期的な利益を追求することが法的に義務づけられていると考えていた人々の風向きを変えたことは確かだ。ある大株主は、「受託者責任は四半期ごとではなく、むしろ長期的な視点で考えるべきだ」と語っている。

36 "The Battle over Green Investment Is Hotting Up," Gillian Tett, Financial Times, December 2019, https://www.ft.com/content/bacefd80-175e-11ea-9ee4-11f260415385.

37 "BlackRock Seeks to Regain Lost Ground in Climate Fight," Attracta Mooney and Owen Walker, Financial Times, January 2020, https://www.ft.com/content/36282d86-36e4-11eaa6d3-9a26f8c3cba4.

38 "BlackRock Accused of Climate Change Hypocrisy," Attracta Mooney, Financial Times, May 2020, https://www.ft.com/content/0e489444-2783-4f6e-a006-aa8126d2ff46.

39 "BlackRock Punishes 53 Companies over Climate Inaction," Attracta Mooney, Financial Times, July 2020, https://www.ft.com/content/8809032d-47a1-47c3-ae88-ef3c182134c0.

40 ピーター・バナムによるラリー・フィンクのインタビュー、2019年11月。

41 For a brief summary of the rise and fall of Enron, see: "Enron scandal", Peter Bondarenko, Encyclopedia Brittanica, February 2016, https://www.britannica.com/event/Enron-scandal.

42 "See what happened to key players in Enron scandal", The Houston Chronicle, August 2018, https://www.houstonchronicle.com/business/article/Jeffrey-Skillings-release-to-halfway-house-13196786.php

43 "Enron Opens Up Bidding On 12 of Its Major Assets", Kathryn Kranhold, The Wall Street Journal, August

2002, https://www.wsj.com/articles/SB1030487405721514155

44 "A Natural Gas Transportation Leader", Northern Natural Gas, Berkshire Hathaway Energy, https://www.brkenergy.com/our-businesses/northern-natural-gas

第10章 コミュニティー

1 "Why New Zealand Decided to Go for Full Elimination of the Coronavirus," Alice Klein, New Scientist, June 2020, https://www.newscientist.com/article/2246858-why-new-zealand-decided-to-go-for-full-elimination-of-the-coronavirus/#ixzz6T1rYuK5U.

2 "New Zealand Isn' t Just Flattening the Curve. It' s Squashing It," Anna Fifield, The Washington Post, April 2020, https://www.washingtonpost.com/world/asia_pacific/new-zealand-isntjust-flattening-the-curve-its-squashing-it/2020/04/07/6cab3a4a-7822-11ea-a311-adb1344719a9_story.html.

3 "Why New Zealand Decided to Go for Full Elimination of the Coronavirus," Alice Klein, New Scientist, June 2020, https://www.newscientist.com/article/2246858-why-new-zealanddecided-to-go-for-full-elimination-of-the-coronavirus/#ixzz6T1rYuK5U.

4 PM Jacinda Ardern' s full lockdown speech, Newsroom, March 2020, https://www.newsroom.co.nz/2020/03/23/1096999/pm-jacinda-arderns-full-lockdown-speech.

5 "The World' s Youngest Female Leader Takes Over in New Zealand," The Economist, October 2017, https://www.economist.com/asia/2017/10/26/the-worlds-youngest-female-leadertakes-over-in-new-zealand.

6 "New Zealand Isn' t Just Flattening the Curve. It' s Squashing It," Anna Fifield, The Washington Post, April 2020, https://www.washingtonpost.com/world/asia_pacific/new-zealand-isntjust-flattening-the-curve-its-squashing-it/2020/04/07/6cab3a4a-7822-11ea-a311-adb1344719a9_story.html.

7 "Coronavirus: New Zealand Records Biggest GDP Quarterly Fall in 29 years - Top Kiwi Economist, Newshub, July 2020, https://www.newshub.co.nz/home/money/2020/07/coronavirus-new-zealand-records-biggest-gdp-quarterly-fall-in-29-years-top-kiwieconomist.html.

8 "World Economic Outlook," International Monetary Fund, October 2020, Chapter 1, p. 56, https://www.imf.org/en/Publications/WEO/Issues/2020/09/30/world-economicoutlook-october-2020.

9 "New Zealand Beat Covid-19 by Trusting Leaders and Following Advice—Study," Eleanor Ainge Roy, The Guardian, July 2020, https://www.theguardian.com/world/2020/jul/24/new-zealand-beat-covid-19-by-trusting-leaders-and-following-advice-study.

10 同上

11 "New Zealand Beat the Virus Once. Can It Do It Again?" The New York Times, August 2020, https://www.nytimes.com/2020/08/13/world/asia/new-zealand-coronavirus-lockdownelimination.html.

12 "Leading the Fight Against the Pandemic: Does Gender 'Really' Matter?" Supriya Garikipati (University of Liverpool), Uma Kambhampati (University of Reading), June 2020, https://papers.ssrn.com/sol3/papers.cfm?abstract_id=3617953.

13 "Do Countries with Female Leaders Truly Fare Better with Covid-19?" Alexandra Ossola, Quartz, July 2020, https://qz.com/1877836/do-countries-with-female-leaders-truly-farebetter-with-covid-19/.

14 同上

15 WHO（世界保健機構）はこれを「全政府的」または「全社会的」アプローチと呼ぶ。https://www.who.int/global-coordination-mechanism/dialogues/glossarywhole-of-govt-multisectoral.pdf. を参照。

16 Biography Bai Chong-En, Tsinghua University, People' s Republic of China, http://crm.sem.tsinghua.edu.cn/psc/CRMPRD/EMPLOYEE/CRM/s/WEBLIB_SPE_ISCT.TZ_SETSPE_ISCRIPT.FieldFormula.IScript_SpecialPages?TZ_SPE_ID=251.

17 ピーター・バナムによる白重恩へのインタビュー、北京にて2019年9月。

18 "Redlining," Encyclopedia Britannica, https://www.britannica.com/topic/redlining.

19 "Key Facts about the Uninsured Population," Kaiser Family Foundation, December 2019, https://www.kff.org/

uninsured/issue-brief/key-facts-about-the-uninsured-population/.
20 "53% of Americans Say the Internet Has Been Essential During the COVID-19 Outbreak," Pew Research Center, April 2020, https://www.pewresearch.org/internet/2020/04/30/53-of-americans-say-the-internet-has-been-essential-during-the-covid-19-outbreak/.
21 "59% of US Parents with Lower Incomes Say Their Child May Face Digital Obstacles in Schoolwork," Pew Research Center, September 2020, https://www.pewresearch.org/fact-tank/2020/09/10/59-of-u-s-parents-with-lower-incomes-say-their-child-may-facedigital-obstacles-in-schoolwork/.
22 "Is a Successful Contact Tracing App Possible? These Countries Think So," MIT Technology Review, August 2020, https://www.technologyreview.com/2020/08/10/1006174/covidcontract-tracing-app-germany-ireland-success/.
23 "Why Singapore Has One of the Highest Home Ownership Rates," Adam Majendie, Bloomberg City Lab, July 2020, https://www.bloomberg.com/news/articles/2020-07-08/behind-the-design-of-singapore-s-low-cost-housing.
24 "HDB's Ethnic Integration Policy: Why It Still Matters," Singapore Government, April 2020, https://www.gov.sg/article/hdbs-ethnic-integration-policy-why-it-still-matters. 25Ibidem.
26 "Why Singapore Has One of the Highest Home Ownership Rates," Adam Majendie, Bloomberg City Lab, July 2020, https://www.bloomberg.com/news/articles/2020-07-08/behind-the-design-of-singapore-s-low-cost-housing.
27 "Singapore Remains the 2nd Most Expensive Housing Market in the World after Hong Kong," CBRE, April 2019, https://www.cbre.com/singapore/about/media-centre/singaporeremains-the-2nd-most-expensive-housing-market-in-the-world-after-hong-kong.
28 "What Other Countries Can Learn from Singapore's Schools," The Economist, August 2018, https://www.economist.com/leaders/2018/08/30/what-other-countries-can-learn-fromsingapores-schools.
29 "What Other Countries Can Learn from Singapore's Schools," The Economist, August 2018, https://www.economist.com/leaders/2018/08/30/what-other-countries-can-learn-fromsingapores-schools.
30 "Education System Designed to Bring Out Best in Every Student: PM," The Straits Times, January 2020, https://www.straitstimes.com/singapore/education-system-designed-to-bringout-best-in-every-student-pm.
31 "The Healthiest Countries to Live In," BBC, April 2020, http://www.bbc.com/travel/story/20200419-coronavirus-five-countries-with-the-best-healthcare-systems.
レガタム繁栄指数とは、「各国の国民の健康度合いと、国民が健康維持に必要なサービスをどの程度利用できるかを測るもので、医療効果や健全な医療体制、疾病や危険因子、死亡率などを考慮する」。
32 "What Can the US Health System Learn From Singapore?" Aaron E. Carroll, The New York Times, April 2019, https://www.nytimes.com/2019/04/22/upshot/singapore-healthsystem-lessons.html.
33 "Is Singapore's 'Miracle' Health Care System the Answer for America?" Ezra Klein, Vox, April 2017, https://www.vox.com/policy-and-politics/2017/4/25/15356118/singaporehealth-care-system-explained.
34 "What Can the US Health System Learn From Singapore?" Aaron E. Carroll, The New York Times, April 2019, https://www.nytimes.com/2019/04/22/upshot/singapore-healthsystem-lessons.html.
35 "Smart Nation: The Way Forward," Government of Singapore, November 2018, https://www.smartnation.gov.sg/docs/default-source/default-document-library/smart-nationstrategy_nov2018.pdf?sfvrsn=3f5c2af8_2.
36 "Transforming Singapore Through Technology," Smart Nation Singapore, accessed October 2020, https://www.smartnation.gov.sg/why-Smart-Nation/transforming-singapore.
37 "Surge in Covid Cases Shows Up Singapore's Blind Spots over Migrant Workers," Stefania Palma, Financial Times, June 2020, https://www.ft.com/content/0fdb770a-a57a-11ea-92e2-cbd9b7e28ee6.
38 "Singapore's 'democratic dawn'? Parties Adapt to New Landscape," Nikkei Asian Review, July 2020, https://asia.nikkei.com/Spotlight/Asia-Insight/Singapore-s-democratic-dawn-Parties-adapt-to-new-landscape.
Schwab756132_

39 その欠点を理解するのは難しくはない。石油や石炭が生産され、消費されればＧＤＰは増大するが、人々が（車は高くつくと考えて）自動車よりも自転車や公共交通機関を使うようになると減少する。また、銀行が利益を出せばＧＤＰは増大するが、人々の生活を便利にするデジタル技術の革新が起きてもＧＤＰは停滞したままだ。

40 "The Treasury's Living Standards Framework," New Zealand Government, December 2019, https://treasury.govt.nz/sites/default/files/2019-12/lsf-dashboard-update-dec19.pdf.

41 "New Zealand's Ardern Wins 2nd Term in Election Landslide," Associated Press, October 2020, https://apnews.com/article/virus-outbreak-new-zealand-mosque-attacks-aucklandelections-new-zealand-b1ab788954f23f948d8b6c3258c02634.

42 "Uber and Lyft Drivers Guild Wins Historic Pay Rules," Independent Drivers Guild, December 2018, https://drivingguild.org/uber-and-lyft-drivers-guild-wins-historic-pay-rules/.

43 "I'm a New York City Uber Driver. The Pandemic Shows That My Industry Needs Fundamental Change or Drivers Will Never Recover," Aziz Bah, Business Insider, July 2020, https://www.businessinsider.com/uber-lyft-drivers-covid-19-pandemic-virus-economyright-bargain-2020-7?r=US&IR=T.

44 Humanity Forward, https://movehumanityforward.com/.

45 Data as a Property Right, Humanity Forward, https://movehumanityforward.com/dataproperty-right.

46 "Andrew Yang Is Pushing Big Tech to Pay Users for Data," The Verge, June 2020, https://www.theverge.com/2020/6/22/21298919/andrew-yang-big-tech-data-dividend-projectfacebook-google-ubi.

47 "A Modern Union for the Modern Economy," Jeffrey M. Hirsch and Joseph A. Seiner, Fordham Law Review, Volume 86, Issue 4, 2018, https://ir.lawnet.fordham.edu/cgi/viewcontent.
cgi?article=5483&context=flr.

48 "Sixth Annual 'Freelancing in America' Study Finds That More People Than Ever See Freelancing as a Long-Term Career Path," Upwork, October 2019, https://www.upwork.com/press/2019/10/03/freelancing-in-america-2019/.

49" The New Balkan Dream Is a $2,000 Per Month Telecommute," Sandra Maksimovic,Deutsche Welle, August 2018, https://www.dw.com/en/the-new-balkan-dream-is-a-2000-per-month-telecommute/a-45258826.

50 "About Us, Gig Workers Rising," https://gigworkersrising.org/get-informed.

51 "Court Orders Uber, Lyft to Reclassify Drivers as Employees in California," Sara Ashley O'Brien, CNN, August 2020, https://edition.cnn.com/2020/08/10/tech/uber-lyft-california-preliminary-injunction/index.html.

52 同上

53 "Human Capital: The gig economy in a post-Prop 22 world", Megan Rose Dickey, TechCrunch, November 2020, https://techcrunch.com/2020/11/07/human-capital-thegig-economy-in-a-post-prop-22-world/.

54 "The Government's Good Work Plan Leaves the Gig Economy Behind," Sanjana Varghese, Wired Magazine UK, December 2018, https://www.wired.co.uk/article/good-work-planuk-gig-economy.

55 "This New Program Aims to Train the Growing Freelance Workforce," Yuki Noguchi, NPR, January 2019, https://www.npr.org/2019/01/04/681807327/this-new-programaims-to-train-the-growing-freelance-workforce?t=1597649731065.

56 "The Freelance Isn't Free Law," Freelancers Union, https://www.freelancersunion.org/get-involved/freelance-isnt-free/.

57 "A Union of One," Ari Paul, Jacobin Magazine, October 2014.

58 "Gig Economy: EU Law to Improve Workers' Rights," European Parliament, April 2019, https://www.europarl.europa.eu/news/en/headlines/society/20190404STO35070/gigeconomy-eu-law-to-improve-workers-rights-infographic.

59 同上

60 "Gig Economy Protections: Did the EU Get It Right?" Knowledge at Wharton, May 2019, https://knowledge.wharton.upenn.edu/article/eu-gig-economy-law/.

61 "Want More Diversity? Some Experts Say Reward C.E.O.s for It," Peter Eavis, The New York Times, July 2020,

https://www.nytimes.com/2020/07/14/business/economy/corporatediversity-pay-compensation.html.
62 "Starbucks Ties Executive Pay to 2025 Diversity Targets," Heather Haddon, The Wall Street Journal, October 2020, https://www.wsj.com/articles/starbucks-ties-executive-pay-to-2025-diversity-targets-11602680401.
63 "Black Lives Matter—for Pakistan's Sheedi Community Too," Zahra Bhaiwala, Neekta Hamidi, Sikander Bizenjo, World Economic Forum Agenda, August 2020, https://www.weforum.org/agenda/2020/08/black-lives-matter-for-pakistans-sheedi-community-too/.
64 Global Shapers Community, World Economic Forum, https://www.globalshapers.org/.
65 "Meet the First African-Pakistani Lawmaker," The Diplomat, September 2018, https://thediplomat.com/2018/09/meet-the-first-african-pakistani-lawmaker/.
66 "Black Lives Matter—for Pakistan's Sheedi Community Too," Zahra Bhaiwala, Neekta Hamidi, Sikander Bizenjo, World Economic Forum Agenda, August 2020, https://www.weforum.org/agenda/2020/08/black-lives-matter-for-pakistans-sheedi-community-too/.

結論

1 "US, Germany and UK could start Covid vaccinations as early as December", Helen Sullivan, The Guardian, November 2020, https://www.theguardian.com/world/2020/nov/23/us-germany-and-uk-could-start-covid-vaccinations-as-early-as-december.
2 "World Economic Forum Aims to Make ESG Reporting Mainstream", Amanda Iacone, Bloomberg Tax, September 2020, https://news.bloombergtax.com/financial-accounting/world-economic-forum-aims-to-make-esg-reporting-mainstream.

著者紹介

クラウス・シュワブ

1938年、ドイツのラーベンスブルグ生まれ。世界経済フォーラムの創設者で現在も会長を務める。1971年に発表した『機械工学における現代企業経営』で、企業は株主だけでなく、すべての利害関係者、すなわちステークホルダーのために、長期的成長と繁栄を実現する使命があると説き、このステークホルダー尊重主義を推し進めるために、同年、世界経済フォーラムを設立した。以降も多数の著書、共著書がある。近年の著作には、『世界経済フォーラム　グローバル競争力レポート』（1979年〜）、30言語に翻訳され世界的ベストセラーとなった『第四次産業革命　ダボス会議が予測する世界』（日本経済新聞出版、2016年）、『「第四次産業革命」を生き抜く　ダボス会議が予測する混乱とチャンス』（日本経済新聞出版、2018年）、『グレート・リセット　ダボス会議で語られるアフターコロナの世界』（ティエリ・マルレと共著、日経ナショナル ジオグラフィック、2020年）、『グレート・ナラティブ「グレート・リセット」後の物語』（ティエリ・マルレと共著、日経ナショナル ジオグラフィック、2022年）がある。1998年には、妻のヒルデ夫人と共に社会起業家のためのシュワブ財団を設立した。その後も、財団ヤング・グローバル・リーダーズ・フォーラム（2006年）、グローバル・シェイパーズ・コミュニティー（2011年）を設立した。

フライブルク大学で経済学博士号、スイス連邦工科大学で工学博士号、ハーバード大学ケネディ行政大学院で行政学修士号を取得。1972年には、ジュネーブ大学の教授に就任。同大学で名誉博士号を授与されている。これまで国内外で17の名誉博士号を含む、数多くの称号を得ている。フランスでは1997年にレジオン・ドヌール勲章のナイトの称号、2006年に英国女王エリザベス2世より、ナイト（聖マイケル・聖ジョージ勲章ナイト・コマンダー：KCMG）の称号を、2012年にドイツの星章付大十字国家勲章を授与されている。また、2013年に日本の勲一等旭日大綬章も授与された。この他にも数々の国内外の賞を受けている。現在はヒルダ夫人と共に、ジュネーブに在住している。

ピーター・バナム

世界経済フォーラムの会長室広報および国際メディア評議会の部長。現職に就任以前は、ニューヨークにて同フォーラムのアメリカ・メディア・リレーションズを統括。2016年に発表した著作『私がCEOになる前』では、各界の最高経営責任者（CEO）がトップの座につくまでに人生やキャリアから得た学びのストーリーを紹介している。これまでに、新興市場や経営リーダーシップについての記事を『フィナンシャル・タイムズ』、『ビジネスインサイダー』、『ハーバード・ビジネス・レビュー』などの雑誌をはじめ、数多くのメディアに寄稿。コロンビア大学でビジネスおよび経済ジャーナリズムで修士号を、ルーヴェン・カトリック大学では商業エンジニアリングで修士号を取得している。ヴァレリア夫人とジュネーブに在住。

ステークホルダー資本主義

世界経済フォーラムが説く、80億人の希望の未来

2022年8月8日　第1版1刷

著　　者　クラウス・シュワブ　ピーター・バナム
訳　　者　藤田正美　チャールズ清水　安納令奈
翻訳監修　前濱暁子
編　　集　尾崎憲和　川端麻里子
編集協力　續 大介
ブックデザイン　山之口正和＋沢田幸平（OKIKATA）
制　　作　クニメディア㈱
発 行 者　滝山晋
発　　行　㈱日経ナショナル ジオグラフィック
〒105-8308 東京都港区虎ノ門4-3-12
発　　売　㈱日経BPマーケティング
印刷・製本　日経印刷㈱

ISBN 978-4-86313-550-5
Printed in Japan

乱丁・落丁本のお取替えは、こちらまでご連絡ください。
https://nkbp.jp/ngbook

本書は米Wiley社の書籍「Stakeholder Capitalism」を翻訳したものです。

内容については原著者の見解に基づいています。